责任编辑：薛　治
责任印制：李未圻

图书在版编目（CIP）数据

影印四库存目子部善本汇刊. 19 /（宋）廖禹撰. ——
北京 ：华龄出版社，2021. 2
ISBN 978—7—5169—1887—6

Ⅰ. ①影… Ⅱ. ①廖… Ⅲ. ①哲学—古籍—善本—汇
编—中国 Ⅳ. ①B2

中国版本图书馆 CIP 数据核字（2021）第 000391 号

本书影印，概依底本。凡古本有旧残及漫漶之处，一律保持原貌，特此说明。

ISBN 978-7-5169-1887-6

书　　名：影印四库存目子部善本汇刊（十九）：廖公画策扒砂经
作　　者：（宋）廖禹撰　（明）江之栋辑　郑同校

出版发行：华龄出版社
地　　址：北京市东城区安定门外大街甲 57 号　邮　　编：100011
电　　话：（010）58122246　传　　真：（010）84049572
网　　址：http://www.hualingpress.com

印　　刷：廊坊市长岭印务有限公司
版　　次：2021 年 4 月第 1 版　2021 年 4 月第 1 次印刷
开　　本：889×1194　1/16　印　　张：52.75
字　　数：168 千字　印　　数：600
定　　价：760.00 元（全二册）

金精廖公秘授地学心法正传畫荚扒砂經 目次

懸乳似開口

沒骨似懸乳

單提弓脚不同

側腦與沒骨相似

開口似懸乳

蟠龍似懸乳

平面無吉凶

兼體貼體

交度

要旨

正體低金直疏格

正體低金直密格

開口低金直疏格

雙臂低金直疏格

懸乳低金直疏格

正體金土平洋直疏格

開口金土平洋直疏格

雙臂土平洋直疏格

懸乳金土平洋直疏格

卷之二

葬吉葬凶
土星水星
天罡孤曜
木星紫氣
羅城水口
龍論穴論
天馬天財
單提弓脚
單臂雙臂

卷之三

蓋穴葬義
粘穴葬義
倚穴葬義
撞穴葬義
斬穴葬義
截穴葬義
吊穴葬義
墜穴葬義
正穴葬義

卷之四

平洋忌窩
砂重於水
貴格緊局
穴難龍易
閃脈藏跡
真精隱約
高橫無息作用
學地先知
學道之門

捉穴須知

門戶

裁剪

穴外作用

二難別卷

二難不同體論

砂形隱說

認五星外形法

認五星內體法

天清穴形

天清砂形

天清土形

天清流形

天清凹凸二體

天清平崗二體

紫氣天清

天清合體

天清水形

卷之五

星峰結局不真

四全之地

結穴處有石

田龍結穴

左山及外應

右山及外應

案山

龍虎狹筆吉凶

左右退田筆

左右進田筆

廖公畫筴扒砂經序

河洛見，而奇偶之數成，陰陽之理著，造化之機洩，術家種，而窺天測地，推吉卜凶，大都堪輿扶要，公然攻者無算，而諸名家廖公爲最，廖公豫章人，其鄉曾彭大雄者，渭公三十餘年耳，其口訣編而成書，而爲其家所秘，間出抄錄中者，世輒珍而什襲之，故海內嚮慕，弗見全書爲恨，其地學之木鐸也，須居艱有年，家姻雅仲六江生，與余同里，聞聲氣不隔，携廖公全書謁余請敘，余諗曰日司成時，昆季以次，受業甚器之，迺旁趨是，江生以下地對，不勝企歎，買其家棒，行天下，因置齋頭，暇覩之，言言皆抉疑語，遂不擇手，句條目，深知是書，批郤導窾，細訣家領袖，大要創前人所未發，實前人所未言，同中之異，異中之同，分圖別類，剖似辨真，務發先天秘藏，昭於指掌，而微茫恍惚，洩於毫端。灑灑乎有言不能摹象，象不能摹神，慎毫釐之差，成千里之謬，禍胎來雖萬一禍始莫由解救者，其神精悉見於篇章，吁廖公雖術人乎，實端人也，其心不至今在哉。諸家窺其一斑，以究其大全，諸家剽其皮毛，公遠其神髓，諸家攻旁經，以精斷正途，諸家影似而爲真。

公獨究眞而析之，今其書梓矣，置之都門不傾，今洛陽紙價之漲，學得其詳者，旦暮遇之，彼解斲輪之識，則廖公之後，復有廖公，而其心與其書而俱傳，是廖公將以其書之不秘爲章，江生梓之固宜，倘廖公原不作聰明，自抒神機，而摹其書者，乃以叔敖之優，則廖公之書，秖貽伊戚，是又以其書之終秘為幸，江生買之何益？雖然，猶有說否，地陰地也，陽陰德也，陽是以配地，則山水自敵其奇，鬼神自呈其秘，不必穩合成式，而吉址固自心生，雖無廖公而德不足以配地，則耳目自為蒙蔽，心志自為暗惑，縱家工極擬，而鬼神倏忽變易，即廖公復起能濟哉，然則得廖公之書，遂足卜地乎，要有進焉者，年江生其勉旃，因并其首，并以誌訓云。

旨

萬曆四十二年甲寅歲端陽月

賜進士及第嘉議大夫南京禮部右侍郎前少詹事右庶子諭德

編纂章奏脩撰國史正使朝鮮

賜一品服　朱之蕃撰

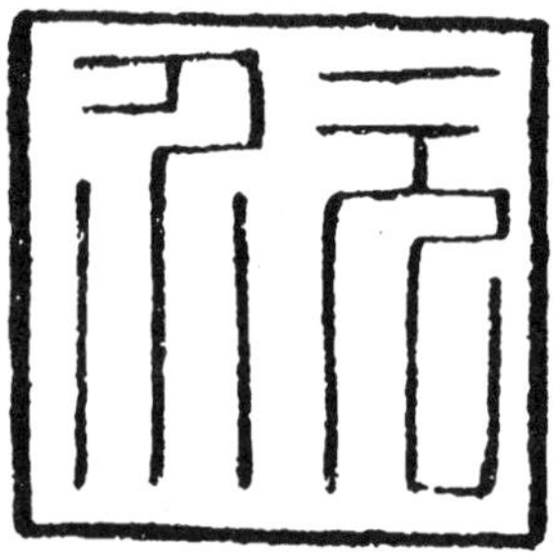

金精廖公秘授地學心法正傳畫筴扒砂經卷一

宋　虔州金精山人　廖　禹著
豫章栗塢伯才甫彭大雄集
明　新安星源孟隆甫江之棟輯
古歙承景甫汪元標校
季常甫吳公遂閱

内集上

龍有貴賤

龍之本一也，而散於萬殊，萬有不齊，亦生物之情也。富貴二途固輕重不遠而清濁之分乃高下懸絶貴而清也本於山之形勝爲多富而濁也本於水之會聚爲多形勝之全近祖近宗排揷參錯互爲纒翼其體雄大高礭力量甚巨水雖去一去一鎖凝滯不活氣去又回得山水之全山中固多貴也會聚之中遠祖遠宗括派收支摠於潛藏其滀深澄泓溥力量亦重山雖來一來一盡舒緩坦夷氣止不洩納山水之會山盡固多富也將相慣於西北西北山之起祖處也財賦優於東南東南水之會派處也此特論其大槩耳

童斷石過獨

童者童稚之義，陽氣未足，不能成生物之功，故不可葬。若皮浮而裏堅者，又可葬也。裏堅則陽氣漸潤，去皮而循裏可也。

斷者斷絕之義，陷處風吹，雖成脈，來脈被傷重，故不可葬。若崩洪，又豈可棄？脈藏水裏，有水爲之庇覆，形雖斷絕，而氣脈潛運故也。

石者謂其堅確磽薄，若分片段然者，生氣不存，不可葬也。此特碏礫嵯峨，孅於燥熖，凶塊利刺，眞可懼矣。若渾淪成

質五吉見形誠吉塟也蓋氣生潛藏何堅不存況石乃地之骨豈有有骨而無髓者哉

過者龍行未止生氣未住故不可塟若勢成中畫前後左右俱有應顧又穴星另落堂氣似周雖臂分行亦不爲洩氣牽勒中落是也何不可塟也

獨者衆山俱凶而一山稍吉者謂其失朋不可塟也因其外受銷鑠內蓄狐疑若挺然獨秀迥別異常如冬嶺孤松仰天一壺又曠野夷崗則爲平中一突安得而不塟哉

來止者來處便亂飛走是也止處便治定靜是也亂處有

治、衲落是也、治處有亂、分落是也、
龍倘遇四凶、高大雄偉、蓋疊重疊、兼以沙水甚美、如堆甲
屯兵旂鼓等山俱陳、可作邊將侯勛論、若堆甲等山不見
必是內寺尊榮、龍體不足、後必消耗之嗣、然遇甲兵旂鼓
等山、則雖彼此之性情意味、協和相濟之功、武爵可傳、而
人丁終不大旺、

山有氣勢

氣勢乘山之切要工夫、來山爲勢、成山爲氣、有勢而無氣
多矣、乘勢者福澤淺、乘氣者福澤遠、何爲氣成星體是已

古有以一星體、分九變穴者甚謬、不知後龍一伏處、是一節也、前節之具、體貫乎後來之脉、脉乃前一節之種也、種一氣味也、既甲既折、既華既實、亦一而已、豈有又桃又李又柰之變態哉、斷無此理、

山之面背無定、在有情即面、無意即背、山根於地如浪起於水、去處是後、來處是前、體有前後之分、用無前後之別、向有二十四分、面有二十四箇、面面可穴、以堂氣爲憑、有堂應則爲眞面、此論正體、及平面星體、若變體穴星、自有一定之眞形、無前後面背之疑、如直橫曲、及飛潛龍之變、

依後一截觀之、

正中有變

正中有變者、正形既著、復於星地面上別、分析爲頭足者、變也、變亦有九體、非特體面具形、亦有山弦上若伸若縮重疊而見者、亦謂之兼、非特微體单形、亦有山弦內邊顯邊微、四圍可指者、亦謂之貼、

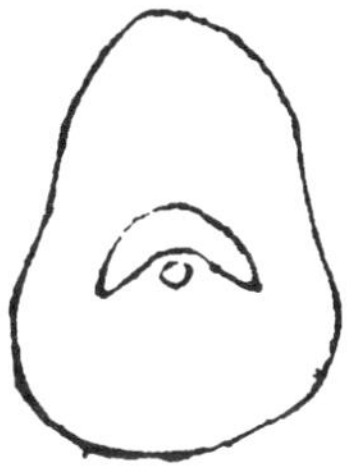

襯是正體太陽

貼是開口太陰

變中有正

變中有正者、開口雙臂出口處圓、則爲正金、曲則爲正水直則爲正木、尖則爲正火、方則爲正土、懸乳乳隆處亦然側腦之懸乳、单提之穴簷、沒骨之受凹、諸體之立穴處、必正星體爲之正、

襯是變體太陽

貼是正體太陽

懸乳似開口

乳大平闊者、而邊臂脊若瘦、而乳面平鄭、穴處坦夷、界乳之限亦微、只有微起、如掌之覆而立也、只有微陷、如掌之

仰而立也隆長處皆如常體而無異當細尋其窩突而穴之

乳大平闊臂瘦微起乳界欠明

有如淺體開口亦有無貼二體

没骨似懸乳

没骨之形似懸乳者短者爲懸長者爲隆懸者爲乳據乳而穴也長者爲隆去隆而尋口也口要爲窩兩腳欲抱口深忌剖腹口横忌腰長剖腹合處受水腰長軟處受風雖有應樂皆不可穴邊单邊雙股大股小皆當依此論之如金水天財星辰又當審其脊之似浪波翼之似衙帶皆當

以掃蕩求之、

懸乳乳長將及龍虎乳星穴明卽是沒骨沒骨乳隆未齊龍虎乳星可乘卽是龍虎

单提亐脚不同

单提星辰、股短且直、微有轉尖者是也、穴欲挨股亦循其隆、隆處氣鐘、鐘止之處、亦當以五出法求之、股短而圓曰垂金、亐脚之轉處要深廣圓凈、先亐者先穴而到、一如迎待之意、清整如蛾眉者爲正體、股行處若陷、轉處若起、至

穴前如高低金者、皆以合璧論之、又有金水天財、紫氣㨾者、是身所帶之前案也、亦有兩股、股長者先、短者而到、故日先

单提垂金

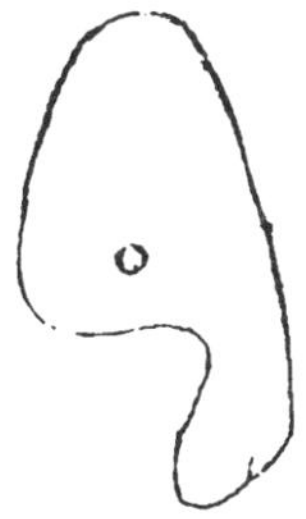

弓脚轉金

二金合璧

金水作案

側腦與泼骨相似

股大股小、是邊重邊輕、邊麤邊嫩、邊高邊低、皆泼骨體也、側腦乳長星體者、似之、乳雖長還有脚抱、乳兩邊弦處受合水、亦有乳坦夷、如人胸膈之體、胸體開廓、而兩臂又瘦又微、亦有水界而墜下之止、如人之腕肚垂腹、然懸乳之

變格也，此格如襯，懸乳如貼，懸乳有內之分，以其就體而可穴裏肉也，此格有外之分，以其俟另氣而後穴體肉也

側腦乳長

似沒骨

沒骨乳長

似懸乳

開口似懸乳

開口之體，出口處固有定法，何以有懸乳似之，開口之體原無另變動而受穴之處，必有暈之窩突突之大者為貼，小者為息，二者精氣特露，形體亦著，皆當以藏法消之，似乳非乳，

開口淺貼體

隆似懸乳

懸乳微開口

淺似開口

蟠龍似懸乳

蟠龍者穴從邊出、龍從邊行、股邊之尾迎過穴前、此眞體也、又有龍從邊行轉處亦分一股、以奏成龍虎襟、此造化客護穴體、恐亏背處受孤受寒、故也、而分股等處微有脫下、實非懸乳、

蟠龍奏成右護與懸乳右臂小者相似

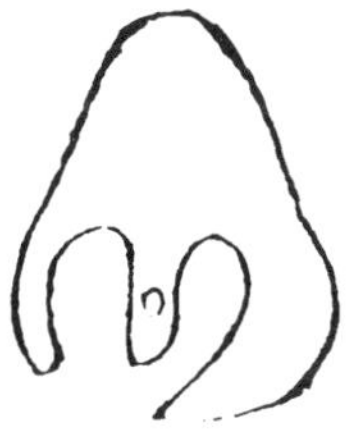

懸乳右臂小者與蟠龍奏成右護相似

平面無吉凶

九變星辰皆有平落者、五吉何以盡之、辨之不置、嫌於穿鑿、謂其皆可穴者、此說爲當、

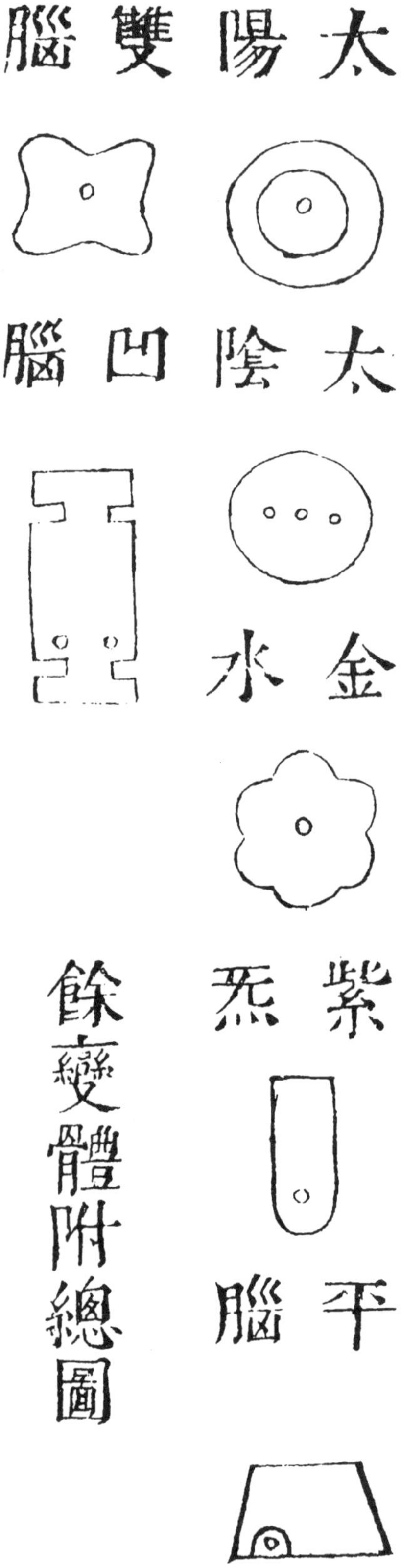

餘變體附總圖

平面無分者魁體、俱依於一土、土多則能制殺、爲力反重、

高山有擇者魁體、俱盛於爐風、風多則能助殺招禍實多、

畧起高者要大微低埋者可小、要大者恐是尅體、欲餘氣以障其風、可小者雖是尅體、就水土以殺其凶、二體俱因乎上、畧高者去土稍遠、微埋者根土實多

没泥龜微有形也、捉月穴揔有勢也、微有形者、形方露而潛氣實多、揔有勢者、勢俱到而鍾氣實盡、

騎龍穴勢成上聚、穴宜居高在星體之頂者、謂仰高穴、在星體之上截者、謂凭高穴、在兩山相照者、謂騎龍穴、仰高穴要平面合諸體、凭高穴要上截成諸體、騎龍穴要出脉處成諸體、不則勢促而氣齑、雖發亦不耐久、貴龍亦只富

而已、三體要應近、或外山仰迎、或自己帶應迎、應高者遮絶外朝不見、諸峰爲奇、蓋穴高則顯露、遮則晦藏、高而晦者難矣、四峰畢見則嫌亂、亂則似欺、猶喜龍虎脚交衛翼、頭端脚交、則氣不下洩而成升、無聚氣之堂局、有洽穴之鎔氣收用一也、頭端則情不他顧、而意向專、無親帶之龍虎、有招來之意、氣捍禦一也、

回顧遶回爲宗派之親、近回、爲肢體之親、宗派之親情義隔别、借水而通氣、合諸派爲一淵、故大、發福稍緩、肢體之親、意欲通週、氣行水到、揔元辰而不洩、似淺、發福爲速、然

坐虛者、多是囬顧之體、囬顧之龍情在父母、互戀既眞、副顯必力、前有所恃、後無所怯、自然之勇也、坐雖虛缺、勢亦專雄、故坐虛者多無樂、若坐後有外山、或橫或直或高或低、或大或小、所處益尊、則趨事自遠、雖則同宗同派、分則有輕有重、

圈金爲催福者、非謂其氣象張如、蓋貴其護衛縝密、若出一二節、只作展趨論、非圈也、圈取其一體之分、衛取其情義之密、有欲即投、無求不副、子弟之衛父兄、手足之捍頭目、供其嗜慾、專且力也、肢股壯大、圈中寬展、爲上、瘦體失

龍、一發即敗、身薄而效力既速、力盡而欲繼亦難、合形格
而無驗者、吉凶之星未察、故合體不及真體、偏向不及正
向、
裁剪非謂絕無、而僅有也、一龍之來其止、錯亂、其形、怪誕
千態萬狀、有非一節可盡、必本之吾心之明、發於觀察之
精通、而一之變而盡之、不泥舊規、亦自合式、是授受不能
盡其術、人事無能與其力、巧由心悟、神與理一、可以語權
哲人之事也、縱橫經緯、穴向萬呈、即非遷就之謂、
騎龍順龍、凌高之氣、迥出尋常、獨出異趨、風寒之所侵奪

也。上受侵奪，下失滋養，謂之失據。此鎔穴之氣，所當先究。龍虎腳交爲尚，近水口交結亦佳。石體者爲妙，散見若星布，錯礴如鋸齒，皆眞形也。

斬穴之法實多者，蓋一山之來，生氣潛乎。前後大小遠近左右，無不通貫，故成穴星處。生意一聚，自有全局。欹斜曲折，過關度峽，分肢分臂，萬有不齊，能諳其法而乘之，皆有穴也。氣運潛通，周偏浹洽，無有無氣之質。察質凝氣，雖小大不同，皆爲眞穴。察凝之功，惟能權者優之。

水穴之患，以其無氣聚水之地，陰弱不載，或是交界，或是餘曜、支界則爲歷歌、餘曜則爲沙灘、水之所止、泥沙相將浛清磅礴、腐根朽物之藏也、居與塟乘之、皆致絕滅、有俗塟水致福者、諸龍之會、氣勢之全、恰於低凹心成穴星窩體、水溢清溫、氣甘勢煥、投骨於內、經久不敗、譬之山谷之中、氣勢攸聚之泉、投物浸之、千百年而不壞、泉靈故也、又城墎大地、多有乘虛搆樓、居者人財兩盛、亦鍾氣勢之鎔養故也、

平坦之地、不可以其體常寬廣、而棄其陰穴也、有突便據其突、有窩便據其窩、皆爲吉塟、蓋體雖散蕩、而中聚之氣、

有時凝露窩突乃其凝露之氣也、平坪周正穴其角、角乃折處、周圓穴其頂、頂乃聚處、半圓穴其弦、弦乃止處、穴角倚法也、穴頂葢法也、穴弦粘法也、凭高之穴、不問何體、俱求暈心、作何穴由其出面、星體孤微惧以平坪法消之、高則體露、露則孤寒、安能求房分之均權而通之與物宜之又存乎人、此扒砂融通無滯、變化無端、非上智不足以語此、

金星斬角、角上氣完、勢盡而乘之也、何一星之全體、而到此獨有些處可裁耶、全體之星渾淪、而暈不見、一角之上

伶俐、而氣可擬、凹暈似潑骨、突暈似側腦、且金周圓而未變、至角始缺而將生、故有此法、

土星斬角、土至角方折旋、折旋屬變、屬動、惟其變也、勢老而氣嫩、惟其動也、有生而無死、是全體平正、無可投穴、角轉換、方宜乘氣、

開口星辰、身聳勢立者、又不可以氣乘上聚論之、生口則有股、分股則氣隨、氣隨則意恊、股既在下、穴亦居下、臍穴是也、或吞或吐、又當相其暈之所止、

兼體貼體

合氣與無體不同、貼體與曜氣不同、察氣者當審乎此、似高金太陽勢既雄大、無氣以統之勢、亦不足取、蓋天地之具形、多有不足之體、外體爲勢、中涎爲氣、欲合星體爲氣、中既完具、外必形露氣勢之謂也、經曰、地有吉氣、土從而起是也、

金與土合、則爲太陰、金與水合、則爲金水、此合體之吉也、氣味相投、形體相生、金三而水兩、以金而攝水、則金居中、而水輔之、兩清之象、俱存之名也、故曰、金水兩金一水、金實而水浮、合之則爲土、實有之名也、足以承天而長物、故

曰天財廣之有凹腦有突腦俱以方形足成三體

太陰

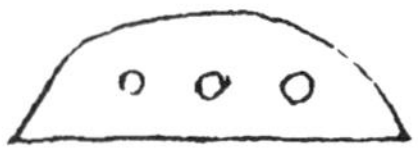

金水

凹腦

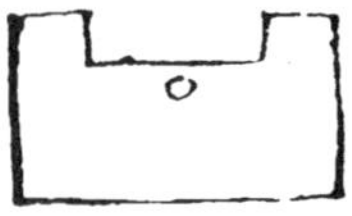

突腦

合氣之中亦有兼體兼則一星必具五體蓋得五行之性以成形者天降之衷也兼體固不忌而孤罡之合體者深忌之何也蓋兼則渾淪合則專一金與火合金與木合專一之謂也所以有尅尅則相戰之地生意蕭索金頭火腳金頭木腳不但見於兩傍前後左右皆有之凡剛飽者不可犯此兼而稍露偏駁之謂也如能以法制之終歸於中

和之氣兼体合体玄於渺茫達而用之可以入神、

兼

金合火

金合木

兼體性之著也、貼體形之微也、貼體亦有吉凶、本體俱足、而貼體有疵、亦足以為殄滅之招、貼星亦有九星九變也、故

太陽貼體太陰

太陰貼體金水

紫炁貼火

火貼土

土貼金

九變類推

兼體貼體曜體既辨八病四病文不可不細認之分析嚴明各體自成矣、

山暈之似者有三、曰貼體、曰走珠、曰倒氣、此吉氣之外、又有曰癰癠、曰遊胲、此二者、乃本山疾穢之氣、散見而露形、不知辨者悞之、禍亦不小、辨之之法、貼體之形、宏大而展舒、走珠之形、或三或五、多是金體、微有串珠脉、倒氣之形、上瘦下微、癰癠之形、龐癘、脚下頓峻、遊胲之形、突尖脚下頽散、

走珠

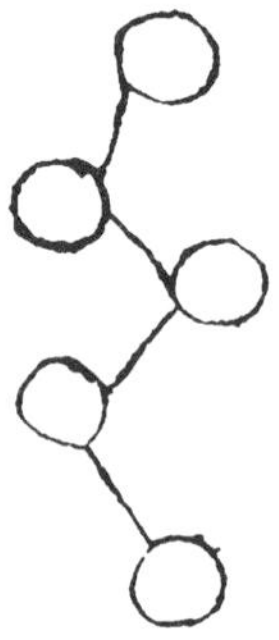

倒炁

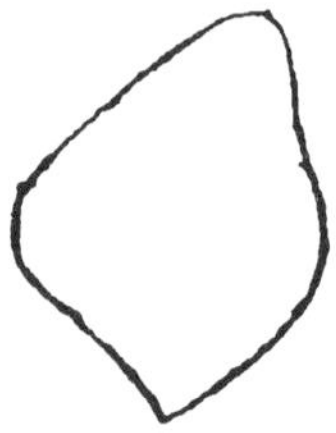

癰癠

遊胲

邊明邊暗邊硬邊軟邊老邊嫩亦無體之過也、硬老等忌、

亦兼之凶者，就軟就嫩，即乘氣之謂也。然此毫厘之別，明目者僾之，到此地位，工夫猶窬，順其本然，以適其當然耳。雖有天星卦例之説，將何所施，羅經之麤迹，恐無着落安放之地，故曰倒杖之法，聖賢傳心之要也。

立穴不可失之毫厘，立穴之暈，每根之貼體，貼體之形闊大，立穴之暈狹小，穴暈有定所，則暈形有吉凶，九星九變，隨之而具矣。失之無辯，則乘之以禍，此氣勢俱僾，而壅多一發，且禍患相因，有遺擇卜之恨，故聖人重裁成之道，急惡有轉移之術，惟謹乎此耳。

立勢之山氣浮穴宜高仰勢之山氣隆穴宜低此以宜勢而言也急來之勢脉直穴宜緩緩來之勢脉縮穴宜急此以山脉而言也立勢穴宜深仰勢穴宜淺急來之穴亦宜深緩來之穴亦宜淺然亦不可以一槩求之又當參以肥瘦高低大小六格臨時應變還當審量土之止以爲消詳之法古有以星體定淺深不可泥之

看高山之星體置身於山脚直立正視求其頂也看平垐之星體置身於巔頂旋身周視求其弦也

環會之山多是石體而中有一枝其土成星作穴亦不廢

其貴貴亦清也、環會之山、多是土體、而中有一枝、土石参錯成星作穴、亦不廢其貴、貴而富也、蓋石乃肋骨之類、土爲血肉之用、肋骨之類、性情清遲、血肉之用、性情重濁、彙有窩突、山體之情然也、不問五吉四凶、俱有之、使不細察而詳辯焉、則混亂之弊、足以奪眞實之利、乘窩突之法、先當定其吉凶、斯可矣、

靠山作居脫落、後龍成星體廣、而出者爲尚、穴以另成、而氣愈壯、局欲過大、而享愈尊、乘氣者住久不替、若不能另成星體、近接龍麓者、欲其裙褥寬廣、堂局隘窄、裙褥寬廣、

雖餘體，亦有餘氣乘其揪斂之止，亦可居也。欲堂局隘窄者，本主終非正氣，不能擔當曠蕩耳。乘氣者，久則不振。

龍虎所以衛區穴，一有病處，則關房分，此非齊到之說。如人孕胎之時，或養育未周，或支持未全，竟有手足之累，左不利於左，右不利於右。善脩養者，富之以扶持之人，厚之以衣褥之奉，庶免偏之害也。此猶臂之穴，務在培植，過於周密，斯爲善也。

肢持者，護衛之別名也，較之凡百助佐之用，此爲切身成星之餘氣，散於四圍，又成一家星體者是也。亦有水痕浪跡之界、比之曜氣不同、曜氣拖於兩傍、此體周於四圍、或穴星重疊而見、或四圍雜態而見、連穴體而分析者爲的、局富者、立穴之外、後龍前砂左右龍虎之外、局內零細星辰雜陳、畢見塞實充周、有餘之象也、五吉多貴而良、四凶多富而灾、

前官後鬼、官爲尊貴之義、鬼爲幽晦之物、官露鬼藏、本主自尊矣、

前應要官、欲其有恊朋也、若外山疊應亦佳、後樂要鬼、欲其有陰相也、若隔水露形不妨、

曜氣體之餘也、充大而挾帶者、吉凶俱無所擇、亦微有界限、以見本體之眞、非雜而無別、界限之地、有似沒骨陷臂者、不可不辯、

御尸疾主、泥經文者、不察其旨、凡先穴而到應有起者、即呼之云云、不知尖圓方曲、皆爲盛貴之符、稍遠而不迫者猶佳、地理本於人喩、龍虎即曰手也、擎拳可也、升筆張笏亦可也、豈聞以已所執、而犯已者乎、壟骨之後、介人之祉福、如笏如璽、龍穴砂水齊到、開局胥成、吉氣奇致天然、而大然之靈萃之一粒、如尋丈之木、生於一根、瓜瓞之綿、萌

於一芽、不能乘其粒而用之、局雖吉則招祥不久、而衰敗隨之、陽明陰晦天之運也、況陰雨之時、多猶君子小人之勢、常相札也、況凶體之山、雜出間見、貌似君子常多、無法以別之、幾何不入於敗、

穴星爲主、砂水輔之、穴若的當、而砂水有虧、不可棄也、有虧云者、大體從吉、而四凶俱參錯耳、終不能自救其力、若反爲全吉、則制禦之法、不可不加、

交度

交有遠有近、未有有山之分、無山之交者也、亦有外之交

結繫固、而內則空虛、是蓋天之生物、未始無慾、一陽卽有一陰、但有輕重、水口頓拔穎異、由內之攝主豪偉布、而爲羅城捍禦之山、自然尊貴、周密水口、委靡醜陋、由內之攝主闒茸布、而爲羅城捍禦之山、自然衰弱不振、是皆分宗之地、從類而來、蓋無差錯、此交度最關輕重、交愈多則力愈重、善察地者、擡頭望祖宗、驀地想交會、故古人觀地只於交會、觀風俗之貧富、則於水口、觀人品之輕重、則於羅城、入境而知俗、望山而知人、水低小而金沉重、則驕淫、土斜徹而石交結、則儉吝、木受侵、而人財不振、土單雄而士類咸亨見火虛斜、無木焉以統之、不殺則亂、有金欹側無土以承之、非貪則盜、没骨當門、號爲誨淫、肥金枕宅、名曰儲錢、左有蟠龍、招怪常多、右帶先弓、稟庚有剩、

塞洲之力最係、輕重由其局內局外布設續密、無少遺憾而氣之盛大、發於持滿之餘者、方有此洲也、主體尊重、則洲形遠大、主體柔弱、則渚形卑小、高起而穎異者、曰天柱、橫截而箕踞者、曰地梁、砂石攘形、名曰逆鱗、泥污雜體、名曰臭銅、

局內禽獸二曜、俱欲蔵伏爲貴、蓋二曜乃外侈之物、實玩

好之供、富貴亨泰之象、非爲正助、乃喜埋藏、使其掌雄周列、必致後代不祥、

一陽二陽、堂氣雖難協形、亦要窩圓、內用外用、諸砂腳逆轉者爲佳、綜其齊到之形、理夫胎聱之患、不當委諸天設、亦可相以入爲、至三陽形勢俱大、又不可以此論之、

求地善壟

富貴宦族之人、已受天養而生、有天者未必歸於地、是猶云嘉禾之種、不在得地道而成樹乎、必得地而後甲拆、信有天者、成於地也、投之於肥則實穎、投之於磽則實粃、故

地又不可不擇也、得肥沃之地種之、無法如區、太廣如穢、太厚不接、生氣十無一生矣、

龍穴砂水、齊到者也、天地之生物、亦從其類、四者若吉俱吉、若凶齊凶、蘊而爲性、發而爲形一也、俱吉則善矣、若凶焉、雖藏殺露殺不同、其中人之禍則均、故疾主卹尺、殺刀反背之類、皆自遺之禍、斷非制禦可免、使作爲能勝本然之性、何厚加堆培、大作修爲、終不能去患者可監也、又云、龍砂水俱僞而穴星則吉、可謂從其類乎、不知僞君子似吉者多矣、細看之必有差、四凶皆屬殺論、吉葬之所深忌

也、四凶亦有不可廢者、龍穴砂水四者、所帶之曜是也、及門戶捍禦羅星之類、半吉半凶、雜出而形見甚足爲局內之助、富貴之何如、亦以此推分量、

愼穴

穴星之氣勢最難知、忽之毫厘、功則胥壞、非龍格可畧、龍失氣而逐重、或可挪移、穴星無氣、絕滅隨踵、

証穴之審

穴先審其五龍、次定其四落、然後求其五星、五星既定、又是何變、擬定其變、形眞體正、斯可論三勢六格、先綱領而

後條目扒砂之心法也、
穴竅宜狹不宜闊、蓋由山之生氣斂之一掬、蓄之分寸、猶人之身體大幾尺許、亦云大矣、而心之竅孔經絡、止於毫厘、未有因體之大、而針而灸可縱法也、倘假縱其法、則受傷之餘、內損實多、從而竅加培養、不能復其故態、外雖厚食重裘、無益於內損、終於病人而已、求竅法者、不可不察、居山中者、相其餘氣將盡之處、旋作金池、收拾外內停滀、亦培養元辰之大策也、天井視其客土、而必加深鑿、實以少砂、令其吞潤可也、今居東南平埠、累代富貴、不乏者、以

其妝外聚者、多養內滀者、裕故也、

池內實砂之法、亦可通於蓺穴、星脚餘氣太廣、不能旋作兜金、穴前有此制亦可、面前橫水、當屈曲之灣者、非割之見斗角之朝者、實射也、

出乘其出、偏乘其偏、孤乘其孤、察龍虎之穴者、亦此可知龍虎豈有定分哉、循其性情、亦一止也、只要穴星應照的當、

竅身者、和其過也、妄穿井者、耗其元氣、遺灾不少、斬堂者界其混也、妄肆斬鑿者、傷壞穴體、促敗亦危、平埒可肆斬

鬱其氣沉也又以外聚常多内潤不少身體盛於滋養之餘雖耗之便不着損山中有忌有病其氣浮也又以内聚常少外潤絕無身體弱於是養之餘一耗之易覺損傷作壙欲厚但不可傷骨厚不隔氣以薰蒸自致透徹如投桃李芨於地有外肉有内骨彌縫甚固一着生氣徐徐自暢是既枯之類也每假生氣復有生意亦足以察死骨之義其發芽處二十四向無不明快此方隅之不足信也

審地之法法旨熟於人心法巧欲存乎智法用欲精於敬敬有不存則精神懈怠惟見其山形之紛亂矣蓋山脈絡

關鍵、來止交加、萬有不齊、一失之初、遂遺其終、而中之竅發間見之妙、爲得而見哉、

居山中者、塟骨宜先、居處氣薄、故欲收別山水、借陰助陽爲重、然後生成、而入財可旺、居平垾者、塟骨次之、居處氣厚、故一得據中央之地、無陰單陽亦重、卽能生成、而入財便旺、故平垾多不塟而盛、山中以失塟而絕、不塟而盛者、陽有餘也、失塟而絕者、陽不足也、

或謂分經具於盤針、不知山質毫厘之間、自妙乎分經矣、故認暈既定、當依法立準、得之於心、卓之於目、不可毫厘迁就也、

內集下

來山爲龍、成格爲龍、格有輕重、官品隨之、本法皆有定指、然此特神其術耳、大凡貴重之格、主體必端嚴、蓋從必重疊、護衛必周密、佐使必伶俐、局內必塡實、局外必戒肅、缺一貴次之、缺二貴又次之、輕重則可類推矣、文士三元、清要之貴、士重故也、武士冑門、貪酷之類、形參故也、

見山而知龍、見龍而知穴、見羅星而知水口、見水局而知成局、此善觀山者也、

執要領、斯識其綱維、執綱維、斯識其會聚、山之貧祖者、謂

之要領、水之圖環者、謂之綱維、以二者而知山、所謂大聚大會之旨、

龍貴遠來、或百里、或五六十里、或二三十里、而富貴之大小由之、蓋貫通之氣、雖運行有常度、而會合之氣、必建方結聚、結聚之處、諸山效靈、專主於一、不分於他、欲結穴必先營主、主山一局之望也、主山三五節之下、不可拘泥到頭、凡周圍四傍、何者非其所爲宗耶、善卜地者、多方乘之皆足以致福、經絡之繫係於一本、肢體貫於一鼻、人之一身、灸穴針竅何但千百也、而貫心之液、通氣之會、一而已

龍之初落、其穴星隱藏、一如閨中美女遮頭掩面、龍之中藏其穴主顯揚、一如閫外之將、特出異超、
凡真龍將欲結聚、山到則參形雜態、其勢似亂、水到則會演繞流、其派實紛、明目者乘之、擇其超然穎異者委用焉、斯得龍矣、

穴星成立、諸體分量亦不甚相違、惟後龍乃穴星之托蔭、倚之以成功用者也、要其所成之分量則異矣、起祖之遠近、以觀其年代、作勢之雄偉、以觀其利澤、始見之令人心駭意悅、詳觀之令人志得願滿、斯爲尚矣、

龍盡之地、力終氣盡、而每每爲今落鄉村者何、是蓋天地開闢、蕩漾成形、欲盡之處、皆水泥相將上、雖繼山尾而成形、實皆虛渀而無脉、故堅凝者爲尚

龍取變化之義、頓伏軒昂奔馳踴躍者爲尚、擬其上則失之下、擬其大則失之小、或隱或顯、莫得而方、體之其神矣乎、若可以羅經拘格、能馴能畜之、此物之常、非龍也、其來其止、蓋非靈於心巧於目者、不能卓也、

旣入之遺、括諸脉絡之清液、止於膀胱、停滀既久、欲隨氣盛、迴散於百肢、夜寐滿脹之餘、逮天明似覺舒泰者、可驗

迴散之謂也年壯而氣盛、氣盛則能把、澁其清液、自不乏濫、年老者反此、此龍須要細嫩、

裂斷處爲過峽、乃一宗至此、親屬已盡、德澤已斬、欲將生新而另作支派矣、相續處最怕孤寒前去、子孫種類於此、故欲護送周密、欲繼處爲胎息、形未具也、已繼處爲孕育、形已具也、四者之間、涵天而天未足、體物而物未完、此乃卜地之一大關節處、見其兩傍迭送、作何星體、有何工夫、便知其地之分量、欲峽處若成星體、亦可穴也、以其佳處意多、去處意少、

審地之法、莫切於近取諸身者也、人之一身、即山之一體、骨肉血、即石土水、人之上截、骨多而肉少、收斂而未開、即山之起處、突兀而屬陰也、人之下截、骨麤而肉多、恢宏而張大、即山之落處、平伏而屬陽也、屬陰者其氣發揚、其穴顯露、鼻之準頭、即落穴之所、而華池即堂局矣、屬陽者、其脉隱藏、其穴深沉、心之尾頭、即落穴之所、而膀胱即堂局矣、

石山土穴、後龍穴星皆石體、而成穴處乃純土、固爲土穴或穴星土石參半、則穴掘循其土、以土成暈、土具氣亦具

亦爲石山土穴、非迎合其土也、土山石穴、後龍穴星皆土體而成穴處、乃純石、固爲石穴、或穴星石土參半、則穴揭依其石、以成石暈、石具而氣亦該、亦爲土山石穴、非迎合其石也、

穴之上貴有天輪、穴之下、貴有土階、俱以重疊爲貴、左右如蟬翼鰕鬚、亦此類也、圓方互見者、亦善、

天輪

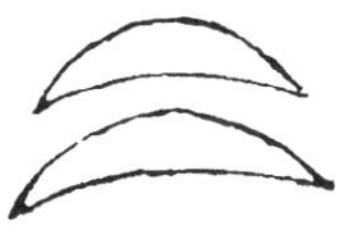

土階

平坪地立穴處、多無礓土、亦不病其爲吉壟地之生體

起於石、而終於土、亦人之生體落盡處是肉、肉處未嘗廢針穴、高山純有石體了無土者、鑿之成穴、氣亦該之、則剛中黙有柔也、然則平垟純土、穴處無慼乎、其無礩、蓋礩亦石之類耳、只要成星、便有氣存、是亦柔中黙有剛也、剛處須是任氣、然穴處土自是堅實、推而盡之、石山底未有無土者、陰根於陽也、平垟土底未有無石者、陽根於陰也、故高山平垟、俱欲深葬、循二氣之道也、葬未能深造者、星氣發揚、乘表者可以倖裏、但發蔭遲遲耳、

仰高星體、要有弦、嫵於渾淪輩飽孤曜之類也、九變皆有

仰高者、而立穴之法、與立體一般、氣勢猶當細審、吉星貴顯出、用神貴雄偉、山之形體、當別吉凶、倘團聚縝密、堂局可觀、而莖無一發者、卽部伍之假也、五吉之星不出、而徒有四凶之山、部伍之假、招亂亡之階也、

山之質土與石而已、非石不立、非土不具、但其出面有偏全耳、星體得吉、生氣潛藏、造化揫斂、雖純石皆可穴也、

立穴取上分下合者、一鼻兩傍界水也、脥之兩微突、卽穴傍小龍虎也、天柱卽蓋星、地角卽近案、兩耳卽掩耳山、平垺所以難察者、其穴在中心之兩傍、亦分合也、腎與命門

小龍虎也脇爲益星脾爲近案理同而形藏智者一以貫之

撼砂經裁地之法甚多絶頂非高遠泉非卑隙塢非幽起泉非窮

山中之穴規模氣象俱爲狹小而亦致貴者何也圈維隘而體常聳拔居最深而戶多結鎖後龍必有穿帳水口必有横土自是一家局面

凭高之穴與天穴不同天穴立體氣浮暈高上聚正變體俱有之凭高貼體之類在高頂處成諸星體止於上截而

諸體體上又有天地人三等作穴，

石山絕頂者，多僊侶，土山絕頂者，多文士，山上有泉，龔人之水也，山之有滀洩出之水也，非散洩者，輪龔廻潤之，則山爲枯槁之頑塊耳，要之一氣流通，循環無窮，水因之也，天地融結之餘，去而不絕，皆爲支持之曜氣，凡有星體支脚處，皆可遷就而穴也，交度肢脚，最宜珍重，箇石片土，足以爲動心之憂，近則近應，遠則遠應，禍福之生，人所不察，衞生之道，所當詳辨，

倘龍佳勢結之時，使真氣模糊，局雖佳，亦當舍之，當擇其

另落、如出乘其出、孤乘其孤、偏乘其偏、

平坪地若下手未到、護山似遠、則其情性已有中聚氣象、詳樂應而斬之可也、未盡處亦是支持工夫、發福不快、

上聚之體、非只穴星上而已、四山峰巒重疊照應有情有意、若陪而酹也、若誘而向也、皆爲上聚之証、佐中聚之體必有齊等之山、若兄弟之協和、若夫婦之伉儷、外山之羅列者、復有高低出沒矣、下聚之體、必有平伏之砂、若几案之在御、若琴瑟之在玩、而羅城重列者、亦有隱見奏集矣、

內氣不出、聚爲鎔穴、外氣不入、界於堂戶、鎔穴則生氣沖

融、化育自快、堂界則侵氣不迫、二眞自完、故圈體發福比諸體爲甚快者、此也、

地配天也、仰面而承天者、地之性也、故絕頂多順性而仰高、仰高之穴、天澤爲澤、天池爲池、故承其生成者自多、清天立體之穴亦變也、對方向之天、得一遺三、不若仰高之得乎天矣、仰高與平坦、是正對、方立面是變、緣山亦伏生之類、在二向者、圓爲頭、在方向者、亦爲頭爲面、但面背無定也、

奇形怪穴、多落轉合、幽閑隱曠、退藏之地、是蓋天地厚其

發、不欲習見而常遇、一遇智者輟用、輟効其功、用之大發、舒之盛有、非尋常者可比、蓋由其收山水之坤、會萃天地之鍾靈、如騎龍仰高是也、

单提之轉水者、與先弓不同、先弓是開口體、股長股短、長者過穴、收短者之股、故曰先弓轉水、體止於一股、先弓穴要起、轉水穴要墜、二體不察、恐洩盧氣、起墜止於尺寸、

单提

右左同

先弓

左右同

急來緩受、緩來急受、此脉不審、而悞乘之、一緩一急皆足

以致禍。穴來用粘法，窩來用蓋法。窩小用粘，窩大用蓋，固矣。然窩之深闊者，又有乳，乳細微者，則就乳；乳闊大者，又尋窩穴，小用蓋，穴大用粘，固矣。然穴之麤大者，又有口，口圓小者則就口，口扁大者又尋弦。此陽忽變陰，陰忽變陽，變化生生之機也。二體中各有五體，須細認之。

諸本無此圖義，余得銀邑祝氏本附錄之。

乳微

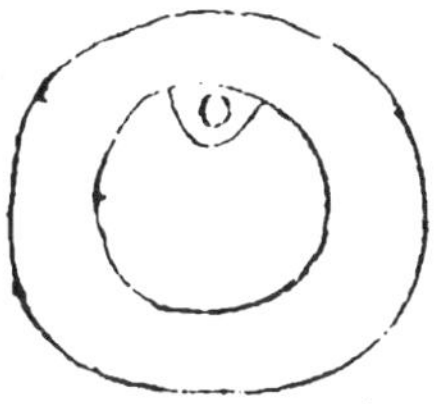

乳闊

口小

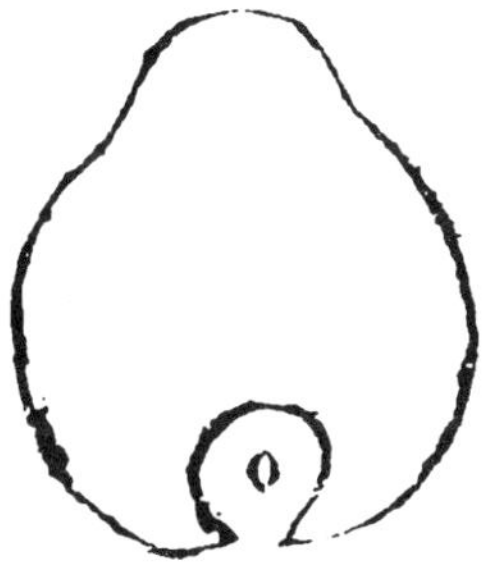

口大

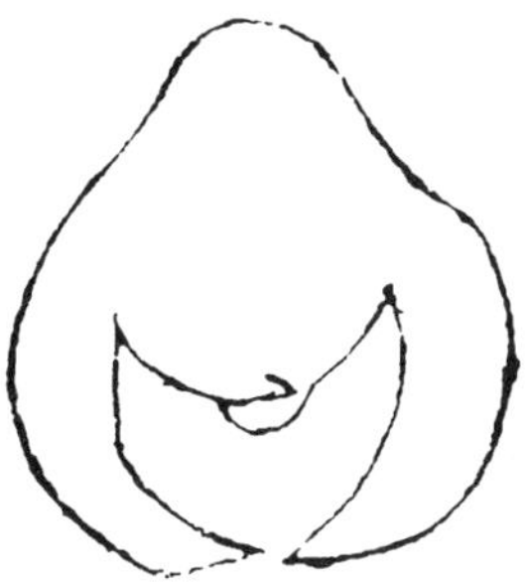

窩不可鑿心，突不可鑿頂，窩之心突之頂止極而無生之氣，窩心老陽之止，突頂老陰之止，鑿心者犯濕，鑿頂者犯燥，犯濕者主衰弱絕滅，犯燥者主強暴絕滅，窩鑿其茲，棄水而從金也，突鑿其礡，棄金而從水也，弦灣處是金，礡轉處是水，

穴取灸艾之義，方艾而故疹欲祛，既艾而新祥似臻，必諳脉絡，斯投眞穴，無傳者不可到，一星成體，一靈攸鐘，靈鐘之處，穴斯立矣，穴露於彷彿，靈驗於微茫，扒砂之法自有妙傳，

惟山勢來急欲另降不能，故星體麤入，但低露根芽，便可此接拋二星體最多，形不滿丈尺者，皆可莖也，亦必有堂應爲証，

局中任木，不若任土，土性之專也，局外任土，不若任石，石性之鋭也，性專則應清，性鋭則捍重，

粘法在木體之欲盡氣來急而徐乘之，綴法在本體之已盡氣硬急而脱乘之，接法星體已成，而又另成微形，氣既盡而又來之謂，牽連若重之氣象也，拋法星體已成，而又另成其形，氣老盡而又起之謂，界限實分之規模也，粘作

綴綴作接接作拋拋、俱主絶滅、拋接必認諸體察三勢、立穴悞用之、亦不發福、

粘

綴

接

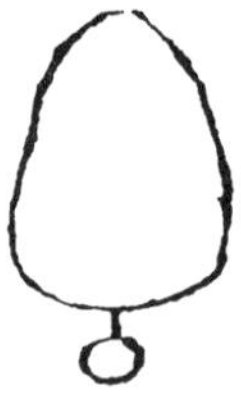

拋

陽地要大氣壯而力自拓廓、形體雖散、而骨格堅實、故隨在可居、若平地上起息象等體、又是莖穴、

大江之潮、直來非衝也、奇峰之案、壁立非壓也、石麓之奏灣非割也、隔水之突巘非射也、

逶托之山不亂、則主勢不重、朝迎之山不倫、則主體不尊、

暗拱之論、最得山水大會之意也、自其大氣象言之龍、大則繞亦大、山水重疊於四出者、豈能一一親覽其秀麗哉、要之性情相攝也、穴立於此、四傍未見之秀峰皆應也、實爲穴重水亦如之、

門戶有土則貴、火木次之、見之遠近、年代因之、張方爲向、斜側次之、

嵯峨之石、黑白不分者賤、大之應、片削之石、黑白不分非貴人之符、穴皆忌之、

零細墳實、深爲局內之富、夾持隨逐、足成御用之重、

主星之落處、視下手之山、皆爲交度之証、隨主山下手一節、助衛之規模、頭形若直去而奏、水脚有如轉者、可怨其頭去同賔來、下手一節伴迎之規模、頭形要突逆、而餘山脚毎向上者、愈重其頭逆內怨於上者、家人之佐使、情可坦易、外備於賔者、外人之趨旅、禮且恭肅、是亦外直內鈎之意、兩盛者必有非常之主、

天外一峰、誰謂狀元之筆、入懷特朝、豈非文士之雄、火秀不宜直對、招損之階也、諸宿皆是良賔、全福之助也、

勢雄大而主星微弱者、一發即敗、氣麤大而入首纖弱者、

終爲敗腐、主有力則能收 用用有餘適爲滋禍、故曰失主
不祥、擇用則危、此之謂也、
平垟之穴、四出之高山、皆 效用之至情、故地貴遶朝、高山
之穴四拱之、平砂亦效用 之眞態、故地重暗拱、
金針不能注員、木針嬿於傾柝、金水針入於蕩、惟土針乃
其性也、高而降自有邊高 邊低之勢、只要有揪斂之形、有
伏貼之氣、
大貴之地、任木不若任土、土之性情、其體專一而 未雜、得
其本質之最清、木之體自 土而生、假借之力、不若運機之

專、

高峰錯雜、不若一圓之鎮净、諸體軒昂、不若半月之灣環、欽長江之流者、揔萬山之秀、鐘千里之止者、扼萬派之潮規模闊畧、條理縱橫、導其發用、只於一粒、必得傳授之秘法、方得盡神妙而裁用焉、故天地間大地多秘、非秘也、不遇也、非不遇也、不偶也、

中立不倚、雖刀鋸及身、而此節不可變者、不有君子者乎、隨物移轉、因俗改遷、皆天性之未純、及治身之未周也、砂水激之而爲禍者、類是此擇士之不可恕、

案立前應切門戶之地，總龍虎元辰而一之者也。若前案其平伏，不必高削，五吉皆貴，不必取特實之趍倈，不專則其情意尚有他顧，足以驗主眞實矣。

案即坐下前所憑几，有此則尊大威嚴，缺之或手足無踱，此亦局中盛大之氣流行充塞者也。有同宗遠趍者，有同體近分者，大小不一，須只是合形，皆足爲善。五體固無所擇而貴之，清濁亦有由之者。

龍虎所以衛區穴，若高尖，不必論矣，而亦有擎拳疾主之累，何哉？蓋穴主之山與龍虎本一體而分者也，如人有心疾則手足疲瘦，而手足疾痛，亦足以動心。此內外一致之驗，齊到之謂也。

兩手兩足，固為頭目兩大龍虎也，極而論之，即支龍矣。支龍之來急直，翻身轉向，多衛身體，故多作囬顧穴。用手中之指甲，衛一身之肉，為止氣之用，故結地之龍其體餘必有石，石亦止氣之物。

砂水左右有殺，足以激主而為禍者之說不通。對匹顧視相染以成偏者，其即入鮑魚之室與。

官欄拜舞之形，龍虎身帶之外氣也，飄楊為尚，穩實次之

又有左右插旁之類、皆貴爵之品物、非順流之走砂、穴上不見、方是合體、

翻棺倒尸發塚、多有此患、此藏風審容、地理家首一事也、然風一也、旦晝晦明、山川變態、風力甚矣、未聞吹百斤之塊、使之東倒西移、地風雖赫、未必與外不同、蓋由不審之穴、泥水相將、滛潑之泉、逢春愈溢、況鄰廣大泉水貫徹、任其東西遊衍、到冬水浼一方、棺隨之而倒矣、

喝形之說、借假摸真之意也、星之正變、難以喻人、物之形象、可以曉衆、虎形蛇形、不過一金一水之似也、豈真傷人

哉不諳制殺之法諸形皆足以傷人

局內龍虎抱內者稍有土形石形单片成箇者代有過房乞養患眼墮胎之累平低圓淨文十之風昂逞巃礪武夫之輩牽引而來露行連枝者又非此論只作填實之具

兩尊俱美地之至貴者也然主賓亦有差別朝山太尊則有敵主之嫌久遠有凌主之禍作法稍消其特與其太尊寧失不及

貫山之氣無形之氣也欲其行而不止界山之氣有形之水也欲其凝而不動凝氣所以止行氣

水口即咽喉羅星即吞氣行盛大而形發有餘當水口而塞之欲令內氣之不出兩牙交結在羅星之外對峙畔岸亂石排列者是也

水止來氣貫其聚也聚則宏深則山無餘去深則悠洋則氣不分散山無餘去則力盡之氣運反復回顧鍾於一局氣不分散則停滀之餘潤次序回潤反於一本

水欲順不欲逆山之祖宗起於西北終於東南而水亦隨之矣欲逆之說果搏激過顙者亦濟變之道與向南大地多是順局亦未嘗廢其重

山澤通氣、安有土而無水者、滃溢之泉、污而不清、精液之泉清而有量有量云者、冬則歇矣、凡穴有泉、不可輕棄、枯涸之地、亦吉壄之所忌、

祖宗盛大、子孫必蕃、一家骨肉、一主一統、山中之地、支派未遠、護衛情親、能收其生氣、而穴之則易富重、平垟之地、遠宗遠派、門戶又開、相攝相屬、久而後通、是皆賴水爲之導耳、大江大河、亦滀水也、水止則情性自洽、感會之間、其乎自固、故平垟發遲而謝亦遲、

水乃止氣、氣止必有真比、比真必有泓滀、泓滀前後左右

深澄而不滿者皆至亦有腰結如仰高騎龍等穴不接瀦水落必乾流反致貴重此貪天工情性最多漫天皆水故也、

順逆二字、當究古人立言之義、蓋天澤人遺皆自上而下常理也、何至山水獨欲其逆乎、不知去而無關鎖者謂之順來而有停瀦者謂之逆逆者止也、如逆旅逆經之義、

龍貴天池、何也、臚骨之象也、其蓄有髓穴貴養蔭、何也、鼻梁兩眼之象也、其泣有淚、二所之瀦逢源之泉也、皆無竭期、

穴前兜金池不可緩聚、元辰之水、使之不洩、不洩則反本矣、以我養我之道、外足以助內、則山氣不衰、生氣自全、開堂不若築堂、放水不若蓄水、拆溝不若閉溝、

一支之來、兩水界比、因取其特、又不欲其界之太明、如明水交送也、邊陽邊陰、但成其界、割爲窩闊大者、又不忌太明、則傍無餘氣、無餘氣必無零細、無零細必無支持無支持嫌於孤、孤則弱、故孤崗单攏、縱爲盡落、亦非盛大長久之業矣、

尊大多中藏細嫩每傍棲、

壄有制御之法、亦輔相裁成之道、凡物之質必待琢而後成、凡人之性、必待教而後善、此物品人品具夫偏駁者、全之為多、

少則培之、多則損之、亦裁抑就中之道也、亦有一定之性而不能變者、如孤罡燥火三星、肢體頑石、雖乘除之亦難用、

掘塋之法、視其山之大小、以為廣狹也、外塋但去客土為宜、或失之闊、亦變水之意、惟水制殺、而山巒含蓄之氣暴發衝撼、襲人遺災、一見水即消矣、

穴用倒杖、亦承天之道也、于立穴之上下、熟視詳審、脉從何來、乘用何法、如當蓋而蓋、當粘而粘、以適於中也、決十有六、足以奪造化之權、成參贊之功、

山體不欲傷者、全其天也、多裁成者、相乎人也、不人不天、始乎天而終乎人矣、此制御之道、聖人所以妙化機也、

送龍之水、自內而滲出之氣盛而流行也、止龍之水、自外而襲入之氣停而囬潤也、故曰、送龍之水、欲其有源、止龍之水、欲其有滀、

傷者鑿也、穿鑿之智、招禍之尤也、執羅經而推步數、信卦

倒而妄鋪張者皆是也、

裁成之道、因乎質也、質具而形疑、不有以全之、偏之害不免矣、故可龍而龍之、可穴而穴之、可應而應之、可水而水之、相乎人也、嚴明於尺寸之間、別用於高低之際、初非遠於體而妄爲也、

制御之道、惟水爲上策、生成之相、在土爲全功、諸體多土者富、多石者貴、土形多貴、土石一也、金形多富、金石異也、窾頂者、來脉欲伏而未伏也、窾脚者、去脉欲斷而未斷也、窾頂者、消其來硬、窾脚者、止其去液、穴之闊狹淺深無定

法、視其體之何如、
高山穴前橫客土爲池、以收元辰之水、及天澤之注、平垟穴前鑿本土爲池、以收外來之水、及天澤之流、導之徐徐襲入、亦培養之一助、
山旣成星體、自是吉氣發見於外、中之潛藏生氣、益然導引之逐着于骨而發育矣、小乘其小、大乘其大、委曲遷就盡地之法也、立法嚴於毫釐、用法恕于大小、
心有定識、目有定見、用有定力、三者備而相地之道得矣、故曰、猶疑蓄心、野馬橫目、不可以語知地者也、

投骨於地而砂水之有殺者，徐乘其蔭，乃作禍焉。若穴處光明正大，自治甚密，雖客感不能入也。況有水隔砂斷，勢不相及者哉。由此言之，吉凶齊到之說，信夫。

穴星之成體，體上凡有傍氣，則當竅之，以洩其遙，否則亦足以遺心之害，故曰潰癰不除，則一身之吉祥難新。

太陽竅頂，恐其頂銳而近火；太陰竅角，恐其角尖而生火。金水竅肩，清其節也。紫氣竅圓，遠乎金也。天財竅肥，界乎木也。

龍虎前後支持之體，倘若加損益之功，亦當因其天，只分

別界限而已、若授之以私智傍枝、或栽或補、皆足以索位中之元氣、而致傷敗、

齊到皆吉、而穴星之體、張侈弘傳、高突之形、亦不分曉、此生氣潛藏、厚斂深蓄、涵天未足、體物尚慳、是不能發揚變動之象、另難栽擄、當循其脊、脊若高露、當循其弦、必大開客塋、去其腐肉、鈎其新胎、方可塋也、不詣其體而泛栽之亦足以致敗絕矣、

絕頂有泉、廻潤之餘也、是天地生物首尾通貫生意覃敷由物體賠生意、故外補之生氣、可以徐入也、散入則聚、出

入有量、則出亦有量、輪迴無窮、天之道也、故曰、天行健、楚骨之道亦然、觀此亦可以信彼矣、

結壙須用磚、不用灰、灰不若砂、一循之恐太薄失障、俱循之恐太厚傷暈、雙用之可也、上下四傍登對、如卵白包黃爲善、如法、有謂陽氣者甚謬、不知元氣之融物、何堅不入、何實不透、觀之金盤注水、而外成滲珠、石窩將雨而內成聚潤者可驗也、信此暈穴中雖堅固、必有元氣、既有元氣、潛運則蒸摶之久、自有靈泉矣、暈穴中忌、如切肉掘粟二者如泉、乃潤液之氣、不可不察、

穴壙、既虛、山氣自通導之、有隙氣潛於此、薰蒸相摶、精液實多矣、此吉穴不免于泉也、慮深者內外潢池通作放水溝、溝中實以砂炭、令其滲出、不欲其肩越生氣、彌人之說曰布氣也、外池欲低、錮令之暫聚暫返也、

山之生暈處、即一山神之英華所發露也、神依乎人、人依乎神、未投骨之前、神亦泛矣、既投骨之後、神亦依焉、人心之靈、未嘗無神、山暈之神、人心之神、同一天地之衷也、感應潛乎、如谷叩聲、潛乎之妙、不得而知也、交神之道、積誠而已、山之神吉凶無轉移、人之神吉凶有轉移、儲福祛禍。

皆平人擇術者不可不慎、

凡開金井、只許容棺槨而已、槨不可太厚、周圍只許三寸、歲孩童側行如併法、乘其短、其勢雙行若井、失之則必大必長必接、老硬之殺、可不監諸、

外集上

幹龍所帶自多，支龍所帶自少，幹則勢遠，所統不容不多，支則勢近，所統不容不少，所統多星體自備，屏帳天馬飛鸞之類，必重出疊見，故富貴雙全，而爲福大矣，所統少星體不備，单金单土，一節，一節之上，必臂懶節緩，故富貴不久，而爲福輕矣，

萬里平垟，體皆屬土，渺望無際者，氣勢俱大，天意鍾覆，中正厚重，純粹不雜，去大起祖未甚遠，支派未甚蕃，出面體段間見星體，多是四凶，盖一氣專行，恐成濁亂，故參形出

没滋其重也、

蛛絲馬跡没泥龜游絲釣鼈皆崩洪之類是也、

山骨人蓋謂大凡四圍之山周密團聚則龍身無風寒之患而生氣自全水骨財蓋謂大凡四派之水收納停瀦則龍身有滋潤之常而生氣不乏蓄人則蓄財矣、

人身氣血俱在骨外血榮氣衛之謂也骨內之髓無氣血而渾之山之石即骨也石土之縫多有溜水而土中雖有水亦骨中之血流行也七八月之間土每剛燥而土硬多潤可察也石中必有似石非石光潤細嫩此亦水土之渾

者耳人身有脉絡統攝於心故察山之總會在於一粒山之心山之鼻準也後龍過脉伏小相聯處如心上有氣管準上有鼻梁穴星是人頭後龍是人身通貫一理一氣所生具體之人也必龍星穴星合一而成體非謂穴何星生一等人管到龍何星又生一等人但年淺乘氣淺年深乘氣深福有輕重耳以三年為一紀春季方生之義必十二年周四紀冬季成實之義

穴星不欲尅亦不欲太合也太合太純父則有不振之弊故合中取尅正星要曜尅則不忘危之意曜則為多備之

取合如四金四木之類、太合則反、淳極則亂、兄弟後主不義、閨門後主不整、

有等融結之地、作穴正星將落脉處、先後相映、或三或五、如串珠、如穿梭之狀、貼形於地面、是盛大之氣、不但見之前後左右作曜、又於龍穴相構之際、見此形、亦曜之類也、此曜比常曜不同、龍穴相構之曜、障其將成穴之勢、穴星既成之曜、衛其既成星之體

綴粘接拋、四體山川之隱穴也、天地重其精靈、神鬼妙其化機、不欲輕假大地於人、故爲是踪跡閉藏、形體幽晦、待

有德之人、默會而陰遇也、否則目前猶千里、既得尚背馳
脉字從月生、一生金、二生水、是天地沖和中、生生之義也、
乃身體中包藏陰陽氣血之迹耳、按節目相續之處、謂之
脉者、此命脉之義、係生死有無之體段也、至於穴亦名脉
者、此太極動而有生之意、有此微見即生矣、節目相續之
脉、名其全體之生意、作穴之脉、指其一處之生意、故人之
生、固有命脉也、亦有脉絡也、此地理家二脉字之分、命脉
衆人或可知、脉絡、智者之獨覺、能察脉絡、斯乘命脉、
金水天財、土上微有金也、故水處可穴、取其就實土也、此

金節垂珠倒氣之金、上升而脊見者也、又不可穴、惡其露也、金亦微金、水亦微水、去金而就水者、尚依泊乎上也、故名曰天財、此天馬形、最忌金星之太高、以其有中摺處成真水、水行處是虛氣、去土質太遠、故當忌、

窩突二象、非只箇高山箇平垟、小小匡格之上而寄貼此三形之謂也、凡高平體勢橫闊廣大、可為城市、四圍湖田而此獨若燥者、亦突也、凡低平體勢橫闊廣大、可為城市、四圍崗阜、而此獨若濕者、亦窩也、形體若燥、則損下之功、不可不施、葢就四圍所鋪之低平、以為從去燥就濕之道

也形體若濕則益上之功不可不施益憑四圍之高起以爲從去濕就燥之道也經曰淺深得乘風水自生此之謂也或正或變通而融之可以語智矣

高突之形體非止圓而已圓乃金之一體五行之範物未嘗少離故一象之見於規格者亦有長直而爲木者湾曲而爲水者尖利而爲火者亦有合體而爲無氣者細察之自見有正必有變立穴不審稍悞之亦不免禍

修煉地理二家要從事異地理同脩煉者把盜元氣使之不洩即地理防限元辰吐水使之不走也脩煉采陰濕養

即地理家聚外水蔭養之一把涎之一防限自內制之使之不洩內逆之功也一采精之一聚水自外制之遺之以養外逆之功也脩煉家有實事地理家有實理實事衆人之皆疑哲人有遺憾實理智者之獨覺衆人之可能然則可堤而堤之可堰而堰之可引而引之豈非聚之使不散之之謂哉采精者可以華身可以壯氣既老而復強延年之道也地理可以推矣

人生背脊有二十二椎椎椎椎皆有穴支支節節皆統屬於此支節雖爲一盡力氣終不若脊椎之爲重脊椎節之起

伏處必有大小暈紋相照相照低小處審其針灸醫家之全功也椎骨節節既有穴則山之行龍總脊處要得無穴乎椎節之力氣既重則行龍之脊穴亦當重只要節落處成星體體上要暈紋四圍要山拱山拱要成局肢腳要迴轉迴轉則爲眞護肢腳足爲鎔氣之本羅城山之四望者矣水城水之圈圍者矣羅城掩映鎔氣者也水城鎖結鎔氣者也羅城不厭其重復重復無空缺而有欝阻鎔氣藹如也此以意趣言之水城不厭其重比重比無滲漏而有塞實鎔氣益如也此以形體言之

脉息是隱納其九星之形、窩突是彰著其九星之形、窩之大者乘其弦、弦墜處必圓金體也、雙轉脚處亦金也、當於窩心淺鑿勺池、以土生金之意也、

貼體與暈體不同、諸貼體上面又有暈也、暈體只有窩突、窩突之形、亦有九星之微芒、貼體之形、雖有五吉四凶之異、而其可葬則一也、葢由界形之水自頂至尾、又四圍地面皆有護身之切實者、亦屬土也、有水有土、則制之者多、而四凶之性、則已消落矣、平㙦氣味一般、

無者穴星全體必是三兩之性、合之而成形、三兩之性又

昭著於外而可見、指穴星大體而言、貼者穴星之面另作一種之形、重見微露、較小於主、指立穴一處而言、

剛飽之金而傍無水、非罡曜亦須金也、偏質過多、欠生變動、若齊到俱美、必內蘊眞精、求其生意、消其暴戾、尤爲佳蘊大開堂竅、發水則可、

生氣與行氣不同、生氣是穴星暈心靈光作用之迹、行氣是一山幹助流行不息之運、

山中氣深融結居上、穴多上立、如蓋穴天穴、其性然也、立居之穴、得星體起而大者、貴當久遠、平伏當乘其中、中亦

天穴蓋穴之義、

窩突二象、一屬陰、一屬陽、俱是貼體意味、雖是貼體形體頗大者、亦是另成星形、觀出地面、未必無箇星體相他、大段是五吉內何體、便可揭作龍格

零頭缺尺、皆可立穴、星體露頭雖小、根基於下者必大、只要平伏不露、去土尚未遠也、如高立不可堊山、以土爲質

土形起於七、以我合我之道、故力重自身發枝之義、貴體微也、

四顧轉面向後、貪其來也、來則生氣常接、而潤身之水有

情背後厭其止也止則生氣亦斬而環身之水無意大抵乘其來者生氣居多前之去土能導其氣所以騎龍斬穴皆爲奇絕也穴既裁中四圍自叢護持既多鎔氣必盛故葢其止者惟愛其穴星之多餘曜前後左右支持愈多愈奇葢土能導氣之意穴雖止而氣未止也

過峽處立穴正順横騎龍斬穴之謂也來氣不少還氣亦多葢一山通貫元氣無時休息往過來續天地道體然也故行龍有穴者貴重耐久

平垟陽地人才動輟成百抵千者由其得陽之照無陰之

慘、欲地面廣大、餘氣居多、人衆之而居、世代綿遠、人財蕃盛、亦要得陰之助、否則偏枯之勢、歷久生氣更移、漸見衰替、房分絕滅、亦所不免、雖城市中宜居、實地如虛土處、人丁单替、貧賤不振、往往有之、

山之低伏、崗阜之謂也、去實地未遠、土質尚多、雖帶剛帶飽、多得暴雨驟水、足以殺其剛克、故雖罡孤無累、反爲人才忠毅之助、此北方萬里平垶、人才衆之氣、槩與南方人大差、高山燥火、孤罡必作禍者、惟其去土愈遠、承天爲多、去地遠、無土以制之、承天多、萃風以助之、無制則能遂其

專性之駁，有助則能導其駁性之用，不察而納骨焉，不待氤醞之久，而禍斯傳矣。

山叢處是山中也，門戶甚窩鉗，氣居多，體屬陰也，陰澤之發育，着於物，而物産茂盛，蔭於人，而人物清雅，物産茂盛，又助陰氣鬱蒸，是以宗無全派，財上有餘，人丁不足。

山體高聳宏大，由其根基盤據，支持於下者厚重也，根腳之大，必是老硬，石骨作體，非石不能勝其大，低小之山，必根枝迫窄，土肉居多，高大山下，雖乘其餘氣，亦可居可久，低小山下，便乘其止，勢雖發不久。

山會水聚人財之所由盛也非謂山单管人水单管財也俗呼水爲財義未精當蓋山無水則枯燥矣豈能滋潤存生氣哉生氣不存何以生人生財是知財生於人人得生氣自然精彩謀爲向善而財自阜矣故水貴滀聚滀聚則存主不竭而山多潤氣矣

謂堂水致財遠峰致貴二者塟山之外物果如是說則擢應之間真相攝相關者也是枯骨亦有喜好之情亦有欣慕之意必得二者供玩方得適情意和然後付財付貴於子孫耶此委力於枯骨之說於義理有不通不知元辰齊

到富貴之氣、釀精靈於一粒、能乘此一粒生氣投枯骨於內、涵鎔透徹、鬼福及人矣、故水不嫌其去、只要有滴、峰不嫌其低、只要是朝、二者若斷、亦爲終身之累、

水去退財、是已生之人、掌財而退財也、感應果速、山靈果有神也、枯骨乘之耳、爲人子者慎諸、有滴而前去者順爲也、元辰未能受其水之全量、則潤身之氣、亦有些欠、初年之間、後龍之氣、尚未貫通、況開井之餘、又洩其生氣而潤氣少耿、自然神氣飄落、不能歛其精彩、似乎而不祥、必十二年而返者、運氣之一周也、

山以一本、散於萬殊、殊則不能合、水以萬殊、歸於一本、一則不能散、山之始散、不能終於合、形役之也、水之始散亦不能終於合、氣交之也、山之散、形質之麤、水之散、氣理之精、不能合者、未嘗不合、交度是也、此以情意會之耳、不能散者、未嘗不散、潤氣是也、此以化工付之耳、

潮水福快、亦是已生之人、致財而受福也、元辰元氣止於前滀、而不耗、外水之潤氣、又長大而凝聚、則山氣常潤、力量自裕、枯骨乘之、靈異立效、由此觀之、別人財爲有所屬者、悞矣、

眞龍必有眞水，此吉地固有泉矣、葬後泉流，則泉竅適與穴之淺深相等、既築之堅、則泉竅欲達其流、葬後泉仍流者、葬落穴之下、鑿築未堅到、其流尚爾洩出、若水有許多來、則水之源有許多深、不止不歇、龍山亦枯外注、法所以止流、而節流者也、

山水無輕重之分、蓋非山不能約水之散、非水不能定山之終、有山斯有水、化工之妙、機不可測、而萃二者之精於一粒、天地交感之機也、許多山水之情、許多天地之性、於一機而握之、靈於此收、秀於此鍾、以一人而鍾天地之精、

人品則爲聖爲賢官品則爲卿爲相此亦常理耳是銷鑛者致銀煉汞者成丹生生之用其利溥哉

初葬地眞暈處亦必有水蓋水土相因子毋相隨之體也開塋納棺則水乘虛來來久成滀浸潤之久自然灌漑況木能受水乃其性也又棺中乘虛水從虛入入多成聚衣物腐潰窒滯塗滿不縫雖槨中消乾而棺中尚有潰水必年久棺無再浸之水棺始涸燥何以無再浸之水水化於氣氣涵於骨骨運氣於人至人蕃盛受蔭愈多骨運氣不能歇氣噓骨自神運其水不容於不竭土不容於不燥此精

氣之穴也、始塋有法、制水在人、使水不得入、尤爲佳也、浮土反是、胃不能運蘊、氣不能運水、水不能化氣、終於潰散矣、腐久之餘、穢氣亦足以逮人、子孫受其毒者不少、今植木者、擇實土而納其種、種化而成其生、生生不絕、枝葉蔓延、既至蔓延、則化機自速、水寄於土上、化於氣、而土自涸燥矣、欲其有積水亦難、若濕敗之土、朽腐而無生、無生則氣不受、氣不連而水常濕浸棺之穴一道也、

黃潦之泉、色濁而味薄、或近或遠之間、必有積池湧出、而流行也、本於下濕之淒灌、清冽之泉、色溫而味厚、或遠或

近之間、必有天池通達、而流行也、根於氣血之充滿、來水是生、去水是死、來者親我向我也、踴躍前朝、形體習見、非生乎、去者離我疎我也、奔泙下降、形魄遠背、非死乎、一生一死、利害相關、禍福實驗勢也、理也、有云、元辰去水、以步數折法消其退患、此似可疑、必要去有關鎖、去而復留、即生之意、退患至此方免、故順局貴前有關鎖、流有瀦滀、

求慱於山之來、求約於山之止、求止於山之一、求一於山之精、非精則一不真、非一則約不真、非約則慱不真、

莖骨一如接木、山即木本也、骨即別枝也、察木本皮弦上、有芽節處穴之、即求穴於山阜也、揷別枝於木本皮弦、穴上、實其培土固其束縛、既莖後實封也、斬枝既死、俟二氣交成、方能活枝、枝既托生、餘蔭自足、而枝葉花實自然蕃盛、若不察而揷枝於浮腐之皮肉、縱加培封、萬無一生、此入丁云定於山也、枝既生於木本、木本之生意、欲俟於水也、無水以灌溉之、則土燥而木根萎、烏能暢其餘蔭哉、善植者、固之以泥、密之以壓、導外注、收天澤、俾田潤、以潤土也、外水傾洩、則內蔭不足、雖成不耐久、不耐久自焦枯、焦枯安能致富盛哉、此古以財關於水也、非謂水獨可致財、能助山之蔭可久可大之道也、以此觀之、潮水不畏濡脚成渾、聚者為尚、去處貴委曲、流處貴洲渚、

山之體端依於地面、根脚開大、漸漸騰上、勢自削小、故暈見於外者、初小而蘊於裏者、隨山勢降下漸大、若開壙井、自當忖度、既不傷暈、欲不妨法、

壙內四圍、貼土障之以篕、以其隔客水隔暴氣、三年之內石灰亦結成塊、暴氣亦漸除、謝決、不可疑隔生氣也、

內注法、所以竅內也、消其纔起吳鋭之氣、治其心腹、調之

使就中和也、外注法、所以竅外也、消其窒滯不祥之氣治其肢體、調之使就悳吉也、

竅之功不止於穴星也、雖後龍有病、亦當竅之防其通貫之氣、足遺久後之患、

深法非但施於窩也、察其四山從穴、鎔氣太緊、又有潮水之專、當於井內多迭磚砂、以緩其氣也、草木不若磚砂、磚砂氣稍類、恐衝撼之氣、亦足以僨事、

竅山之功大矣、由山體有偏駁之病、發之於外、自有一種病症、病症既露、使不治之於偏駁之性、著爲戕體之症、成

乎戕體之症，終爲全性之害，嫉之者去其病而拔其根，積水以藥之，漬灌之久，反其偏駁，而全其純粹之性矣。

土生水，漬而灌物，積漬之氣，又化爲雨露，潤土而養物，輪環不徹，自爲終始，天地間只有箇元氣，化化無窮，神妙無端，如人之遺能反卿，遺滋養生之物，以豐食用，卽反也，此皆理氣之妙，惟上智者能察之。

財關於水者，以理不以形之謂也。若求之於麤迹，兩相間隔，彼此不入，果神輸鬼運，而致甃者之盛歟？水雖出於山，而山之生氣，又必假於水，而長足也，則水能滋山，畢能生之用、有利用用之實、寄豐亨之源、財者才也、有用之名也、故控御之法、以窒爲尚、餐陰池、無待於外者也、根本盛大、其出無窮、鍾靈最多、元氣尤盛、此統會必大、根基遠到、培削之功、以人相天、去偏招全之道也、氣附土行、高者、削之使氣縮也、低者、培之使氣升也、升縮融久、自成天質、氣行均勻、則福不偏、此控御之道、所以改天命奪神功也、左右帶來零細長短多寡爲患者、亦以此法正之、固爲全美、若功力難爲、惟聽天命、亦順受正之道也、均房分作法、暈心中正、氣行自均、當心塟之、左右發福一也、但中子得氣之先、故先發福、若龍從左來、則長子偏好、金井當暈心較定、偏右三分、右亦如之、蓋氣以虛而揚、以實而藏、若左勢偏好、當挨三分、實左而虛右、擦左以助右、使右得內氣、以補外勢之不足、亦山有生成之分、不可轉移者也、必欲強之、或損其夭、

支分節解、去處有氣、即可乘也、只要四獸會聚、朝對分明、

外集下

崩洪是過脉一種端緒、不但大川大河獨有此也、凡穿田度水過脉去處、便有朋山夾持便有共水掩映、故蛛絲馬跡等穴、正此類也、但穿江河者、力量宏遠氣味視此特重暈氣、出面形體、還是自山端升氣來、眞氣恰、從此出面卽樹木枒節、雖是腰間露形、其實鬬心上抽根上來、

緩急受穴有數件、如山體稟得中和、便不吐揚精氣必自山端升、至山末其氣始露、是勢緩來當急受之此葢穴所以立也、如山體稟得燥急、不俟極蓄精氣、山端纔升、其氣

卽露、是勢急來當緩受之、此粘法所以立也、此以穴星論緩急也、

窩形出面中氣不足、故中心有陷窩、必在窩弦上立蓋穴、是穴緩來急受、突形出面中氣有餘、故中心有銳突、必在突弦下立粘穴、是穴急來緩受、此以穴暈論緩急也、

退遁降勢顧曳牽擒、欲去不去、停住意多、當舍前去截後來成局處斬之、是勢緩來急受也、奔馳降勢、帶旂帶鼓擁映富重、不憚遠赴、當脫後從前成星處乘之、是勢急來緩受也、此以龍氣勢論緩急也、

四圍山伻低薄，鎔氣不足，則自治不可不詳。穴井宜緊促放棺，重加封培，是穴中氣緩來急受也。四圍山衛雄疊，鎔氣太盛，則收用不得不節。注鑿疏刷穴塋，宜大置餘放棺，是穴中氣急來緩受也。此以穴氣勢論緩急也。

穴中淺深不可預執。云審肥瘦以爲浮沉，云視朝對以爲高低，云察從圍以爲升降，云某山合某星尺寸，從前三說似是，亦要於暈上加浮沉等法，意方是。若如後說執星尺寸逢度而執用之，非惟不察肥瘦，兼失暈氣

埜地大蓋粘法，指穴星體言之。其法有八：順、騎、仰、凭。曰蓋

綴粘接抛曰粘墪地小、蓋粘法指暈星言之、其法有四、脉息窩突上弦曰蓋、脉息窩突、下弦曰粘、

穴星是全局綱領、所以統會龍砂水者也、蓋粘是作法綱領、所以置御一十四法者也、龍砂水無穴星、則無主宰處、十四作法無蓋粘、則無放落、

諸體成穴星、身體上微露形者、曰貼、貼體有四、脉息窩突是也、不貼於肢脚之上、諸體成穴星、身體下微露形者、曰寄、寄體有四、綴粘接抛是也、多寄於肢脚之餘、八法通融一道也、擬其出沒地位不同、故別名之耳、出面皆微藉於

地面者實多、
凭高穴、若得窩形上弦、必逼頂、欲安葢穴身薄肉瘦、深為
忌䕺、即於下弦、認其身勢、把綴粘接拋裁之、庶不失山之
本意、
羅星禽獸三體門戶捍禦之用、雖是奴隸體段、其實交度
盛大餘氣、此屬全局一大望也、頡異雄偉、乃其眞趣、
成地必有堂局、此是足相也、如人準下必有口、是足相也
有口受水食灌蔭內臟、所以華身體、即山有堂局受潮漬
滲蔭山土、所以壯氣也、

茂木之下、多是燥土、水化於蔭也、腐根之下、多是黃泉氣絕於浮也、

元氣足於內、暈形見於外、表裏無二之道也、宜於外暈稍竄、亦足以葬矣、不知暈形只於客而已、元氣尚未及也、深求之者、去形就眞、俟乎元氣及磹而止、淺深得矣、寧失之淺、眞氣發揚、內外何擇、必欲入皮肉深者、貪煖故也、

假如葢法、穴須當在暈頭虛處掘起、抵暈頭上弦安棺、方是葢法、若就暈上弦實處掘起、深入暈心、又犯爆矣、葢法猶可使粘法從暈下弦掘起、深落幾尺、便是浮土、幾何不

入於濕耶、如此類多、皆當細推、庶是全功、平坪騎仰與立山之勢不同、當恰於弦上弦下掘起、此是截頭揷心、放棺所以不同、

脩煉家採陰補陽、分明借外以養內也、其采精之入我而化之、亦滲通之耳、中間相搆成實、只可以理、悟、不可以迹解、采精壯氣可以生生、精不采則氣不壯矣、地理要逢可以觀也、

潰癰之外病多至喪心穴星、星面有病宜盡法治之、令無遺心病可也、使患癰之身體不足爲輕重、委而不治、猶之

可也、倘足爲世教輕重、不得不藥灸之、是反生之功、在於良醫良劑之難遇、即一地學高人之難遇也、此所以十人九死、百壟一成者、眞亦幸耳、

作堆是收拾壟畢事、特是內擲之外擲也、功亦不可蹤遺、堂堂大厦、裝瓦不密、足貽安居之憾、土封當厚、石砌須重、若所當然、堆作形體、倣星體之相生者、斯爲全美、

墻垣是收拾陽室畢事、陽室上升、四圍只是照應者、非如陰穴下降、有本土內擲障之也、陽室必加修輯墻垣竹木、重復爲善、否則上升則風集、風集則暖難囤、況生氣傷於

掘鑿必重遮疊障以俟其暖之用也、

陰陽起造儀禮　此种極俗陋不可從、又有喝龍者更可恥、

先二日、斬草木淨山場建四方彩架樂房結彩以昭其祥

作樂以宣其和

先二日正中宮位、用羅經格山坐某向某立標準畫匡格、

畫用折尺橫直五尺以備開起之用、

用羅經橐用方盤木質爲佳、覆用方帛五彩爲尚、上乘粟

米十合、米上置金銀小錠四、安置四角羅經於上格之

帛者貴之象粟者富之象金銀正寶實貝之象方盤象

地、羅經象天天地位而四象應金銀故四數也二有事之初具天地之和致四象之應而富貴寶貝之皆具兆始之大端也、

祝曰、天地定位、四象昭布、子孫千億、富貴永昌、

祭后土、先持紵絲十尺精潔爲佳、摺成卷冊、執事者進於地師手書默誦於中宮之中、再三揚之、後置於中宮位之前後、抵用時中折之、陽室以一半安於香火位後、陰穴以一半安於棺蓋上頭、一半奉地師家去、與地學祖師合瑞、然默誦之詞曰　其性柔良、　其色玄黃、　其

富文章、其貴袞裳、其類繁昌、其用永長、其吐
吉臧、其兆孔光、
祭后土用剛柔二毛酒饌香燈几筵之類、三紵絲安於后
土座上、三錠金銀寘於后土席前、行祭禮文畧如礼、進
賢禮數、禮畢地師招進彩兆彩、用童子儁秀三八、各執
一段、立於中宮位內、上中下三所、三者兆天地人三才
之備、進寶兆寶、以執事他地師揄揚、昭示天地人三寶
齊集、執事授地師佩劒之類、破土繼地學祖宗亦欲與
其享致其靈知所保佑者也、

附集

四獸開闔者張勢也

張勢

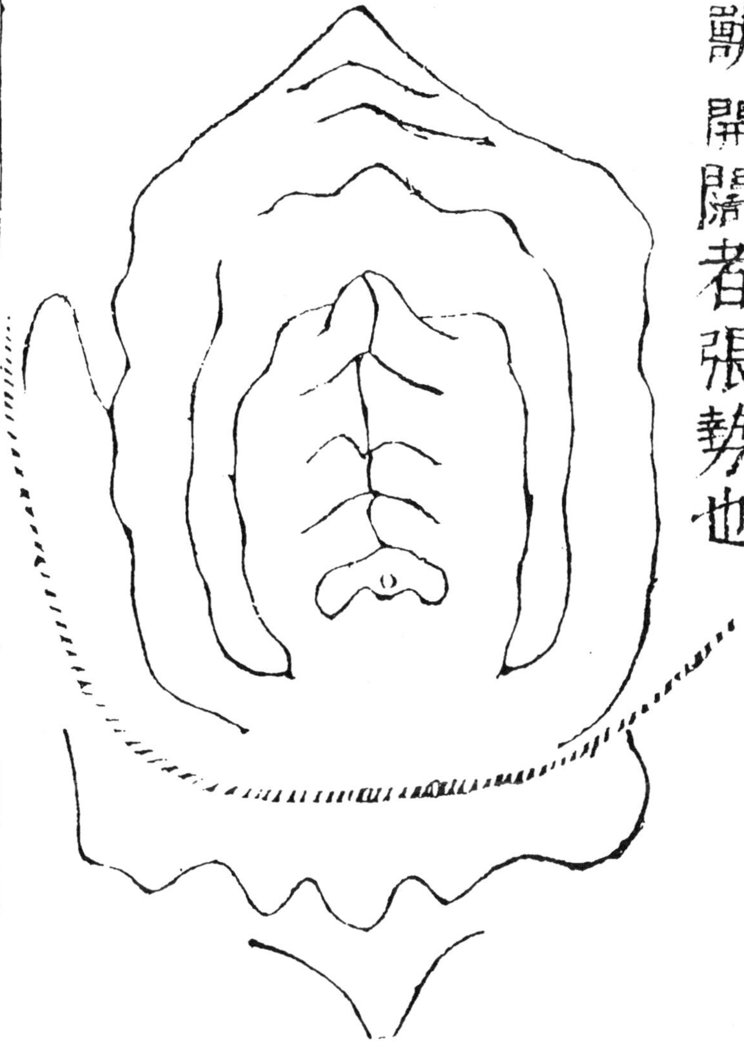

四獸多由於水迎送朝托皆離宗達會惟影惟照四獸者龍穴砂水也開闔者四獸之齊到局雖整而欲拔雖沿而欲宏鎔氣舒徐主侯化之義也

福蔭如養冊福來必緩緩之中自得消汰發福自齊張

之中，又欲關鎖緊，故言明堂如鍋底，水口似葫蘆，方爲合格。張大之格，如散落諸體

四獸湊密者斂勢也。

四獸關於一水，迎送朝托，皆是一體。所析無空無缺，四獸者，龍穴砂水也。湊密者，四獸之會聚，相映相照，惟親惟近，鎔氣甚緊，主催發之義也。福蔭如影響，福來必速，速之中暴氣未消，

斂勢

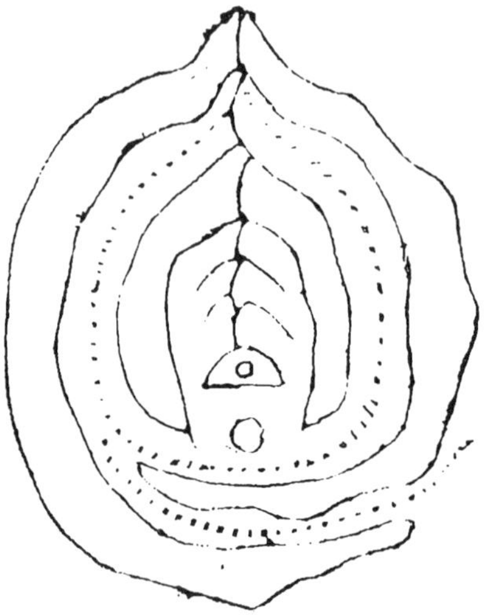

主福亦有不齊，故湊密之中，又欲成局，故云圈中欲寬展，乳上欲光明，方爲合格。斂密之格，如圈龍諸體，非比于

疑似眞假、

眞圖

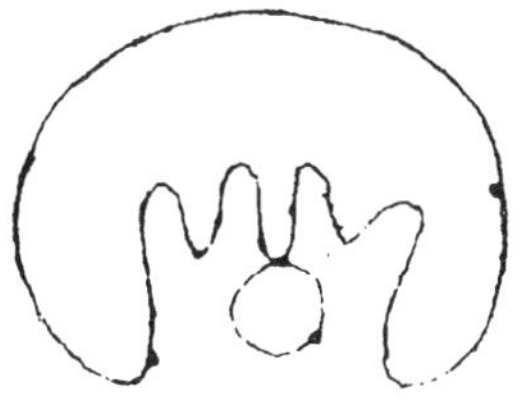

兩傍如析似臂而垂者非眞臂也

假圖

兩傍實析眞臂而垂者非夾勢也

眞張光

假張光

喜忌

龍樓

龍樓鳳閣火星之森爍者也寺觀衙門喜作正案穴星若的助靈助威之勢分也墳宅只宜傍照若作正案穴星不的招敗招絕之勢分也、

清濁二分

春筍

土貴大小之辨

正土

春筍牙笏、金木帶土者也、墳宅喜作正案、穴星若的、助文助儒之勢分也、寺觀衙門、只宜傍照、若作正案、穴星不的、招茸招淫之勢分也、

屏風之正土、不若天馬之變土、天馬之變土、不若展誥之變土、屏風之貴多儒而吏也、天馬之貴兼文武而顯也、展誥之貴兼封贈而恩光也、

乘氣說

一中者、聖學相傳之心法也、乘氣者、地學相傳之心法也、二學相傳、得其要領、而成、宗學之原委者、乃爲正學也、傳世益遠、而派流自紛、聖學則有爲我無愛之說、其流弊之甚、陷人於無父無君、地學則有天星卦例之說、其流弊之甚、陷人於敗宗滅族、聖學至孟氏出而闢之、而異端虛無絕滅之教息焉、地學至郭氏出而正之、而天星卦例之說炳焉、迺後復播於異議、迨聖學有朱子、地學有廖子、始有定衡、今之是非、較然而正、學炳於日星者、則二先生之力也。然道得人而行，過人品之淳漓，關乎地焉。觀之鄒魯鄭衛，不益見哉。卞鄒魯無踵鄭衛，此地學之功所不可少也。

折水　亦土培削之義與

折水云者，陰折陰陽折陽，謂有應驗之符。此說似與理不同，譬之人也，小遺已解，既脫人身，一解一去，一去一遠，遠去之地，可不可於身，再無關焉。蓋氣脫精離，源流漸遠，前去爲潰爲派，皆不得知，豈有迴潤覺其可不可哉。折水之法，古雖及之，實則可疑，但循俗論，亦不害事，於塋宅決無關妨，不必斷斷乎拘泥也。

培土說　亦折水步之義與

培土云者，本體有斷，佐使有缺，應驗因之，此說推之於理似有可據，譬之人居之室，東缺則東寒，西傾則西冷，值其方者，身既不安，福自不全，故居者有缺則益之以土，有空則障之以植，人力可以補天，外氣不侵，則內氣自壯矣，輔相之功，培土之法，古倡之，實可信也，

右數條不見於經，予於內辭上見之，而述之也，後與傳者，得窺其全義，庶幾作用之下，左右逢源，而天地之造化，在其斡旋矣

內集之疑

經云、有情即山面、無情即山背、山根於地、即浪起於水、去處是後、來處是前、經謂山面山背、此以情性言也、浪譬山水譬地、此以氣體言也、

平面無吉凶

此獨見之妙也、云畧起高者、要大低埋者可小、要大者、恐是尅體、欲餘氣以障其風、可小者、雖是尅體就水土以殺其凶、解無吉凶之義、

龍虎所以衛區穴

此眞足以釋千古之惑、以人孕胎之義諭之尤爲親切、
觀風俗
没骨當門、及左有蟠龍二句、驗之無大效應、大段星體不
正、或蹢於切身相迫、而致此釁也
塞洲
塞洲云、卽遊魚之謂也、內云主體尊重等句、續解三析體
也、
官鬼二字
古人用之、而未解其義也、

無體貼體

其實山體，自家生成，形見最分明，只是難磨到，

分經羅經

云分經非羅經之可格也，山體自生自顯自定，毫厘之間數句，喚醒千古用盤針之迷矣，

看高山之星體

人多昧經之實旨，此章似痛人之迷，激勵為此講也，

竅身者和其過

和其過之三字，真作用之玄法也，

審地之法

歸之於一心字，揭起玄門之大法，教學也者，爲人無心，則萬有不成，況此天機之寓，甚玄甚微，無心術則無學術矣，安得窺其一二哉，

全經未及註，姑謝俗心容見定然後舉之，

要旨

貫龍融落、地勢有三融落、地形有三融落、高勢曰山、低勢曰崗、平勢曰垟、融落高形曰漏陽、低形曰出陽、垟形曰就陽、三勢三形、出面有二格、自後而往前者、曰直、只有一體、自左而遞右者、曰橫、存有左右

三勢之圖三形之法寄之

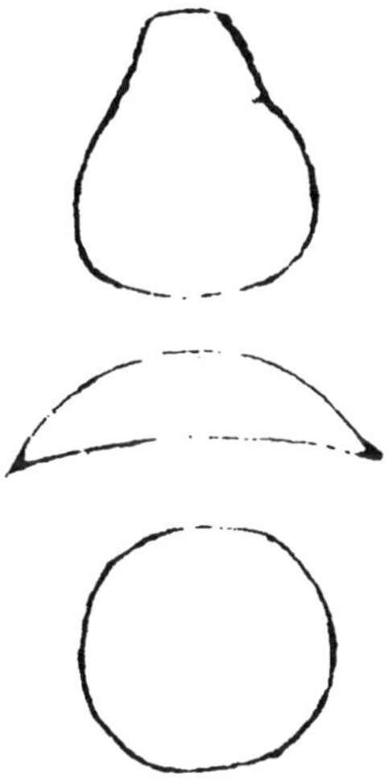

三勢三形二格、混淆之中、吉凶存焉、凶固不待贅言、如富貴二局龍、則天地之罕發者、天地之道、體重則用亦

重矣、宜乎其貴龍之開焉耳、公搧之以示開發之實見凡貴品者、群百衆而不見一人、凡貴地者、距百里而不見一藏、與此傳者、毋曰富貴誰可抵掌矣、

三格橫直正一也、變三也、即開口雙臂懸乳之謂、皆有踈密二體、定其踈密、証其相貌、而可擬其貴之何如、直踈者、欲如仰掾、密如疊盃、橫踈者、欲如續鴈、密如貫魚、直橫二體、山頭俱要協吉、脉出俱要從中、直脉上不貫頂、下不逮麓、橫脉後不貫前頂、前不受後欺、最忌節踈節密、尤怕體大體小、節踈密則貫氣有緩急、體大小則載氣有豐嗇、中

和不足發用自戾、縱落穴合五吉只少貴氣、

正體高金格

直踈格

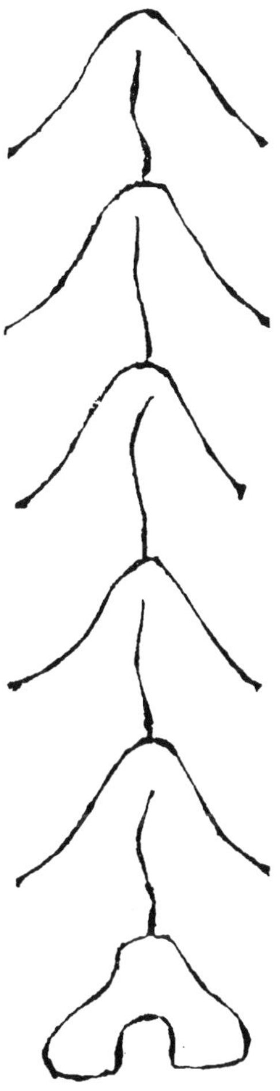

直寄格

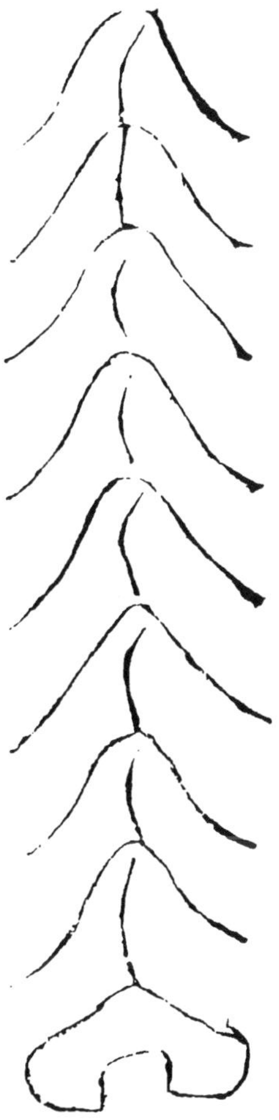

開口高金直踈格

五節爲尚三節次
之二節又次之
高頭正體金星似
紫氣者從貴重也
凡直穴要中正脉

亦有密格踈密一樣頭腦相似脉從中出落得吉方爲合格主出權貴千代人數多以類應腳躍難同從緦稍可

雙臂高金直踈格　亦有密格不及圖者義見開口

臂行腰半處要軟折底水意蓋貼脉小臂皆是乃也脉小乃多脉必受爍亦主貫氣不和為司吉之病不少故對乃處有曲意即水也取相制之義

懸乳高金直踈格

懸乳體要乳連本星落下乳頭出脉非乳即脉也乳頭貴端正乳脚要無乃出脉要明白三者不備亦中氣不足應

驗不的，盡處不結，多融高體，高處穴星，審其幾節，間的確成穴星何名何格，裁之穴星處必有護衛掩耳，自案俱全方出貴重，懸乳落盡穴星要乳縮，兩股要環衛，乳長當作沒骨看，貴稍輕，蓋穴偏頗，不合中氣，

正體低金直踈格

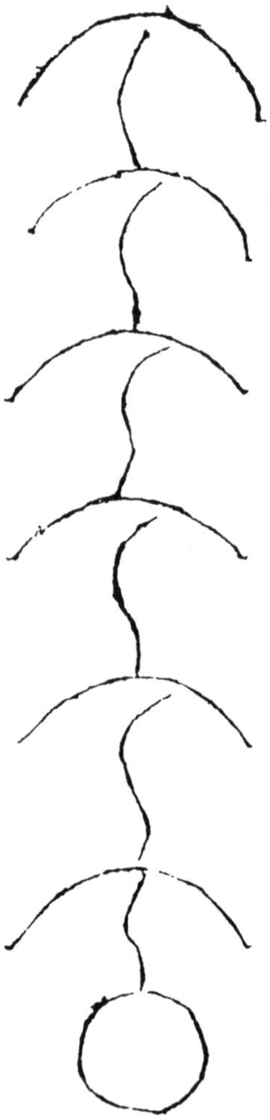

五節爲尚三節次之二節又次之

正體低金直寄格

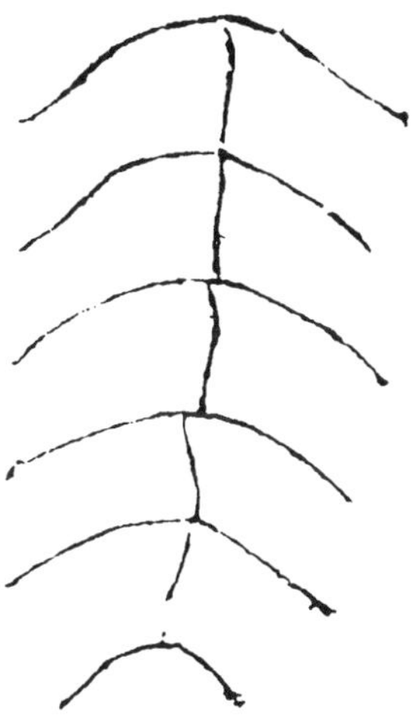

五節爲上、二節次之、三節又次之、

低金正體、金星似天財者、從貴重也、凡直穴要中正脉、

開口低金直踈格

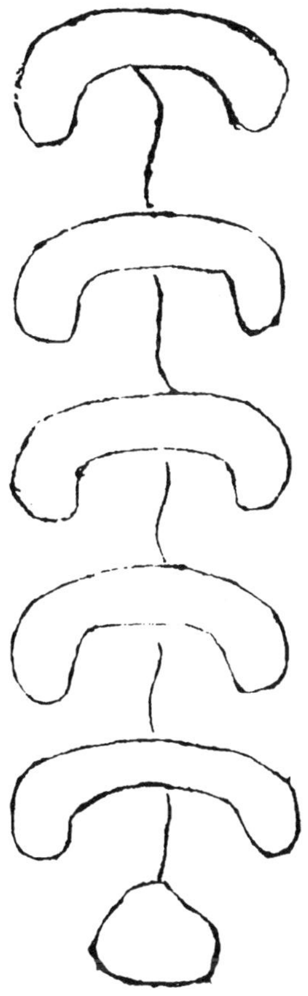

亦有密格、踈密一樣、頭腦相似、脉從中出、穴落得吉方爲

合格、主出清貴、年代人數、多以類應、脚躍不一、從怨稍可、

雙臂低金直踈格

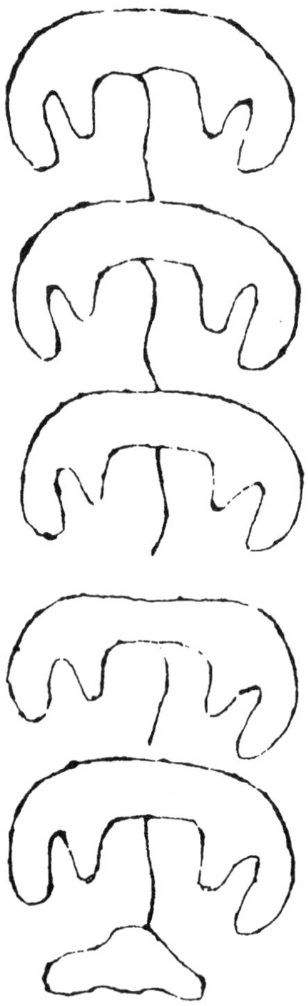

亦有寄格
不及圖者
義見開口

脉行半中處要平伏成主意蓋親脉小嘗皆是死也脉受燥亦主中和不足爲司吉之累不必故脉中有隨意即水也借相制之義、

懸乳低金直踈格

懸乳體要乳連本星落下、乳頭出脈、非乳即脈也、乳頭貴明貴張、乳脚貴坦貴圓、出脈貴動貴短、三者不備、亦主中和不足、應驗不的、盡處不結、多融腰穴、審其幾節、間的確成穴星何名何格、裁之穴星處、必有護衛掩耳、自案俱全、方出貴重、

懸乳落盡、穴星要縮光明、兩脚開環成圈、乳長當作沒骨看貴稍輕、

正體金土平垜直疎格　　　窩格未圖

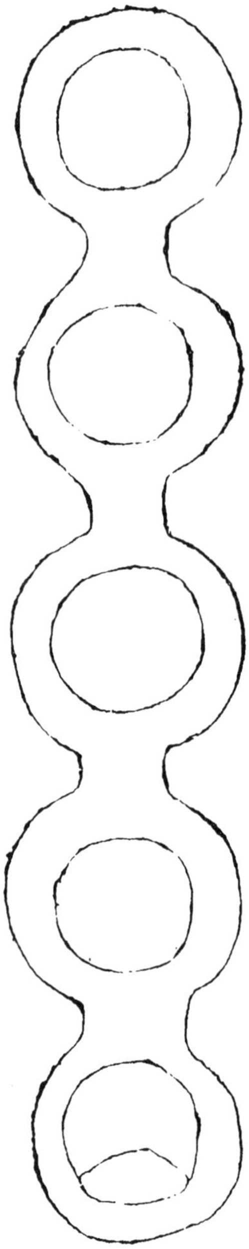

五節爲尚、三節次之、二節又次之、出貴每倍於高低二格者、即金星高低二格也、以得地氣之本氣歸多也、

平垜正體屬金、面平屬土、二氣比和、從貴重也、凡直穴要

中正脈、

高低二體、另山爲衛、坪山一體、本山爲衛、坪山體弘故也

開口金土平坪直踈格

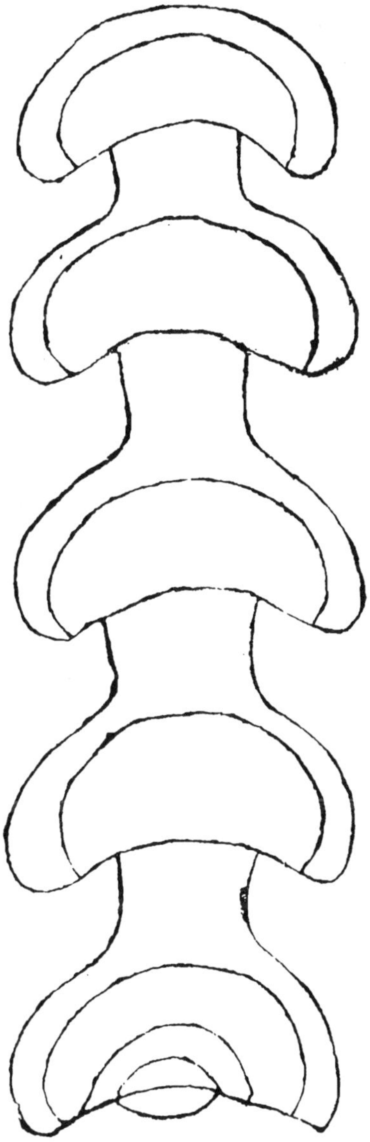

亦有畚格踈畚一樣、微脊、相似半月形者、即開口脈從平

出、穴落得吉方爲合格、貴出清雅權重、

雙臂金土平垶直踈格

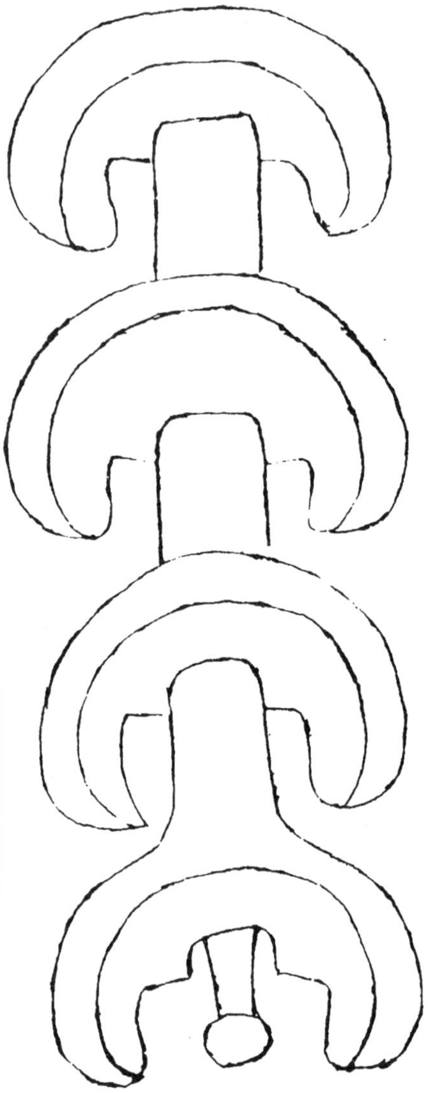

平垶身弘、與高低二格不同、脉行半中處亦闊、與身無甚分別、細認界水、自有分也、有办意便要水意、葢親脉受㡬、亦主貫氣不和、爲司吉之景、中間有陷意、卽水也、借相制之義、

亦有窩格、義見開口、

懸乳金土平垛直跡格

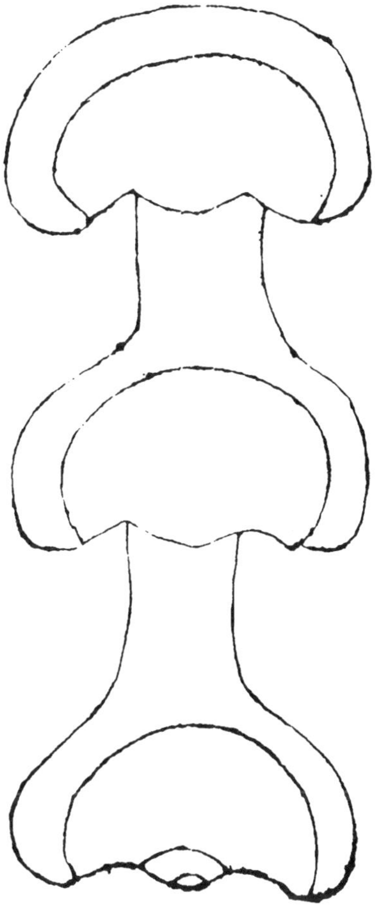

五節爲尚、三節次之、二節又次之、

懸乳體要本星析出平垛、乳橫大微芒、乳頭出脈、亦不甚明、非乳即脈也、乳頭貴垣、貴顯、乳脚貴佳、貴橫出脈、貴伸貴活、三者不備、亦主中氣不足、應驗不的、盡處不結、多融腰穴、穴要審其幾節間的確成穴星何名何格、裁之穴星、必有掩耳護衛，自然俱全，方出貴重。

懸乳要落盡，穴星要乳縮光明，兩脚開環成圈，乳長當作

沒骨看，貴稍輕耳。

正禮高金橫跡格

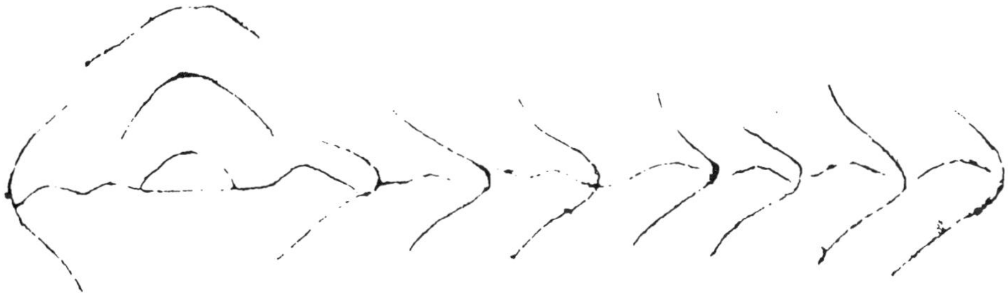

正體高金橫容格

高頭正體金星似紫氣者、從貴重也、

凡橫脉要坐樂金星脚軟、紫氣脚硬、

開口高金橫踈格

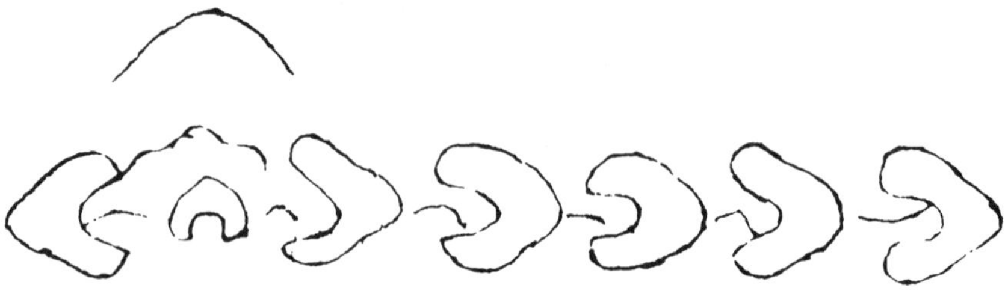

橫來變體格、有兩樣看法、登峯從高直看要兩腳隨身衛脉、平地從低仰看要兩腳逆轉衛脉、邊脚垂下者亦有起伏成星面、方爲合格、或大或小、出貴皆從類應、邊脚處審成星面、面見方圓龍下、

橫直俱未圖容格宜以正體圖辨之

雙臂高金橫踈格

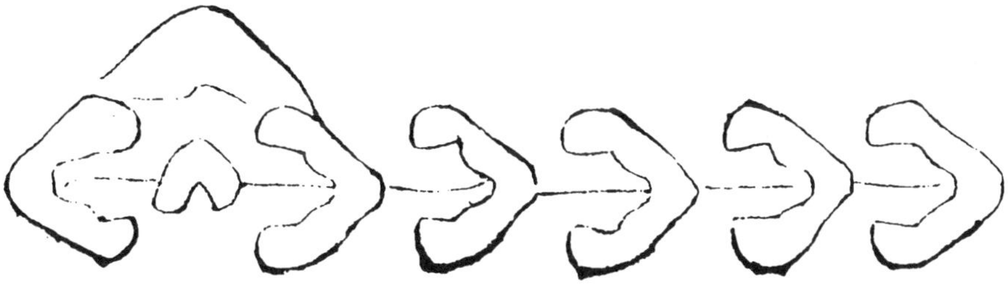

雙臂一體獨要腰軟義見前直橫不同任用則一橫來要登峯看迎來幾節節節要審其小臂夾外之形審其外臂護衛之形皆要成吉體星峰爲尚若有凶體間之亦主中和不足迷山脚若得四凶叢衛反爲威福之助不當忌之不圖窮格從省文也

懸乳高金橫踈格

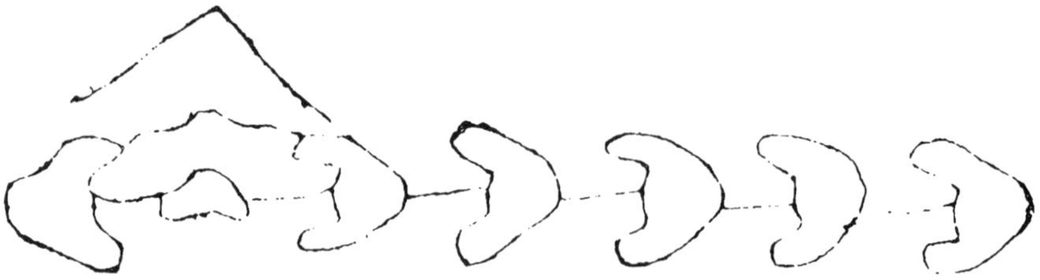

懸乳橫格、龍來勢高、頭領貴一樣、乳要低落不欲另成、兩邊兩腳、難得俱同、但成穴星的向一邊二三節相似亦好、乳上若有亦曜點石、俱土中和不足、亦為貴重之累五吉九變內、只有四體成龍格、其餘側腦单提等體、只可作穴星、俱是偏頗、亦難同合中氣不足、多主外發、至於窮九變平面者、若成絕頂、果得三節五節、又成高穴、貴不可言、無出賢聖德異人品、

正體低金橫踈格

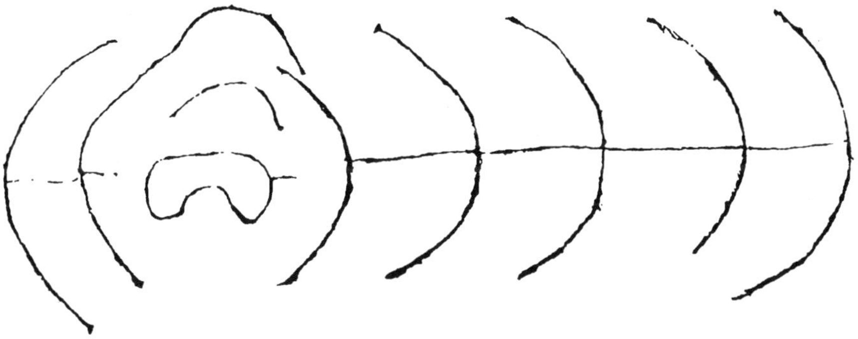

正體低金橫密格

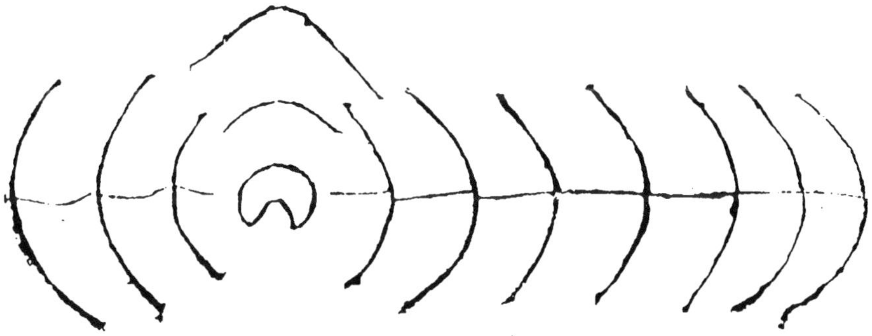

低頭正體金星似
天財者從貴重也
凡橫脉要坐樂金
星角圓天財角用方

開口低金橫跡格

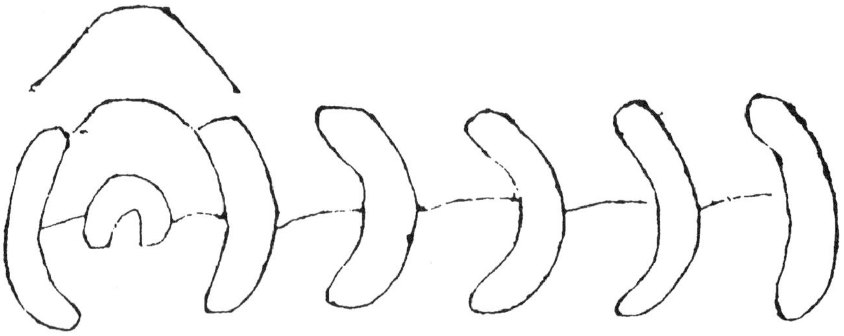

橫來變體格有兩様看法、登微起處脊直看要兩脚隨身衞脉、平地從邊橫看要兩脚轉逆衞脉、邊脚就低者、亦有微起伏、界成星面、方爲合格、或小或大、出貴皆以類應、

橫直俱未圖客格宜以正體圖推之

雙臂低金橫蹺格

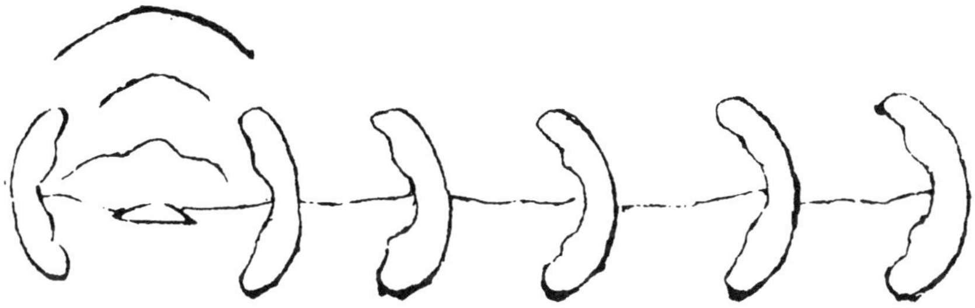

雙臂體獨要腰軟義見前直橫不同任用則一橫來亦要登微起斷順直看連來幾節節節要當其小臂夾外之形當其外臂護衛之形皆要成吉體星辰爲尚若有內體間之亦主中氣不足遠山朝若得四面叢衛反爲威福之助不當忌之不及圖錄格者從省文也

懸乳低金橫踈格

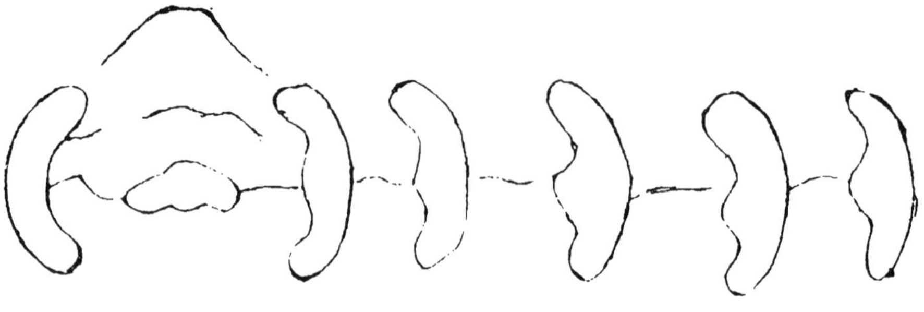

懸乳格、橫龍來勢平面脊貴一樣、乳要稍伏跌斷、兩邊兩脚難得俱同、但成穴星的向一邊、二三節相似亦好、乳上若有小曜點石、俱爲全福之累、

五吉九變內、只有四體成龍格、其餘側腦單提等體、只可作穴星、俱是偏頗、亦難同介、中氣不足、亦多主外憂、此以龍格言、融落地形有三、曰就陽者爲平垰、雖出面亦有二格、曰直曰橫、與山與嶺不異、而其闊大來歷、動成二三里許、難以圖拘、此但具其大段可擬可指者、亦爲圖格、其餘宜以類推、前第九變穴星成絕頂者、以融穴言也、此平垰即九變平面之謂、出而低伏、星體悠遠、氣象之延覽、任用之宏大、自然不同也、

正體金土平垾橫密格

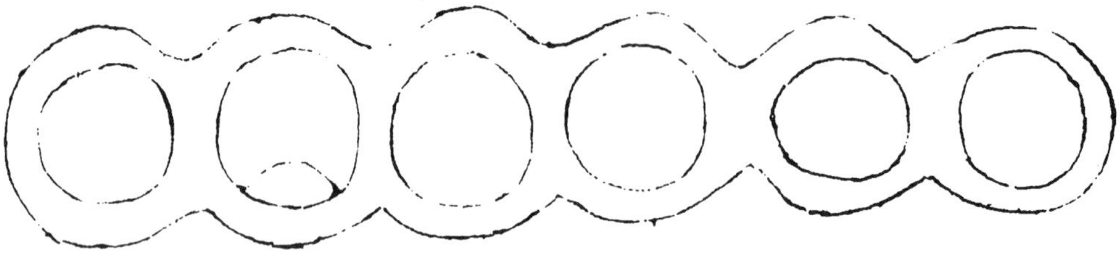

正體金土平垾橫踈格

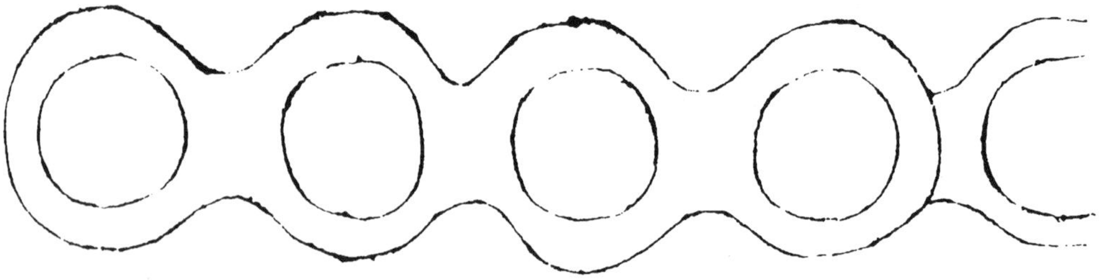

義與直體同
推詳自見

開口金上平垜橫踈格

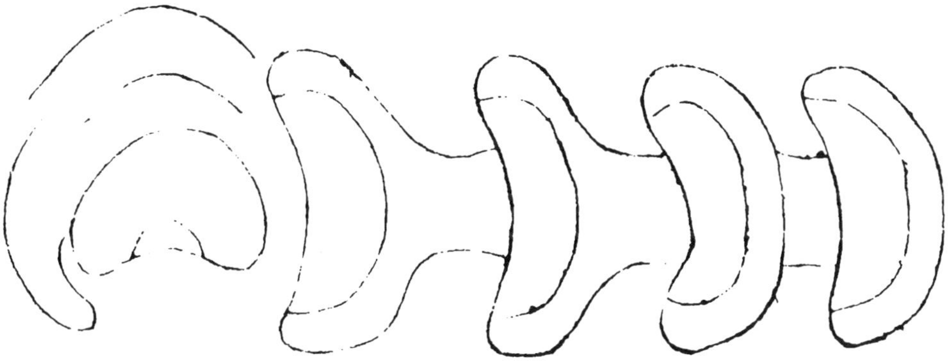

橫來變格有兩樣看法登中心似有脊處直看要兩腳隨身衞脉從中心步至角盡處陷落尺寸即爲水也橫看要腳轉衞脉邊腳就低者亦有隱隱水意界成星而亦可立穴星體得吉出貴者以類應

橫直俱未圖窩格宜以正體圖推之

雙臂金土平峰橫蹤格

雙臂一體，獨要腰軟，義見前，直橫不同，任用則一，橫來亦要登微高起處，順看相連來幾節，節節要審其小臂夾外之形，皆要成吉體，昇張爲尚，若有凶體不忌，近土故也，身盡尾處得四凶，意大爲威福之助，不及圖吝格者，從省文也。

懸乳金土平垺橫跌格

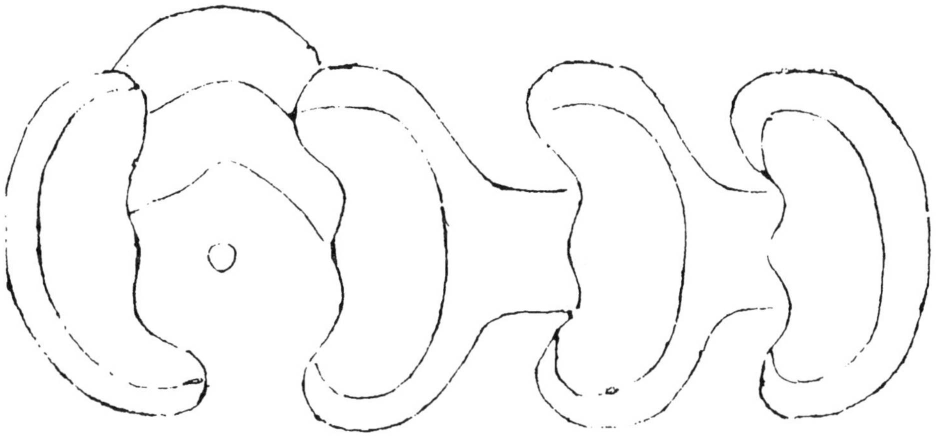

懸乳橫格能來勢平、星面貫一樣平垺乳橫大要乳弦畧見、跌斷不忌兩邊兩腳難得俱同、但成穴星的向、一邊二三節相似亦好、乳上若有界暈點有多爲全福之累、

五體獨任者身大而力弘氣專而用清雖獨雖單能捍能立由其高聳弘大決非陰蔽可待必厚換重異過峽布衛不凡特出異趨歷風歷霜堂局之闊水口之遠潮源不知何來交度不知何止其發福之大其才力之異榮貴冠朝事功蓋古罕發希遇多落江畔水心見之者皆通神異妝之者福必萬全穴落隱藏變態不一穴乘中脈爲尚左右出者其次之

貫龍五大

囮起二勢三形之外、而又有橫來直來之不同、穴居混沌備多補藏、穴星不出乎一窩一突之五吉也。太陽金水穴就龍身者、穴就羅生穴下餘體、水界甚明、就身俯穴蓋貼體意也、以老陰而變少陽之義。太陰土木穴脫龍身者穴就衛立、氣勢降止甚明、脫身立穴、蓋拋體意也、以少陰而秉老陽之義、

太陽金

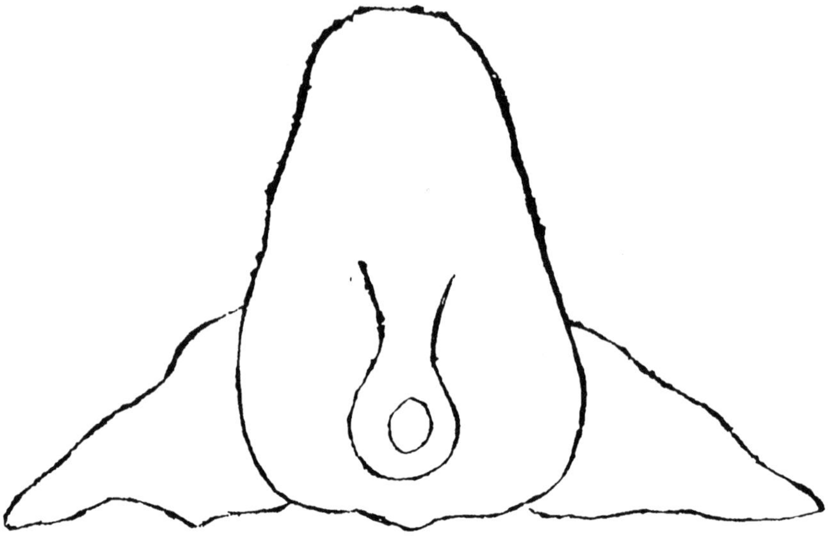

獨正一體者氣專也
不及變體者氣分也
氣專則貴亞氣分則
貴次平垰同義

太陰

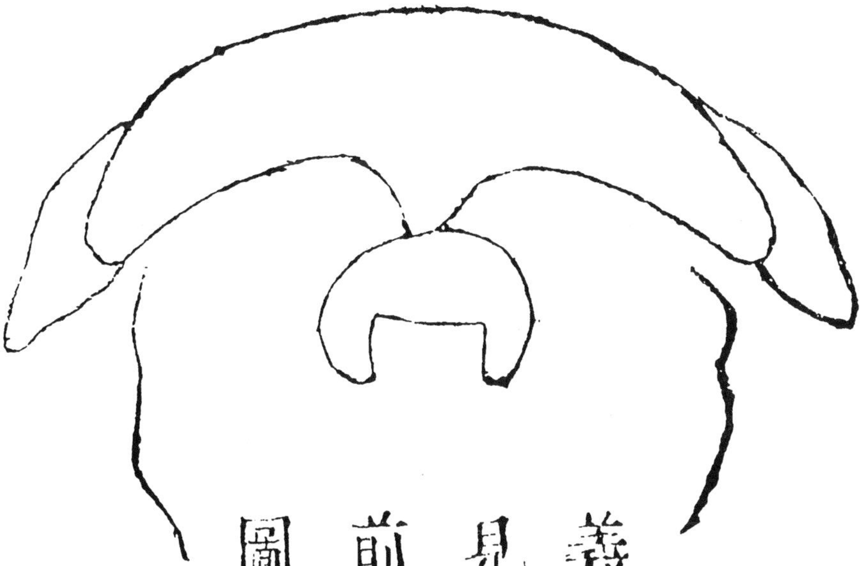

義見前圖

天財

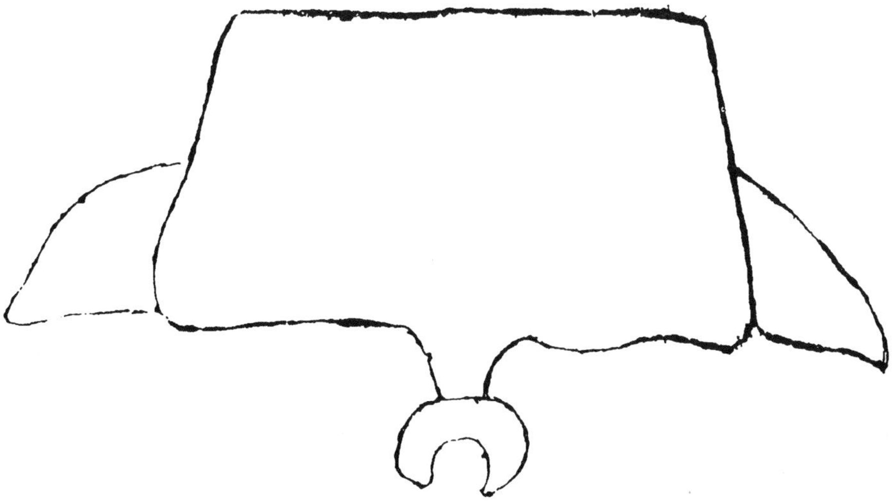

義見前圖

金水

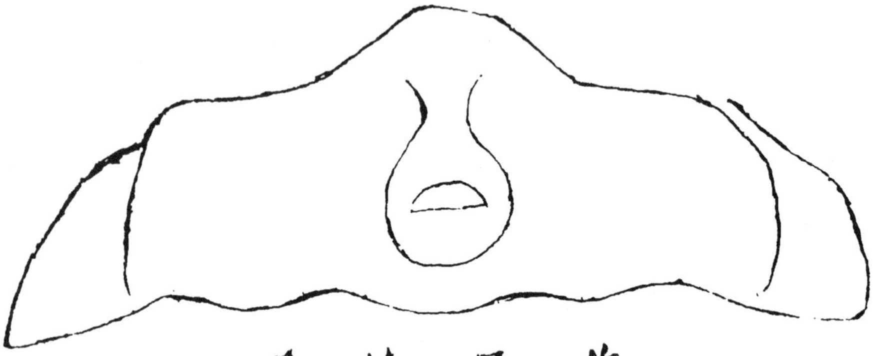

義見前圖

紫炁

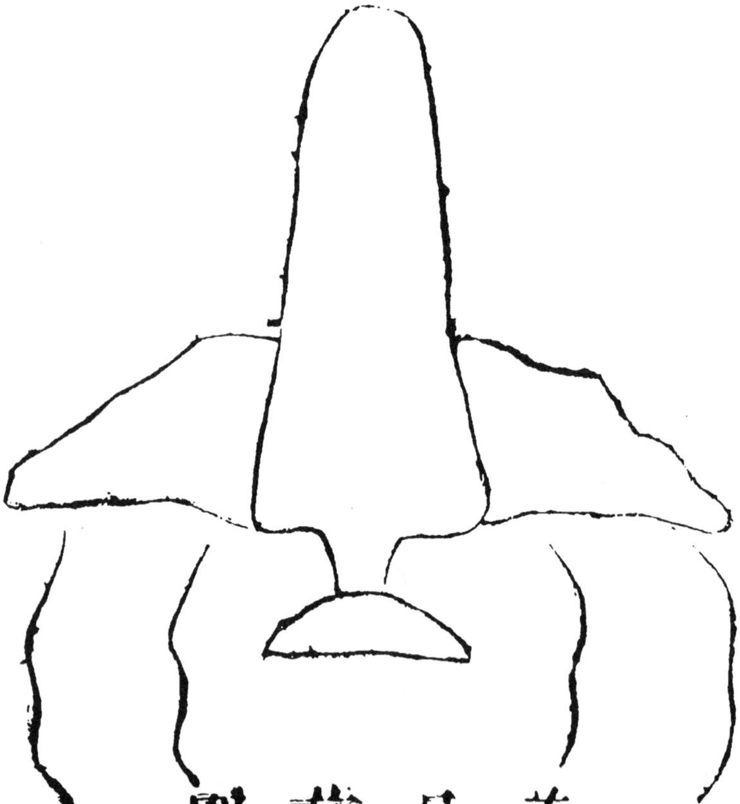

義見前圖

圈龍八座者所以濟二格貴龍之才難也夫貴龍寓於三格四體五獨實天地之秘希發罕遇此貴皆久遠博大之祿并一鄉一村之所習有也圈龍者亦貴之上也二勢三形之寓於二格四體中者隨才摘取之不使紊其秩次最爲清吉發福尤快由其龍虎同支護衛本是一家骨肉意氣自相干攝能察其立穴之天然據而投之死骨焉其鬼福之及人不待歲月計也龍勢之盛大無之護衛之縝密而備物之精尤甚矣

貴龍深落

貴龍淺落

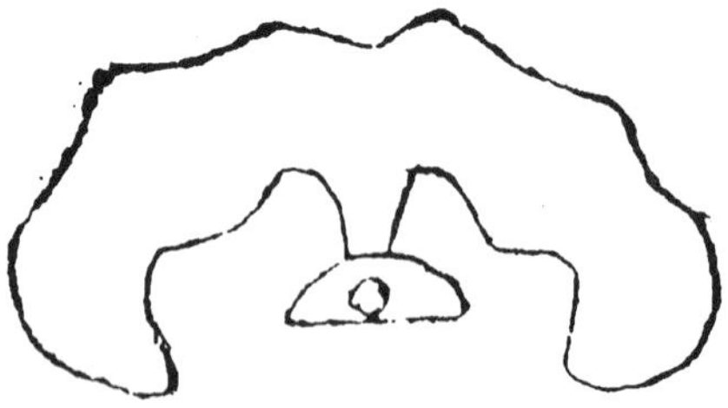

深落格勢成幽邃龍格圓如金花左右脚直長對面仰看形如崆峒登穴站看形如飛舞襯穴兩股即轉交來直長去脚一轉一丞穴落中脉為尚

淺落格勢成淺近龍格左右兩腦轉圓彎環勢似護衛對面仰看形如蜀葵結穴處又成夾勢若小龍虎穴乘中脉為尚左右不必論也

貴龍方圖

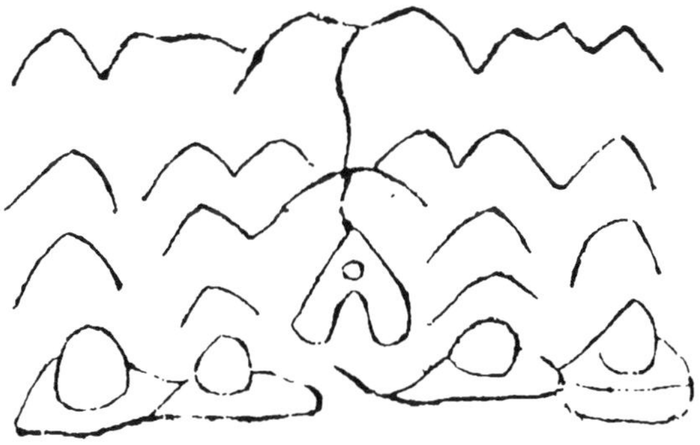

貴龍圓圖

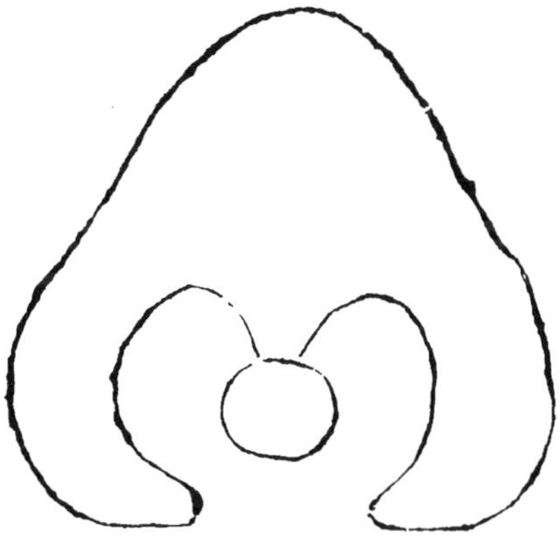

方格勢成端方儼直龍俱有之左右撐用處直垂下對面仰看形如城郭垂脚皆成星面穴乘中出脈爲尚左右次之

圓格勢成規輪頭高腰軟左右同抱對面仰看其形如飛鳳降鸞融穴兩臂自厚穴乘中出脈爲尚左右者次之

貴龍闊圈

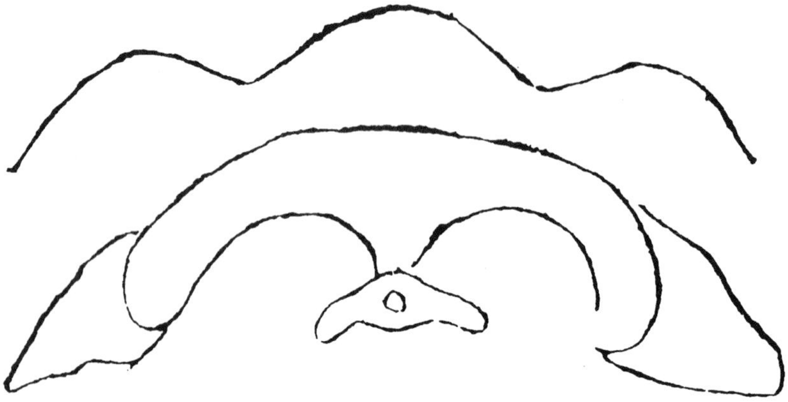

闊龍格勢成撐橫龍格孬軟幾及數百丈太陰無雜無分對面仰看形如半月獨要後撓者脊瘦體薄穴落中脈爲尚

貴龍窄圖

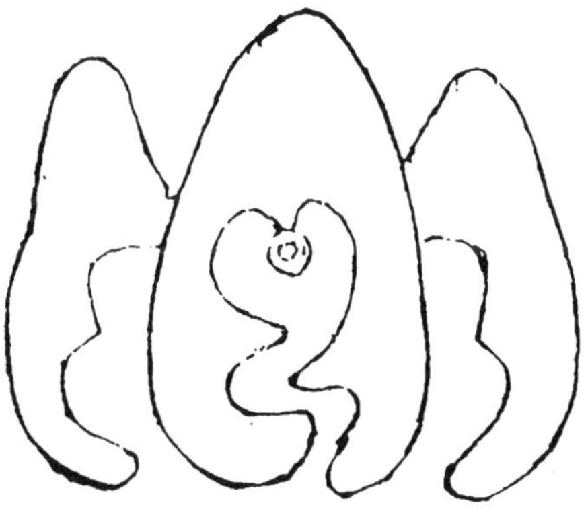

貴龍飛舞

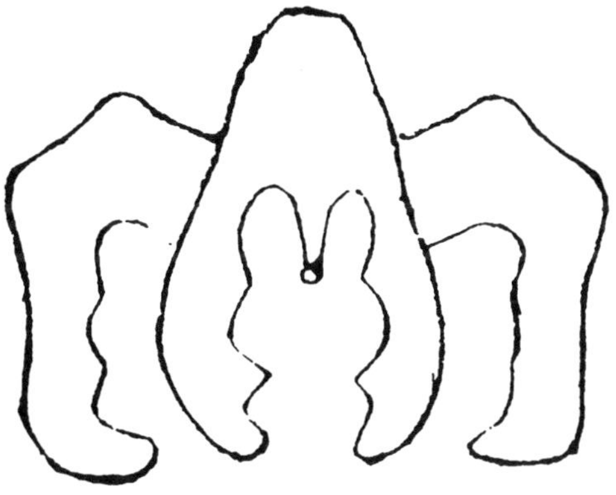

窄格勢成湊促龍格獨腦兩臂垂下似無容受夾穴水眞泉流溝對面仰看形如剖腹襯穴小股即轉如捧中脉爲尚

飛舞格勢成騰踴龍端衛重頭縈身張股轉若翼展同出護衛之有張翅對面仰看形如鷹之奮擊穴落中脉爲尚

貴龍潛伏

潛伏格勢成地面散落，如點石畧露身面，細察之排列亦有圖意，對面遠看，一如浮漚出沒，脉埋無穴，稟行必中

經所謂五獨者，龍盡之大觀，分肢分臂，動成千百里之遠變。經所謂二格者，勢聚之穎異，出形出脉，動成十里五里之會合。八圖者，濟前二段之刻，此文於外二格外之四龍爲濟前二段之刻居多矣。夫此四龍脉行迂曲，若非直也，勢趨左右，若不中也，偷於形體，其氣行固不一，若皆天然

出貴非輕而必大者也，經之立法，雖恕而實難，多端之中，据法而求之，得此而失彼，合前而乖後，能如法者，落落乎其有幾也，有謂此經當與優入道統者參之，蓋謂其曲盡天地之道，非誣也，夫優入道統者，合天地人之三才，而一貫之也，觀此則廖公其神者與。

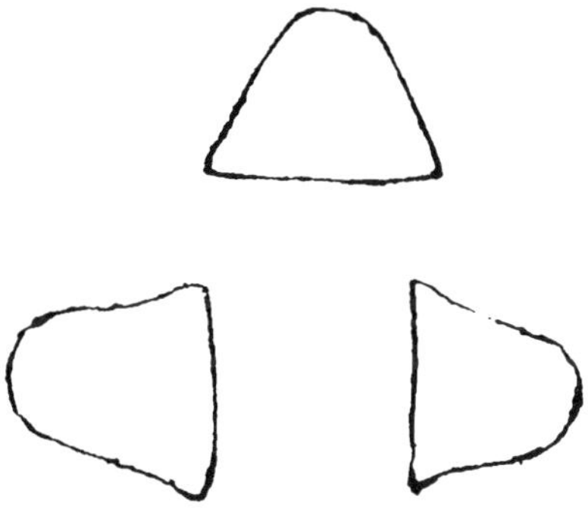

三腦相峙，脉行不中，若爲貴重之界，然天地三面，自實後龍再成上格，左右重重護衛，堂局案朝精奇，方爲合格，出貴不輕。

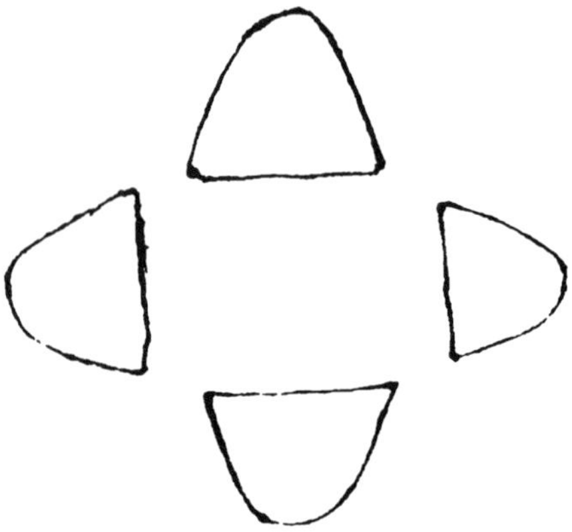

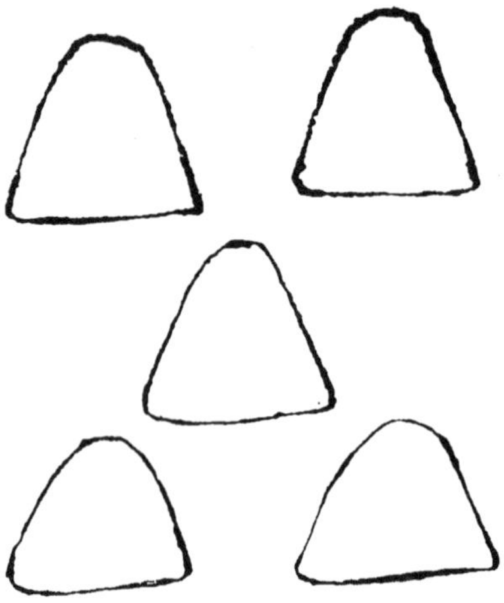

四腦十道、脉行自偏、天地立方四面自實、後龍再成土格、左右垂備、堂局案朝不凡、主出貴重、

五腦脉連、左右俱備、五氣流行、自然全盛、後龍再成土格、左右護衛重重、堂局、案朝不凡、主出重貴、

走馬一體脉皆斜行，天地二氣有正有變，此值變之常，故重後龍再成上格，左右護衛重重，堂局案朝不凡，主出貴重不輕，

紫氣得月清之義圖

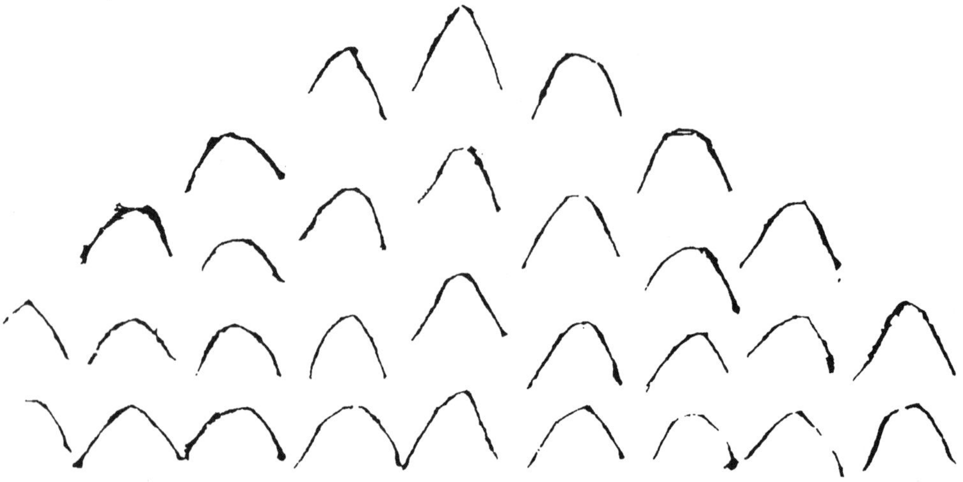

此龍之貴者，取其天清地濁之義也。天得其一，地得其一，故脚若分頭，若舉穴，砂遇之皆貴，亦須要察其堂局真正，方爲合格，跨騰風雲，氣象萬千矣。

天財得天清之義圖

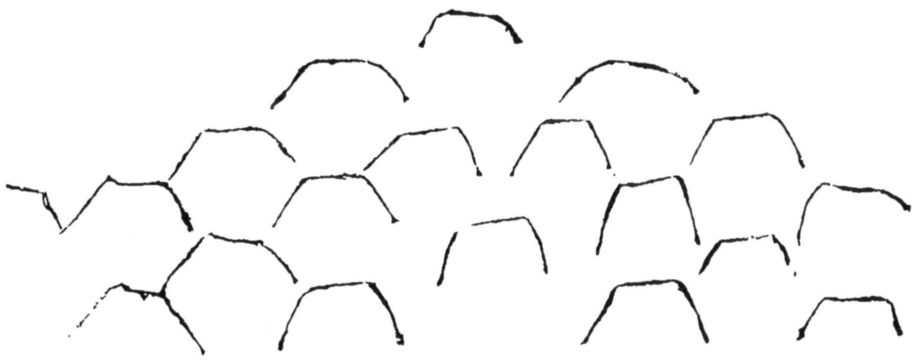

此龍之貴者，取其天清地濁之義也。天得其一，地得其二，故脚若叢頭若飄，穴砂遇之，皆貴。亦要察堂局眞正方爲上吉，必延蔓一鄉氣象十萬矣。

劇旨

喜高

一氣　龍神

五節爲尚　三節次之

獨揭紫氣正格一體喜高蓋言其一貞之氣初生動變之意未啓故其生氣多存於中精氣必見乎高起雲接漢風雨霜雪愈傲愈清者也朝應天外衛侍不到一孤自持精乘奪鋭盃之以一氣龍神主出聖賢人品三元甲第倍益清高氣象富貴穴有三體仰高凭高順高又嘗清窟穴有

法裁之失法出修煉清士人下單替最忌點石尤忌敧斜點石則皮肉受尅欹斜則脉理不端雖招富貴多病多夭主星清氣者一如之其精露穴止皆當以紫氣推焉

忌高

金 高忌寒

土 高忌燥

金水 高忌蕩

四體之穴皆布御高凭高順高穴雖云落高衛體必須障密若立獨起各犯其所忌

非惟富貴不利人丁終歸畢耗若龍格可貴穴深鑿之亦視其所止之地有何可憑可也、

喜 太陰 一氣 五節爲尚

低 正格  龍神 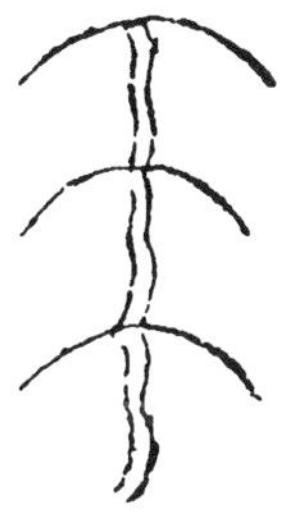 三節次之

紫氣忌高太陰忌低二體從立勢論也諸體落平坪者各無所忌也須按穴的確否則同歸一害

獨揭太陰一體喜低蓋言其一貞之氣潛於半動變之意存乎隈故其生氣循角精采見影蘸水濺泥水泉砂礫愈近愈清者也朝應草痕衛從拳石一變自足精采實倍益之以一氣龍神主出聰明絶品科第三元累世清宦穴有

曰體粘裙就褥貼脊斬角又當以十六作法裁之失法出漏聽伶巧人丁寒潜最忌水穿沱怕撼爆水穿則皮肉破碎撼爆則性情不和終無一發多敗多絶

忌

低

太陰 低忌 腫

土低 犯濯

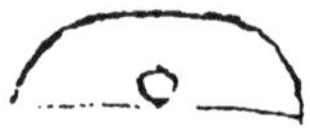

金水 低犯 蕩

紫氣 低犯 孤

四體之穴皆有粘裙就褥斬角難均落低銜體必須相鉾若失低陷各犯其所忌非惟當貴不利人丁終歸敗絶

喜高別格

三
金大鵬
一展翅
水

凌雲天馬方爲驟蹄合格

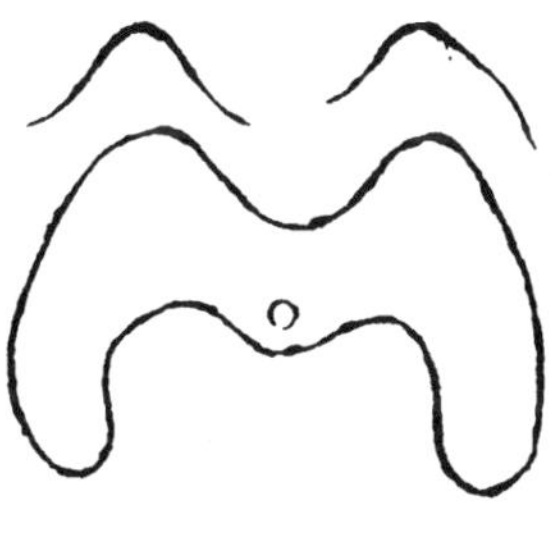

泊漢方爲合格

大鵬則有乘風之健天馬則有騰雲之壯氣銳志剛

遠覽聰聽愈高愈奇孤非所忌

喜低別格

泥面
龜脊

角有帶水上曜方浮漚合格

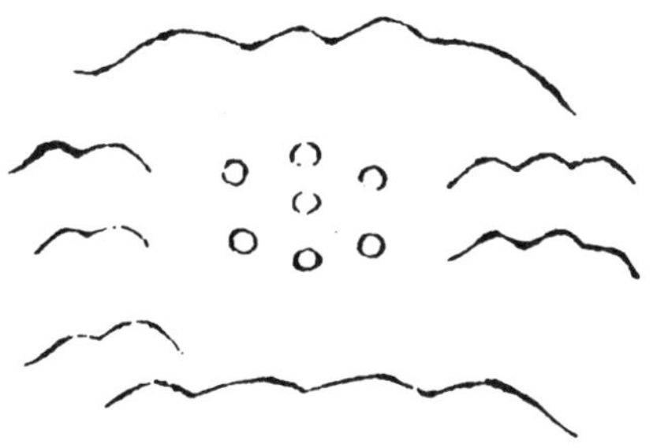

泡頭帶類方合格

靈龜則有穴土之性浮漚則有根水之義頭微堪活

衛多勢朋愈低愈奇隨非所忌

頂抛不忌高

抛有左右

頂抛就身另形、諸體皆有之、名曰樹杪箕脊不忌孤、只要木體精當、頂杪起迴不欹不斜是也、

端抛不忌低

抛有左右

端抛去身另形、諸體皆有之、名曰根鬚吐露不忌單、只要木體精當、根脚枝蔓、不浮不枯是也、

尊主

土生金

金生水

水生木

金生水

木生火

尊主者毋立而子未成之意也如胎如息之義其形影雖具天眞尚溼氣脉未固與窩突之體不同所謂脉息少陰少陽方復方始者也尚不能生物而物亦不能資之以生矣從主而不從生者土生金金爲客借客之意而穴之根源之盛大足以擴生物之功又似另生水形亦微茫之象迹耳初非老大之窩突也其必乘窩突之上弦毋體止變之地瑩然金粟冊粒有圓淨之形處而穴之斯得矣居辨之不詳見之未的悞以窩突之體開張之損其細嫩之質使生氣盡滅反貽敗絕之患此毫厘之差千里之謬心法

經旨、至精至微、非心傳者、莫能知之也、

餘四體皆以類推、觀山者非徒執無貼窩突、又當細認此義、偶失之遺禍不小、此乘主者主的、而所生者未真也、形見不止於中、左右前後皆有之、

從佐

土生金

金生水

金生水

金重者太陽太陰也

水生木

木生火

從佐者子立而母失中之意也、已孕已育之義、其形體既具、氣脈皆成天真、宛如與綴接之體不同、所謂窩突老陽

老陰、成復成姤者也、眞能生物而物亦寄之以生矣從佐而不從生者、土生金、金爲佐、就巳輔之形而穴之、發生之英氣、足以耶成物之功、雖有正立土形、但亦具體之𪓟耳初非本主之眞精也、其必乘另成形之間界、佐體初生之地、瑩然陷竇吐突、有變動之形者而穴之、斯得矣、若辨之未詳、見之未的、惧泥正大之體彫琢之、汨於頑硬之質、使生氣隔遠、反貽橫暴之禍、此眞僞之別、分寸之間、心法經旨、至精至妙、非深造者、莫能得之也、

餘四體皆以類推、觀山者、無徒執曜氣粘拋、又當細認

此義倘失之遺禍不小此從佐者佐的而從生者未眞也形見不止於畔前後左右皆有之

當空靠實

沒骨 當空

靠實

天財 當空

靠實

沒骨似牛形寒牛穴當空者扼頸也頸間聚力力聚則精完穴完精意也穴靠實者傍脇也脇前鼓力力鼓則肋該穴該肋意也

天財似馬形天馬穴當空者駕腰也腰間帶土去金就土土上微有穴意天馬穴靠實者乘左右股也

股間摺水，去水就金股上微有穴意，

回顧

當空

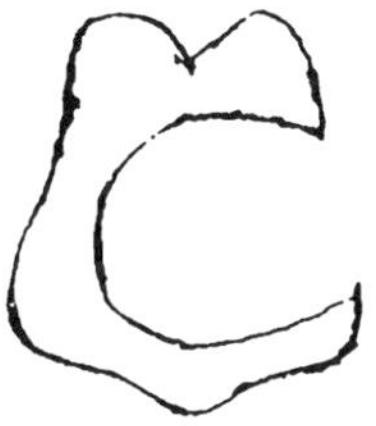

靠實

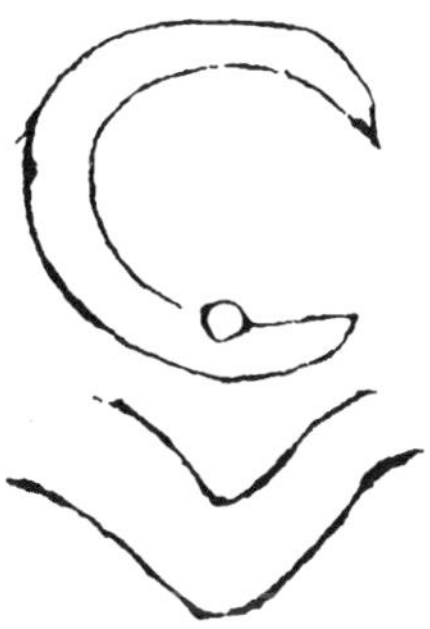

回顧似蟠龍，蟠龍穴當空者，貪前戲珠也，前有雙金爲案，分兩而朝，缺穴靠實者，曲身顧尾也，案帶低金爲案，坐樂而朝轉，

畧顯

木星

金星

金星面飽腹鼈形似饅頭，木星面腫身飽，形似瓠瓜，雖有四獸之羨，窩突之形，其屹立之狀，蠢然可畏，惧以爲形容端正而扦之，其應驗之惡，不可言矣，此顯之可畧也，

尋微

木星

金星

肥木尋芽、頑金狗水、腰脇之間、邊畔之際蘊藏精意、有窩有突、微芒之間、愈看愈奇稱乎四獸之美、宛乎一局之尊、慎以爲形容醜怪而棄之、其枉才之不明、深可恨矣此微之可尋也

迎體四用

上嫩　下老

左嫩　右老

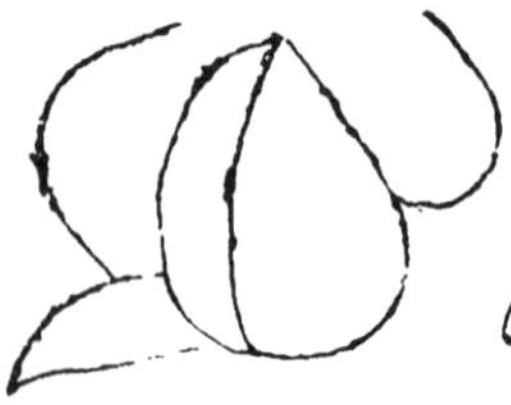

迎體四用者、諸星體皆有之、圖未備者上下左右前後當類推也、蓋以四獸可愛而主星不足、裁擇之意多、而取舍之義備、長短不相掩、眞僞莫相混也、此足尋微畧顯之意也、

適曜四用

左備右缺

上備下缺

適曜四用，諸星體皆有之，圖未備者，上下左右前後當類推也，蓋以四獸皆具，而穴星生曜偏枯不全，窩突二體，又皆中立，惟狗窩突而穴之棄曜，而不察乘氣，而未全受蔭，有偏房分不類，此曜氣所當辨也，謂之適者，穴與之相當，氣與之相協，然後天真不失，儲物亦中，偏不爲偏，枯不爲枯，曜在左，穴宜挨左，右與上下一一同之，挨左之義，不當視窩突之聚何如，若過與不及，胥失之矣，

近水

正頑金體

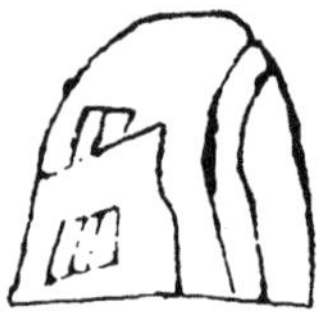

正土燥土

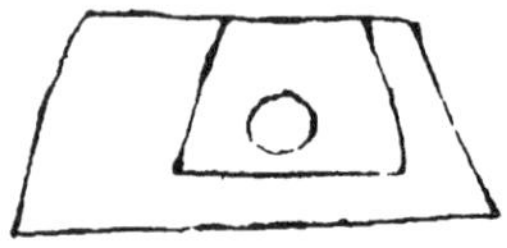

遠水

正金掃蕩

正土灁土

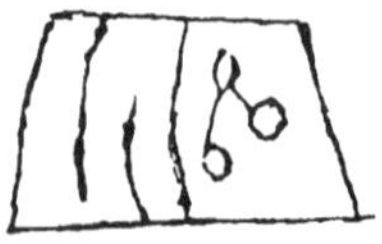

圖面堆黒者帶石也、圖面垂條者帶水也、

近水者、大地之生物、剛陽則孤、純火則燥、必資雨露之蔭、儲水之澤、方能成生物之功、故水欲近之頑金、則大開水窩、燥土則深去客土、金水則站曲、紫氣則就浮、皆近水意也、

遠水者、物以重陰不生、十寒則殺金、多水則成蕩、土多水則致灁、木多水則致浮、窩形上弦就蓋、窩形下弦就粘、左右就灣盡、皆遠水之意也、

乘聚摘散

乘聚者、四獸從衛之山、如戟如林、勢促局拘、低視之似無容也、高視之則無縮也、然水口捍門、皆是恢拓氣象、交度又廣遠、此蓋中主厚持斂旂帑帳行陣、啣枚不可以嘩軍觀之、自寓勢重侍從團湊、擁洞蜂營、必有一王、此法當以凭高仰高騎龍順龍裁之可也

摘散

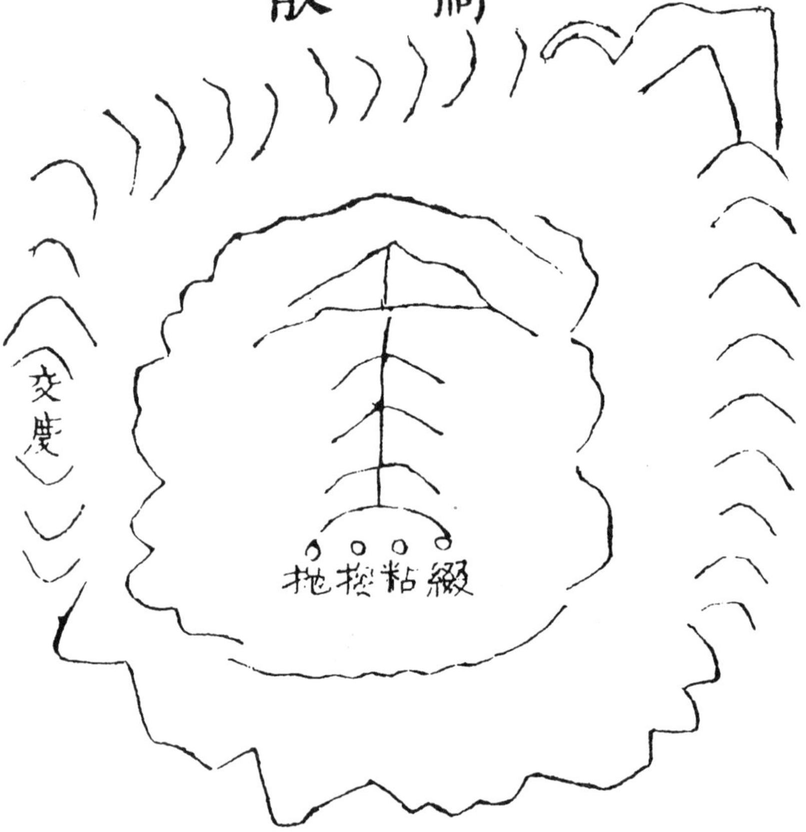

摘散者、四圍羅列之山、如飛如騰、勢分形擾、高視之似不治也、低視之似無氣也、然水口捍門、皆是整肅氣象、交度又凝定、此蓋中主威治德廣遊騎散出器械自隊、不可以常將觀之、自寓閑樂侍從莫押排江風浪、必有一鯨、此法當以粘接拋綴裁之可也、

二體自是一家氣象察山者見其聚指爲窮僻無倫無絡決無穴處不知一粒靈光超然獨歩遠覽畢攸凡重出累逞者何者非其效用之體見其散指爲紛亂無綱無紀決無穴處不知一粒靈光退藏茫渺繞褥攸俯凡紛至沓來者何者非其聯屬之親智者妙其全據其靈穴而塋之異常富貴獨握朝綱二體招來應驗不可勝述矣

少陰 脉息微

陰

陽

少陽露

此體九變尚做不可析圖自當凝注其心神冥悟其竅妙而山川有自然之性情一見灼然矣

老陰

窩

老陽

突

陰陽具形

此體九變，具形皆可開圖，智者神而明之，其體其用，了然心目，山川變態，靡有遺遁矣。

九變圖

五吉

太陽

太陰

金水

天財

紫氣

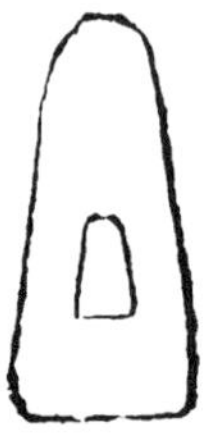

四凶

孤曜

天罡

燥火

掃蕩

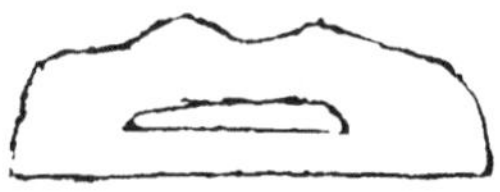

諸星之形體窩突之二象，固有五性五形，交互雜著之異同，形影尺寸之異，度功用適若天淵，應效捷於影響，能察而秉之，爲福不輕矣。

窩突相生圖

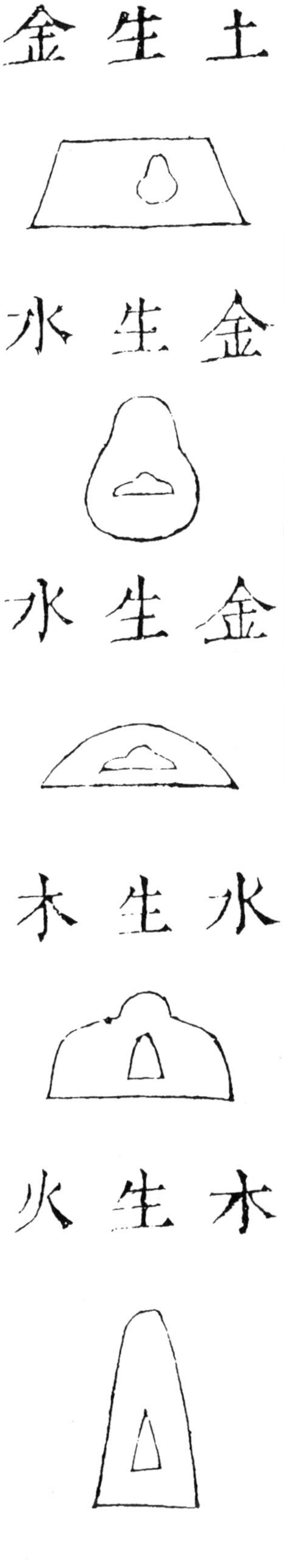

相生之體，五吉純氣也，乘其暈象而穴之則善矣，亦當以十六作法裁之，失法則減力，此子賢而從子之義，和氣致

祥、斡蠱之福、可生、可綿、盛大之業、一粒幾之也、不及四离者省文也、相生之義、可以類推、從子者極弦極粘之法、相尅之體、五行剋氣也、乘其暈象而穴之則害矣、雖盡以十六作法裁之、亦不減禍、此從母而黜子之義、乖氣致異、淫蕩之禍、及身及家、灾辱之生、一嗣幾之也、餘不及另圖省文也、相尅之義、亦可類推、從母者、極蓋極粘之法、

會旨

赤人說

地理有近取諸身之說、扒砂經以赤人象之、赤人者賦性于天成形于人、一眞渾涵、衆體備具、山之峙形、即人之具體、頭面肢體之間、昭然見太極陰陽之理、悟者秉其本然之氣體、而妙夫當然之作用、則善矣、

乘耳之穴、則聰不可勝用也、乘目之穴、則明不可勝用也、苟遺其耳、則失聰之用、遺其目則失視之用、斯惑矣、其必耳聾而知腎之病、目盲而知肝之病乎、

觀山而見穴穴一起月之間、而形狀莫逃、陰陽自合、而穴妙矣、穴妙則表端而裏正、必有內病投七可也、投灸可也、元氣或欠、人事可補、是裁相之道、知天者不必緩矣、扒砂之妙用極偏扶虛、其竅之之功乎、扒砂九變、其本于赤人之蘊、故其穴就嫩就細、赤子圖乘生氣也、

赤人圖

正體

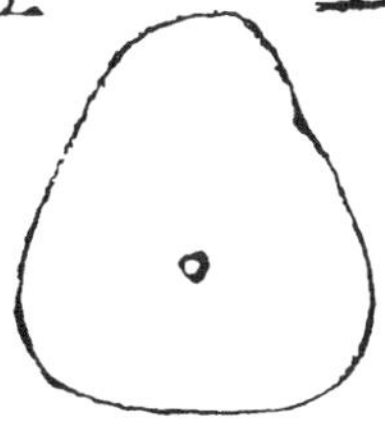

開口

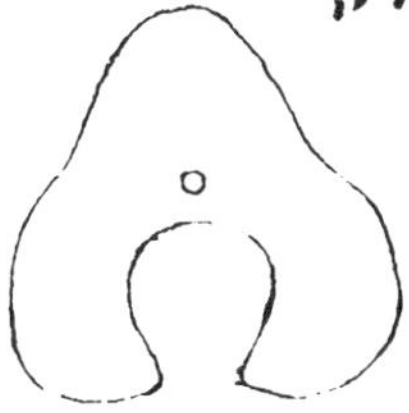

赤人之賦形精而成鼻先立焉故山有正體星辰中具一微暈即鼻之先一身而生者也鼻之兩傍有水分于鼻梁合于人中即穴之小堂氣也鼻呼吸通乎一身而耳目口之諸體氣常貫通故謂之祖祖所以統子孫之義

赤人者鼻立而口次之故山體有開口之形精含于中而變成于外微有窩之墜以象人之口故口之兩傍有輔口之中當有水名曰氣海氣海深落有喉乃穴之二堂氣也口之受納滋乎

雙臂

一身、而養蔭之氣、含蓄乎一精、故謂之口、口所以司門戶之義、

赤人者、鼻口耳目乳、既立、而手足又次之、故山體有雙臂之形、雙臂乃手足俱在之名、手足備乎身心者也、一氣充周、而爲穴之用、並立不偏面、有佐使之義、在一身則爲手足、在一山則爲龍虎、至此而人之道始備、而有成矣、

单提

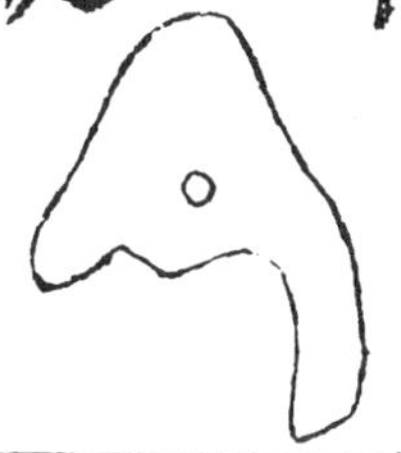

懸乳

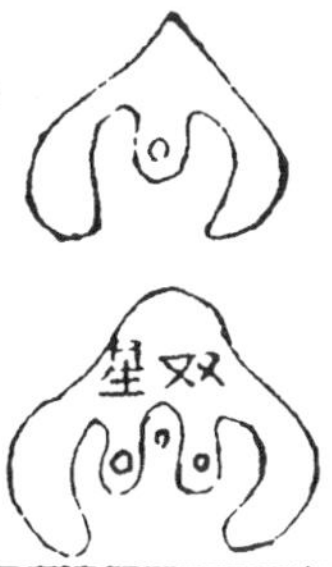

赤人者、鼻口耳目肢體具矣手容拱把之餘有舒則有戢戢其一而舒其一、謂之单提单提者偏垂之謂、用力專而衛身最勇、戢其左而右之意思常足故在山所以謂之吉穴、左右皆有之、

赤人者、鼻口耳目既立、而乳次之故、山體有懸乳之形、氣聚于中、而形露于外、有突之垂以象人之乳、故乳之立、有左右乳之形則員明、名曰雙星、雙星之間有胸窩、乃穴之三堂氣也、乳之峙立佐乎一胸、而外助之功、宛乎衛穴、故謂之双星、

弓脚

側腦

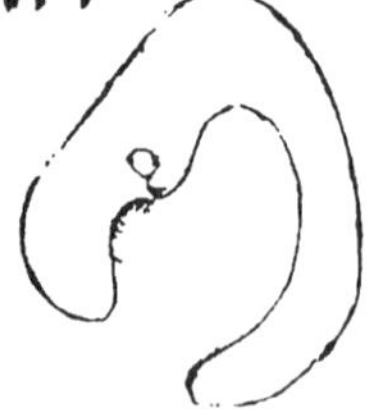

赤人者、鼻口耳目肢體具矣、足容重立之餘有伸則有縮、伸其一而縮其一、謂之弓脚、弓脚者、偏護之謂、用力專而反身最詳、弓其左而右之意思常足、故在山所以謂之吉穴、左右皆有之、赤人者、鼻口耳目肢體老成焉、又有延生之術、養生云、人之養生、有立坐動靜交互、元氣自固之義也、側腦正偎家猿攀鳥伸之功、山之星體、以頭顱不正者、爲側腦、腦雖側而中氣之貫注自若、故爲吉穴、

沒骨

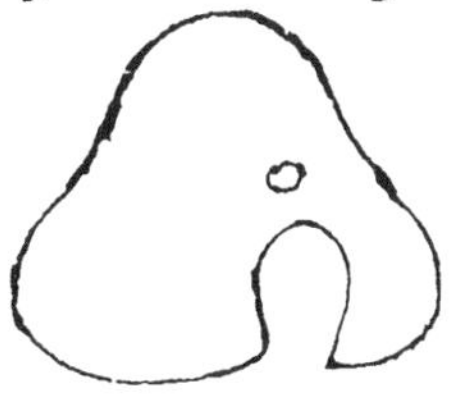

平面

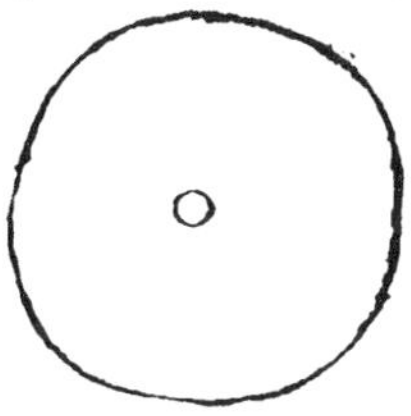

赤人者，鼻口耳目肢體骨成焉，又有察血之術，融衛云，人之一身有骨有肉，陰陽兩備，太極自存之道也，沒骨正醫家刺皮炙肉，極生之功，山之星體，以軟弱陷薄者爲沒骨，骨若夾而位中之體若窠，故謂之吉穴，

赤人者，鼻口耳目肢體既該，有立有仰，即有動有静之謂也，晝有爲，夜有息，人道正而天地之性命正矣，仰卧成息之時，夜氣虚明，私欲净盡，一中太極之理，無所偏倚，萬化萬感，于此兆焉，

山體變至平面、又是天地一姤一復之交、諸體生諸穴正精氣融會妙不可言矣、

扒砂之傳、大本大原、蓋出于此、其爲道也、平正通達簡易切要、眞古今之至道也、此九者舉其畧也、餘義見分穴解、

四物說

地理有遠譬諸物之說、扒砂經以飛、潛、動、植四物象之、夫四物爲體雖殊、而賦性于上、受形于下則一也、形體不同、爲用亦異、然各具一太極、各成一陰陽、陰陽成而四象布、有自然之形體、可別穴之眞僞、明者當自得之、

因飛物而立飛之穴必擬于飛、而無所錯亂也、因動物而立動之穴必擬于動、而無所錯亂也、

飛之性情、止于飛也、是禽之類、必不撓于動者之穴、動之性情、止于動也、是獸之類、必不撓于飛者之穴、形的而穴明、當卒然之間、有確然之見、因固然之象、知本然之妙、于地理何憾焉

四物圖

飛物圖

飛鳳冲霄

飛鳳冲霄、金水雙臂、其精在乳、即鳳之垂尾而奮也、故立地穴就子也、

金鷄唱曉

金鷄唱曉、高腦金開口出火者、其精在腦、即鷄之昂頭而唱也、故立天穴剪火也

白鷺窺魚

白鷺窺魚、開口太陰帶金水曜者、其精在小金上、即鷺之延頸

黃鷹打兎

黃鷹打兎、单臂金水、大金帶小金作案者、其精在金、即鷹之展

而望也、故立曜
穴棄老而就嫩焉、

濱物圖

蒼龍戲海

蒼龍戲海、正體
掃蕩、帶小金曜
者、其精在額、郎
龍之昂首而戲
也、故立穴在起
金處、亦棄水而
就金也、

翅而攖也、故立
人穴宅中而協應焉、

江豚拜浪

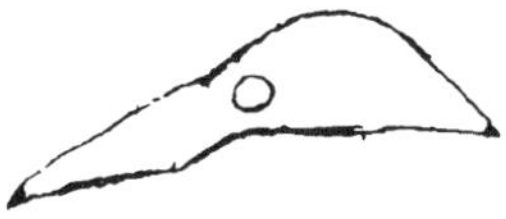

江豚拜浪、正體
太陰拖蕩者、其
精在肩、郎豚之
聳臂而拜也、故
立穴在沒角處、
亦棄水而就金
也、

江鰕暴日

此格正體太陰合高腦太陽其精在臍眼即鰕之見日而遊也故立穴在中暈處併法也

動物圖

猛虎啖

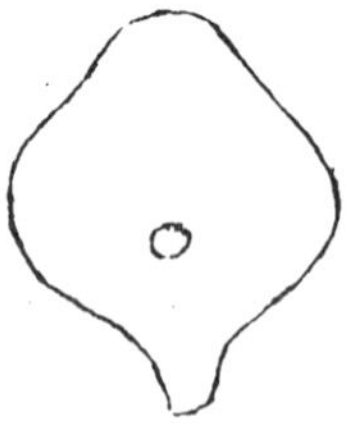

此格正體高腦金中裙隆火尖者其精在舌根即虎之蹲其舌

靈龜仰月

此格正體太陽合邊體太陰其精在眼即龜之顧月而仰也故立穴在轉角處倚法也

文豹顧

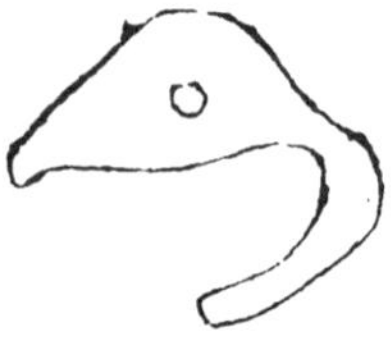

此格正體低腦金一邊微轉水者其精在項折即豹之行其頸

舌

垂也故立穴在正星中褶體欲隆處挨金剪火之義

寒牛鼓臂

此格沒骨一邊低處開口者其精在肩陷即牛之用力其臂鼓也故立穴在開

尾

轉也故立穴在正星邊角欲灣處乘金相水之義

天驥騾蹄

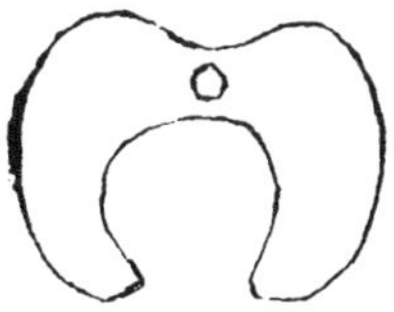

此格天財兩金金峙開口者其精在腰軟即驥之奔其腰落也故立穴在兩金

口邊微陷處就水去金之義、

植物圖

椿芽布暖

此格正體紫氣聳身直上者其精在秋芽即椿之遇暖先其清芽之萌也故立穴在高照有暈處凭高穴也、

微偏處就金去水之義、

柳眼窺晴

此格瘦體木星身削氣潤者其精在眼蓋即柳之於晴先其青眼之發故立穴在腰折有暈處、就俯穴也、

梧葉凋痕

此格高頭肥容金體身項舉者、其精在腰有窩迹、即梧葉脱皮、隙上多得臨秋意故立穴在腰脆有竅間、就俯穴也、

松根綴美

此格高頭蒼貌金老皮麤者其精在根有突迹處、即松根埋下綴鬚上多得傲冬意故立穴在根抛形也、

天圓山面之圖

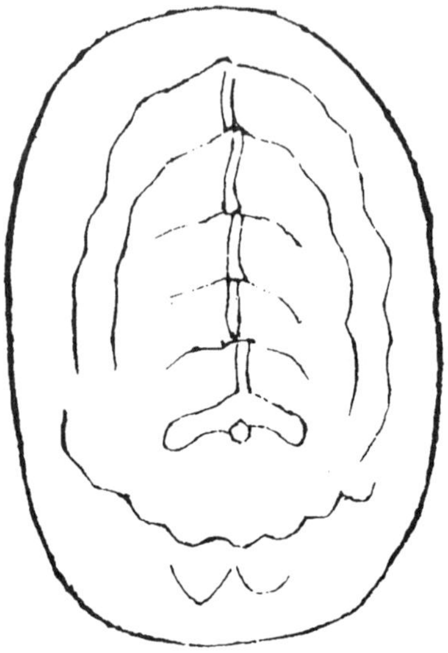

亦有陽得其陽文者互出之心不必強求

此圖象天故員山面雄立高太闊橫眾山之聚如象星拱極遶氣浮光如五雲映日氣象自別靈光所寓非一體也能察而收用之其效必如前所說焉闊大體段未必其盡如所畫或重迭而見或偏傍而立得傳者能知之此內四獸如

摧沙起痕屬陰云云、

地方山面之圖

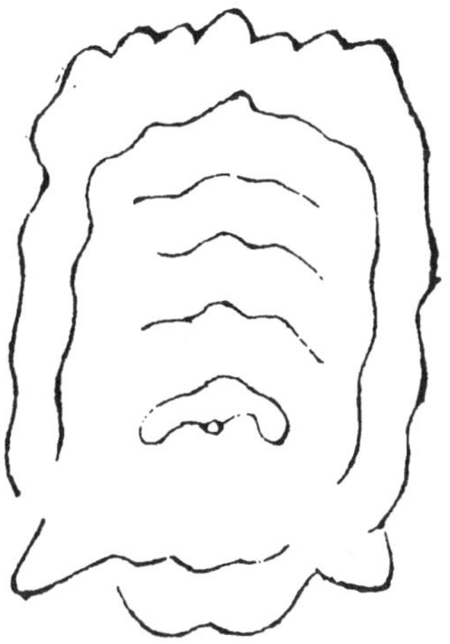

亦有陰得其陰文者互出之意不必刻求

此圖象地、故方山面方峙高大橫闊、衆山序映、如俎豆列几、遶氣傍輝、如錦彩衛屏、氣象自別、靈光所寓、非一體也、能察而收用之、其效必如前所說焉、闊大體段未必盡如所圖、或重迭而見、或偏傍而立、得傳

者能知之、此內四獸、如流水導溝、屬陽云云、

卷一終

金精廖公秘授地學心法正傳畫筴扒砂經卷二

宋　虔州金精山人　廖　禹著

豫章粟塢伯才甫彭大雄集

明　新安星源孟隆甫江之棟輯

古歙承景甫汪元標校

季常甫吳公遂閱

前括遺

山中山體、山頭湊聚、多是去祖不遠、其降勢自然高大、高大則肢脚縱橫、賦形不一、亂中有治、治處融結、堂局不見、

站高而成穴、山峰環遶、重疊相映、一山一流合觀並掌爲力故重、

江邊山體、山頭踈落、多是去祖甚遠、其降勢自然低小、低小則肢脚出没賦形、專主、治中大治、孤處融結、堂局甚廣、站低而成穴、砂脚灣護奏、理甚密、一溪一流、覽遠收多、爲力故重、

江邊山高必孤、若穴高受寒、主人丁不盛、故多落平坪、陽地爲多、

山中山低必藏、若穴低受濕、主人丁不盛、故多結仰高陽

地故多、

落海中山、如嚶崖好崖落江中山、如匡廬彭蠡、如此類、凡江海中皆有之、只大小不同、地勢愈卑、則山體愈高、地面愈闊、則山體愈弘、此欲關鎖四方大來之盡、水勢俱聚、地氣俱到、捍用俱大、故其與江邊一枝來盡不同、體骨多是硬石星形多是四凶、龍蛇所潛、妖怪所伏、天地一險厄處與凡盡處不同、麤糲中亦有精粹、團聚內不去吉壤、是蓋天地儲精二氣不離、美惡相雜、亦理亦數、惟上智能知之、乘而用之、富貴難量、然天地愛寶、多秘不發、識者吝告、海中山是天下第一箇崩洪、江中山是天下第二箇崩洪、凡山行出江邊醮水處、必有潭聚、凡溪沙走出水面盡處、亦有潭聚此陰陽相乘之勢、不可取必其山到水深爲氣到力盡之莖穴也、

祖山高絕處、春冬多爲氣障、必晴日午天方漸漸减去、蓋四圍分翼之山、皆有釀氣升聚旋遶、故勢大氣重、又春冬陰氣凝盛、故必待日照方减、是以虛陽而勝實陰也、

一突一窩、此相乘之勢、陰陽冲和之氣、使之然也、觀之江畔溪邊、山到陽處、水卽沉砂、出頭處落必深、不必有穴無

穴犬勢皆然、若融結作穴、其、星體或先弓、或龍虎紐會去龍退、後、作騎龍等樣、若獨突出現者、必山脚有裙褥、水心有羅星、二者不可俱得、但有一體便可、

立仰俯謂因形察穴、立勢、立天穴、仰勢、立地穴、俯勢、立人穴、如此捉穴幾失、古人葬乘生氣、穴求暈氣之謂矣、扒砂經云、據暈上因勢立天地人三等穴、如此精力秘見眞萬古師法、

沿江沿海、布砂之形、鋪氈帶褥、動成千里之饒、是固繼山尾蕩漾而成者、間或、江面海心大勢延袤之山、是有水即

有氣有氣卽有形、只是來得遠、則肢脚疎闊、隔遠不得相值、渺茫相望之間、固皆平土也、浮多而實少、浮多處蕩漾積成無疑、然達下根柢、必有連絡不斷之體、故迹至江心海面、若卒然而成質也、此皆理到之喻、非强合揑符也、

欺壓之患、氣不相攝、勢不相扎、而有此患、非以形體大小相較之謂、衆莫衆於三軍、而一將特渺然耳、威德不羣、受侮實多、若細栁之重老、雖天子亦按轡矣、何欺壓之有、

認星體要恕、求暈體要詳、凡金體面飽、身軆皆屬罡孤、而平、身雅便是上金、罡孤縱遇後龍入格、亦所不取、若金上

無雜、雖後龍欠格、亦可安厝、

天財三體、皆貴腰短、最忌節長、腰短兩山奏合之間、皆是生氣盎然、又兩脚逢聚、是就其無體無氣而乘之、後雖失勢來輔過重、實爲吉穴、

沒骨亦是兩金扛一水體、是以天財脊上要短、短則穴口圓、沒骨要下口狹、狹則穴口圓、二體立穴、俱從伏處、故貴托樂、有托樂如有約有會、然必近宗近支、纔爲的樂、相聚成隣、逢旅聚居之意、

山川凝生氣、而露形者也、根栽於地、乘氣灌養、常活耳、故

氣血通貫無處不到此極高之山頂必有塘池之積泉也、極陰所產多靈天工不雜渾是雨露積久成塊精氣著物、非特龍蛇爲然飛走形色亦無不備此亦理勢之當然耳、不當以怪目之神居之則靈人居之則僊一種不雜之氣、鐘之也、

石山突兀之四圍多有乾池水道多從下落何也葢嵯峨石山露頂處皆是頑石潤氣亦少山腰多是燥土邐迤乾池之中底亦是低石尖頂故山頂竦森之末盡伏滲道故水積而即涸也水道或遠或近難從按索此等去處不可

乘居卜葬、

乾池去處底下皆是低山、尖頂叢連上結、欲被蕩漾浮土覆蓋土在石上、為石革絕生意、氣脈不通、故無溢泉乘天雨之水停積不住、內土多燥、草木不盛、

朝水貴迂曲、朝山貴高遠、源朝之水、要特朝穴之水要讓來多而收節也、遠朝之山宜偏、朝穴之山必端、遠在望而近取正也、來多而收節、福不至於僭濫、遠望而近、正名又臻乎尊大、

山川鐘氣不同之甚、重而有連疊融結者、輕而有絕無一

裁者、天地賦物宜公、而何至生此山川不同若是耶、天地間幾個大盡處、固爲大天地役氣矣、中間分枝擘脈、皆爲中落、落處固是一個大地、宜其聚精會神、人物疊生富貴、不乏固矣、若夫物產不備、歷古歷今、人物寥寥、無可録皆不能無疑也、辟之人馬一身所賦無處非天地中間、亦有聚精處、亦有綿弱處、如頭面是聚精處、目司視耳司聽鼻司臭口司味有用之靈、聚於一所、是即山川能融結處也、如下體是綿弱處、雙手雙足、肢分節解、固皆有穴、但踈密不奏、是即山川少融結處也、觀此則知西北之地、精義陪

鐘、富貴重大、連姻迭婭、近祖故也、餘皆不及可考矣、
平垟闊大處、稟陽氣之多、故爲剛極、合水不少、故爲柔極
一剛一柔、兩相太過、又被風衝、相奪之久、年運周還、作災
作亂、間發而不常、其俗驕傲奢侈不義、富態所不免也、或
四圍高山、間有善惡低長、平崗亦有四凶、察其何方、知其
年代治亂、
食水之地、潮之入懷者也、有二體、山中之穴、發源之特潮
也、從容和緩遜避相待之意、多動而得靜之義、朝山又是
同義同情、遠則同宗、近則共支、不必其前有擁抗、既無遮

闊、潤氣常足，故招福甚速、

江邊之地，衆流之合潮也，動而益動之氣矣，朝山遠出參形雜態，朝山朝水，二朝俱具，紛岐太多，必欲其前有擁護、近有遮抗，如先亏之脚，大砂之鋪，所以避水之亂突也，江面之闊，水源之深，所謂水城也，有圍山之餘衛以抗水勢之突，有水城之闊步，以抗朝山之亂，見大而享清富貴，所以遠大也，蓋取通氣而不通勢也，陰陽交感，冲和不悖，然後生物、

山之高起者，地學云屬陰，地之平坦者，地學云屬陽，暈形

又云突屬陽此謂陽乃少陰也山起者老陰也則是老陰根於少陽暈形又云窩屬陰此謂陰乃少陽也平地者老陽也則是老陽根於少陰所謂一陰一陽互爲其根二形交感一氣流行隨在立名非有偏頗

仰高之地最怕去水騎龍凭高仰天壺皆屬仰高穴也仰天壺逢勢尤佳順局要護衛二脚交牙作穴上要有弦廓順龍地要自本山脚擁前去作案遮絶去形騎龍地要斬脉成星處穴之起星體上露暈氣不在出脉地位謂之順龍對出脉略偏些前去成弓脚者爲佳否則嫌墜脉之患

橫來天財貼脊穴者、亦名騎龍、水從一面倒落甚貴、下手奏聚此數樣穴、乘風處多、恐生氣散於外氣、水乃通其龍身之氣、穴下欲其交度最明、闗結甚重、則穴氣可乘、鎔化之間、自有養蔭之情、不可不察

惟行龍之穴、多成遠大者、以其氣之流行通貫不息、至此立穴、祥光多佳、天應自完、水勢必殺、左右齊到、落穴必高、登穴延覽、遠近合朝、當前目有正案、不傾不斜、無衝無偏、闗鎖必多、水口自密、內氣外氣交相襯貼、

行龍身傍、只抽一二節作穴、論其分量則減力矣、既是行

龍兩邊必有橈棹、護翼之體、分去節多、抽氣亦盛、然後作穴、方可論其分量、節少不能担動其氣、節多方可担動其氣、氣行前去、又是一家運用、比纔抽一二節者、力量自然不同、龍行就身立穴、所謂初落、行支作穴、所謂分落、行龍出一二節者、既非初氣、又非分氣、所以可棄、

凡作穴處、多是下手、回灣向穴傍、所謂下手先到是也、不拘行龍、盡龍、皆當察此、蓋氣將融結、必猛烈一番、或石或土、愈大愈佳、如秀穎者、多貴、重大者、多富、高山平地、皆以類應、穴中所見、如名器之類、多出文官、如禽獸之形、多出

武職、

觀之崧吳荆溪震澤、婁江、江夏嘉浦之地、會盡天地間水、土力之厚、即是地之本質、其生才產物、自是遠大相繼而不乏、蓋由水多則蔭重富大之積、皆水鎔養之也、由其土厚、故穿鑿縱橫、但動浮土而已、其本質之厚、氣自相通、自不能損、穿鑿有注有潰、天澤不走、元辰自固、迂曲環次、滲潤凝著、反爲富貴享大之助、山中地脉、宜其淺也、發源之水、去竟不回、其土質或平崗、或平埒、逆下不及丈尺、皆砂礫矣、天澤即涸、元辰無養、回潤幾何、生物幾何、雲鳳之地去祖山未遠土厚闊大、但水少而氣炎、山質多成罡孤釀出人物多將畧武才、與諸出不同、質堅而氣剛、既不能施疏鑿之功、自不有蔵蓄之應、故其風俗輕賤、生育不蕃、人民視棄、鄉井如脫葢由去水鎔之、遞相成習、不以爲怪、山頂上頭成平埒者、謂之平面、鋪展亦廣、地位既廣、傍有突兀參差之形者、亦當小山矣、山脚兩相會合之際、有合水聚衆成池、有溢泉圍弦環起、又無洩路、以其落在高處、故曰天池、既有注必有洩、此自然之勢也、池之兩頭、必有一頭是起處、起處勢高、落處勢低、低處聚水、循洩固無顯道、滲漏流瀉、自成慣路、凡名瀑布泉皆此之謂、既有天池、必有地池、山脚奏聚、迂曲寬闊、比山頂上池而此又過大多矣、其四山高奏環密、無通渠、與天池一而已、聚洩亦如之、人見山頭無缺、脚有通渠、莫不駭之、但未之察耳、譬之人馬頭顱、亦天池也、目眼曰口、皆是注水、曾無去道、以理通之、則一也、

二池之實、名則亦窩矣、有突必有窩、此陰陽發見、不能偏廢、故高山頂平坪、二體無處無之、亦有乾池、義見前說、人身上亦有乾池、如耳孔臍口、可以觀矣、

高山絶頂多產靈異之物是蓋淳於天而不雜於人固也山落處爲山源爲平垟高山平垟統而言之則皆地也一天一地常爲通往豈以平垟天少不產靈物此論偏矣上古氣淳三皇五帝幾個聖人其靈莫及其餘創制立業掌教立教者無代無之其靈又何如也未聞俱生於絶頂矣益生世日久人蕃氣分平垟多爲闤闠人僞日澆遂成偷索而淳氣已怯山頂聳拔澆氣無干其氣發揚仍如初運只見今日山頂尚有靈也但觀之今居深山中一等人物較之平垟闤闠之地其習甚有不同亦可見也

名山大川多見巖洞四塞皆實中虛若窮窿星然四壁雜形如龍蛇飛走固可以爲此蕩漾之餘痕偶合諸形若雲現在天之體此亦迎合之說略略可通又有倒垂形體欲墮未墮如懸然者井然次第皆有可擬緊以蕩漾言之非也若如墜如隕下無所寄其體重壓何以承綴此理之難通者缺疑可也或曰以人身觀之人之口虛如巖洞口內四傍亦有似形之紋倒垂不墜者上唇之齒也此以天地人合一之論通之羅經者包羅之義四方八位皆居一箇圓金塊內經者所著八卦所統各向之文義也作法於聖

人、垂法於衆人、是所謂經、蓋河圖洛書指南車之別名耳、是形也、在山爲太極暈、太極暈內已藏八卦、所統之向一定不動之羅經也、羅經者、是體物移動之太極暈也、不動者、假移動者格之而已、訓衆人之耳目也、不動之羅經分析毫厘、已具、形於一十六穴之分金矣、惟上智者爲能優入焉、

天氣清、地氣濁、清者浮上、濁者凝下、扒砂經嘗以清濁二氣、定穴之吉凶也、掘塋之時、如及五色土、細膩潤澤、便是輕清之氣、及此而乘之、天氣之鍾多、所生人物自然俊偉、

若過求之、太深、倘陷於重濁矣、失其細膩入於頑硬假乘之、其重濁之氣漸次薰灼、所生人品遂如其質、更何有清脩吉士哉、故墊者之穴、寧失於不及、無陷於太過、觀之爐冊金精銀髓、浮上渣滓、惡雜凝下、

春氣生物木皮毓潤、故地理家、以受脉處喻木、蓋以生氣爲脉故也、脉爲生物之槖鑰、寒則生氣飄散、其微渺不耐外氣、是以貴包藏遮護、否則穴星雖有天然之妙、代主發福有虧、

竅法所以濟不足也、蓋以穴星本體有病、發而爲外齎也、

因其外病而孔之、袪其病根、以求中和、漸漸涵養、消其積氣、此亦權變之用、敗中取成之俯就也、竅太多、則本體愈弱、外損太多、終難成濟、一二病根、竅之可也、太多則忌竅法、外有病形、內有變土、去其變土則止、外形之上、亦有大小、當循其大小之痕跡、不可妄鑿、大傷吉體也、

齊到之說、亦當從恕論、其大約五吉四凶之會也、如龍穴既吉、砂水尚可疑、當爲吉葬、不可棄也、只是初年不勻、如砂上吉、而龍穴可疑、不可強合、終爲敗藏也、重爲淫賊之累、

後括遺

天積氣而成象、地積氣而成形、土與地擬有異矣、地厚土薄、地則總土石而成之、土在上石在下、土浮而石實也、亦有地面山岑有石者、是即人四肢具指甲、而甲下則皆肉、肉之盡處皆骨、土之下皆石、斷無疑矣、地道蓋如此、立山有礓石、平面有堅土、成塊而固聚者、氣融之精也、不論五吉四凶皆有土精、鑿穿之則害矣、經曰、地吉葬凶、此之謂也、通體皆石者、有穴可葬、亦人指甲上有鍼灸之穴、中間必是土、而奏底皆石、所以察穴者、寧失之淺、而以星體擬尺寸者大非也、石山多土燥者、石則氣潤有限、而水不能貫徹、麤礪火意也、火燋故也、土山多澤土者、土則氣通無窮、而水自貫徹細膩水意也、水流故也、土山石山通體而有水者、蓋水乃人身之血、血則成人道者也、故一破裂之、血即出矣、血即山體之水、水則成地道者也、故一穿鑿之水即來矣、良醫者、有退血之法、鍼運氣至而氣即吞鍼氣隨鍼貫通止血、而生吉矣、山體有水、養蔭之資也、善葬者治之有法、法運氣至而氣即吞棺、氣隨法貫通止水而生福矣、葬法見外集內、

此言深葬之害、所宜慎者也、

山氣有自然之運、山水有必然之趍、自然之運者、各一其用、通行之節、循環之時、雖智如聖賢、莫得而測其理也、必然之趍者、固一其性、虛之必聚、決之必流、雖滯如庸愚、皆能知其槩也、以莫能測之理、云感應之遲速于於人爲者則惑矣、若夫面水之朝、亨川之至、山水有同情之默感云云、而此而應可冀者、是乘其已然之感、而徵夫蔭骨之利、此因形而推理也、以歲月而筭之者、亦理論耳、以皆能知其槩、云穴之水否、係乎見之優劣者、則誣矣、若夫決之東西、使之過穎、山水有可變之作爲云云、盡此而水可柱者

是乘其使然之用、而致夫穴乾之利、此因勢而成事也、以有無而斷之者、亦勢論耳、

附括遺重篇

前括遺之義二集諸體有未悉而遺之者另纂而括盡之後括遺之義貴龍諸體有未悉而遺之者亦從而撿括之

窩突未備之旨

天之道曰陰與陽地之道曰柔與剛剛柔者陰陽之謂也陰陽之理氣蔵諸内陰陽之形體見乎外形體有顯而爲陰者高起幷突形是已有隱而爲陽者平坦幷窩形是已突之粘綴接拋經言之悉矣而窩則畧之倘有作聰明者出焉智慮所及不免滋惑矣此詳之

此窩之形見於粘者也粘則將有脫意

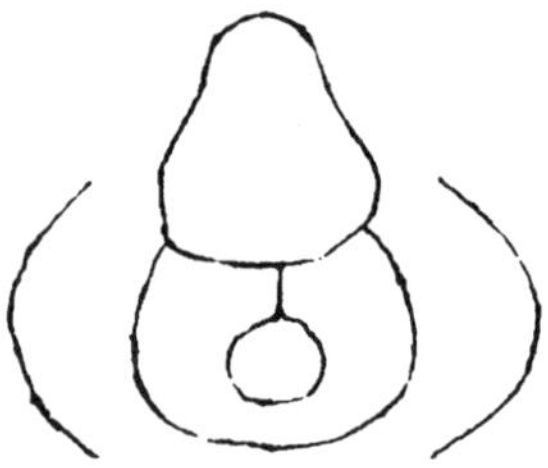

此窩之形見於接者也接則已有另意

此窩之形見於綴者也綴則方有脫意

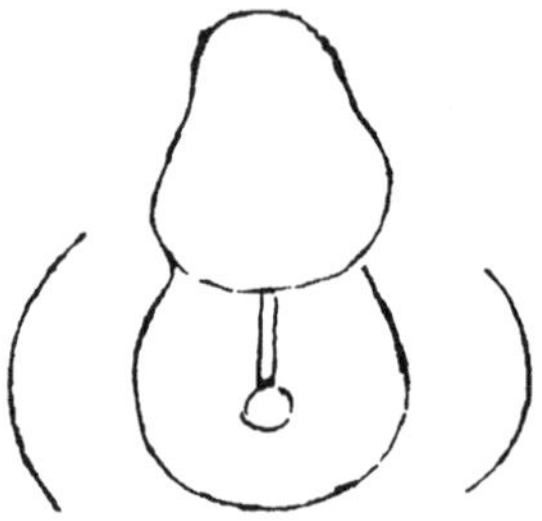

此窩之形見於拋者也拋則又有另形

此四體、五吉四凶皆有之、四體之窩出沒不常、或左角或右角或高出而就岑、或傍出而貼身、如突之體一義耳、此四圖、皆正體穴星龍格所帶者、窩止之體、必有一星之的當方爲合格，亦有吉凶諸體，如九變穴星上所見者。九變穴星，若莊重端好，吉氣所止也；叠而爲粘綴接拋四體者，氣之盛大流行，變動不一，穴之最妙者也。若正星尊大，撑立之體，使形或有虧，無或不全，只可爲龍格也。舉太陽正星一體，餘皆可以類推。

岑出者奏，岑廓弦陷而爲窩，與凭高仰高不同

傍出者從，腰軟界缺而爲窩，與循皮摘芽不同

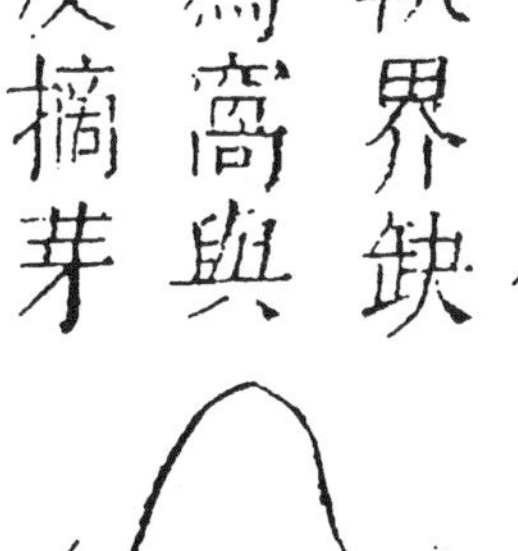

角出者從，墜一脚就澤而爲窩，與垂珠倒氣不同

弁脉者、兩星對峙、各出一脉、出脉處各有水界灣環向前而合、體是爲雙氣合成穴星者也、後爲龍格、前爲穴星立穴處、按其微芒、稍有星體、方可乘之也、後分前合、如有水去道、不得謂之眞窩、此當審立倚穴可也、单形獨體、兩角別闢下垂、前合同到、無水道方爲正窩、嫌於長謂之落槽、同到有溝道、兩脚交對峙立參差者、謂交會脚、二者皆不可立穴、後龍落脉、中間若雙出珠而爲窩者、曰飬蔭池、若在岑頭高處爲窩、曰天池、此以上俱論合氣窩體之成否、其成窩中、有正穴有偏穴有益穴粘處十四作法皆有之、窩有大小有闊狹、有方圓有淺深文有既突而窩既窩而突、其形見不一、卽是起高穴星所止者、一理一體也、察之精到、誠在心悟、圖不能盡、上智者會焉、

単腦

正體雙出脉似開口、開口身矮腳飛、

此身聳如坐、腳渾而歛歛處有穴意、

雙腦

雙腦雙出脉似天財開口、天財身矮

此身聳勢立、出脉處微有起伏意、

相生

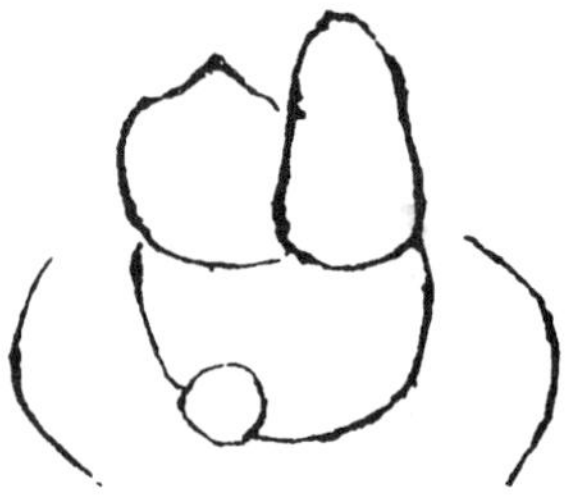

雙腦各從一星出脉，謂之既分復合，穴必從生體一邊立，乘氣也、

相生

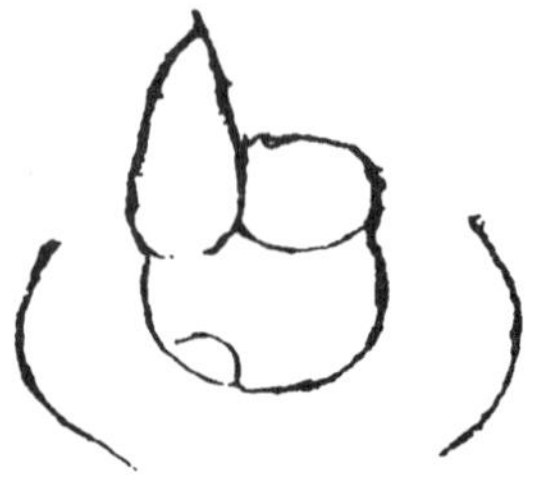

相生之氣有五體，餘以類推，立穴處必有曜氣，必有護從，從多者爲尚，立穴處微有龍虎，

相尅

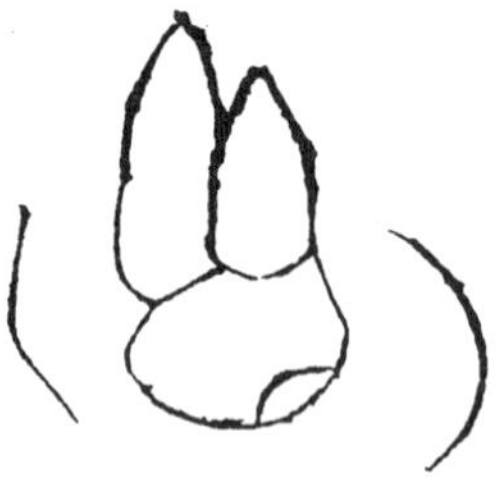

棄木就金遠尅也，而毋之氣自裕，穴從本身取其正一而專也，下合處雖有尅意，合處未必其渾口而無界限也、

相尅

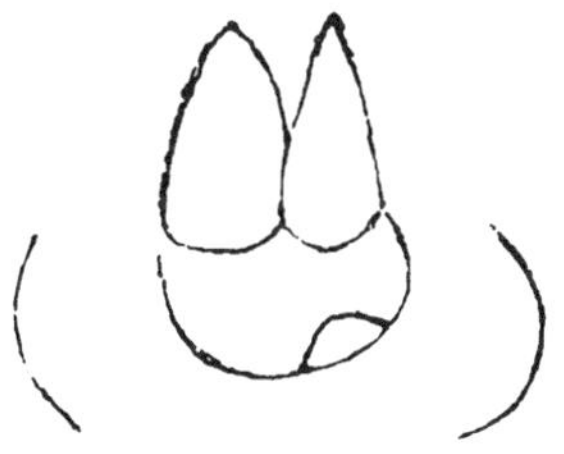

正體火四凶之所忌也、出脉疊下有水意到穴處有另形亦有五體皆從我尅之、脫身立穴、其福一也、既穴之餘氣愈偏愈重、所以可墊也、窩之諸體備述之相尅相生者、皆有變形、皆可免凶、窩從水重化殺多矣、宜無擇焉、

繃面飽面

穴星既成、穴體著見、又有四病、皆爲吉氣之累、然出面之相、原非本來之性、固外氣之積壅耳、飽者、猶人之感傷、而後發癰、繃者、猶人之時疹而後瘢爬、二者皆可治也、外相

巳除、新氣益增、不害於吉壟、此奇變之大地、每每遺之、可多疑、示之以不足、秘之秘之、蓋待積德者遇之也

太陽

繃面

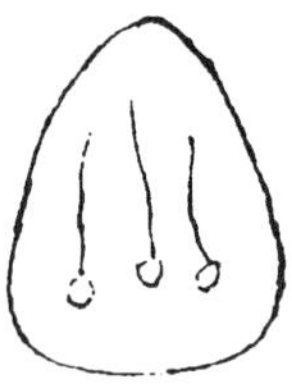

繃面者吉星、而又有橫直二樣見出之痕跡也、亂橫亂直者、亦當細察而明辨之、若橫而爲圖者、微起而爲星微伏而爲脉、若直而爲圖者、長垂而爲水形、短止而爲諸星、二者皆吉壟也、或云、內有吉氣外見各形、不鋤平之、不爲害也、但仲縮之法、均房分耳、穴落粘者、尤爲至重、

太陽

飽面

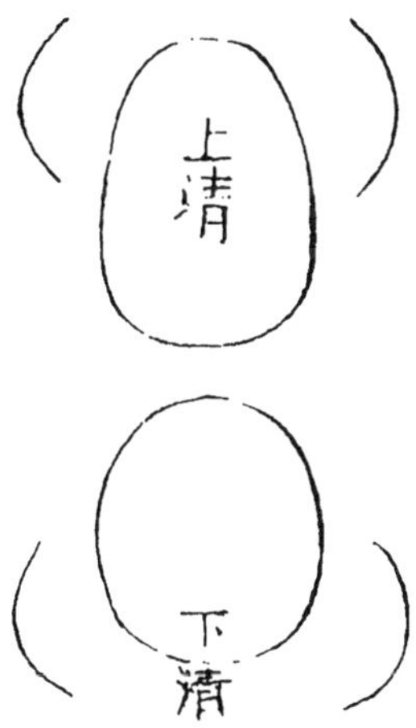

飽面者星面有朧腫點石起陷皆所忌也如上截平正通達又有立穴之証下截脫舊從新又有立穴之証葢禀氣不全從生處而乘葢之不得富貴也或云外之邪疵不損内之正氣不鋤闢之亦不爲害但蓄水之法均房分之資耳

祖貴

龍欲輕不欲重輕軒舉也重呆滯也軒舉則受天工之意

多、呆滯則凝地濁之意多、天工之滋養愈高愈清、不必如前說之一氣流行者貴焉、此等超然迥異、入才之出、皆從木體而應驗也、地濁之說、食潮之謂也、食潮非吉龍不輕舉、享之有污濁、主富貴者、皆鄙吝之類應、

祖貴則一氣之感蔭有餘、而福祉之生、相似而不悖、軒舉之狀、宛然全天、而天爲之隣、一種氣象、萬形莫擬、左右前後、照映十全、纏遶迎托、無一不具、巍乎巍乎、如王如帝、貴之極也、若多出節數、則減力矣、

土祖

以下五圖皆節節相生入首

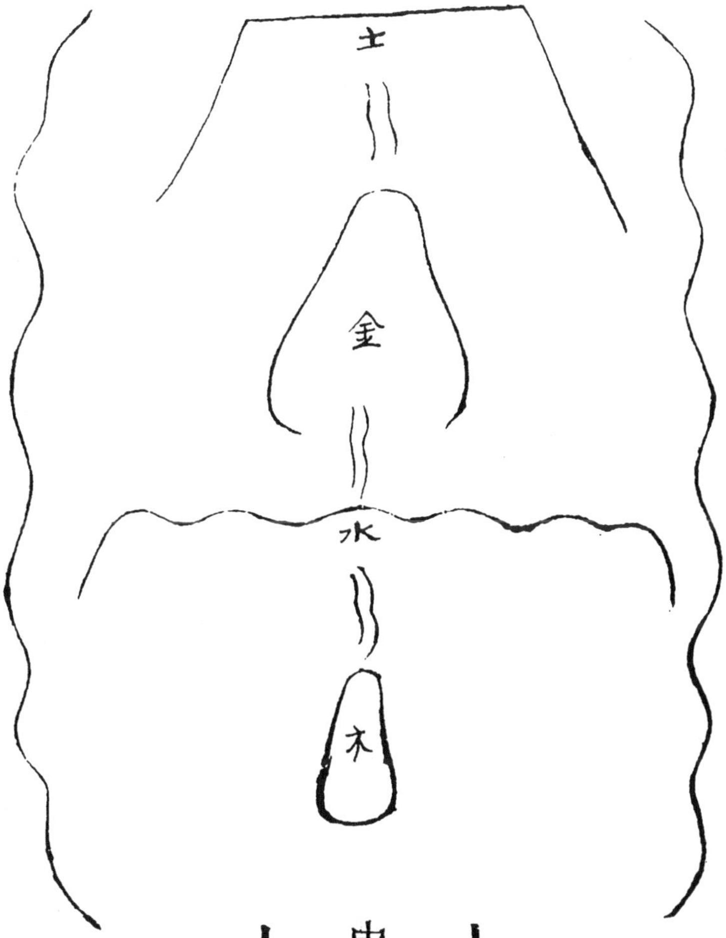

土祖生人發達
貴顯房分皆從
土氣類應也

金祖

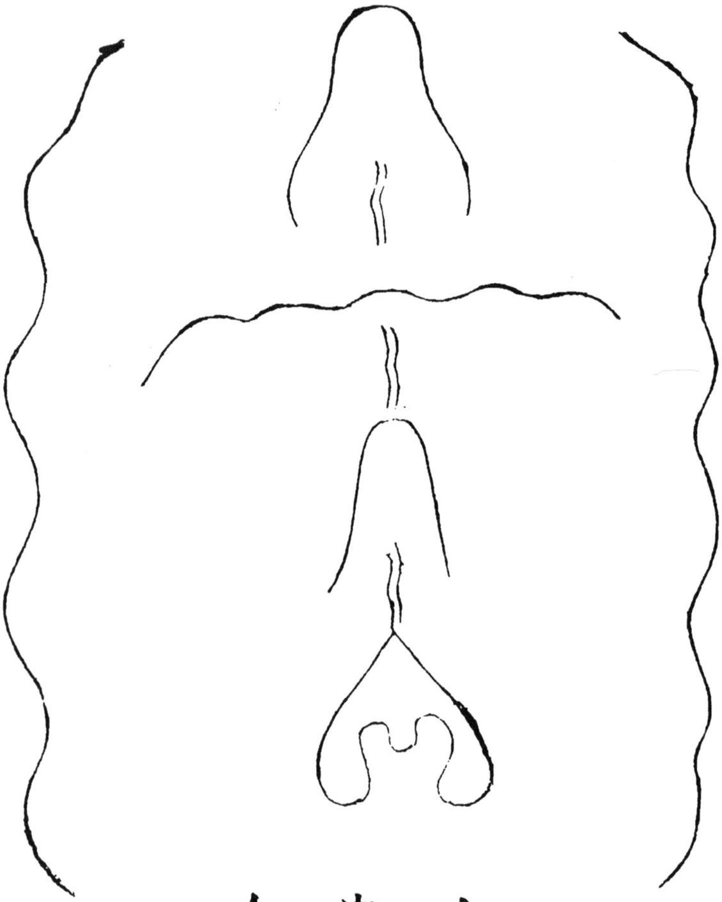

金祖生人發達
貴顯房分皆從
金氣類應也

水祖

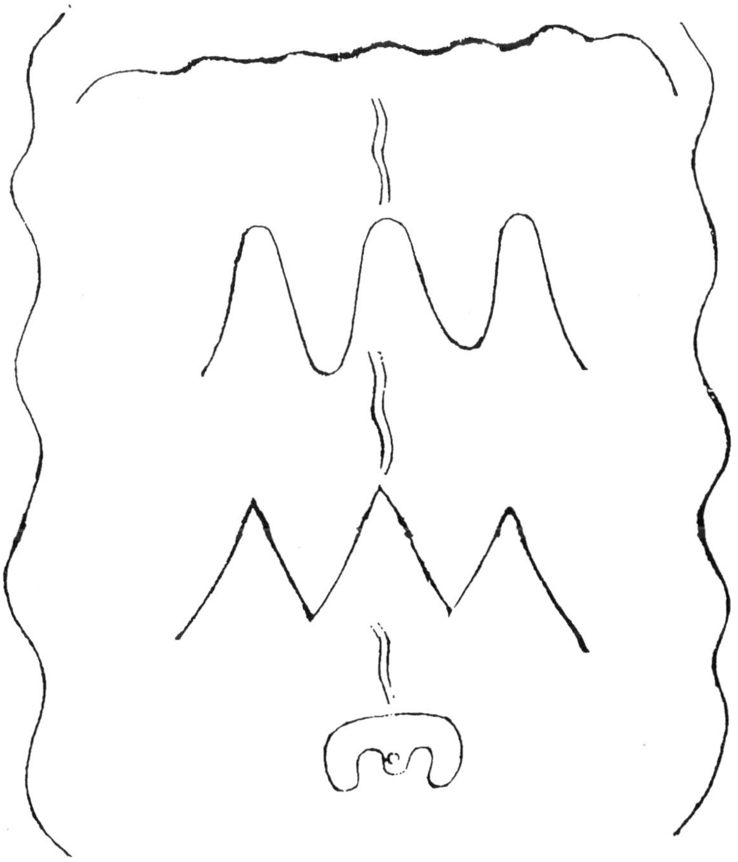

水祖生人發達貴顯房分皆從水氣類應也

木祖

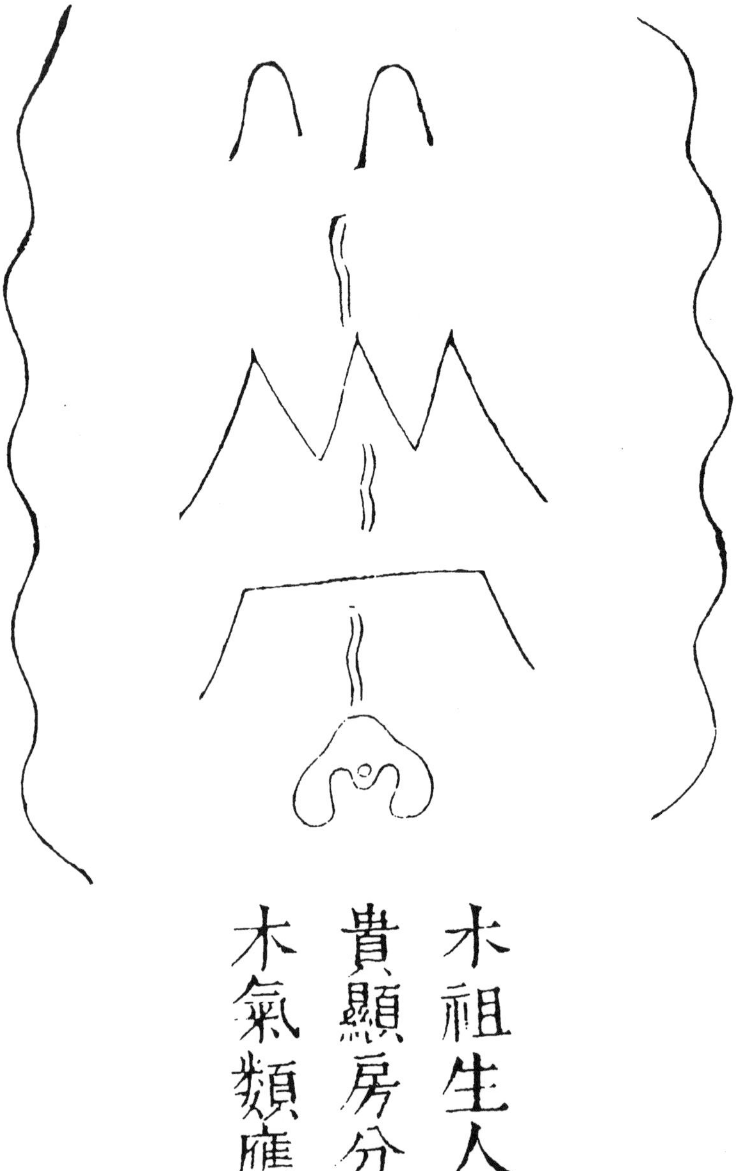

木祖生人發達貴顯房分皆從木氣類應也

火祖

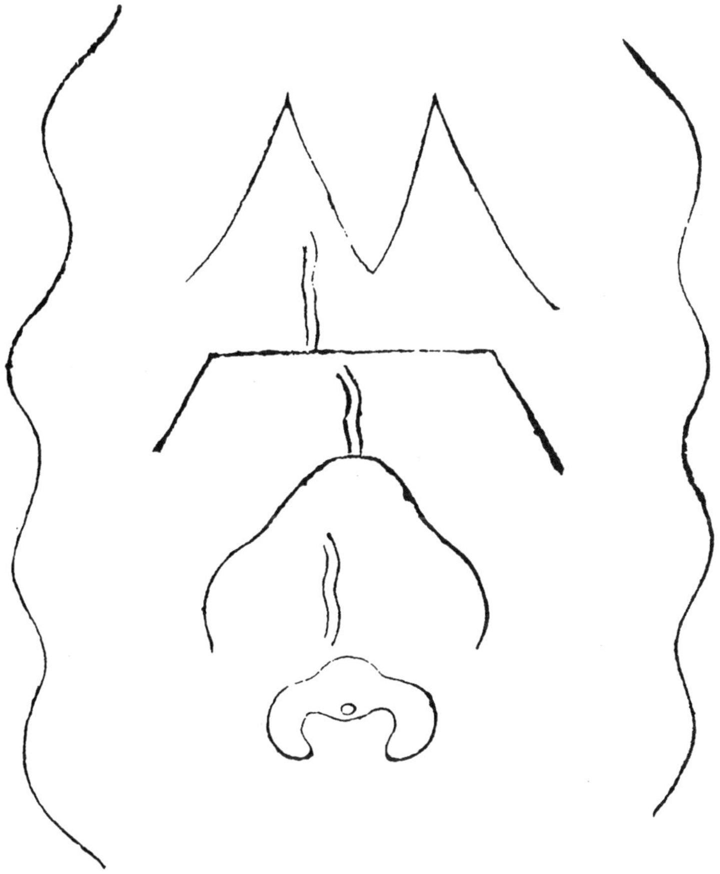

火祖生人發達貴顯房分皆從火氣類應也

金星辨

五星惟金氣爲多土體皆金氣所潛也無之得爲善無之失爲不善金星之體氣不得其平見而爲形頑硬而可惡麤礪而可畏此所以莖正金星者多不獲福而反致禍也正金星頂須要畧平有土意面須要畧凹有水意斯爲得也太陰金也亦上所變天財三體皆自土擴之也

土重意

土輕意

金水帶土所以出貴多木星一體頂上亦要畧平故謂木星如牙笏樣可見

天清獨體

天清氣象、形難捉摸、格難擬議、千仞飄揚、云金不可、云土不可、云木不可、心悟之妙、當獨得之、百里之中、稀逢罕識、所以貴少而才難也、今圖其彷彿之意、亦在人精會而神領耳

金意

云金不可

土意

云土不可

天清彷佛氣象

此圖絶倫之貴
惟得龍穴爲上
卜者宜愬求之

精見揔括遺　此卷書果精、宜精熟讀、

山之有穴、猶人身之有穴、枯骨之喜好、無殊生者之喜好也、善觀地者、觀諸身而已矣、人之養生、必飲食以養其心腹、居室以安其身體、無飲食有饑渴之患、無屋宇有寒燥之患、有此二患、欲求其生、不可得也、地之潮蔭、猶人之飲食、地之屏障、猶人之屋宇、無潮蔭有枯涸之病、無屏障有風寒之病、有此二病、欲求安不可得也、窩髙最忌盖、騎龍要掩耳、皆忌寒之謂也、骨受山蔭、人受骨蔭、其可苟乎、

無貼有隱顯

兼貼二體已傳及天地之精奧矣然又有顯而易見者有隱而難知者主星明白主星之面或左右高下又重起形跡或圓而爲金長而爲木湾曲而爲水方而爲土尖而爲火饅團而爲孤罡間或見之是之謂貼之顯也主體端嚴杳無可見必竭精神以求之其間有開口之形界水之形不論九星正變皆有之似有似無是之謂貼之隱也非精義入神者不可見也窩突亦貼之謂與

惟特立一星左畔曲者兼水意也右畔直者兼木意也山巃之夌爍兼火意也面之平者兼土面之飽者兼孤罡之

意也、此兼之顯而易知者也、或左直而潤生窩高直者木、而潤者窩高者、兼水意也、或右灣而燥帶右灣者、水、而燥者右者兼火、兼眾意也、此兼之隱而難見者也、窩突亦有兼焉、

兼體

貼體

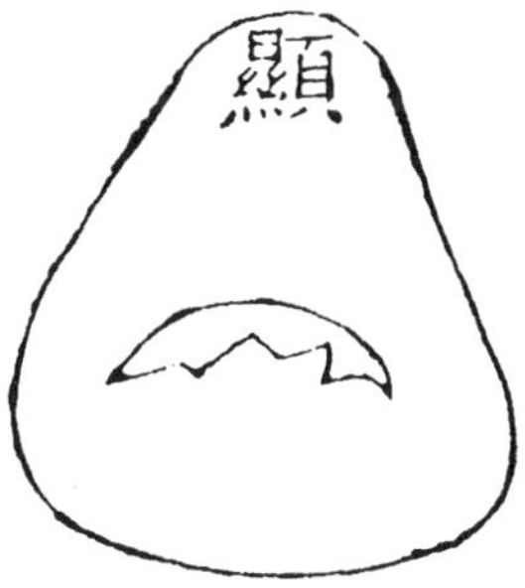

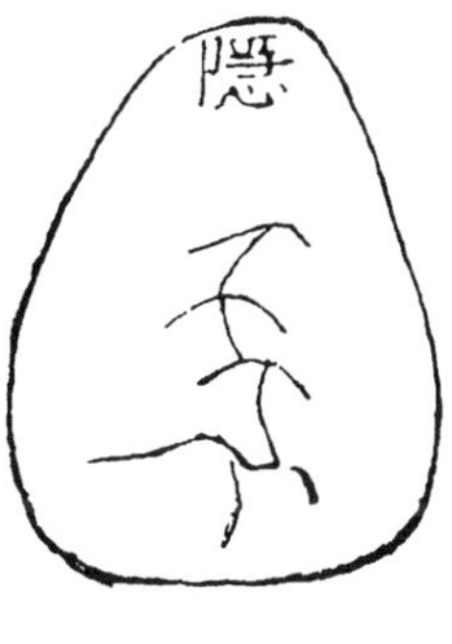

右四圖未盡、特以示隱顯耳、學者可類推焉、

窩突作用

葬窩突之法、已詳於前書矣而欲有窩外之穴、窩內之穴、突上之穴、突下之穴、惟窩既立矣、無脈而爲冷窩、突既立矣、無脈而爲遊骸、又必於二體之外、視其脈之所生、精之所露、或於窩突之外、重生微窩微突、窩弦生窩突弦生突、精察之、然後以蓋粘挨倚穴之、則一眞自如、靈光昭著、而人財之盛、不勝言矣、一或悮乘窩突而穴之、則瀑洌之患難免、而敗絕之害必隨之矣、窩突亦有九星正變之象、非止一圓窩、一圓突焉而已也、

窩突變象

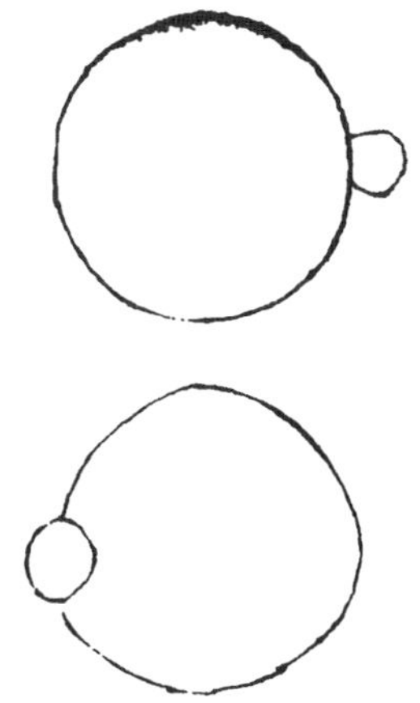

窩外之窩
窩弦之窩
不論上下
左右皆有

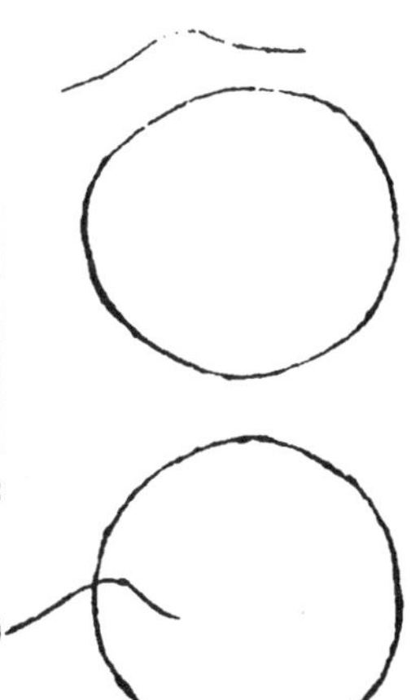

突外之突
突弦之突
不論上下
左右皆有

脈息窩突古人原作脈息窩突，今作脈息亦有理，但失少陽少陰之義，今所分脈息之象即古人四象上之氣脈耳，氣脈更有陰陽之分，須要識得。

脈息窩突入手証佐，穴上靈光，陰陽互用，生生不已之謂也，不論大小高低長短闊狹，重見微形，欲當察其脈何息何窩何突，然後以蓋粘倚綴挨倚接挿入作法葬之斯得之矣。脈也者，穴既的於此，細看之，穴上有紋，或曲或直，或高或下，然後以接挿挨倚定之，脈之謂也。息也者，穴既止於此細察之、穴上有泡、或三或五或並或散、然後以益粘併綴定之、息之謂也、脈息盡處、生窩生突、此天地終生生之義、靈光瑩然、吉塟之所、深喜而難得者、無是四者、則金爲頑金、木爲枯木、水爲涸水、土爲燥土矣、脈如草裡之蛇、灰中之綫、蓋中之酥、水上之漚、至微而難見、非心授者、不能强探於萬一也、

塟吉塟凶

天地無全功，大醇小疵所不免也。善葬者當精察其龍之起止、穴之靈光、砂之仰伏、水之包環，四尊俱美，然後細看龍穴之中或有暴氣，砂水之間間有尖斜，各以其病而治之。龍則徼其剛硬，穴則填其砂窩，砂則端其仰伏，水則築其直衝。如此則暴氣和純，尖斜不能玩，吉葬之謂也。以人相天之道，隨疾隨攻之理，不可不知也。

土星水星

土不宜高，高則受風而燥；水最忌低，低則太濕近汚。葬土欲穴其金，金為土角所生，而金泥必下也；葬水欲穴其心，心爲平面類土而土澄必結也、高大之土、如御屏、可倚可仰、砂之極貴者也、蕩漾之水、如錦葵、或左或右、砂之至當者也、二形又非穴論、

土

玉屏

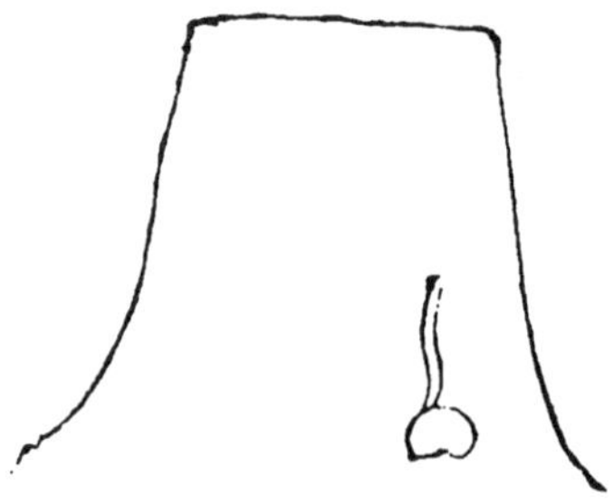

水

錦葵

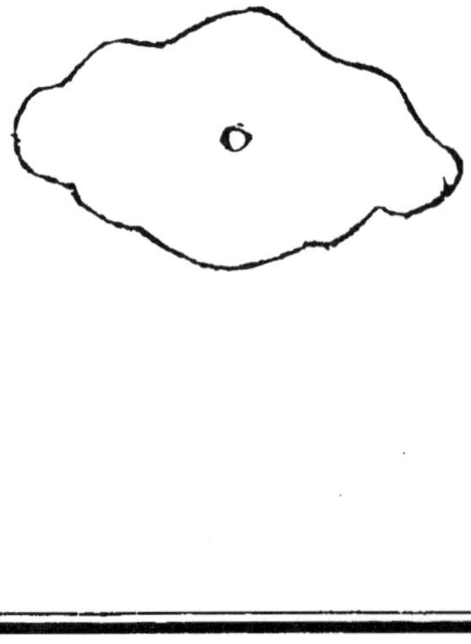

天罡孤曜

二體微芒之小者、其性尨銳、然高而大者、人所易見、小而

微者人所不知與息之象無以異也然息之所見有脈可証如繩之串珠孤罡之所見無脈可証如盤之貯米萬一不察貪其龍砂之美則敗絕之患死亡之禍極速極驗如空之應物可立而見矣

脈息

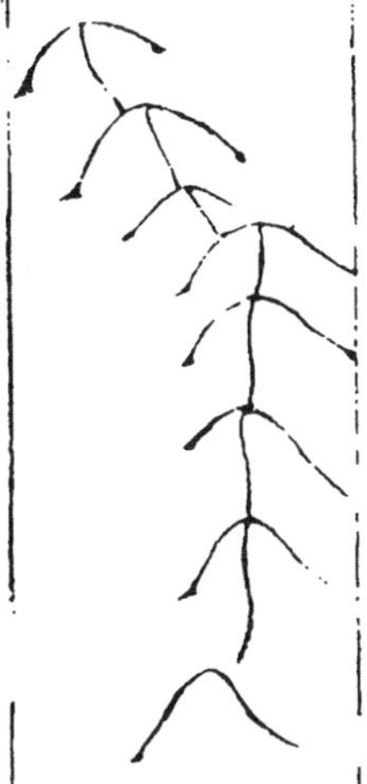

孤罡

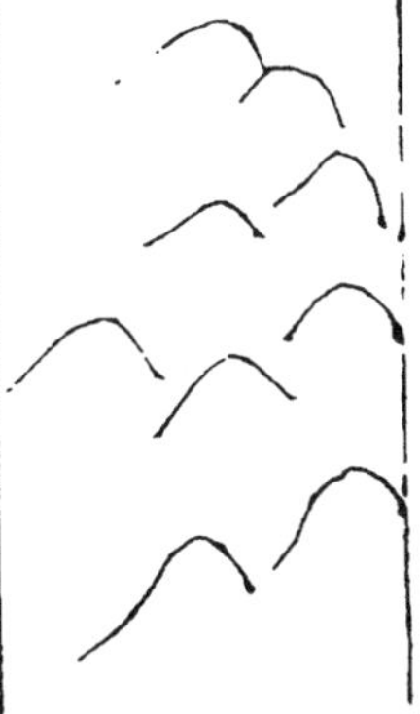

天罡孤曜

二體最雄其性極銳吉葬之所忌見而畏聞也如後龍溫遜前砂和純穴星明白龍虎灣環不可棄也加以浮沉法

安之、富貴非常、亦無灾害、若後龍生劍戟前砂列鎗旂、雖出威鎮邊疆、終遭刑戮、能和以浮沉之法、庶幾可遲緩耳、

天罡

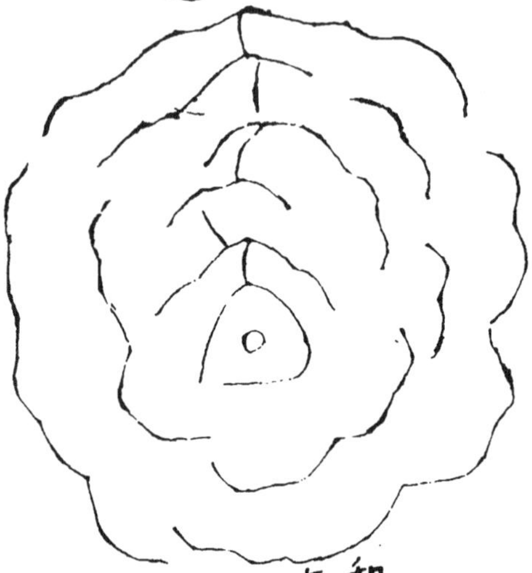

孤曜

木星紫炁

木星紫炁、異名而同体者也、但木體必瘦而生芽生鬚、最

忌與火同用，尤嫌近水相持，見火必受其尅，近水恐泛而浮，所以經言，水受尅而人財不振，又言木嫌於斜，正此意也。紫炁必肥而尊重豐潤，不忌與火同用，尤喜近水相持，火我生者也，水蔭我者也，有相助之資，無相侵之患，正此意也。紫炁雖木之別名，其體亦有微芒之差。

木星

紫炁

羅城水口

羅城所以壯穴之成勢，水之圈圍者也，水口所以捍外而

衛內山之交結者也、然羅城之內、欲闊而欲大、水口之間、喜灣而喜環、羅城緊而高、水口密而長、有似於牢獄之象者、最可慎也、

龍論穴論

龍迢迢而來、一金一土、左右枝派帶孤帶罡、孤罡所以大其觀也、金土所以貴其祖也、降伏而生穴星、即所謂至美之龍、不必泛求而泛觀也、穴星光明瑩淨、或金或土、而其中所露脈息窩突、脈息穴之精也、窩突脈息之上也、重疊而見形、是之謂至美之穴、必欲至精、而至當也、

天馬天財

天馬與天財無異體有異名者、人多以天馬爲砂、天財爲穴也、然長短高下皆可扦、而可穴但無穴者爲砂、而有穴者爲穴也、天財多用併法、穴矮而乘高者也、天馬穴足天財穴腰、穴腰用併然矣、穴足者綴粘之義也、穴足假其力而忌高、穴腰併其力而貼脊、此伸縮之法也、

天馬

穴足

天財

穴腰

単提弓脚

単提弓脚無大分別、有小分別也、単提股長而直垂、弓脚股短而轉曲、墓如合法、發福一也、長而直木也、短而曲水也、亦各有穴、多是撞法、宜細推之、

単提

弓脚

単臂雙臂

穴之有龍虎、猶心之有手足也、龍虎之衛區穴、猶手足之

衛腹心也以雙臂爲力重於単臂者豈以正體木星無臂者不可穴耶此說不通不知一穴之中靈光合蘊左右餘土即龍虎也前後餘山即支持也四傍坦腹即氈褥也外砂團護即屏障也連續不絕即羅城也只要兩尊並美一眞無疑則吉穴矣奚必以臂之雙単而定力之輕重哉

雙臂単臂不論五吉四凶並皆有之

雙臂

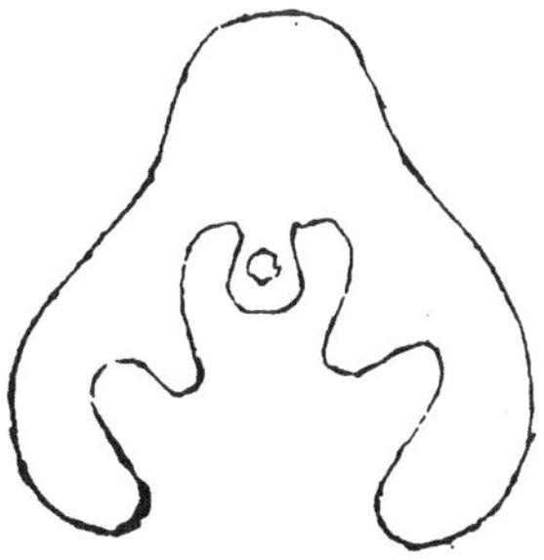

単臂

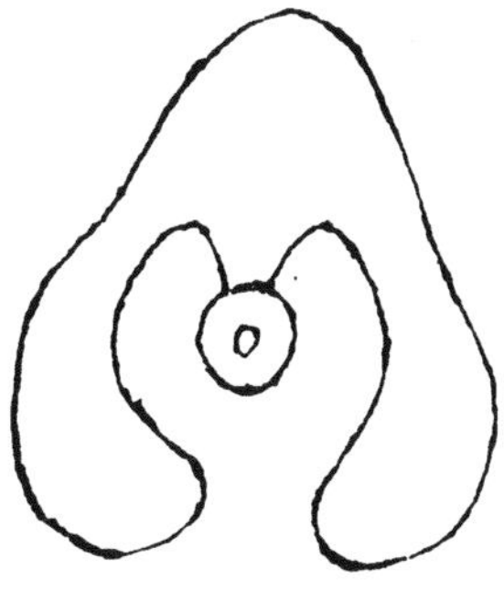

無龍無虎

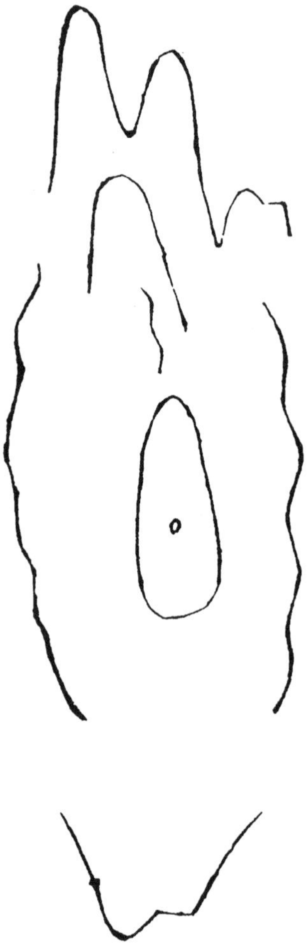

此體惟太陽太陰天罡孤曜不開戶者多有之

穴美砂美

砂美於穴不如穴美於砂也故曰穴重於砂穴既美矣砂又美矣故謂之兩相資助穴得砂以爲佐砂得穴以爲主

固謂之金美之地、間或砂美於穴、不主停叛、必起玩侮之端、是砂美誠不如穴美之爲愈也、經曰、忌美不其信然矣乎、

騎龍與仰高凭高不同

騎龍仰高凭高三格、皆天穴之証也、天者高也、騎者跨也、仰者上也、凭者倚也、此三格爲最貴之地、故不論高下皆有之、然騎龍謂之貼脊、穴要相映相持、仰高謂之就頂、穴要張大不隘、凭高謂之寄腰、穴要後屏前障、無此數証不可妄議、而定穴也、

騎龍

仰高

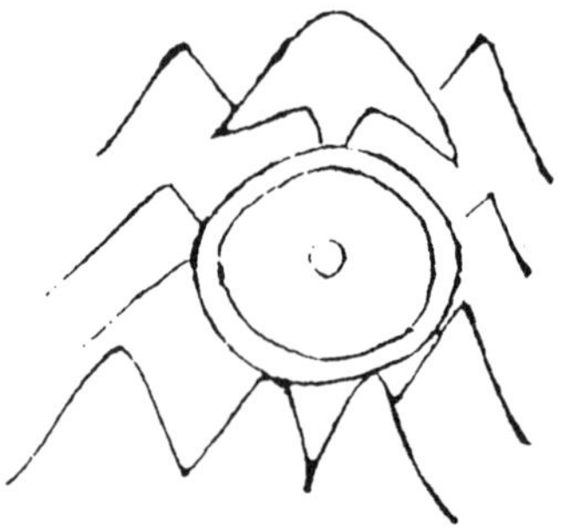

凭高

右三圖不論五吉四凶皆有之

玉枕繡枕玉几橫琴

此數體多是紫氣極貴之格也然亦有土體但人不知加察耳木之體瘦而弦削土之體舒而弦徐木得是數格固美而土得是數格尤美但木體必尋茅根穴侵軟穴也土

體必尋流、金穴就實穴也、非心授而入神者、不能視微茫而分別之也、

因龍定穴

龍有起祖、奔騰踴躍、軒昂起伏、其勢必雄、雖吉龍亦有暴氣、穴必退落於盡、於屛、於傍、於枝、何也、如人之有所激而行、必至盡而後止、或至半而後止也、若即續作穴、必主初年不利、間或有穴、亦必深鑿金井、大開水竅、一二年後下棺、禍可免、福可凝矣、經曰、忌暴此也、

龍

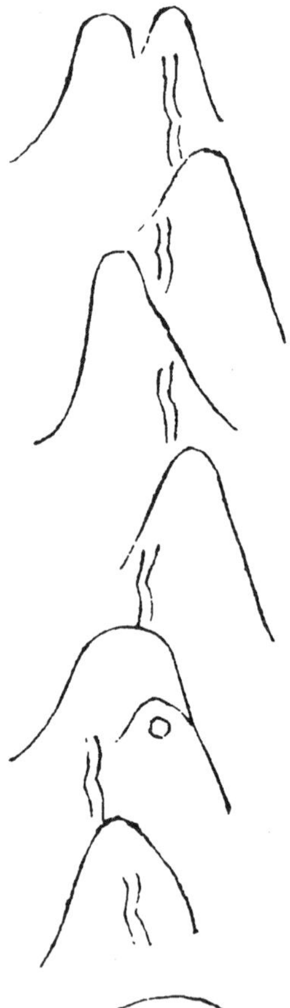

穴上者腰落也、穴金者盡落也、與騎龍等穴不同、騎龍所帶甚多星峰森列、此格獨龍而行之謂也、

沒骨僊弓

四格皆五星開口之謂也、而各以別名之、何耶、葢沒骨金頂、就水（水在中）作穴、棄金（金在兩旁）而從水也、僊弓紐纏雙岐水泛、就金（在中）作穴、棄水（左右）而從金也、金水有相生相養之功、無相賊相戕之

勢、特有老嫩之差耳、古人因格定名、亦以其似而已矣、

此格此圖、扒砂備焉、

平垟與平面不同

平垟者山體也、但一氣而行、徐緩而下、此禀得中和之氣者也、至穴處不低不高、謂之平垟、平面者上體也、但一氣而行、畨面如仰、此禀得輕清之氣者也、至穴處如盤之仰、謂之平面二體、多金多土、不飽不剛、皆從吉氣論也、

順逆須知

潮者朝也、此潮乃大河大海之潮、非一澗一溪之謂也、穴

立於此、必潮之源源而來、至穴處迂曲灣環、無直衝之患、無割逼之虞、斯謂之順吉塟之所喜也、若見潮之源源而來、至穴處斜直無情、來而不來、過而不顧、面而不迴、斯謂之逆吉塟之所忌也、經曰、忌潮、

有情

無情

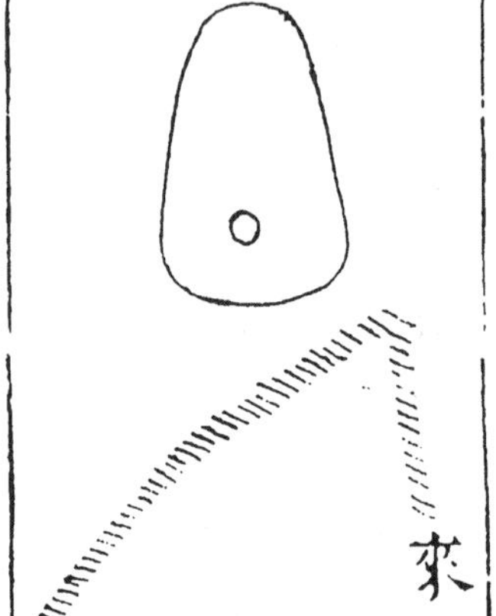

二圖大畧也以類推之

井內諸體

金井內下棺之處、既去麤土得其新肉、土之黃而堅潤、而

結者上也或石之清而白者水也、或礓之紫而黃者金也
燥而燋者火、紅而鮮者土也、視之如石、捉之如泥者、俱吉
氣也、但青而白、防泑之患、燥而燋防暴之患、又地學之所
當深求、而不可苟者也、亦無之意也、經曰、志內、

淺深度量

入多以墊土爲患、不知穴上靈光露面、其生意之萌芽也
徐而乘之、三尺爲上、五尺次之、七尺又次之、及礓而止、而
必至於丈許者、必其暴氣上行、後樂低小、使之然也、故淺
愈於深、而墊失於深也、經曰、忌深、

喜好不同

高山多金多木、得土爲尚、平坵多水多土、得金爲重、故山之喜好不同、猶人之喜好不一也、故尅木者、嫌火、尅金者嫌木、尅木者喜水、尅水者喜金、嫌火者木生火而燼也、嫌木者木見金必尅也、喜水者木得水而榮也、喜金者棄毋而就子之謂也、

向背不同

穴之統朝、猶帥之御將也、朝之美者、即向之砂之、不美者即背之、趨吉避凶之道也、即將之勇者任之、將之怯者勿

用進賢退不肖之道也、

趨吉避凶

圖不能盡以類推之

公是卷乃肺腑之所出也圖義兩全理論俱到眞地學之絕見非尋常之所能彷彿於萬一者也其曰精見者見者精而無毫髮之忽也其曰總括者括之摠而無毫髮之遺也愚得之末年故於公殁之後每誦是書必香必几如見公於几見公於書也傳者慎之哉、

廖其魯之仲尼與合清任和之小成而集爲一大成也觀其內集外集附集已盡天地之道劇旨要旨遺旨又洩天地之蘊并後幾卷全書終盡天地之義也而總括一書本成於未嗚呼公平日精力一旦洩於此是書出則山川無隱情地學有確見矣非前數書之各爲一小成而總括書之自爲一大成乎億度之間愚何幸又得是書抑祖之積德使然與或愚之積誠致然與其由愚之朴實感公所使也觀公以是書獨授愚於十載之後可知矣否則公之心寧朽於地腐於塵耳後學遇是道得是傳并得是書者當

恭敬奉持服膺勿失守之、嚴而藏之密、苟非積誠、則父不可以昵子、臣不可以狥君、雖以千金而易一視不可也、傳之其可苟耶、萬一失公之心、其禍豈小小云乎哉、戒之慎之、

五行別用

金有貴重之質、木有致思之材、橫金易識、高金難辨、橫金似金而非金、高金似木而非木、非窮神知化者、不能語分毫於萬一也、金之爲物、其胞胎根陰根陽、其具形分陰分陽、首金肩水腹木足火面土備五行之全致、稱太陽之號、然必首端體靜、雅致高標、持重隱約、金水木火土、會其意而不見其形、首肩腹足面備、其全而不缺其一、方爲得之、橫金易識、恐類於木、高金難辨、懼混於土、高金似木、足必歛、橫金似金首不昂、低金卽橫金之義、非太陰之謂也、木者火之體、火者木之用、木之尖斜類火、木之銳也、火之平伏似木、火之燼也、木以顛名者、爲其起而伏、木不顛、火也、火以炎名者、爲其凌而利、火不利、木也、木取穴芽、而火亦有熖熖、雖似芽而實非芽也、木取栽根、而火有煨燼、煨燼似根而實非根也、然木之芽、類金陽根於陰之義、火之熖即火陰根於陽之義、木之根沉中之浮、火之根浮中之浮、沉中之浮者、接下之生氣、浮中之浮者、氣隨風則散之理也、木得土之半、以爲培植之資、得水之半、以爲蔭養之助、下根於少陽、上達於少陰、方爲特出異趍、

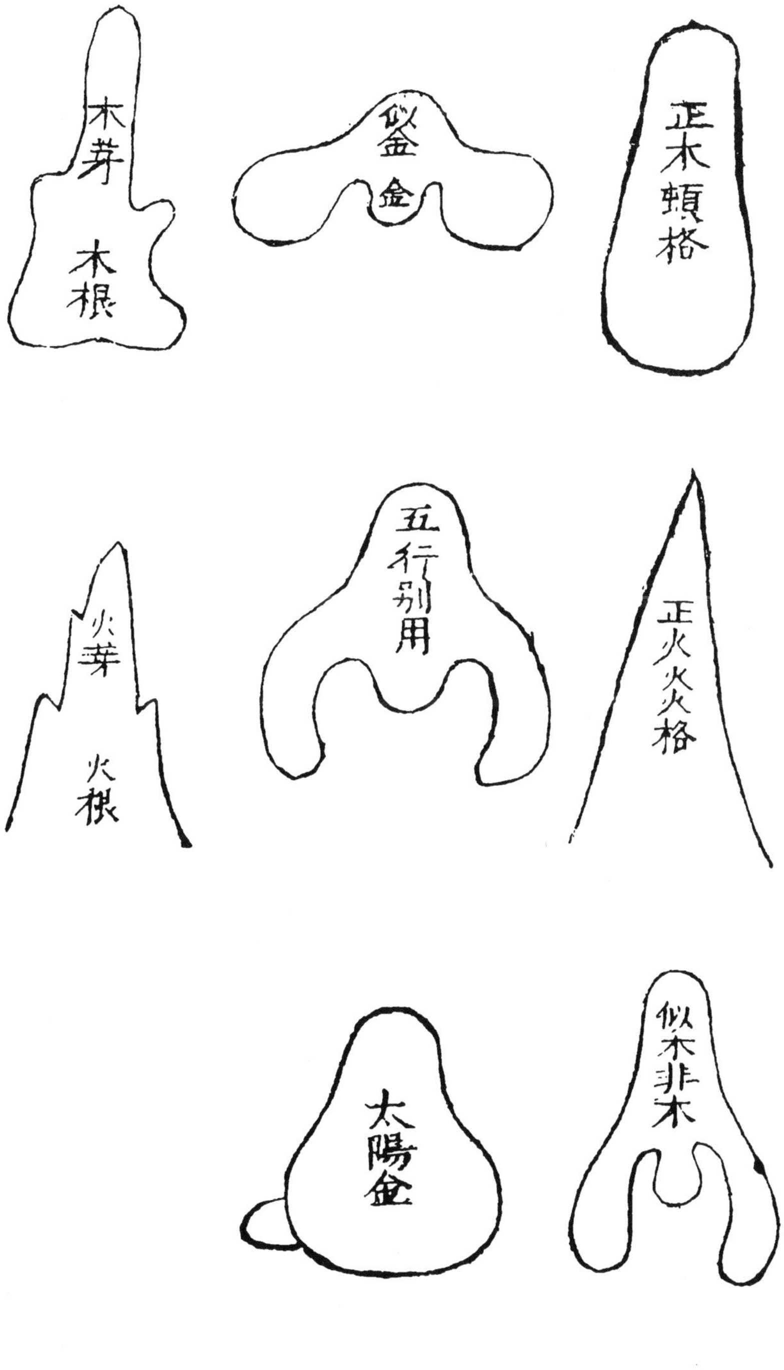
木芽
木根
似金
金
正木頓格
火芽
火根
五行別用
正火炎格
太陽金
似木非木

五星變圖

諸山之體、不離五星、五星之妙、不離正變、正變之道、在於出沒入門切務升堂蘊奥、博覽天地而不窮、放之海涯而無竭、盡在這裡工夫、此變中之變、至精至妙、析理既精、舉首無推步之煩、求地如拾芥之易、覩目應心、立此參彼、即始見終、由近及遠、取之左右、逢其源也、此圖此義、豈等閑哉、

金星變

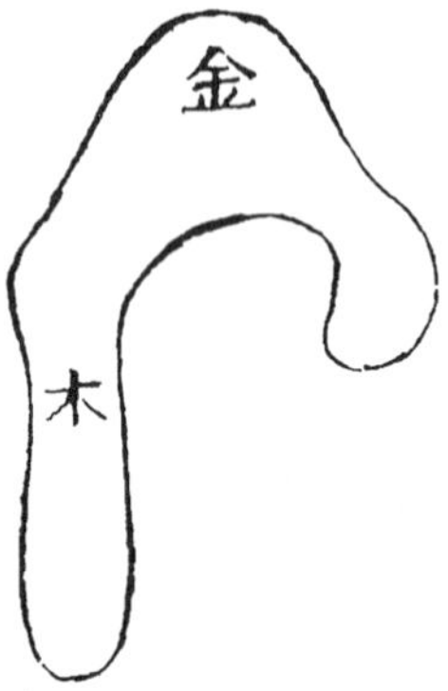

金尅木乘
金就水而
棄木

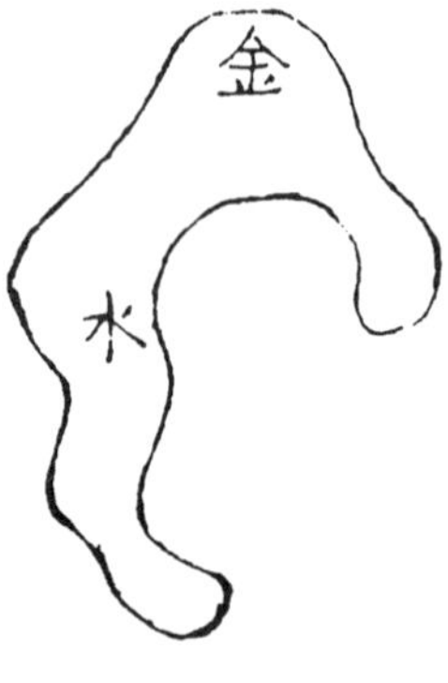

金頭水脚
隨處可扦

土星變

金頭金脚
腹取轉水

金頭土足
上下金可

巳上金體正變雙股单股弓脚僊官紐繪等形之外，此形極多，時人不識，舉手無措，圖義不別，雙胼如盲，安能作用，後木火土水盡皆倣此

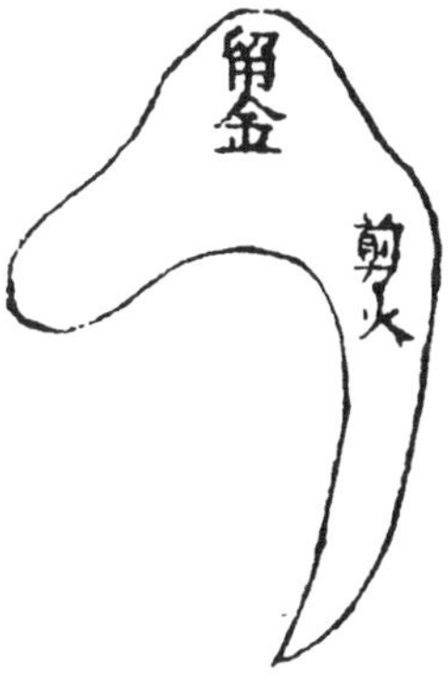

不論左右並皆有之

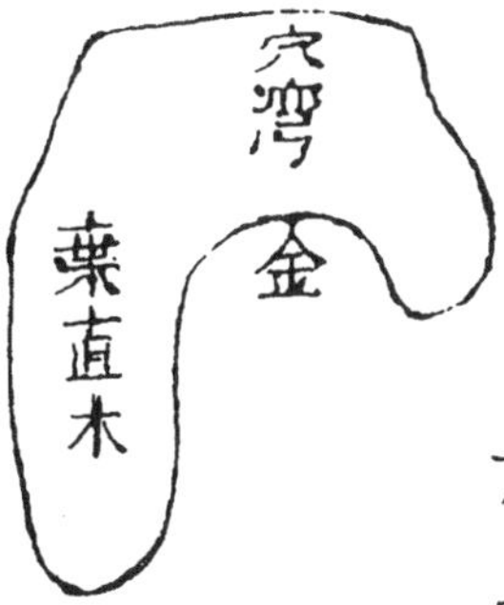

土頭木脚
法取挨生

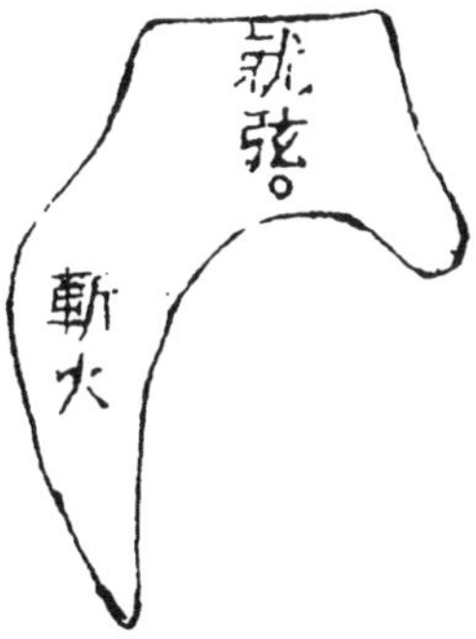

土頭火脚
乘弦就口

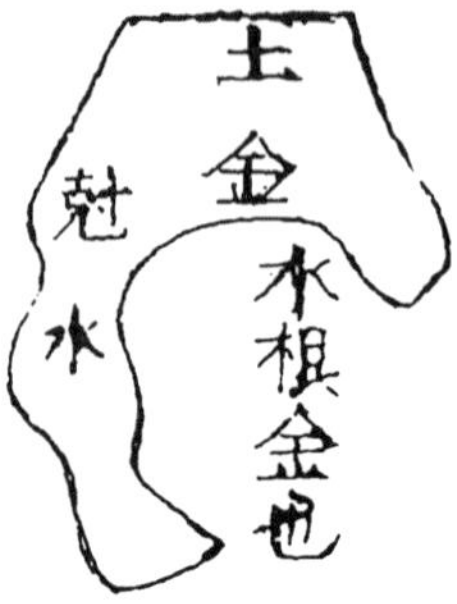

土頭水脚

穴歸水根

土頭土脚輔水爲生

土頭金脚勢看輕重

已上土星正變、雙股、单股、弓脚、僊宮、紐繪等形之外，此形極多，然此星雖變，較之金星，仍稍易耳。

木星變

左右並有長短法當就短挨長

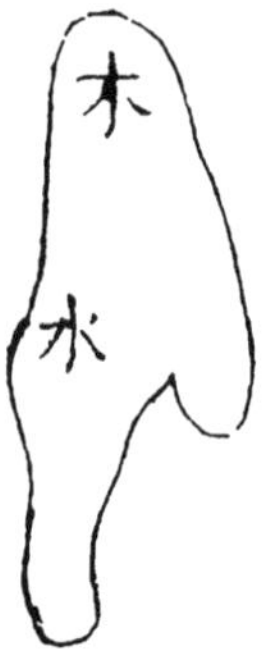

一直一灣棄死挨生不拘左右

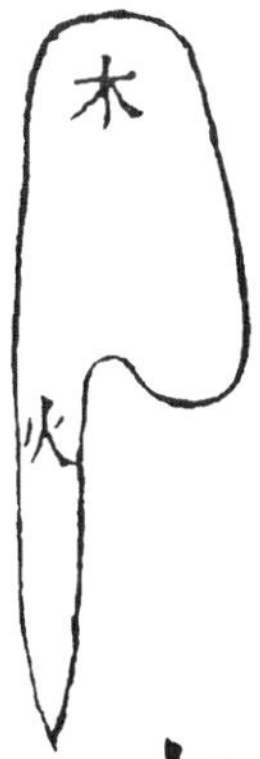

左圓右尖
法宜脫殺

木體金成非土勿水穴

已上木星正變雙股單股亍腳僊宮紐繪等形之外隨處皆有但尖圖木體金成似為難穴餘皆可為

左圓右平
就木去土

水星變

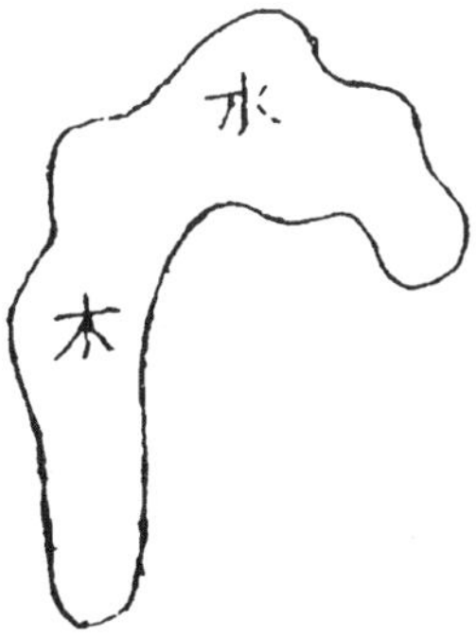

左曲右直
木節堪裁

水多火少
火為水制

水頭 金脚 棄剛 就軟

水星變水 上曲下平
莖乘其巔 一亂一清

已上水星正變雙股单股之外、至弓脚僊宫紐繪之形、隨地而有、但人不能扦莖、以圖義之未見耳、

火星變

火頭木足 四畔凌利
無虛堪裁 惟中可莖

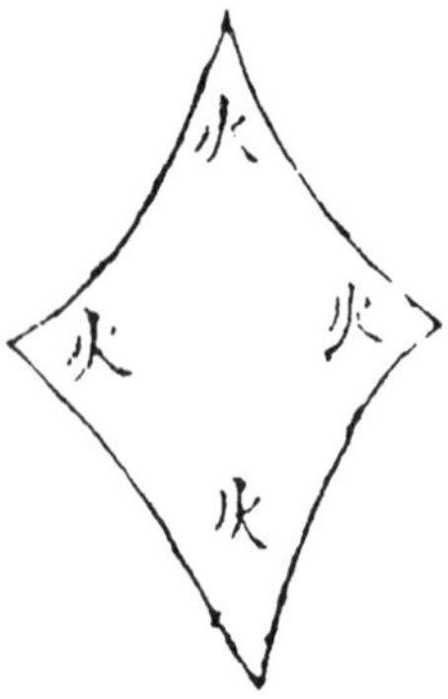

上尖下曲
左右推求

上尖下平
土受火生

上尖
下突
火來
尅金

已上火星正變雙股单股之外，至弓脚僊宫紐繪之形，轉目盈眸，此圖此義，切近日用，似易而難，後學得之於心，而會其意，滿腔皆至道也。人多務於遠而忽於近，是以登山自東至西，自南至北，卒無可取，山視人而有，人視山而無，荆石之玉，污土之金、誰其辨之、卽此五星之變、最爲拔萃之尤一毫一髮、山川不能隱其情也。

穴情賦

旺龍勢猛、穴前必有橫攔、文象鋪開、坐下任教低瀉、自來自做、獨闢獨攔、一平受氣、何須疊障重關、吐嘴高原、近取傍邊有勢、去水直兮、取逆流、而橫障來勢猛者、就弱處以偏安、龜行龜住、肩有浮沉、月滿月虧、影分斜正、犬眠牛卧者、當明臍乳之高低、星高月朗者、莫泥峰巒之掩映、覆釜兮、鉉處堪安、懸鐘兮、聲中可聽、天財兩頭齊峙、托護高物在擔凹扳鞍、前壟微高、朝應近穴、居垂鐙、伏似獸而仰似人、俱要胸前有手、高為耳而低為眼、細詳囊乳真情、似手則曲池湾中可取、垂掌則中指倒處堪親點、揸就動中堪裁討、大指傍虎口以爲榮、鬼若擡頭看在何邊而證穴、托如得位、藉他外照以成形、鶴飛鳳舞、看頂翼之露藏、牛卧龍蟠、詳尾稍之低聳、螃蟹之臍近水、舉動時力在兩螯、蜘蛛之腹吐絲、環抱處功居四拱、披簾斜下、平分擺處瓜蒂垂囊穴居乳頭、玄武肥凸、則偏是之墳可取、虎口推開、則當胸之乳堪求、兩交石脈分明、垂凹有物、一平土氣豐實貼脊爲優、蜉蝣露平地之蹤、近取穴前之圓抱、豎掌騰上停之穴、毗連脚下以重收、台星足下帶三金、節節有穴、大火頂上生兩土、各自成龍、斜拋傍閃、偎石之下爲眞、掃蕩飄流、曲折之中有據、勢巍峩者、則取其平中、一邊獨力、宜抱揖以斜趨、形偃仰者、則穴其低處、兩股俱回、則無收而倂取、邊傍不正者、氣結垂珠、肥滿不抱者、穴安側乳、中心矗矗、筆頭高而旂脚皆回、四顧團團、角弓滿而箭鋒相柱、單提之穴、孤取、任左回而右缺、夾襟之勢、宜低、忌水走而山飛、對面之勾不長、與兜堂而何異、中心之勢平坦、似壇席之無疑、虛而迎者、功居拱托、用四正者、妙在毫厘、疊疊峰巒、坐下寬須看前頭急轉、平平支壟、水城歸仍觀對照清奇、回環而盡者、虛背而迎腰、趍流而去者、舍前而取後、護抱得位者、不拘遠近、逆抽而拒者、何分左右、舉臂下罶、物在隆中、撒網收網、魚遊動處、穴前垂瀉、宜居後位以深藏、坐下端方、莫泥前朝之尖秀、或勾夾、或旋螺、金穴殊非世有、如蜒蚰、如龜背、土脉必異尋常、堆石叢土者、必不孤而有應、繞流曲圳者、迎其勢以相當、去水之玄、切忌傾欹之峽、外山環抱、當求廣衍之場、

砂龍賦

貴格之砂、清奇端秀、富格之砂、端重豐隆、貧賤之砂、頭斜

腳竄殺人之砂、嘴尖腰直獸砂且觀水口、禽砂近看墳前護龍繞穴、則福氣綿遠、乘龍關水、則兒孫發越、八祿之山、要看生旺之位、八殺之砂、要居敗絕之方、貴龍朝則滿朝朱紫、富龍朝則世代豐隆、一代富貴是一節之龍、五代榮昌是五節之龍、看後龍之長短、應前朝之廣闊、大抵登山卜地、覓穴尋龍、龍穴自是根本、砂水則爲枝葉、既有真龍正穴、必有金砂玉水、通達者知根識本、愚昧者泥圖滯卦、雖有金匱玉函之訣、必加靈臺銀海之功、登山覓地、盡在黑囊、到處逢迎、須憑青眼、收諸篋笥、永繼箕裘、什襲珍藏、

千金不濫、

五星入手

金　凡山之首、圓而塊者、如懸珠如垂乳強名曰金、其穴居三丫之口、

木　凡山之首、直而長者、如木榦如茐莖強名曰木、其穴居小金之尾、

水　凡山之首、曲而流者、如鐮鈎如鵞頸強名曰水、其穴居轉皮之傍、

火　凡山之首、斜而尖者、如刀背如劒脊強名曰火、其穴

居脊背之下、

土 凡山之首方而横者、如犁壁如磚角強名曰土、其穴居腌臍之心、

五星落頭

金星開口、量金使斗、世代爲官富貴長久、金星無口、一發不久、出人生離長病人有、

木星開口、雜藝人有、道士九流女淫可醜、木星無口、爲官當有八位公侯、富貴長久、

水星開口、蛇傷牛鬬扛尸落水、女人遠走、水星無口、進財

大有紫衣中書富貴長久、

火星開口、寺觀定否、鬼寨神壇、世生賊首、火不開口、倒地

少有、也出大官、蓄積長久、

土星開口、人丁最有、文武官僚、必得其壽、土星無口、瘟癀

常有、道士僧尼屠兒遊走、

五吉九變圖

第一太陽正體

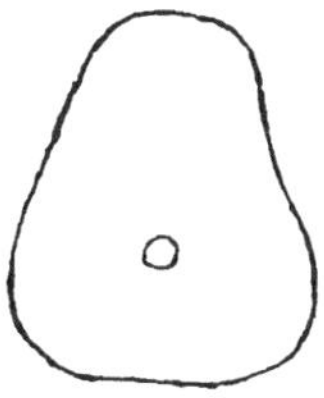

正格出金亦有
出水土

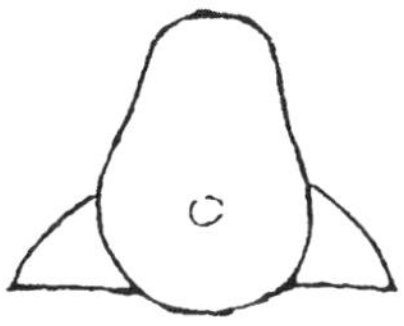

帶曜雙擺燥有
左右单燥

第二太陽開口

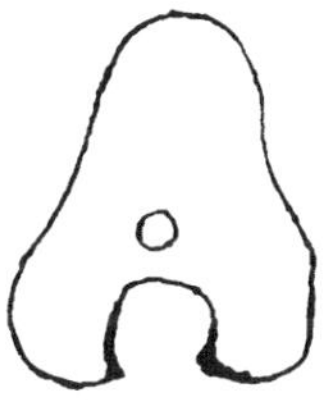

正格轉金亦有
轉水轉土

次格出火亦有
出木尖直爲殺

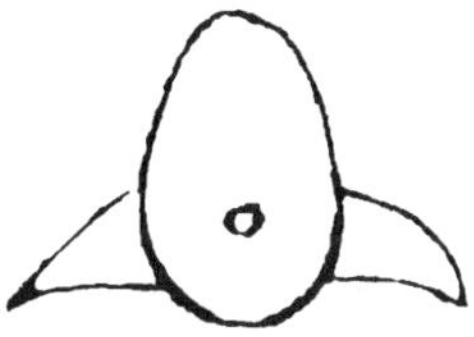

帶曜雙擺蕩有
左右单蕩

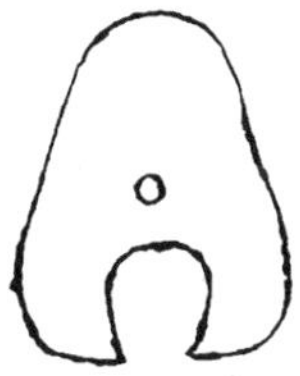

變格火金亦有
木金火水

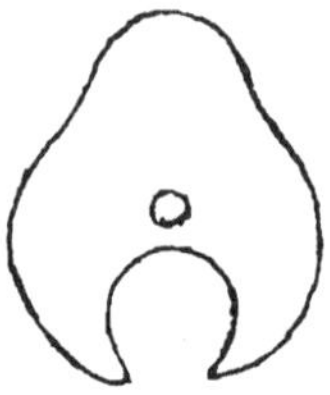

次格轉火、亦有轉木、轉水、

木火土木土木火金木

第三太陽懸乳

正格垂金、亦有乳體夾木

生水穿土帶火

變格雙星

麒麟三台

第四太陽弓脚

正格左右先弓

變格左右交牙

第五太陽雙臂

正格左右俱雙

左右俱有雙单

第六太陽单股

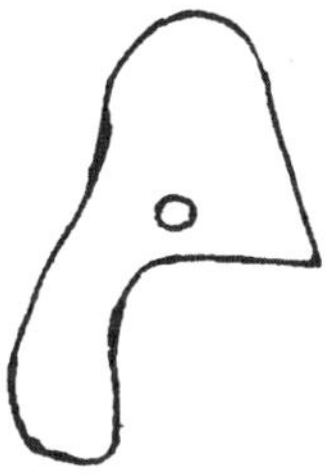

正格左右俱有垂金

正格左右俱有轉水

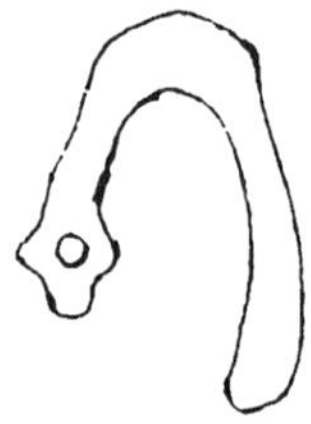

變格左右
俱有单提

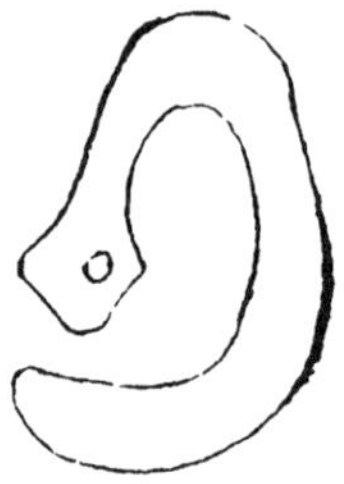

變格左右
俱有蟠龍

第七太陽側腦

清整
左

右

正格左右
傴宮

高雅
左

右

變格左右
組繪

第八太陽没骨

第九太陽平面

搖拳 左

吐舌 左

張膽 左

右 右 右

雙穴張膽

已上諸體皆帶綴粘接抛圖不能悉妙不能述

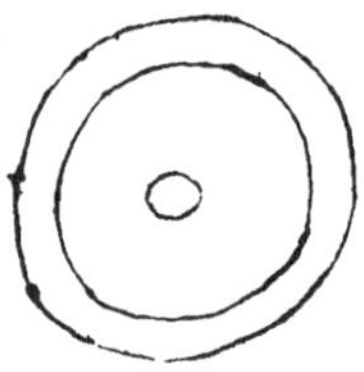

太陰正體

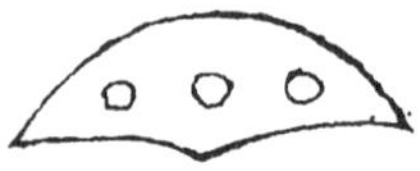

太陰平面

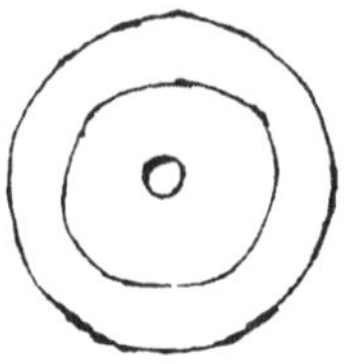

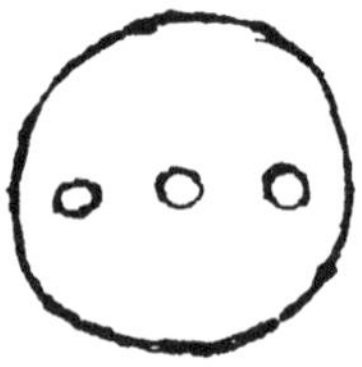

第九變是平垾正體有一星太陰二體另圖之

金水正體

金水平面

金水第九變有八體另圖之

紫氣正體

紫氣平面

雙腦天財平面

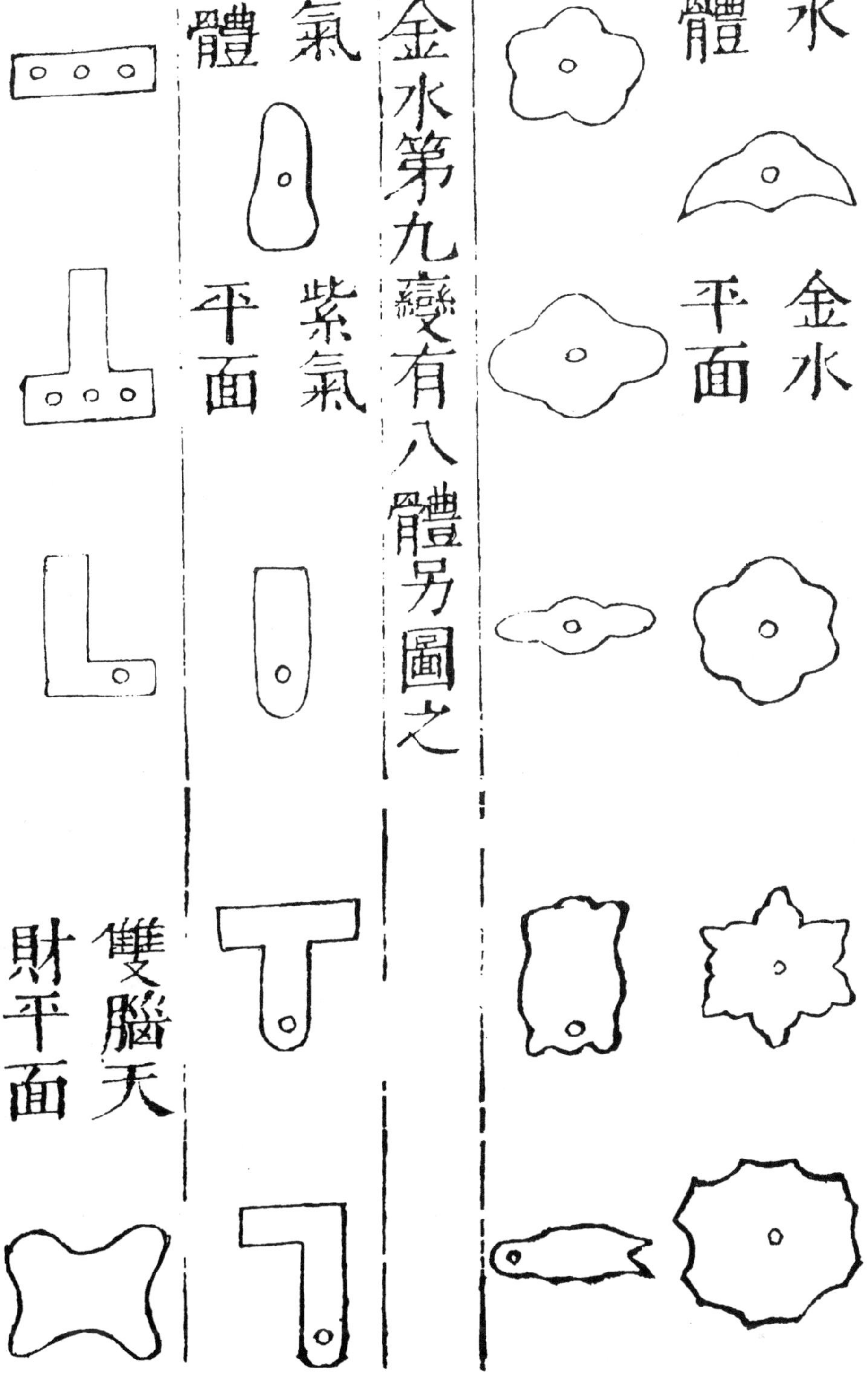

凹腦天財正體

凹腦天財平面

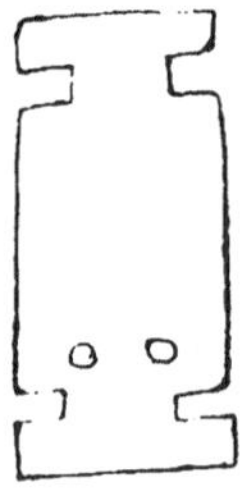

雙腦天財正體

雙腦天財平面

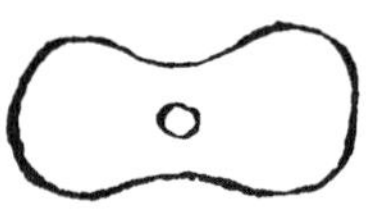

平腦大財正體

平腦天財平面

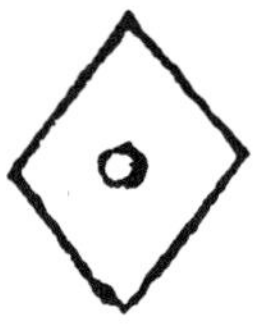

凡七體與平面紫氣相似此肥大彼清瘦

五吉九变格

頭面不同者、五行各一其體此圖必分析之、肢脚不異者五行同一其用此圖不重贅之、非正不能立其體、非變不能盡其用、體固常一、用固常多、立變則山之形體不虛生、用變則山之功用自該全、扒砂經之妙法也、

兼體太陽

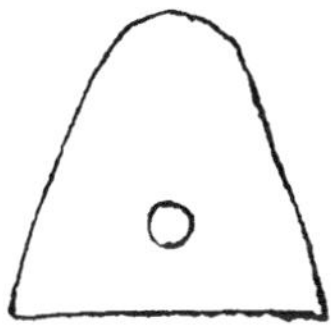

平面兼土肩軟兼水三兩之性合而爲正金九星倣此

貼體太陽

襯體是大金有弦微低而張開貼體是小金有弦微之而收斂餘皆倣此

襯是正體太陽
貼是開口太陰

襯是變體太陰
貼是正體太陽

四凶正體圖

天罡

孤曜

燥火

掃蕩

俱有九變兼體貼體三勢六格八病四病與五吉無異可葬穴開口懸乳雙臂沒骨平面與五吉無異特生八不同

三勢坐、立、眠。六格大、小、高、低、肥、瘦。八病斬首、碎脇、折臂、剖腹、折肩、破面、踏足、吐舌。四病貫頂、隆足、繃面、飽肚。

五吉九變龍格太陽

高肥

高瘦

低肥

低瘦

高生脚

低生脚

相照

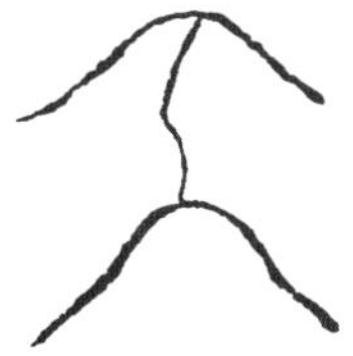

二口

鼎峙

四金

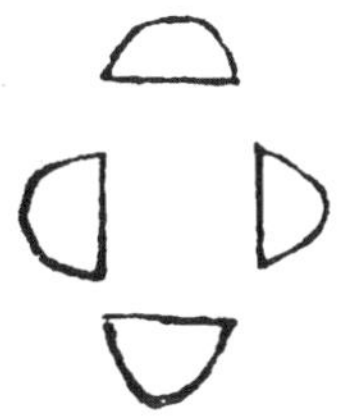

圈金

捲翅

象鼻

田龍

側堆

側圈

倒圈

側身

五吉九變砂格太陽

正體

短體

肥容

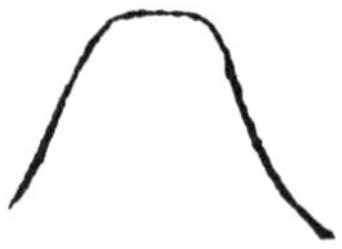

瘦容

聚氣

聚氣

連氣

連氣

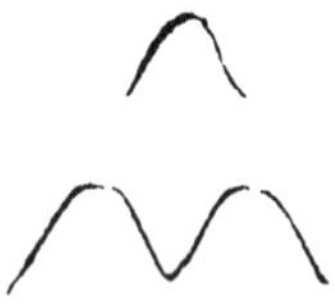

合形

合形

合形

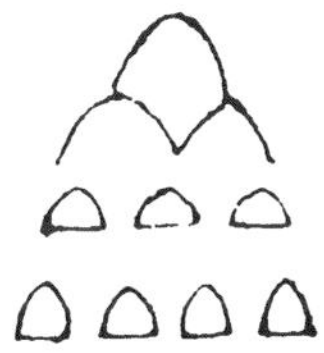

合形

破相

偏頂

仰面

巳上五吉九變龍格砂格舉太陽爲例餘各星格同

五吉九變水格太陽

一白 氣吉

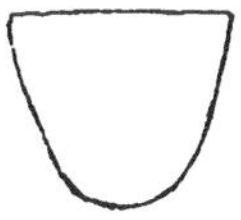

二黑 氣凶

三碧 氣凶

四綠 氣凶

五黃 氣吉

六白 氣吉

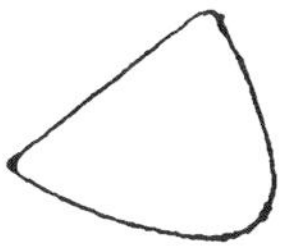

七赤 氣吉

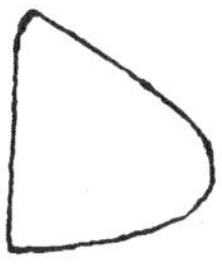

八白 氣吉

九紫 氣吉

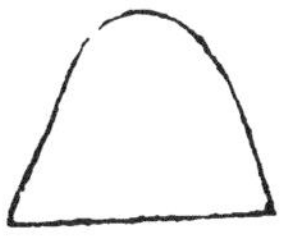

龍砂水九星頭面俱見之穴星故扒砂獨揭太陽金一體

圖之吉凶可以類推、

作法

太極圓暈

動而微起

生陽為陽

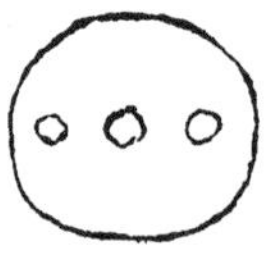

太極圓暈

靜而微陷

生陰為陰

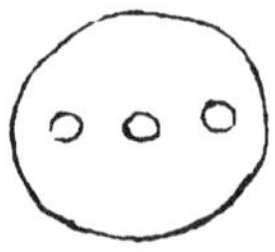

此是渾然太極圖中一箇陰陽非奮突也奮突則四象之變兩儀之生、

二氣交感

四象

少陰脉

少陽息

老陰窟

老陽突

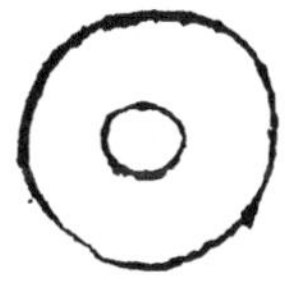

三勢

天穴

仰高

凭高

騎龍

地穴

懸乳

脫穴

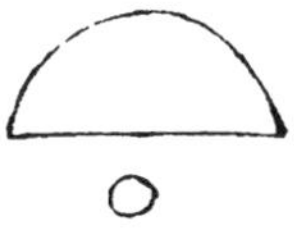

藏龜

人穴

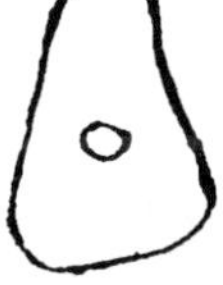

四殺

藏殺穴　脫殺穴

撞　拋

壓殺穴　脫殺穴

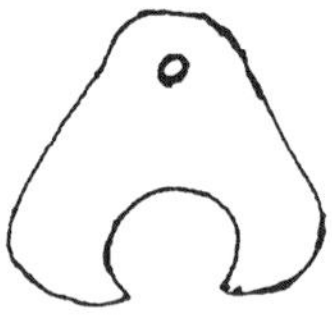

蓋　接

脫殺穴　閃殺穴

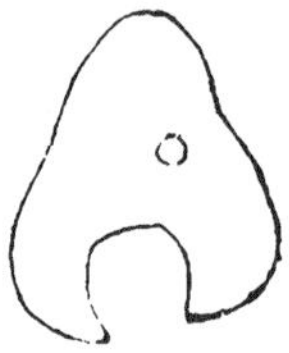

挨左

脫殺穴　閃殺穴

粘　挨右

饒減

饒左減右

水來

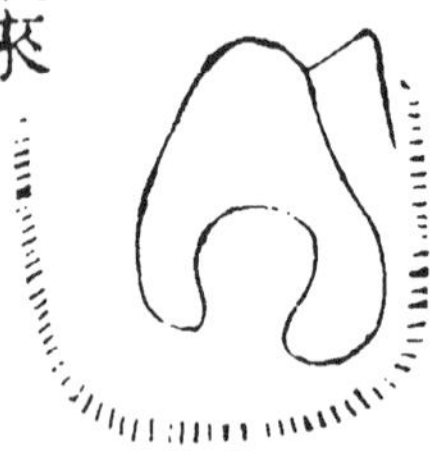

饒右減左

水來

暈氣

水上分

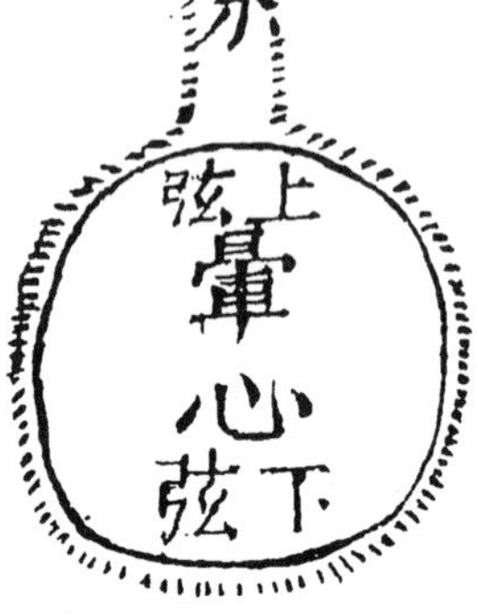

貴龍遺旨

一氣定局

四

四一薰圖

金變氣熔

煉制波爍

冶純鎔氣象

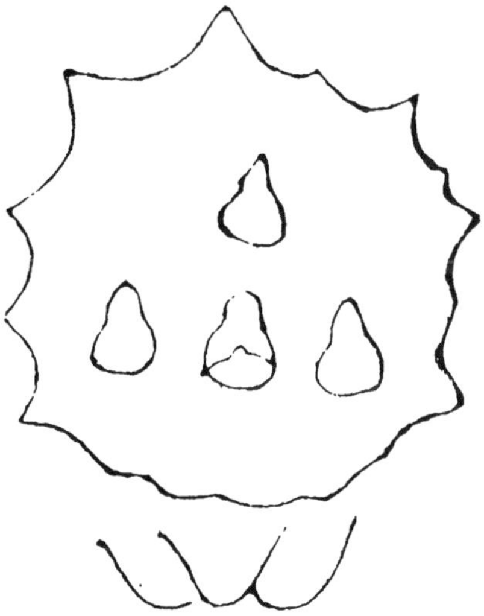

四金煉冶、則同氣矣、一變制純、則變氣矣、煉冶則薰氣必灼、薰氣則根身不遠、

四金一體、秉氣太純、金本凌鑠之氣、無變以制之、則附合依倚之久、自無一激之勁、幹胥化爲混矣、淫溢奸僞、自然

之理數也方一發新作振起異則成變猶露居位自尊主獨佐衆立天下之大分大分既正則祥氣攸鐘靈光所萃之中蓋有迥別無儔之量量既鉅矣享自不同帶來之餘曜屢出屢合拱身之衛從愈親愈厚四圍團聚者或成方格或成圓格或成横格或合一之氣或紛異之氣無所擇也朝山一拱後樂靠實所謂蓋照是也缺之雖不爲害貴品亦减水口必密捍門必顛既有盛主必有盛佐二者决不少一羅城堂氣或闊或狹或遠或近俱非所計

四木榮春
一變制純
煖氣環濟
四圖氤氳氣象

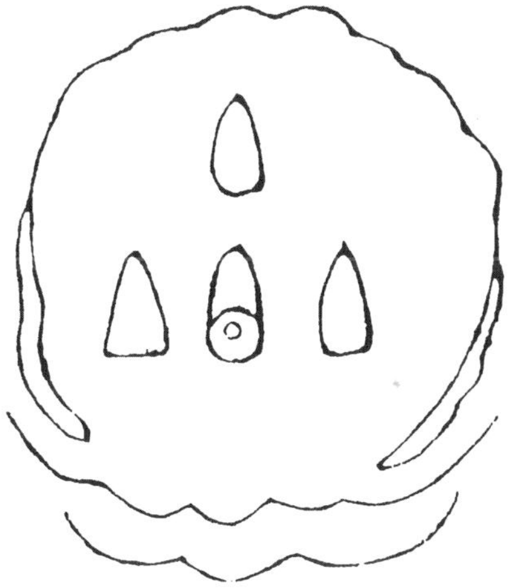

四水潰淙
一變制純
雲氣奔騰
四圖陰滃氣象

四木榮春、則交氣矣、一變制純、則化氣矣、榮春則噓氣必盛、噓氣則旋身不遠、

四水潰淙、則聚氣矣、一變制純、則障氣矣、潰淙則潰氣必氾、潰氣則泊身不遠、

四火燒空
一變制純
灼氣噓熖
四圖雲霧氣象

四土廓塞
一變制純
障氣瀰封
四圖韋鬱氣象

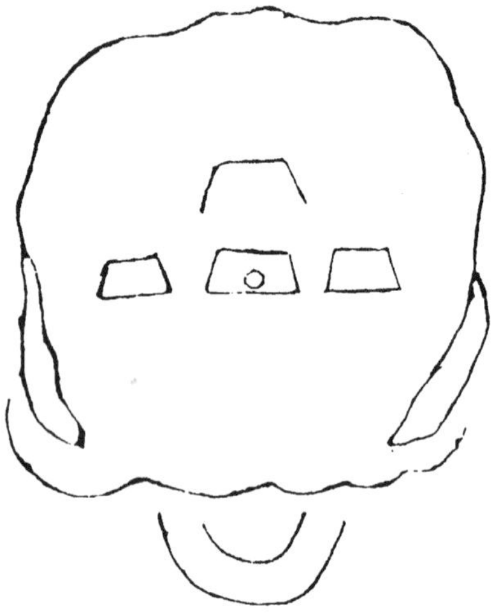

四火燒空、則延氣矣、一變制純、則捍氣矣、燒空則凌氣必張、凌氣則根身不遠、

四土廓塞、則合氣矣一變制純、則生氣矣、廓塞則衛氣必重、衛氣則擁身不遠、

春山
杏滿

夏沼
蓮傾

秋堦
桂簇

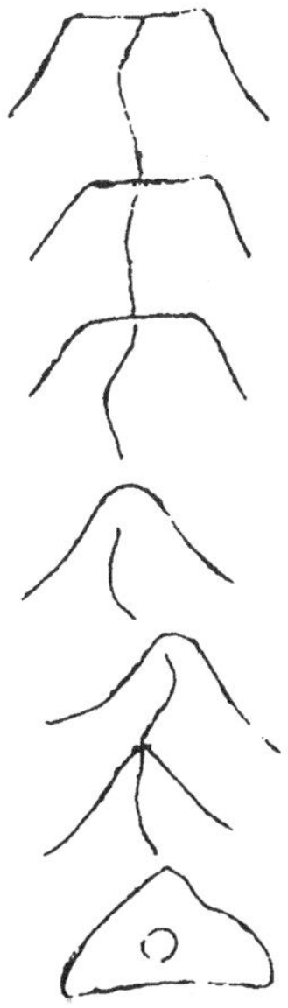

春山杏滿、連氣太陽作龍格、主出連氣太陰作穴星陰陽交泰二氣合生所以爲貴、

夏沼蓮傾三水作龍格穿帳也三金作穴星連珠也水金相生二氣協生所以爲貴、

秋堦桂簇三土作龍格御堦也三金作穴星冊桂也土金比氣二氣感生所以爲貴、

寒月照泉

貴龍眞案

五獅戲毬

太陽

寒月照泉、三陰作龍格疊文也、三蕩作穴星泉冽也、金水搆會、二氣招生、所以爲貴、

五獅戲毬、一氣而生、賓主相侯、情宜性恊、靈氣招來自成一家、必欲制裁循法、自然生氣滋盛、穴星成變、純不爲忌、

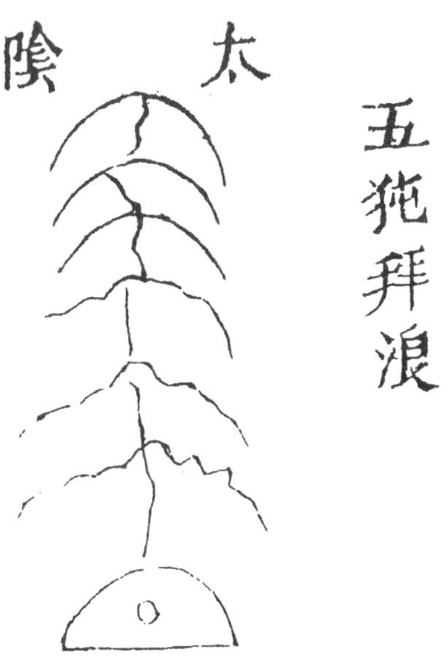

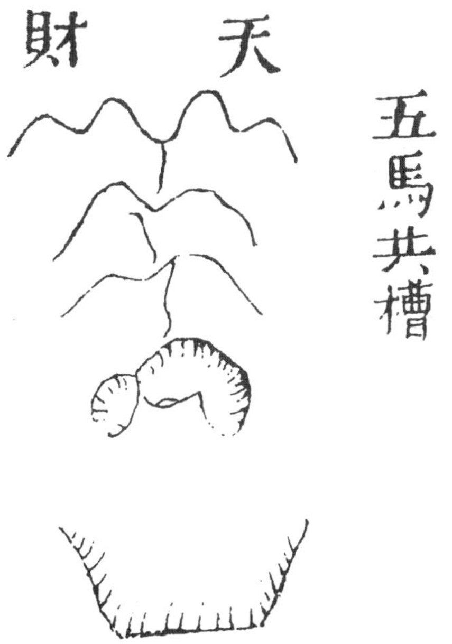

五㹠拜浪連、氣屬情、主案無紛無岐、彼此相俟相得、靈氣招來、效應不凡、不必多方致察、按穴一中、自然齊整、至穴變水、純非所忌、

五馬共槽、連氣同嗜、主案有投有待、彼我相求、相應靈氣招來、臻效不小、不必盡法多求、立穴自中、了無偏頗、至穴變水、純亦無忌、

五鳳朝陽

金水

五僊朝嶽

紫氣

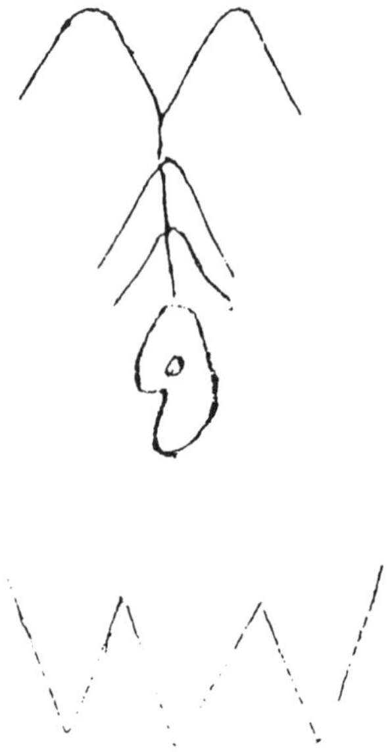

五鳳朝陽、一氣貫通主案同情、不異相濟、一道無偏、靈氣招祥、儲精自別、不必相裁、多法、自能致中、不異穴星一變、乘之無忌、

五僊朝岳、一氣連屬、前案火形、相生不背、協一之性、分而不乖、靈光中處、異品不凡、乘穴星而不悖、諧至中而無差、純非所忌、

五龍爭珠

五龍爭珠、連屬水星、中主一穴向前、真案正金露形、比氣相通、甚爲妙局、靈光不凡、穴之最宜、事業盛大、純非所忌、

貴龍真案者、本其性情之合、得其一氣之真、案由穴立、穴由案止、交遇之間、蓋有投好自堅之意、相釀之餘、自有大生之妙也、雙龍立祖者、陰陽具而四時成、每季以三形當之、感時發生、各具一性、故此各具情義之至當、演爲生物之自然、時至而物化、機動而神彰、物理皆然、造化本然耳、

經義叮嚀之旨、若贅而非贅、熟而精之、庶乎可與言也、否則驥圖之索面墻已耳、可慨也夫、

附特旨

特之一字、最爲地理家之切要綱領、不諳則不信、不信則無所依據、而其妙爲難知、貧富貴賤、茫然無所適從、雖或有所知、亦疑信之間耳、經旨於龍穴砂水、皆有一定之特也、特也者、衆山之中、一體自異、迥然有不同之氣象、舉而撫乎諸體、較其分量異等之明著、雖尺寸而莫掩、猶更參各立之形體、以爲眞僞之的從、妙矣哉詩旨之義歟、

特旨圖案

土群
金特

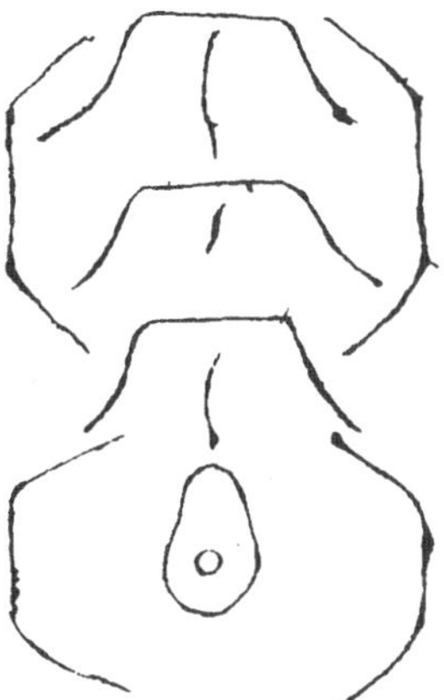

大群
小特

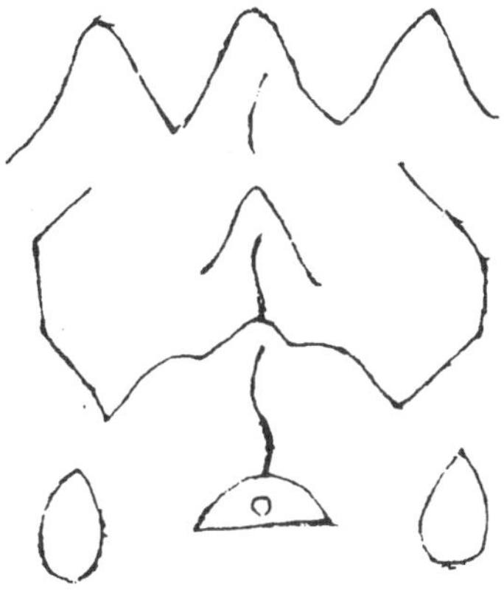

此以星體言特也、星體兩形並出、而獨者即特之旨、五星皆有之、舉其一以槩其餘也、

此以形體言特也、形體之立、俱大而小者、即特之義、如高低如肥瘦如衆寡皆有之、舉其一以例其餘也、

借重格

主以曜貴

主以砂貴

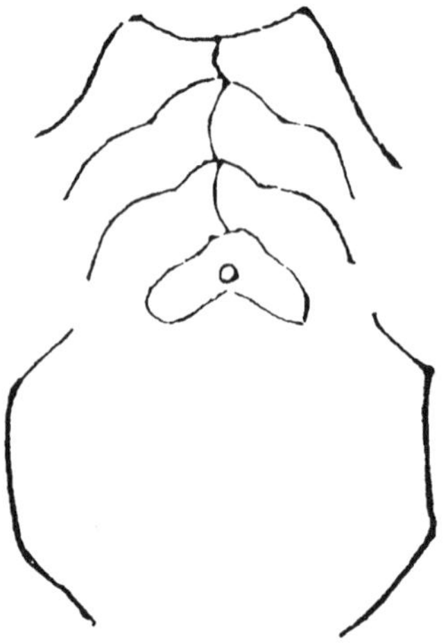

主以曜貴者，主非不協中也，但形體之低小瘦嫩耳，而輔立之曜形，如雲如林拱翼左右，一串之氣，不異不雜，足以助分量而成盛大之業，亦理之實符。

主以砂重者，主非不協中也，但形體之偏枯斜側耳，而應衛之砂，如隊伏，如屏障拱侍四傍，奉役之體，有嚴有翼，足以障氣勢而成盛大之業，亦勢之必至。

獨得

穴星八病四病既詳欲當知其正星之外可點者也穴多見大盡之位既盡處須防氣絶拋穴要褥廣獨穴要山大崩洪之穴要掩映山齊到繼尾之穴要陰砂圍護此低穴既盡之証也仰高之穴要弦廓順龍之穴要襯貼騎龍之穴要掩耳凭高之穴要張開此高穴既盡之証也

八龍既審欲於八格四龍之上緊忌者有三既過峽忌其連續〔既過峽總起一山復又跌斷謂之連續也〕此証遠去作穴不忌即續作

穴、謂生育太繁、保合未固、主生人貧弱敗絕、此不分強進生順皆有之、皆吉塟之所忌也、古云忌峽、

穴星後去二三節內轉折之間、身单無護、又爲水割過前去、卽便作穴、穴競迎上、逆轉外砂隔水遠照、单處奏脚皆石、不爲吉穴之妨、若穴順走逐流向下者、龍单既走凌削病矣、至穴又無撑力氣象、塟家之深忌也、古云、忌宗、以其遠祖之來、近祖之宗、

降龍入首作穴星後退去一節、龍形體不拘九星出脉一面欲平欲正、最忌震蕩、猶怕稜礪、震蕩則穴勢危疑、稜

礪則穴勢銷鑠，縱有砂水會局，終爲吉穴之患。古云：總砂云有案，不若無案，蓋謂穴有重於砂也。穴本吉矣，而砂出不足，如斜側傾欹，主貴貪汚，穴前空缺無案者，只是妻房重疊而已。

正案不若偏案，蓋謂砂有重於穴也。穴本次矣，而砂見太美，如卓立凌侮，是正主受尅，偏則居隣之位，竊比資成之助多矣。

水有龍實則水虛，萬峰相應，高出雲表，叢立滃擁，不知水源中乘其特龍重矣，挹天澤既多，則地蔭亦輕，水爲虛也。

穴若藏則潮輕，迢迢發跡迂折成屯，東躲西閃，捉摸難定，退藏一穴，靈泉自足，穴藏矣，雖有遠潮助滀，濟濼而已，潮為輕也。

太過不及，如龍虎則洩其太過，而補其不及，如穴案則節其太過，而發其不及，如後龍則乘其溫遜，而避其剛硬，水則挹其停滀，而遠其湍急。

龍虎太過者，高大之質，則斂其質以洩其太過之氣，不及之體，則築其脊，以障其不及之氣，

砂案避其太高，防久遠欺凌之禍，趁其不及，益欲其常拱，

而急緩之氣不加也、

後龍乘其溫遜則穴星受其含蓄之氣棄其剛硬則穴星運氣而不盡、

水欲抱滀享用不竭之福遠其湍急懼運氣之易竭也、

前論龍穴砂水若刻於用後論龍穴砂水欲濟其刻中庸之道扒砂備焉、

弱則

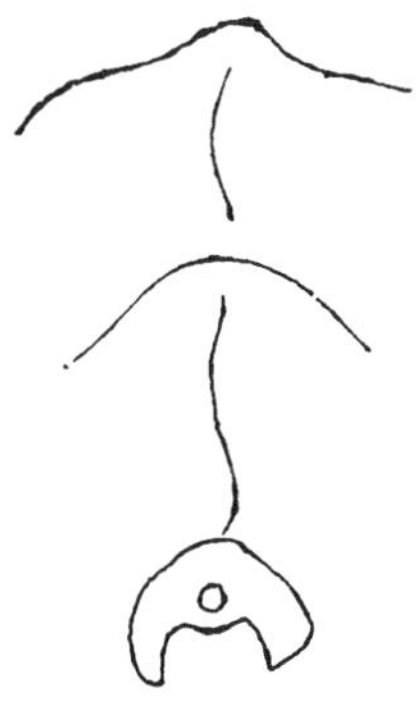

忌峽

受割

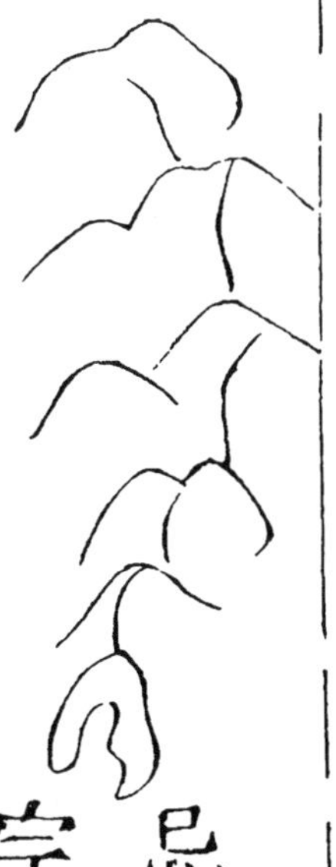

忌宗

震礪

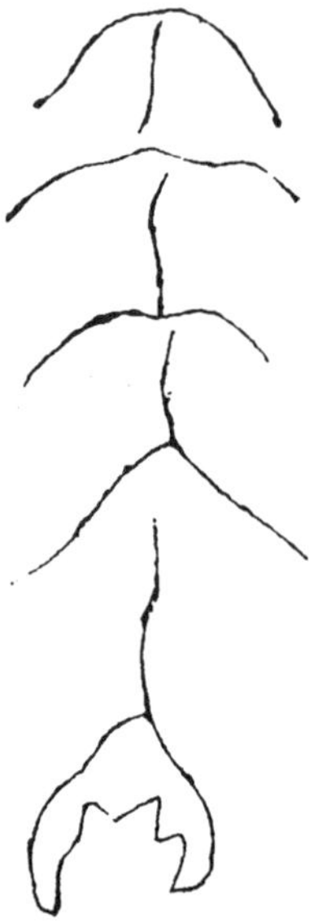

忌親

砂重

穴次

受欺

龍實水虛

穴重潮輕

右具圖也、至扒砂經悉出之、或金精獨見之妙、抑採輯之詳、是未可知、茲圖也、眞切至到、地學最當先講、故此云云、

天穴地穴、要識其體、天穴主葢、地穴主粘、仰高星即天体、

葢法、當以天高作用於葢法、當極其葢、平面星即地体、

粘法、當以地下作用於粘法、當極其粘、又以窩突論之、

高低二體、皆有窩突也、突之葢、葢於頂、窩之葢、葢于下、

突之粘、盡於礴、窩之粘、幾於底、

〔倚法〕多因星體傍落，護支太硬，察其體之生意露出者，必如蔬如綴而乘之，金星斬角，木星尋芽，水星並泡，火星循土，護支太硬，勢歸下手。

〔撞法〕脉氣偏來，後樂必偏，堂局文中，穴當斜受，向斜處下，所謂鬭斧貫耳貫腰，此循脉而安之，星體少略。

〔挨法〕與抛接綴粘之義同，此以息突之體驗之。

〔併法〕與雙腦天財之意同，此以息突之體驗之，天財穴體並於股重，暈體並於股短，天財穴體兩金對峙，合處一厚一薄，乘其厚者，生氣就於厚，暈體兩勢俱來，一長一短，乘其短者生氣融於短。

倒騎龍法 來龍俱成上格，止處壁立，湊脚出脈，去前聳一節對龍格之面開穴星，甚是端嚴，窩突二體又明白，是來龍急直必脫落，作穴貪求龍作衰，故回轉作穴，當察其護衛，龍虎俱到穴掩耳，正直穴方爲眞也，使逆水未的，又當於盡龍處俯取之，此龍多喜大盡，固不免合水俱到，合爲順流，龍貴可愛，穴的無疑，但水去少關，塟後恐其退敗，宜將棺向來龍倒塟，來龍即穴星也，更於立穴處大開塋宅，以呑法立塟，如陶冶，如窮窿，穴深藏而

不見於穴口、高築土堆、設爲樂托、山之運氣一而已、而人骸骨受蔭、蓋無手足之殊、此倒葬亦非怪異、惟達權者可與語也、

倒葬之法、古亦未有也、扒砂經細及之、創作若異任用、則經是可以理觀也、

田逆法

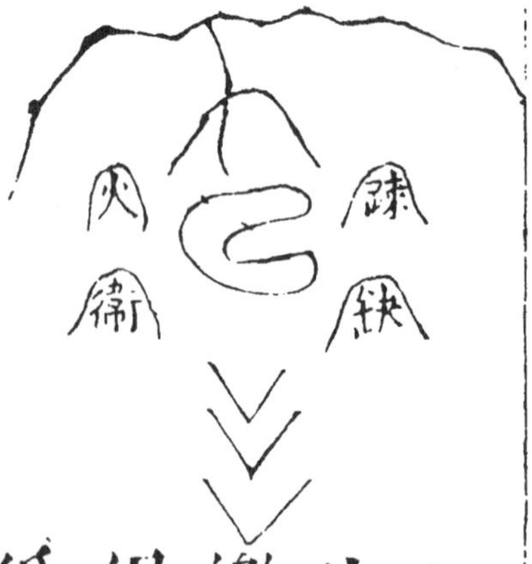

托生樂偏低
田轉不眞

田逆法

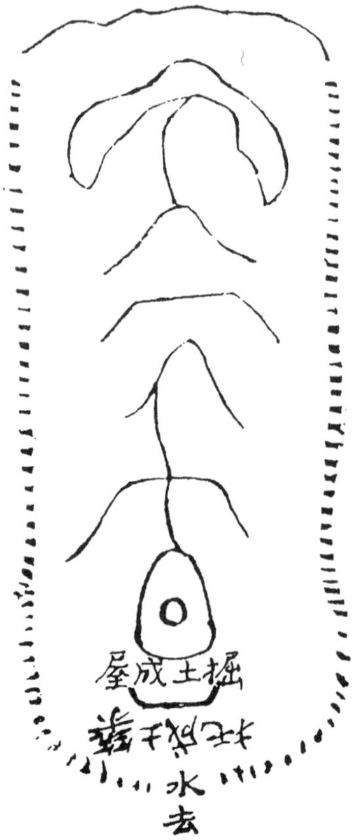

騎龍法、如先弓单安合璧連氣諸體其作用皆求星體而細認之窩突之形、所不可畧也、正騎之格兩星相對之間見一小星、如水泡然者、據而穴之、亦當從五吉、又忌節分太疎、最怕開塋、悞闊節疎則風刼其生氣、悞闊則人傷其生氣、福固不臻而禍隨之、不可不察也、

先弓諸體、必於立穴星上、皆要厚去其舊土、以循其新肉、蓋以其體聳拔、風霜凌鑠最多、皮肉嫌於頑硬、星面必多崩濕、去死以發其生、除枯以起其榮、去土之功、相成之道也、

羅山之廣遠、壯我之威勢也、朝山之高遠、翼我之聲名也、

羅城四出而仰者、也本主尊崇爵祿豐厚、環森卓立、而如隊伏者、勢之相攝也、朝山專一而對者、也本主清高、品秩顯要、前聳而如趨揖者、氣之相感也、

拋接粘綴四體、最多微妙難識、多見於山脚山尾水盡水會之地、不問山之高大低小皆有焉、繹其意味、自是一家、遠去門戶、亦一頓異、近身衛翼、必定低下、內局周密、氣象中弘、求之高顯不得、當求之低下矣、循山脚佳處、尋廣位重、脉欲來未來之際、欲跌成跌、復起微體此是

拋穴也、山褥重見、是接穴也、星體微墜者、綴穴也、星體立急者、粘穴也、形跡雖微、氣脉深藏、其發用之力、反倍反清、然動變之妙、非神洞其智者、不能察識而效用之、藏隱多秘、鬼神司護、間見間出、天地蓄深儲、以待厚德也

拋穴

接穴

粘穴

綴穴

右四圖皆低落

體、但能圖其大槩、若夫推倒致詳、蓋非筆畫所能畫也、

中拋

中接

傍拋

傍接

高拋

高接

右四落俱有四體、四落左右皆有之、不能盡圖詳述、大抵皆貼體之餘意、悟其玄妙、達其通用、惟上智爲能優之、

尋龍之法、莫若於觀統也、統尊也、高也、大也、祖宗旣凌鑠支幹必雄偉、雄偉之餘、自有許多收用氣象、循其水道、自有禽獸二曜、次有捍門、次有羅星、次有交度、必水道狹窄、所謂葫蘆之玄矣、至此方闊大、即堂局矣、能止穴端、前正兩護、五吉齊到、決無飛砂竄脚、穴必低落、有此受用、堂局不正、砂有順流、山有竄脚、穴必落高、低穴不

見高穴模糊穴必退藏如先亐如紐繪之類自帶憑案遮蔽外砂不足之狀捉穴之法莫良於觀繞矣

窩內亦有如燕窠然者窠之上下四傍亦有分析若乳者惧乘之反致禍故就弦作蓋法乘其本辰之氣欲變之間分析之乳善者就之也不善者避之也皆以五吉四凶卜之影映間審形而已

窩立太高又當忌蓋法從下落處立穴蓋法之上餘氣掘起可也大陵落下處多頑石不可穴不若從傍弦上作挨法傍弦亦圓金轉處自有略見之形故可穴也若窩

闊恐塋氣蕩浪，缺形則缺氣，亦要用土從中作一弦，以稱本辰，立穴之弦以成窩形。穴左掘左培右，穴右掘右培左，伸縮山氣之法，不可不用。

量度窩法

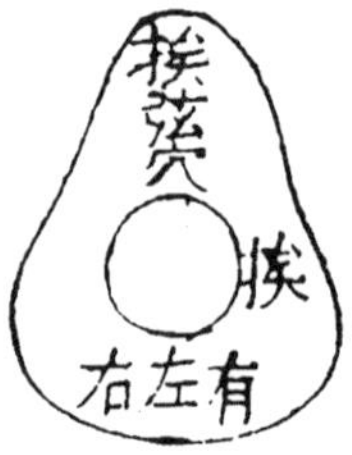

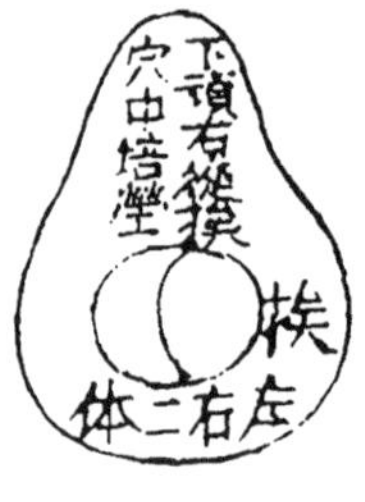

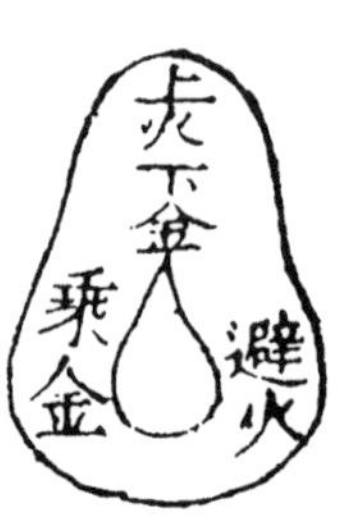

塋外之功，不若塋內之功。塋外之作用，伸縮外土之助，其效淺；塋內之作用，伸縮內氣之助，其效速。效淺者，略之

不爲大害、效速者、作用甚是關重、伸縮內氣之法莫良於用砂、用砂佈於內、通氣之法也、砂有合有散、初暫又遠、不善融結、氣脈自不隔絕、初開塋有暴氣可散、暴氣不爲殺也、終有吉氣可外克棺房蔭均也、

又當外潢池鑿深、塡砂可以滲溢、遠浸棺之害、山體灌淪、通體皆有水、既穴而盡之水必收入、非以穴之眞假爲水之有無也、至久則死骨受氣、水化於氣、然後乾實而無水也、且能引外水、入外潢池、使鏑之以潤內塋、外水天澤也、天澤入內塋、清蔭之意不小、用砂之法、眞足以

妙筴贊之權、

咸星欲察八般病者、非求之太刻、蓋內氣偏駁、發而爲外之病、若內多病少、任人力灸藥之、或平或鋤除其頑硬、作其新彩、故爲伸縮二氣之用、

諸吉體、如四金四木之類、皆忌其穴淳而中間有一星帶一無體者、即善穴矣、重助作用、分外之福也、

靜木四出、嫌其直而殺多、不可穴也、間有一火一金無夾帶者、亦善、獨立形者、不擇就而穴之、必有非常之孕、官高顯爵、皆從其類、父子兄弟榮貴、大小輕重、隨其理例

之數、

凡尖直之類、局中所忌者、防其殺也、若其局皆木皆火尖直四出、了無雜體、亦木淳之變、反激而成異等之才、益火木秀發之體、故變而成蔭、人品迥異、聰明特達、事業亦豪、

四出惟火惟木皆從此論、如四出皆孤罡二內全體、叢尅愈多、受尅愈重、太淳之禍、不止僭濫而已、

高穴不忌山下多散、石穴高、則享夫蔭之氣足而底下駁氣不能侵也、石大石多、反爲有用之助、蓋形非純、而氣

相統也、倘穴星低小、氣勢不雄、四傍左右谿澗散落之后、動成尋丈麤礪形狀、似爲有用、低小之穴受其尅奪、類見之禍、如瘋如亂所不免也、主不足以統之、而用自泛濫可畏、

謂之喜潮者、乃山體得水不枯、如人之享用、得水則生、無水則渴、則潮水皆從享用處論之、食水欲清、飲水欲常、清原泉之謂也、常滀聚之謂也、食清飲常、而人身自見福澤矣、

潮水類如人之進食、去水類于人之出遺、大段人之一身

元氣雄壯不衰者本於頤養節度則出遺自然有常無淋滲之害觀人可以觀地矣此以理推愈見其驗也

云龍統穴而穴實統龍蓋龍非穴則不能自用如穴是四凶而龍得上格則生化亦從穴必出淫蕩之輩拒諫飾非才智過人龍雖吉反摧從穴是穴統龍矣

云砂足以翼穴而穴實爲砂主使穴得五吉而砂爲四凶則穴之力量自我行之必出智勇無才之士蓋砂爲穴用激之從正是穴爲砂主矣

云水所以成穴而穴實爲水之攝也穴成矣而水犯四凶

穴欲必藏力、終必如五吉、成立、福澤如故、水雖凶不能

牽引、非穴攝水乎、

地學先後緩急之功、當先於穴上精究核實、分寸不可差、

過穴之義大矣哉、穴星之體、當悉毫厘、作用之法、當極

精微、大體正、而吉凶分、條析詳、而禍福見、認星體有定

體、斯立穴有定法、此穴星爲諸氣之統、不可忽也、

穴星即主將也、主將不嚴、雖部伍如故、器械如常、而或夜

驚之變生、劫營之禍起、幾何不爲危矣、

穴星即居主也、居主力弱、雖門戶如故、服飾如舊、而或淫

濫起於蕭墻、婢妾侮於閨閫、幾何不爲敗矣、

是論穴星似過刻、然齊偏之術儘多、穴星有外欠則從外塋正之、穴星有內欠、則自內塋消之、外欠尅處是也、內欠燥肉是也、內外兩欠、處天地生生之功、固有不能齊者、而山體自禀之生質、宜有偏頗、天質可以人變、性原可以功祛、

如金星帶木帶火竅之斬之、如木星帶金帶火削之斬之、人力可以制天、諸殺皆消於水、山體若大、必有無殺、須要大開水竇似傷、而不傷也、此星體之外欠者也、

凡五吉星體不雜、象狀俱正、帶曜傍張、了無尅氣、暈間似有一樣皮肉不同、乾燥點砂、掘塋開井、其土散如粟、或濕如肉、內証之欠也、必須深掘達實方止、蓋五氣內閉、新彩落深、其天質如故、厚佈砂石、左右內竅、亦不失舍莖似忌不忌者也、此星體內欠之體也、

廖公畫筴扒砂經

［下］

宋廖禹◎撰　明江之棟◎輯　鄭同◎校閱

北京學易齋刊行

華齡出版社

影印四庫存目子部善本匯刊〔十九〕

謝路軍◎主編

金精廖公秘授地學心法正傳畫筴扒砂經卷三

宋　虔州金精山人　廖　禹著
豫章粟塢伯才甫彭大雄集
明　新安星源孟隆甫江之棟輯
古歙承景甫汪元標校
季常甫吴公遂閲

理氣須知

脈非龍、不生，龍非脈、不行，龍者脈之體，脈者龍之用，體用相生，生氣方凝，生氣者，非脈之謂乎。脈字月傍有水，水即生氣也、凡物無水則枯枯則竭竭則朽、木枯則槁土枯則燥、水枯則竭、金枯則頑、火枯則炎、欲求其有生氣不可得也、是以吉地之傍、多有靈泉細膩之山滂環可取、山澤通氣之說、理不可誣、故脉有单行雙行、則穴有隨氣合氣髙山之脉多拋、平坪之脉多散、横行之脉必緩、直來之脉必急、寄脊之脉宜聚露頂之脉宜隱、無脉之穴穴歸貼脊、脊即脉也、但脉行至柔而至剛、至弱而至强、傷之則絶、犯之則滅、多乘則傷、少得則亡、有脉無穴、尚有可乘、有穴無脉生氣不生、是察脉之功、爲地學之的約、穴處貼形。太起則是生氣上浮。塟宜淺求。穴處貼形。深陷則是生氣下沉。塟宜深求。穴處貼形。微起微陷塟宜不深不淺。若宜深而淺。當浮而沉。皆爲失氣。豈生氣得乘之謂乎。

龍如樹木。穴如花芽。故龍有枝幹。穴有窩突。龍有初出正出傍出。脉有上落中落傍落懸乳懸膽脉脫另形。即花芽之穴。沒骨站弦脉在本形。即了鬚之穴。另形者直行脉也。本形者橫過脉也。橫來直撞。直至正求。宜加詳察。不可疎畧。失事以爲禍患之階。

盡龍之穴、貴有饒餘帶襟帶纏、斯爲尚也、若山勢湊密穴不張開、前山如壓如畏如威、則是生氣至此、敗弱無力、不能撐達、敗絶之患、所必有也、若結穴之前、更有肢脚、擺列如禽獸之狀、入穴不見更佳、又有一等纏襟、如土階脚頭似金體、主出人明敏文秀、貴不可言、

穴後當背一節龍、關係最大、必須退落漸次平伏結穴爲奇、倘或牽連直至、全無婉轉之狀、屈曲之情、元是龍氣方剛、一脈貫頂、畧無和緩之氣、多有剛暴之㐫、穴前潮峻、亦然致禍不異、

穴上要圓頂、穴下要交手、交手者、即穴下關闌交鎖之痕也、無交鎖之跡、則元辰散亂、鎔氣不止、宜另細求、若果無他穴、當細看爲何穴用何法度、以完其美、

拋脉必求生成之穴、不可強合、何也、拋脉必急、至立穴處性方退落、若無穴而徐乘其脉、亦要尋灣曲如金水之處方可、否則觸其暴惡、發達雖早、爲禍亦速、

龍不起伏、則來意不專、砂不拱衛、則圍意不專、高峻之穴要穴前揪斂、平坦之穴、要穴外揪斂、

零頭缺尺、雖可扦就、縱有脉氣、諒無星而主出入無主、多

聽婦人女子專事，更有砂重潮大，亦不發福。

後龍降勢而來，必須五星更變，五行相生而至，斯為上格。若純是金頭，而無變化不測之妙，多是連氣；天罡純是木腳，而無出沒起常之態，多是聚氣；孤曜純是剛硬，而無溫柔曲折之性，多是參形；燥火純是緩懶，而無活動振作之狀，多是弱蕩；覆水較之五星迭變，勢加走馬，形似舞鳳，生生不測，變化無窮之龍大異。

高大之山，穴多躲縮；細膩之龍，穴必隱藏。平面之穴，宜乘勢；峻削之穴，宜乘窩。

高峻之脉不緩，平垰之脉不急，直來之脉必麤，橫過之脉必小，麤不可乘，小不可及，緩當急求，急當緩取，

過峽處須研眞假，切忌不長，有等峽大張形勢，送護齊至，至盡處無穴，此皆假脉，難以捉摸，宜當於峽之前後左右求之，眞峽穴在峽之盡，假峽穴在峽之身，峽之身，卽峽之前後左右，不離峽而立穴也，初過處亦不可扦，假若水撞露風，正謂之劫峽，主易衰易盛，一進一退，

脉要取清，穴要取明，龍要取變化，砂要取有情，水口要取屈曲，明堂要取恢宏，脉不清則濁，穴不明則假，龍不變化

則凡、砂若無情則僞、水口直則無收拾、明堂淺則度量隘有一於此皆非全局、

穴上之有分合、正如天地之有姤復也、設使無分無合、又不成甚窩突、正變貼形、則無証可指、雖得砂水之蔭、終如品物獻尸、一毫不得其受用也、穴重砂輕、即此之謂、

吊似於粘而起、綴似於拋而短

穴前作用、不可分毫差錯、此乃切近之地、利害之先見者也、施爲合法、築砌得宜、左右均匀、上下整齊、方可、

迴顧之穴、穴之最美者也、一體自爲奏密、更不別立門戶、

中和之氣，自爲倚托，又加以外山纏遶，一水交加，發達極速。

斬關之穴，穴之最美者也。餘龍行脉至此，頓成星辰，襯貼並見，形勢開張，氣脉停轉，既有穴星，自有四應，縱盡龍有穴，則氣脉彼已先得，被他斬截生氣，若不知審穴暈佈土氣，失脉淺深，然後方爲盡穴所擠。

圓峰當面以聳拔爲奇，澗水當朝以屈曲爲美。

龍勢迢迢，數峰高起，四圍肢脚，凌爍嵯峨，峻削破碎，此皆木火行龍，穴生奇怪，砂立斬齊，水口山如屯軍，左右狀似溯湃主生人威武奮揚勢吞胡羯後龍被水劫過峽遇風吹名之曰忌宗禍不旋踵若遇四凶之地不可貪其砂水之美凡見五吉之地亦當取其砂水之美

天罡孤曜形似肥金癰癀遊胲形似垂珠木星頭尖卽爲火星金星腹癰無異天罡土星切喜頭平水星極宜腳轉一切突形形如水泡有此証佐固云美矣然或三五串生又或三兩並見何以捉摸那箇爲是此必以小異爲主不可恃砂以爲之助砂得穴以爲之主穴得水則有所養龍

得從則有所居、

高山不可塟突、其顯中之顯、無包涵藴蓄之意、平地不可塟窩、其隱中之隱、無超常特立之意、

欲旺人必須藏風得氣、欲發財、無非特水入懷、

五星惟土極貴、不論太陽太陰紫氣三台、皆以平面兼土為妙、少有剛飽、切忌當面見之、若為應樂則為力重大支持雄偉、或居水口之外、幽兩相襯、三五成群、則可久可大、

本形生貼要頭脚顯露、不顯露則生意不萌、另形生貼要頭脚幽隱、不幽隱則生氣太洩、

貼體不可與本星同貼、同本星則無變化不測之妙、襯體不可與本星異貼、異本星則無一氣相生之功、此亦正中取變、同中取異之義、

降勢之龍、須宜雄偉、不雄偉則有傾覆之敝、指擬之穴須宜寬和、不寬和則有暴氣之凶、

斬法與撞法不同、皆是橫脈、斬者撞之盡、撞者斬之半、小突、小突之底必大、窩大、窩之下必小、突大突之底更大、窩小、窩之下尤小、

走脈串珠、生旺極速、但脈如春蠶吞絲、極等難認、活動不

凡亦不難辨、脈太長者、發亦不速、

潮見小者、穴當高受、潮見大者、穴當斜受、潮固是水而實有殺、古有讓潮之說、與此義同、

穴上作堆、切不可苟、穴前放水、切不可輕、

有生氣自有吉氣、有吉氣自有旺氣、有旺氣而不發福、世無此理、

初葬而即見禍者、犯暴氣也、吉地亦有暴氣、竅之於未葬之先、久葬而不見發者、失脈氣也、吉地亦有散脈、慎之於未葬之始、

紫氣無穴、細究其根、正金無穴、詳推其腹、木老必芽其根、金鎔必情其腹、

有等奇形怪穴、藉他山之肢腳、為自己之爪牙、本身順流而下、形如瀑布、勢若走珠、轉身立穴、朝應分明、發達極速

若還龍勢昌大、穴背堅持、則富而且久、

龍已結局、而龍去處牽撦太長、仍被水衝直出者、發必易衰、不論陽局陰局皆然、

非特山勢要成星體、雖水勢亦要成星體、較之於山、但畧緩耳、

龍之來處要遠、不遠則不感、不感、則無以壯其穴氣。龍之去處要近、不近則不止、不止則牽捲其穴氣、面前朝砂、要頭端身直、顯拔清奇、不頭端身直、則意向不專、不顯拔清奇、則生人不正、龍穴所以成地之始、水口所以成地之終、穴非龍則來無所止、穴非水口則去無所止、餘氣關係甚大、曜氣關係甚重、無餘氣則力小氣促、無曜氣則力薄體輕、皆非持久之道、餘氣在穴之前、曜氣在穴之左右、

穴上細紋有如柹葉紋者、一分一合、條理不紊、此乃天地終生生之機、造化洩太極之暈、

十六作法、洩盡天機、凡遇何等穴星、要用何樣作法、巧運心思、欽承法式、不可分毫差錯、外以悞人、內以悞已、

龍有護送、穴有輔弼、砂有從佐、水有往來、龍無護送則單、穴無輔弼則露、砂無從佐則有孤虛之病、水無往來則有濫涸之病、

蓋粘倚撞、四法切於日用、但蓋穴主高、天穴是也、倚撞不高不下、人穴是也、粘穴主下、地穴是也、

生意不測故五吉變體常多奔頑不跂故四凶正體常多變體四凶故禍遲正體四凶故禍速

深闊之窩起處即突突則生氣也高大之突陷處即窩窩則聚氣也葢窩取氣之生生非窩中突也葢突取氣之聚聚非突之窩也此証多見於弦

龍穴之氣即人之飲食切用之具也砂水之蔭即人之玩好假借之物也但朝暮相見歲久年多不覺被他誘引故禍福以類相應故擇砂之說不可輕易（近硃者赤近墨者黑）

不論順正倒騎之穴皆要穴星了然的當不然行龍當脊

其氣急如走馬、形勢端正夾輔齊止、使非生成之穴、則其氣不止、亦有高峽如騎龍者、不可不察、

主星本大、大可重載、不重載則不足以當其鎔氣、穴星本小、小不可破、若有破則盡洩其生氣、

天財是金水、轉誥是金土、太陽是金水、太陰是金土、

龍穴砂水、四應貴齊、一不齊則有偏重之患、

僊宮要圈內清淨、謂之僊宮要氣象超凡則可、

先弓単股不同、単股雖灣亦是単提、必曲如秤鈎、方是弓脚、先弓左右亦有兩出、但股有長短原來輕重不同、

直來之龍、奔騰不已、將盡之處、高聳而下、切忌當頭之穴、不論陽基陰穴、穴之左右、見有偷情之水而來、謂之特潮、其發極速、若當面大潮、直至穴前、更無支持、其退亦速、就身作案、固是美格、亦要山脚齊轉、倘或來短去長、頭端脚側、其情不眞、

結局之內明堂所見來朝之水、源頭短淺、明堂之外、去水迢迢、主富者不壽、貧者不夭、

當面之山、亂而無格、當面之水、直過不還、主富者不淸、貧者不詐、

窮源僻塢一穴居高人物不到之處、且山清水秀必出清淨之人、若加之以穴美砂明、必出神童奇品之輩、但不壽而夭

當面之山、有脚直出、順流而下、去不回顧、主人離鄉離陰砂與水亦同、若有山外之潮、宜順潮之勢鑿築注水、引入城廓、送至穴前、其人必返、

背後之龍、要夾帶得大穴、前之砂、要俯仰爲尊、

有穴方可言地、無局不必問龍、大則大看、小則小看、求地不可太刻、亦不可苟且、

有地亦有人、無人亦無地、非無人也、人不積德、非無地也、

地不發福、故有地無人不發、有人無地不發、天人交感德福相因、其應不忒、

穴上所見尖斜曲直、皆是殺氣、龍上所見急直崩腫、皆是暴氣、砂中所見斜頭側面、皆是淫氣、

左右龍虎帶金者主富、帶土者主貴、成星體者亦主貴、出此之外、如没骨等形、皆不入格、

看懸乳要頭小而平、看懸膽要頭圓而肥、看没骨要左右俱轉、看單提要直如掾物、看側腦要後樂應穴、以類推之、

看平面要有弦無弦、則穴不真、亦以類推之、

全卷凡七十一章，其大無外，其小無內，明燭秋毫，天地不能秘其精，鬼神不能隱其靈，山川不能藏其形，謂之地學須知，讀者當舉一隅而反以三隅也。平生所用，不出於是，故末年編集，以待來學。克道廖瑀謹書。

眞太陽

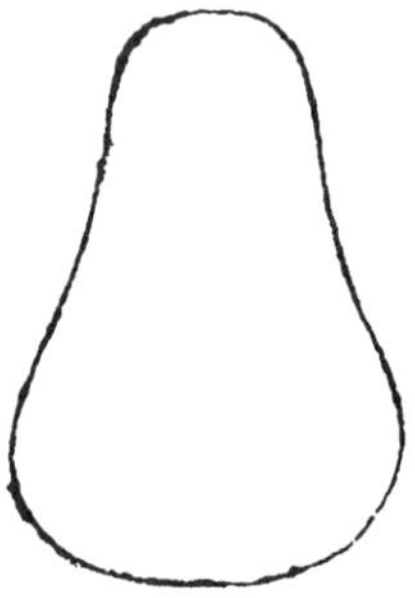

水肩平面
腹如倒氣

眞太陰

頭平
角圓

假太陽

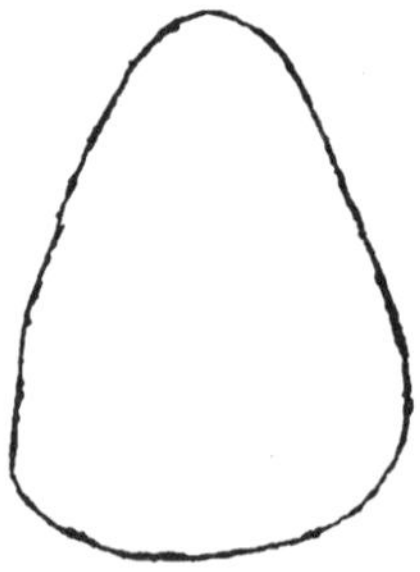

直肩聳背
形似覆箕

假太陰

頭圓
角尖

真紫炁

頭圓
脚圓

真正轉誥

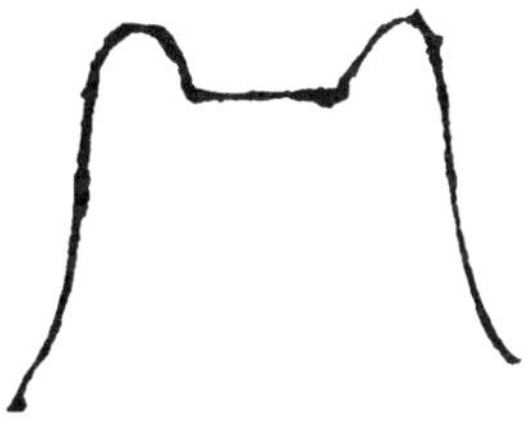

土折金清
土金相半

真正天財

水曲金清
水金相半

假紫炁

頭尖
脚尖

疑似轉誥

面飽身直
土金不分

疑似天財

面飽腰長
水金不分

眞三台

三山相列

另形台列

假三台

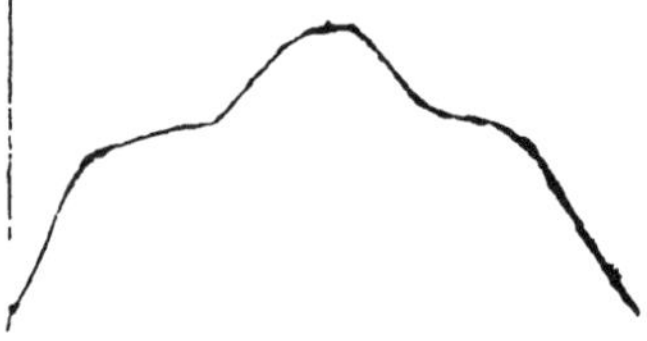

連氣參形

懸乳頭小而平

单提股如提物

懸膽頭圓而肥

側腦後樂應穴

没骨兩脚皆轉

先弓股曲而鈎

主見規模

天有五星、知五星者爲主見、而備五星者爲規模也、地有五形、知五形者爲主見、而成五形者爲規模也、人有五德知五德者爲主見、而具五德者爲規模也、有主見則有規模、無規模則無主見、日月乃天之規模、天爲日月之主見、太陰太陽乃地之大規模、地爲陰陽之主見、綱常乃人之大規模、人爲綱常之主見、規爲虛屬陰分、模爲實屬陽分、規模之義、盡於此矣、主在內屬心位、見在外屬形位、主見之義、盡於此矣、二義剖析甚明、爲一書之大肯、無規模則無可用主見有主見自方可用規模、此二句著二用字最親切、名之以主見規模、蓋以半屬天機半由人爲主、造化宰化工、與天地並育並行同陰陽不害不悖、神同天神、心同天心、正所謂人心物理相爲流通、地理天文合一無二者也、 金精山人序

大道廣闊、盡是星辰無閑空處、地道廣闊、盡是河岳無滲漏處、辰繞乎星、即脉貫乎穴、是以穴無正形則脉必僞、猶之星無辰貫、則穴必假、見脉之生死、知穴之眞假、見穴之眞假、知脉之生死、眞假一見可決、必須有主見者、方可用規模也、天無星處皆是辰、地非山處皆是水、河岳即山水也、

脉是生氣細活爲高、星是胎塊、嬌嫩爲妙、脉麤長殺氣橫多、星體欠生氣不固、

主星美惡、爲一局之規模、四方之儀則、所以總百官而臨兆庶者也、譬之兵無主將、則士卒紛紜、將無統緒、則喪師失律、國無主君、則奸雄窺竊、無統緒必相競不寧、縱得砂水之妙、終爲大成之虧、况無主星、其何以抵敵砂水、抑亦不成規模、

主砂並美規模

砂強主弱規模

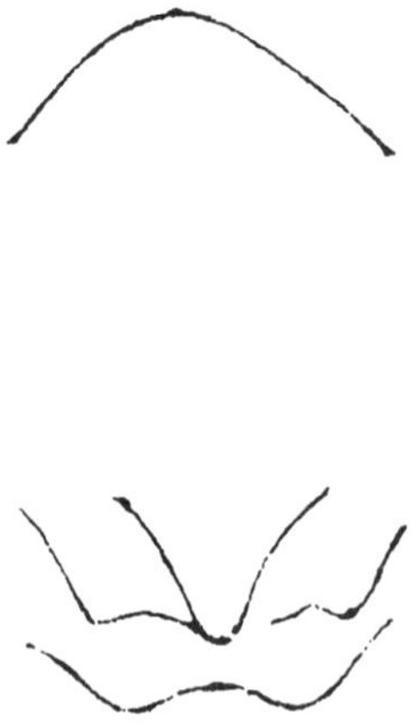

主體不尊固、忌砂形太美、是規模不立於止處、而主體有怙背之危、龍格強梁、偏宜穴體和平、是規模既立於止處、而主體有倚托之勢、

龍格強梁規模

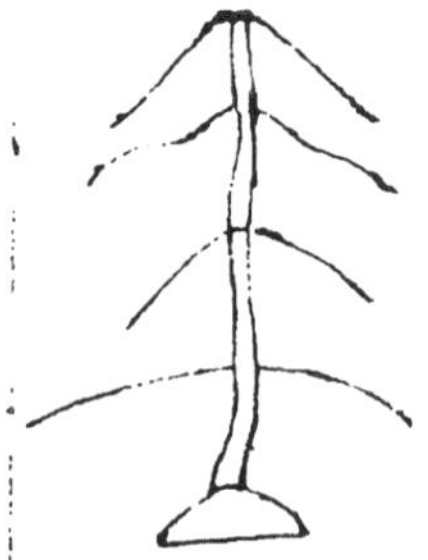

終落平和穴體之規模止落處陽落更好

正格易見、堂堂乎顯現分明、變局難知、紛紛然藏形弄影、

蓋山之大小不同，故形之廣狹亦異，眞落處自有規模妙用處自有主見，其中似是而非，似易而難，信非天縱之資，神授之妙，不足以語此，

高金不轉皮，天罡規模也，低金無晦䰟，孤曜規模也，火星無焰，木體規模，木星頭銳，火體規模，水不揚波，流金規模土無斜坦，頑金規模，五星雖則屢辯，詳盡無可及此，

五星秘式

轉皮規模

晦䰟規模

無焰規模

頭銳規模

水不揚波

土無斜坦

天罡坦腹、畨作太陽、孤曜横股、轉爲太陰、肥金不窩陽也、高金不肩陰也、孤曜上斜而火、天罡金斜而木、神授方知、靜觀自得、

變格天機

天罡坦腹

孤曜横股

肥金不窩

高金不肩

孤曜上斜

天罡金斜

龐齎屬陰、竚立而凝、遊胲屬陽、走而不定、言之雖詳、未能衍義、及此二形、孤罡之微茫、多生主體而目之間、腰脊轉動之處、誤指倒氣垂珠、葢後禍生旦夕、須知垂珠者圓中

之圓、遊胲者尖中之圓、倒氣者水中之圓、龐癡者土中之圓、予到中年班髮、凡此形象、規模方定、

點破天機

菙珠規模

遊胲規模

倒氣規模

龐癡規模

天罡高大、屏帳一方、孤曜肥厚、威鎮三面、天罡金頭木體金尅木、木得土則有養、孤曜土頭火脚、水尅火、火得水則有制、一有扦作、便見發動、一見發動、便須更改、二體不畏便削、亦如石體、不避風寒、

天處高而聽卑、地處下而氣昇、天清之義、卽輕清上浮者也、天之規模宏遠、是以天清多無直格、窮窿無際爲天、純粹不亂爲清、可高可下、但要成格、

轉詰　第一天清　貂弓　第六天清

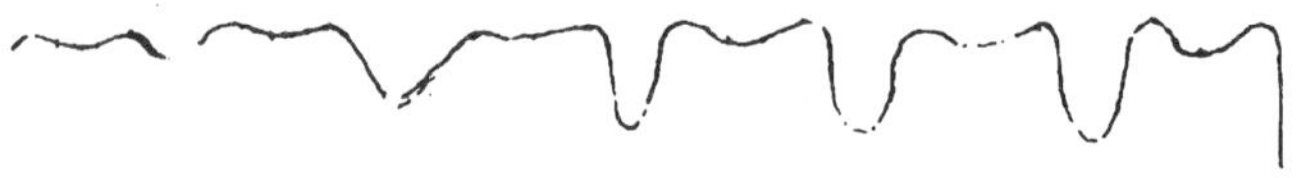

紫氣　第二天清　舞鳳　第七天清

天財　第三天清　蛾眉　第八天清

玉屛　第四天清　群鴈　排空　第九

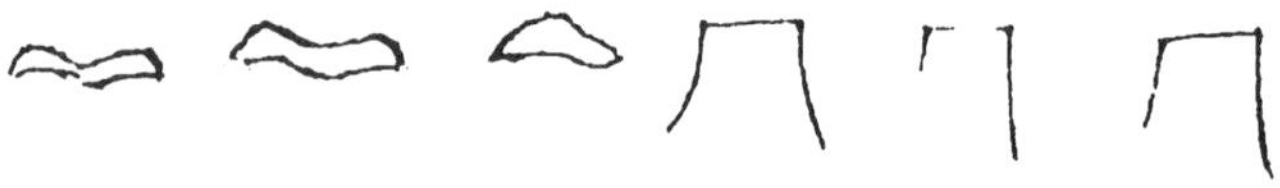

天馬　第五天清　群驥　奔槽　第十

已上天清十格，發洩殆盡，至貴之規模，極妙之格局，帝王將相，神僊之妙，無以過此，皆前所未發者。

木星體瘦，多無穴情，紫氣星肥，坦夷堪穴，故木星喜砂挺拔規模，紫氣作主山渾融度量。二義不必圖

五里之龍，不宜過峽頓重，一綫之脉，甚忌扳援衝破，過峽頓則忌穴，恐胞胎不固，扳扯多則忌龍，恐血氣不敷，當加察識之功，毋忽履錯之咎。

有龍無穴，龍脊取如騎龍寄龍之類，凡順倒凭仰皆是正騎日寄 有穴無龍，脉身求如續尾繼尾之類，二義折就妙訣，古所未有

天罡純陽之金、來脉要陰、孤曜純陰之金、來脉要陽、男女搆精、萬物化生、越此則爲孤陽不生、孤陰不成、乾道變化之理乖矣、

天體圓多傾西北、地體方不滿東南、太極一動、便見一靜、以滿招損也、地學如之、太陽之體、以川擬之、日本圓而生竄、轉水者、天傾西北之義也、西屬金、北屬水也、太陰之象以月擬之、月亦圓而或半、伏弦者、地不滿東南之義也、東屬木、南屬火也、主見規模釋義至此、則是天之精、地之髓、鬼神之秘、山川之靈、似不外此理、而成規模、似不外此義

而爲主見、

金水行龍、走馬連登、與蛛絲馬跡相似、但蛛絲爲脉甚小、馬跡開口陽金、分別又大不同也、木火行龍、奔騰踴躍、與飛驥舞鳳相似、但飛驥乃木火通明之格、舞鳳爲金水相生之體、分別亦大不同也、然蛛絲馬跡、亦有行龍必落於平岸者爲穴、飛驥舞鳳亦有結穴必聳於雲漢者爲龍、此二段大綱大格大規大模、豹變之義、於斯爲至、

蛛絲盡處、馬跡張處、方可受穴、不然龍也、飛驥不止、舞鳳不静、皆是假龍、不然變也、此理此論、更無人可開口

可着手處者、

蛛絲規模

馬跡規模

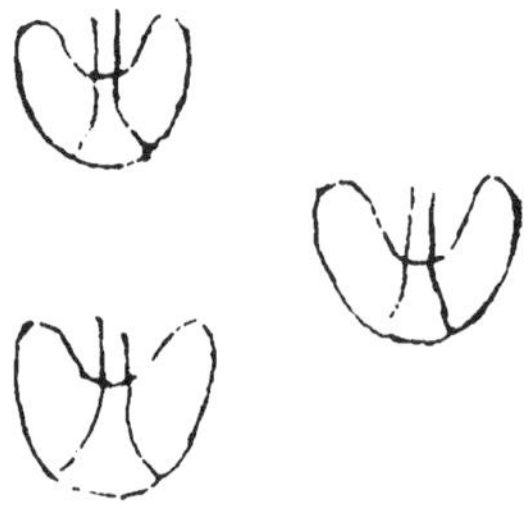

飛驥規模

舞鳳規模

四圖近古未有

串珠一脉、委曲入格者貴、急直者終有滅截之禍、倒氣一穴、坦腹者入格、模稜者、久有不振之弊、串珠一格、圓活者入格、頑呆者、必遭敗絕之殃、別卷也曾細說、到如今大加透徹、脉小星故不得不詳細也、

委曲串珠脉格

急直串珠脉格

倒氣模稜規模

垂珠圓活規模

垂珠頑呆規模

群鴈越關、龍脊間兩金對照、麤中之細紋也、群驥奔槽、龍落處數金亂點、同中之異樣也、春筍抽芽、龍聚處立木高下、老中生嫩也、凍魚負冰、龍伏處微金點水、無中生有者也

群鴈越關規模

群驥奔槽規模

春筍抽芽規模

凍魚負冰規模

四圖四格
叅破天機
洩盡造化

走馬文星、與群馬越闌相似、連絡金頭、與群驥奔槽相似、枯梅爆蕋、與春筍抽芽相似、平中微突、與凍魚負冰相似、此吉體之中、眩目者也、

走馬文星規模

金頭亂點規模

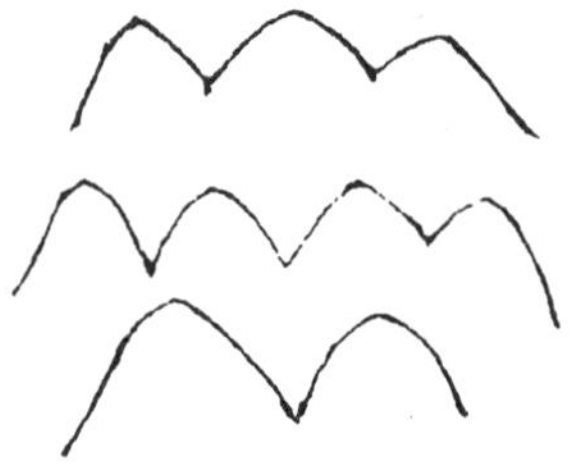

枯梅爆蕋規模

平中微突規模

四格中惟枯梅爆蕋立體必少

連氣孤曜、與走馬金水相似、合氣天罡、與牽連金土相似、繃面拖蕩、與蒼龍攬浪相似、初生遊胲、與平中微突相似、

此凶體之中迷心者也、

連氣孤曜規模

合氣天罡規模

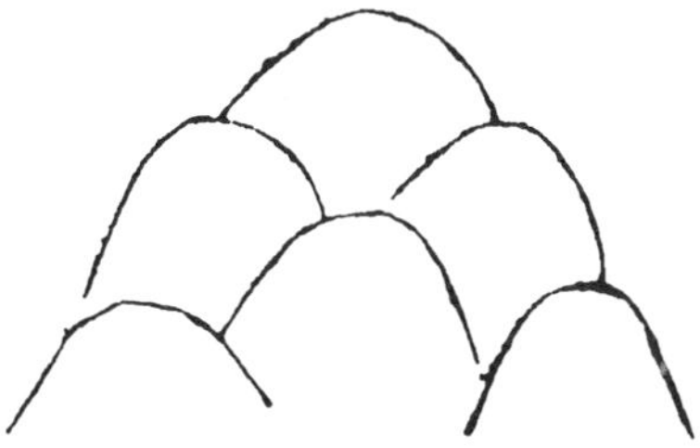

綳面拖蕩規模

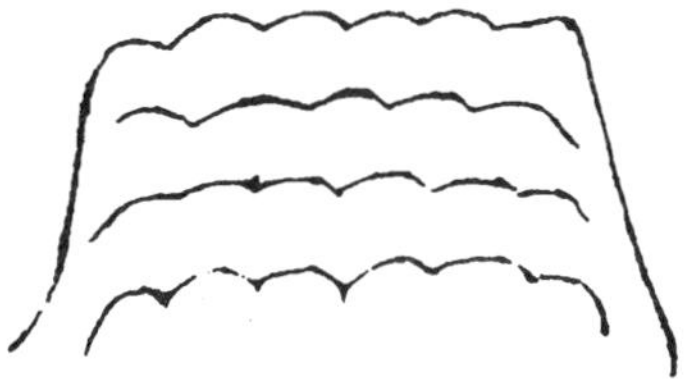

初生遊胲規模

四格中走
馬金水郎
走馬文星

圈金一體而分、周圍乾净、十分難得、穴體低陷、砂水面朝、内合太緊、外山奏密、發福不難、衰敗也易、

緊局之内取寬舒、以爲規模、窄局之外取廣闊、以爲規模、圈内窄狹、主幽囚之兆、窄局寬平、得貞吉之妙、此至理也、

圈金之内、要主星磊落、官局之外、要吉體威嚴、不磊落則有慼眉之患、不威嚴則有剥床之殃、此妙訣也、天清之體如水連天塹、風静波微、天連長江、浪生雲外、三點五點峙立班班、五頭六頭、並肩挨挨、無叢首之上、無交足之下、看此書毛髮竦然、

頑金疊疊龍、不可用單行、浪水迢迢脉、不宜做好看、脉本陽偏宜陰落、穴本陰又欲陽凝、陰落貫四肢通五臟、往續不歇、陽凝乘生氣萃情神、含蓄無窮、入手主見、自得規模

陰窩起突、要微金轉水、陽突生窩、要微水轉金、陰突如覆

盆不吉、陽窩如仰盆也凶、一金一水之相乘猶一陰一陽之謂道也、

微金
轉水
規模

微水
轉金
規模

陰突
覆盆
規模

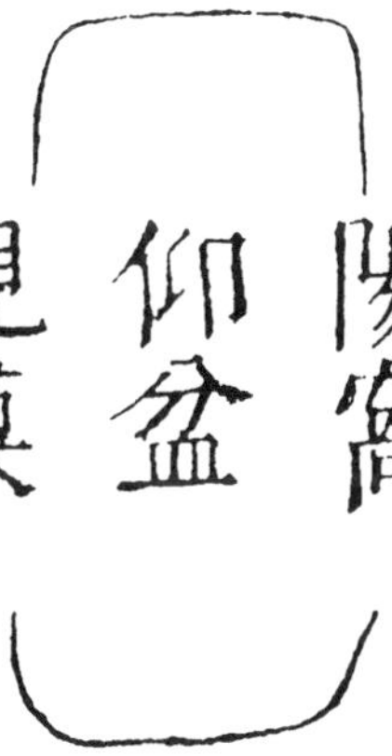

陽窩
仰盆
規模

四圖義精理
至一上一下
一起一伏

木體無根、則生氣斬絕、水氣無源、則脉血皆枯、獨金無可乘之理、撮土無可生之機、土一撮是四高獨平、金獨立是三下無侶、水無源是上頭不續、木無根是下頭不足、四義

也說到極處後人何等快活、

有根之木規模

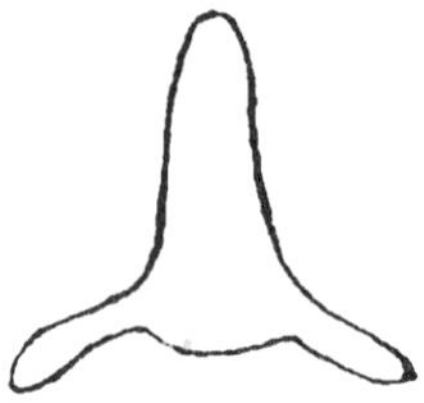

有源之水規模

不童之金規模

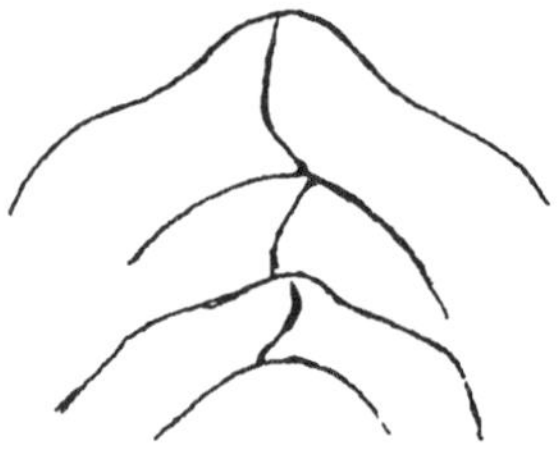

不単之土規模

這般圖慈般義非木石人必然快心

虎踞春林、群木四起、中生一窩、雙臂高金有相尅之勢、得上格之清、定主科第連登、只防傷主之患、喜高闊空閒踈散爲尚、

虎踞眷林規模

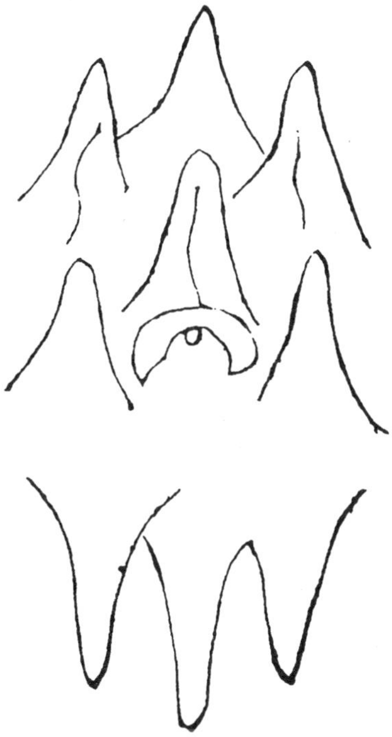

微水金生故可穴
四下清竒故出貴
金能尅木故傷主
空間乘金則不滅

鴈影雲衢金頭磊落、中生一突、連翼低金得相生之格、無振作之功、故知發福悠長、只防漂蕩之患、要周圍奏密融結爲尚、

鴈影雲衢規模

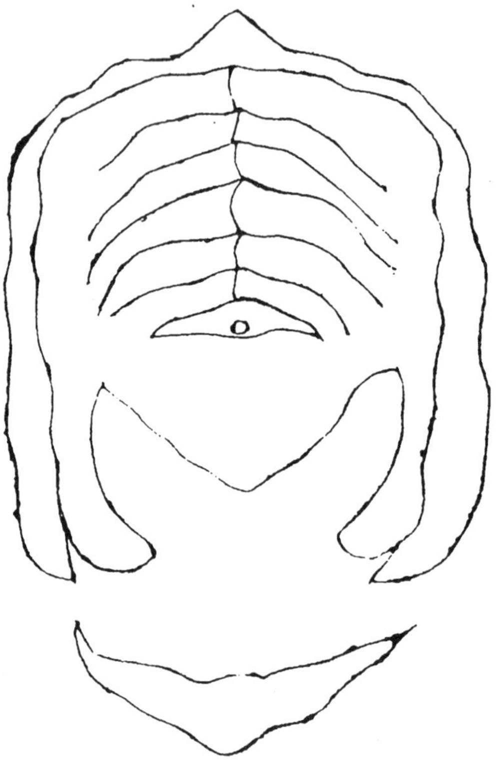

雲衢多金水故可穴一氣生成故發福四下奏密不縱其滛慾故不蕩也

鯉躍龍門、巨土對立、中含橫金、頭尾活動、四角突起、排霧衝波、中間浪紋四出、清奇必定挺生豪傑、間或點額龍門、必須穴高全好、

鯉躍龍門規模

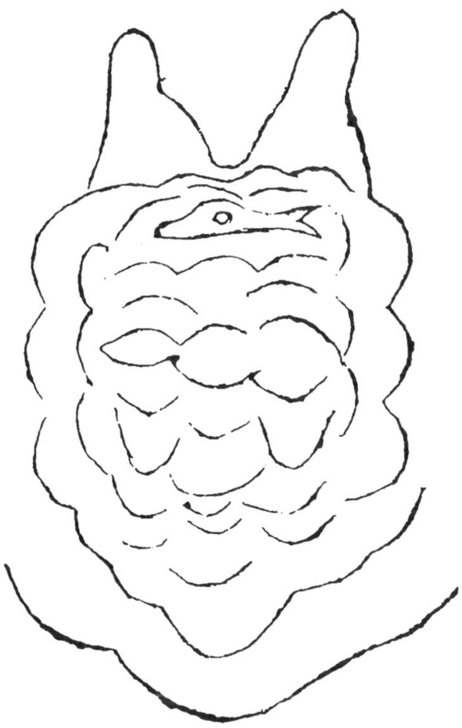

巨土揷天低土排
地至富至貴只金
水多木火少所以
有點額之憂

瘦藤絆日、金水盤桓、中吐陽金、體格蔓延、不見滲漏去處、包羅生氣、無隙可乘、必定發福綿遠、須得純和不暴也、要穴露全好、

瘦藤絆日規模

金水重圈生氣不洩是以綿遠穴露不受砂水之制穴藏恐有欺壓之患

弱柳逢春、瘦木生芽、主得清高之士、寒鴉展翅、丹鳳啣書、多生豪傑之雄、弱柳逢春柔而剛、瘦木生芽弱而強、寒鴉展翅陰金陽落、丹鳳啣書陽金陰落、

弱柳
逢春
規模

瘦木
生芽
規模

寒鴉
展翅
規模

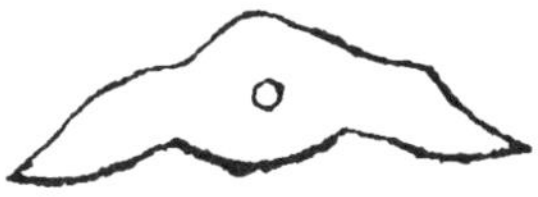

寒鴉展翅必見平
垟低金单股是也

卅鳳
啣書
規模

卅鳳啣書必見高金雙股是也
弱柳瘦木砂格也寒鴉卅鳳穴
格也

凍鯉沉氷、期子牙之佳軸、陰金微現於平坡老猿扳菓、符子房之妙筭、陽金微現於高脊、

老猿

扳菓

規模

凍鯉沉氷圖已見前彼以形似言此以效驗言故異也

奔馬囬朝、其格五星傳換、踴躍清霄、大規大模、舉目可見

奔馬

囬朝

規模

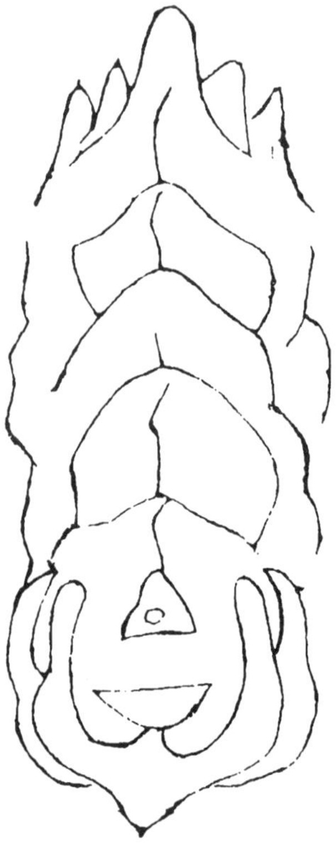

奔馬是龍之雄健

朝堂是砂之壪囬

鳳鳴朝陽其格陰金鼓翼、陽金端嚴、高出絕頂、舉目可見

鳳鳴

朝陽

規模

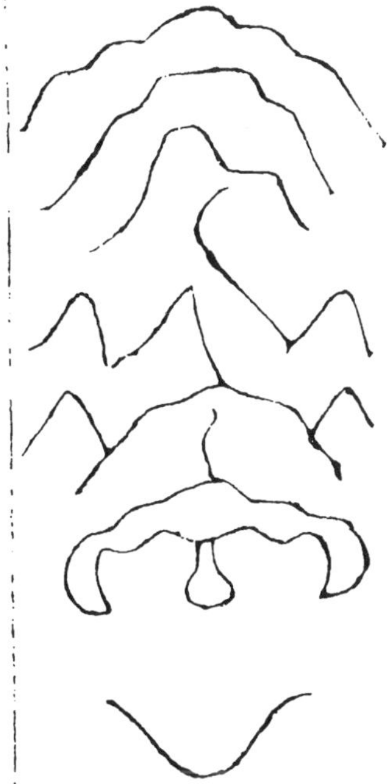

鳴鳳是低金細膩

朝陽是對山高金

蝶藏花枝、其格細暈重見、陰陽交媾、幽隱潛藏、體貼方知、

蝶蔵

花枝

規模

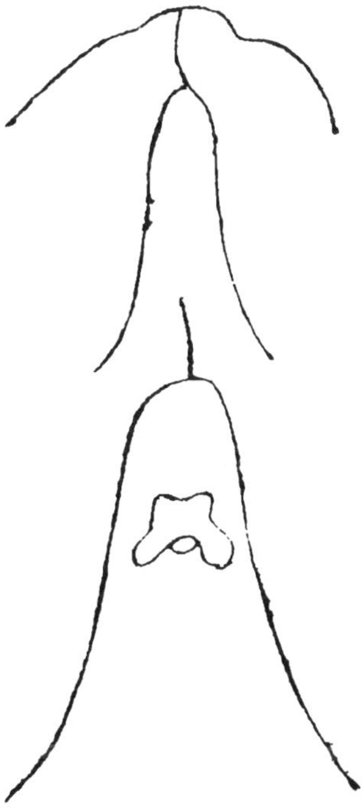

花枝是木體花蝶

是水金細紋難見

魚沉水底、其格穴處坦平、陰金作影、有影無形、體貼方知

魚沉水底規模

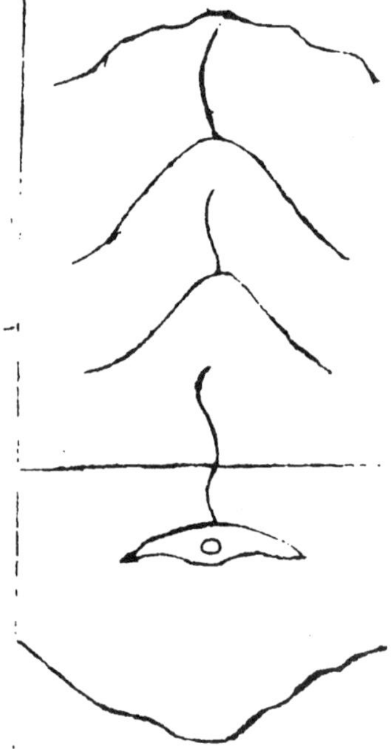

貪水是沉中之浮
此格是浮中之沉

已上三十七段七十四圖其中一字之異一筆之殊盡是分毫髮於萬里

廉貞作祖侵入雲端奔騰踴躍文武護從一尊自如萬象拱列五星應位此帝王篤恭之規模

身帶部從、伏地鑽天、揚波激石、佈軍列甲、劍戟森羅、怪石洶聳、木火連天、此公侯奕世之規模、

帥帷簾幙、頭角崢嶸、侵入霄漢、落到江河崩洪、度脉退卸無踪、穴立萬仞、此出將入相之規模、

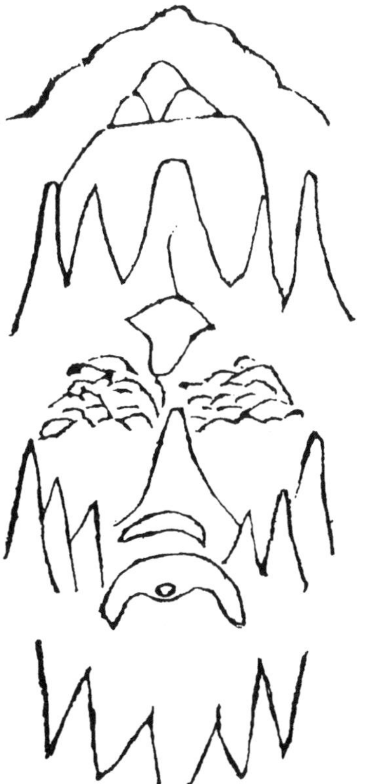

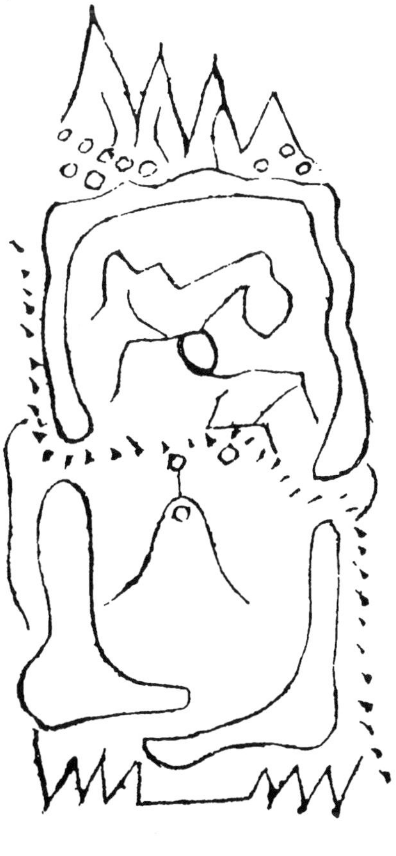

堂局迫窄、穴立幽深、沓身結局、砥柱中流、銅城鐵壁、木案金池、帳幙重圍、此運籌帷幙之規模、

出首雄健、卸脉悠揚、行勢迢迢、山麓止處、金星轉頭、帶外山以爲衛、接前案以爲朝、此雄振一方之規模、

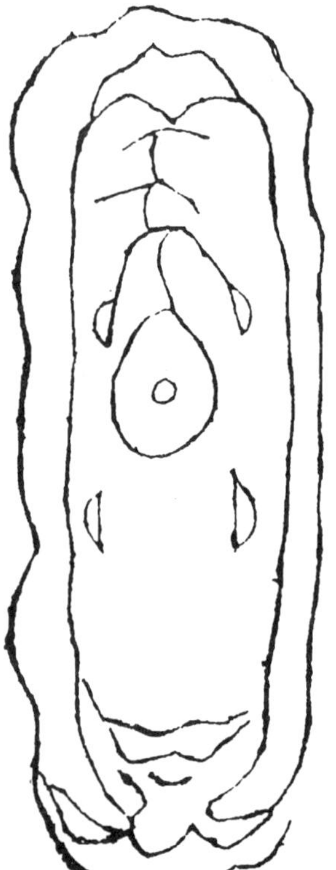

局面寬鎔、棲身明白、體端尊嚴、氣槩磊落、四傍拱揖、鼓角樓臺、排班唱喏、此官秩莅僑之規模、

五星低現、按東轉西、避嫵縮首、掩面潛形、星微而彰、穴顯而藏、砂情顧盼、此聘自佐主之規模、

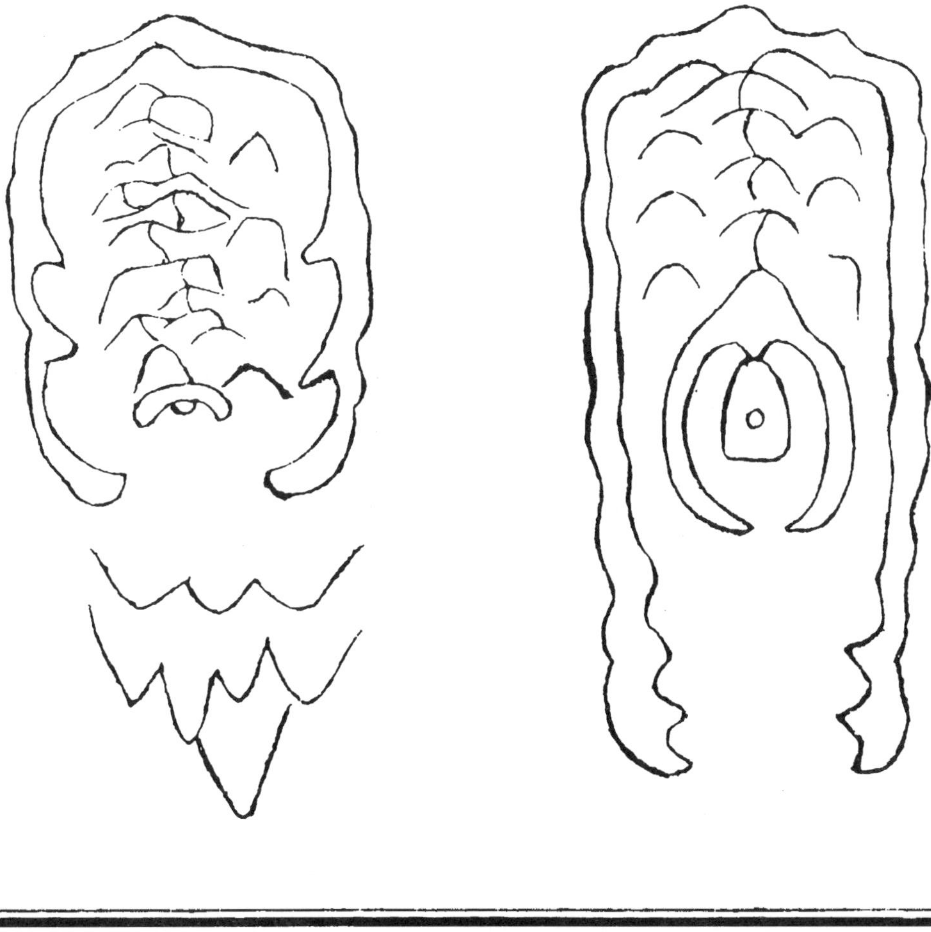

土屏障穴倒木橫龍脉露紋波長短閃側天池華翠金玉鏗鏘砂清水秀此奕世書香之規模、

金作華蓋浪起飛鴉幹龍直出、枝掉連連、自爲羽翼、風無所乘、殺無所展此人財並大之規模、

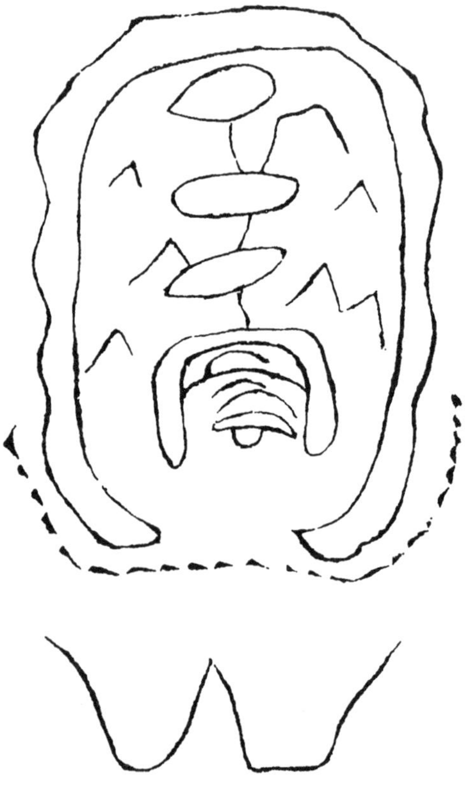

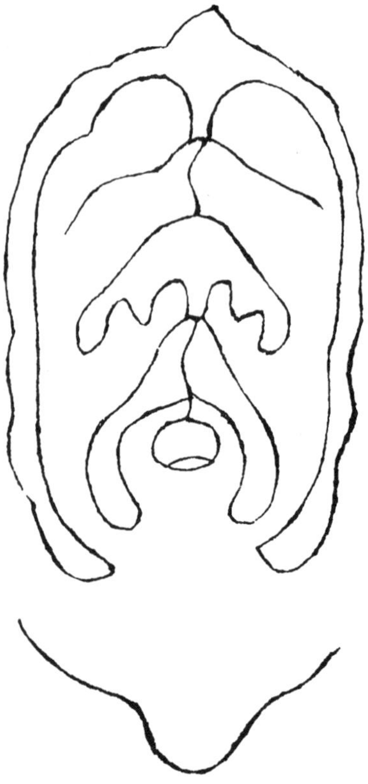

兩金間水、木少金多、土石時現、渾厚如倉、豐富如庫、穿田過峽、水口交流、穴星中落、此富擬陶朱之規模、

主山端厚、來山豐逸、脉體委蛇、陽金作穴、陰金爲照、陽金爲朝、木火頭微、散金暴露、此富而好禮之規模

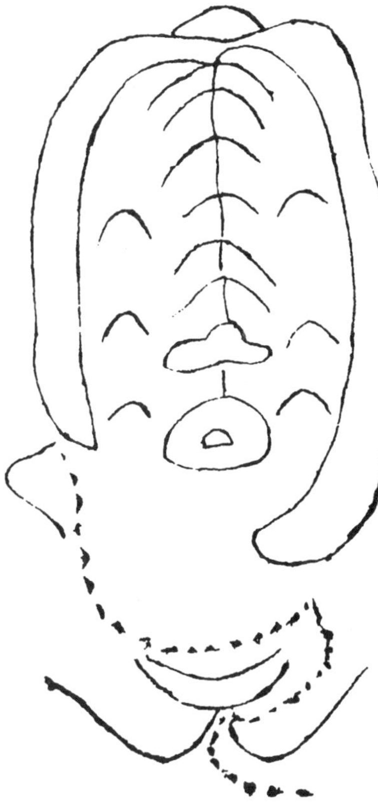

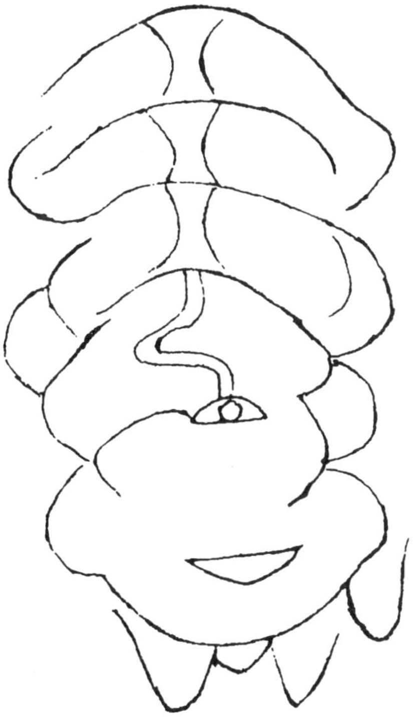

兩金排萬、三梟盧花、形合僊橋、勢若雲衢、怪石巉巖、天清作對、護衛整齊、此清貴神僊之規模、

龍勢迢迢、來而又止、起而又斷、纏綿穿簾、遮頭掩面、面對清高、低落平垰、此清高隱逸之規模、

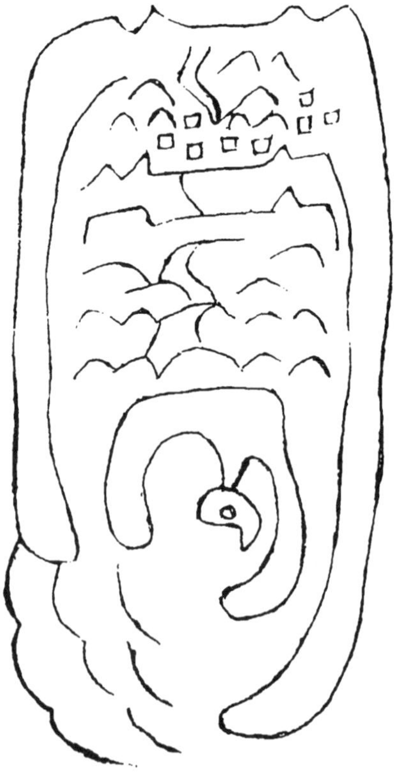

龍帶木體、頭面微平、腰肢嫩相、其來坦坦、其落平平、局稟中和、穴星单隻、此貪賤自樂之規模、

起處豐隆、續後瘦削、龍來曲折、穴立窩藏、陰金作案、陽金爲朝、粉袋煙花、此后妃宮嬪之規模、

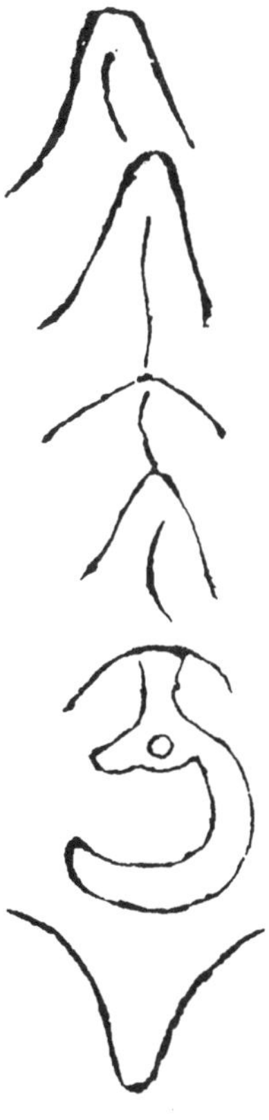

枝麓夌削、解脫分明、離形弄影、門戶清靜、清勝接目、近看則有、遠望又無、穴如蛾眉、此美女窺簾之規模、

纔起一山、遂落平垺、一起一伏、一顛一倒、背後倚托、面對前朝、潮澗傾來、無可投納、此倏緐倏落之規模、

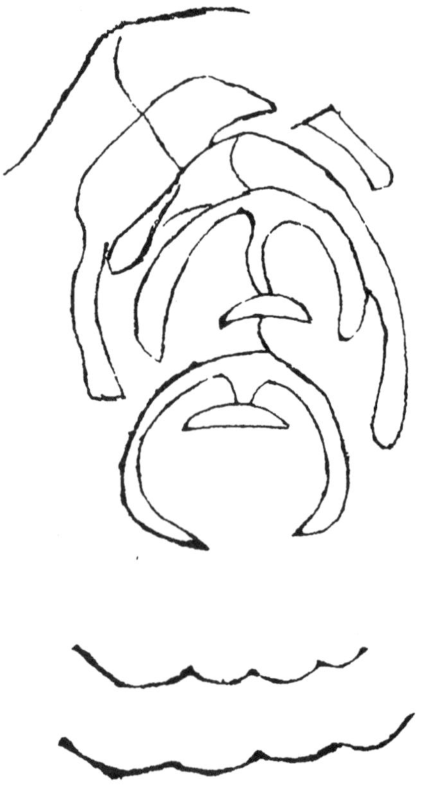

初發之山、火焰連天、終落之山、體近水澤、四畔紛紛、平湖渺渺、脈蕩穴頭、砂朝散亂、此凶惡滛慾之規模、

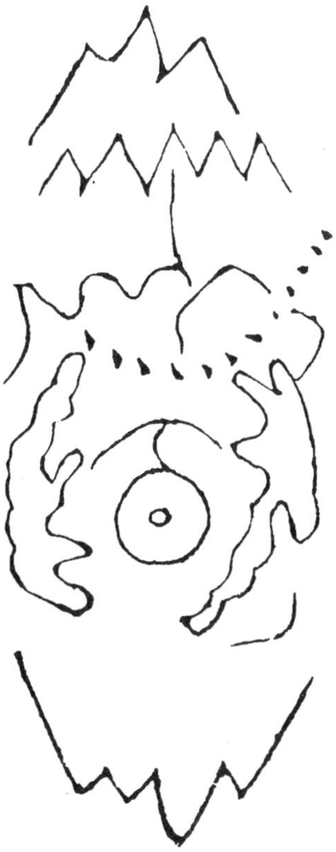

餘山不能盡體、大約夾格不越乎此、一格可破十格、久玩有味、果然旨近而遠、圖易而難、章章大義、奥訣非心契不足以見此、

訣曰、地理原來術多端、須知異格十八般、般般點破箇中事、到處憑君仔細看、

心法難言

是卷吐自吾翁肺腑，末年所授，命愚筆錄於平原曠野，茂林大松之下，上有天日，下有鬼神，中則翁與愚也。時正春夏之交，日煖風和者，三日僅完，則暴風疾雨，揚沙折木，愚抱翁於懷半晌，日現，是書未濕，可見神機漏洩，數不偶耳。畢日，命愚歸省，家翁往聽，汝速來，愚唯而不違，遂拜別而歸。每遇吉日，焚香開讀，真如尼（孔子）聖之渾然一理，而泛應曲當，如武侯之陣列八圖，而神出鬼沒，愚何幸，而末年當聞此說，固不知身在几席之間，而神遊千里之外也。翁其天授乎、不然亦人也、何造詣之精至此、愚歸、四月忽心驚膽悸、急往壽翁、翁不知逝所矣、愚號泣、負魂歸喪、三年戴罪而敘於篇首、名曰地學雜言、并圖、授受之式於後、

行出的訣

凡龍迢迢而來、自祖及宗、由幹而枝、五星傳換、一星另星一形另形、過關度節、穿傳而來、星形特立、而貫如繩索者謂之行、行龍之處、多不受穴、以其氣不止而帶殺也、若凭高騎龍之類、必有止處而左右前後、皆不成穴、設若得穴、則發達反無了日、以其氣運而不息、是行之不可穴、而穴

亦有見於行也、凡脈微微而見、由大而小、自上而下、五星疊見、一星微星、一形微形、似有似無、徘徊仰止、星形微現而起、如鼻面者、謂之出、出脈之處、多不行龍、以其氣之聚而不走也、若繼尾畫龍之地、必無止處、而上下四旁、皆無可穴、假若得穴、則發越必不可久、以其勢遠而力衰、是出之不可棄而棄、亦有見於出行以遠大而論、出以切近而分、苟不固聰明聖智達天德者、其孰能知之、

行中見出之格

出中有行之圖

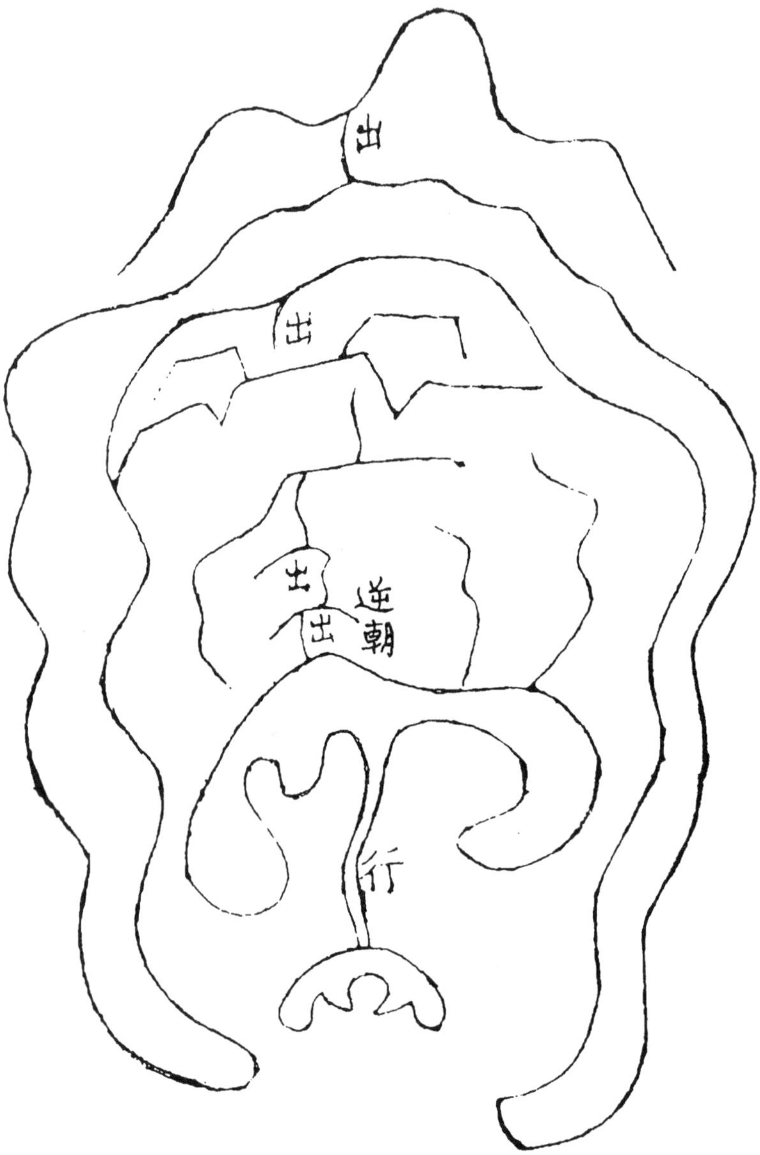

峽有生死

過峽之處最嫌於長設若左右把圍得好中抽一節動如生蛇雖長何害亦嫌於促設若左右關繫得密中抽一節直如斧柄雖促亦力是之謂生結胎之處以遠近較之自得

如生蛇

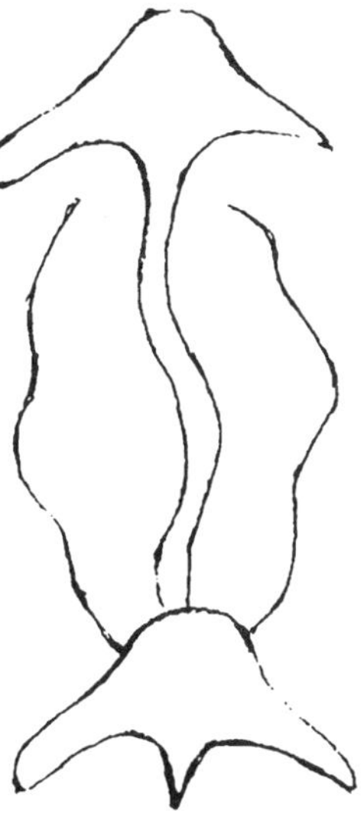

如斧柄

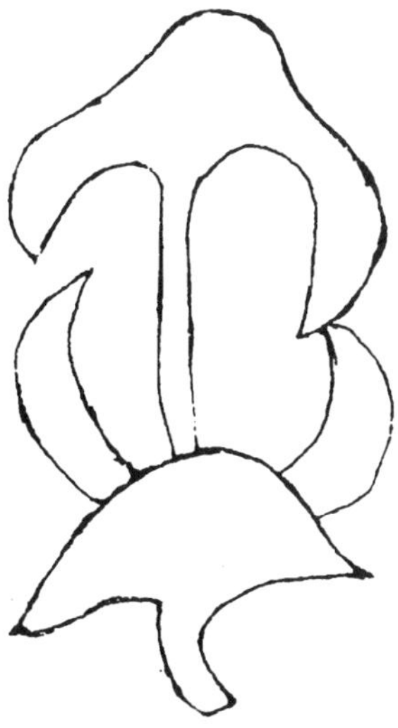

高山拋下落至平坪動轂二三十丈左被風吹右受水劫

懶如死鰍、前去雖好、及至此節、必至伶仃、

脉峽疑似

峽與脉不同、峽者夾也、或左或右、有小山夾持、兩頭護鼻、脉者月也、或上或下、有蛛絲馬跡、如雲中月影、脉者峽之脉、峽者脉之峽、脉盡處可求、峽盡處莫穴、

強進生、順之外貴龍何如

火星作祖、迢迢如萬馬奔騰、翩翩如群鴟疊舞、五星疊生、變化不窮、王侯將相、如蘆花三臬、織錦迴文、玉圭曲尺、五形間現、變化無窮、狀元公卿、純火則威而滅、純水則蘆而

竭。純金則富而多淫。純木則貴而不振。純土則質而不文。

故四金相照。久則必敗。太合太淳。不獨穴處忌之。

織錦迴文

蘆花三臮

玉圭

曲尺

無穴之地有三就。一曰龍氣。二曰堂氣。三曰水氣。葬後得發動。須再扦之。

穴美之地有三忌、一曰忌龍帶殺、二曰忌砂帶殺、三曰忌水帶殺、葬後得發動、須速扦之、

作穴恐傷星體論

太陽正星、名曰人形、若當中作穴、恐傷其腹、還察其臍乳而受之、受穴之處、但不可深鑿、致傷其暈、蓋穴者從一指而言也、求穴之深、作穴之大、須以形體厚薄裁之、

傷腹

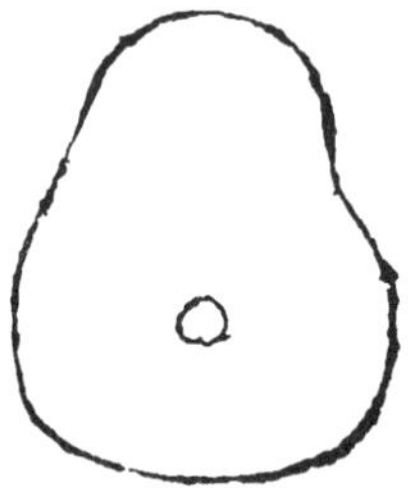

陽星臍

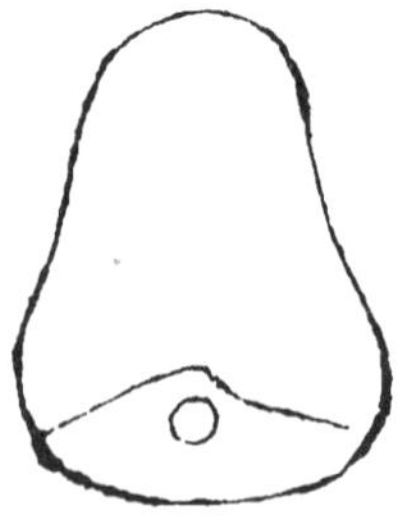

陽星乳

太陰星微形如眉樣然月有晦魄之理何嫌脫形作穴須察左右之宜亟參度量之止鋪褥於足穴當棄頭弦之左右弯曲軟處須作步月法平低之處都好施作用但看弦稜切不可憶度似月而妄用此法

脫形作穴

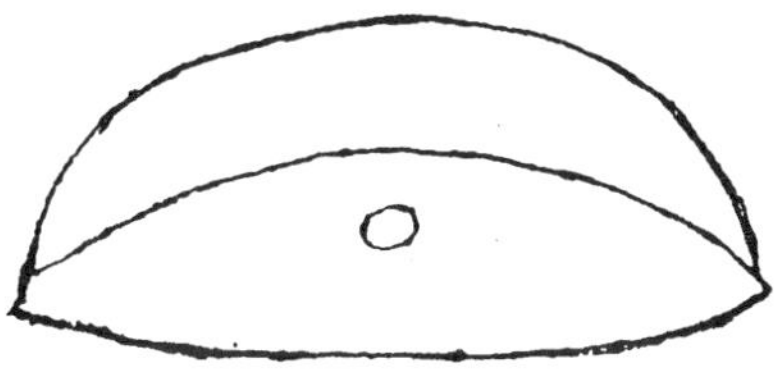

鋪褥

左右弯軟

弦稜

単提不論左右一般直垂固不論水之走注如垂股太重

穴見太直恐是體去就用必主手足瘫腫之疾若龍穴果佳須加作用之功股垂之盡更現形體如金如土之類皆不吉之體猶於垂處觀之於提處亦要微求轉水之意

棄用就體

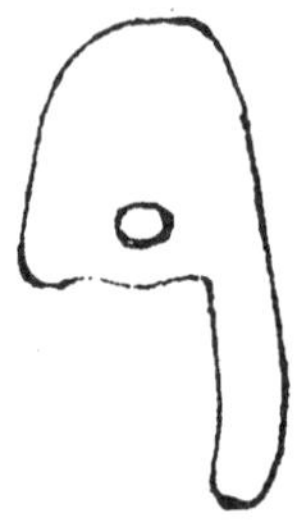

棄體就用

須金了無變化若若此山捉穴必須大開水窩變化氣質門外不論方向以得水為美有如海螺脫殼是求軟嫩而脫其形跡也仍見發福人棄我取巧奪天工甚莅垂頭細

推詳之、

木星不忌疏鑿、此正理也、形體雖見萌芽未生、生氣渾然具於本心、比之金水不同、雖開窩接氣、無傷吉穴、若萌芽微現、生氣方動、不察而妄加挖鑿之功、是反戕其元氣、正所謂重掘無傷其大體、而輕移有損於元辰也、萌芽不獨綴泡爲然、或横或直、如起如伏、天然之氣、自然不同、非可力求、神與目遇、

水星不畏突金、水有蕩漾、眞金不移、如不犯釁股之氣、非如珠乳之微、就頂立穴、何傷頂薄、苟徒執金而不頂之言、

則必水傷其水而生者反為有尅矣縱得龍砂之妙終有不振之弊、

穴落平垟、四畔山體微起、作穴必須高培土堆、如金樣火樣木樣、以壯其勢、有如落月沉江之類、比之高處又微高也、然不可以此例論、有等穴法止於窩底、左右前後如注其墳首須高培土樣以制之、蓋穴上作用、愈不可苟也、

龍變者則主山多、正星變者則來龍必端、此定理也、

潑骨就軟畏剛故也、恐犯冷濕之侵、理宜站弦、法當無撞、懸乳就珠、畏柔故也、恐犯剛燥之殺、理宜就窩、法當無綴、

沒骨
無撞

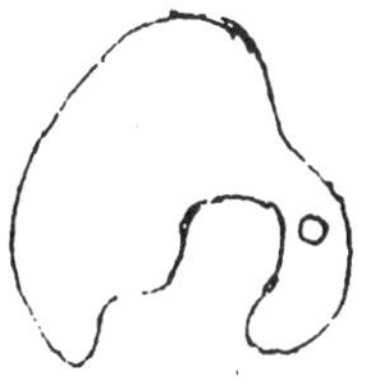

懸乳
無綴

垂珠固難認而倒氣尤難認也垂珠上下四傍圓有稜弦

倒氣自上而下偏如坦腹一毫千里扒砂得之

垂珠

倒氣

木體最畏削小紫氣不怕麤大削小則生氣易傷麤大則

鎔氣愈傳、木星圓頭圓腳、坦腰直身、紫氣頭小腳大、坦腰直身。

木星

紫氣

平腦不變、形類碩金、可朝而不可穴、凹腦既變形類金水、可穴而又可朝、各以類應、必巧力俱至、

平腦

凹腦

立體燥火尤惡、反可穴而不可朝、中平見窩、則水可退殺

眠體燥火微惡、固可穴而又可朝、面開平土、則剛燥難侵

立穴

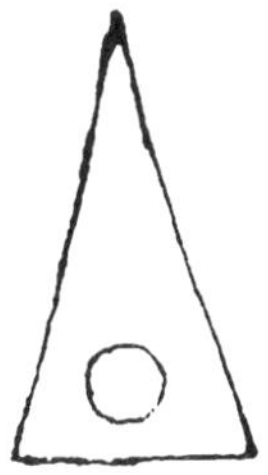

眠火

天罡孤曜、就身帶得龍虎灣環、如水意、則是本身惡性、得

退一步吉、墓者不之棄、金星土星、本身未帶龍虎、各自如

本形、則是本身浩氣未曾發洩、吉墓者須消詳、

罡孤

就身

龍虎

金星

土星

掃蕩不但見於穴星、而高山行龍、搖擺而至、勢亦如之、所以得法無傷吉葬、以轉處是金、而受轉處是水也、受穴之處金爲上、土次之、木又次之、若平地掃蕩穴、不盡見本形、但立穴之處、須灣如眉月太陰之象、

高山掃蕩

平地掃蕩

善惡變化章旨

天罡孤曜本惡體，而具形之小者，能加之以作用之功，則惡可爲善。蓋天罡金之變，而孤曜土之變也。金星土星本中和而成，形之大者，不加之以剷削之功，則吉可爲凶。以土星孤曜之質，而金星天罡之質也。金土之小穴，忌高培，孤罡之小穴，喜深大。一呼一吸，而天地之變化成矣。

零頭缺尺之山，一山一水之地，若要扦就，必須藉其堂氣，不宜損傷，最要增培，設屏障風，登水爲朝，終見發福。

屯甲之山，連氣天罡，屯兵之山，連氣孤曜，三五擺列，謂之倉庫戈戟之山連氣，爆火浪袍之山連氣，掃蕩一二獨行，謂之龍蛇，三五擺列，可指爲砂，一二獨行，可扦爲穴。

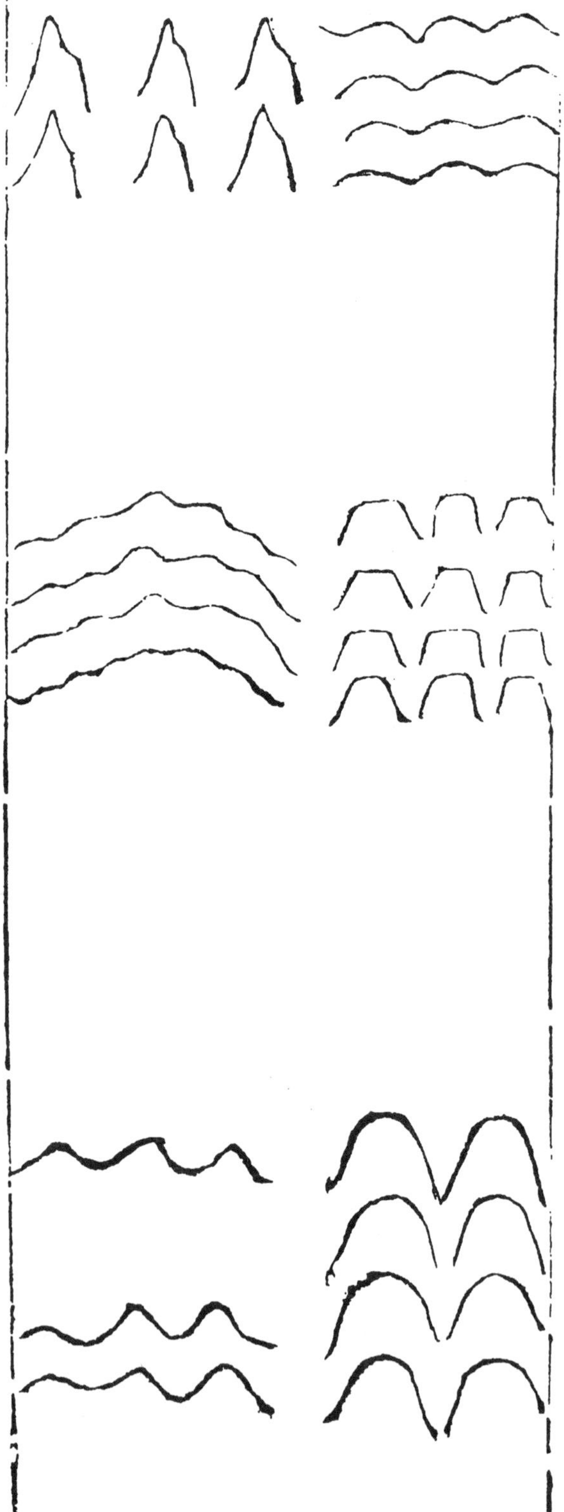

高低妙局

高山少整突，平地少下窩，高山突之突，平地窩之窩，立穴之山謂之主山主山者母也受穴之處謂之穴星穴星者胎也主山大而成胎小者生意未完當小其穴主山小而成胎大者生氣已露當大其穴大小隨穴而不在主山所以有傷暈之戒也

橫來直撞須防鬪殺急來緩受須防脫氣

穴上窩突點點亂生疑似眞假將何捉摸必神與目遇巧自心生眞止處自然別有一樣光彩亦於同中求異奇中尋特得之

綴穴穴之大以其氣有餘也粘穴穴之小以其氣不足也

粘穴稍近於綴綴穴差遠於粘毫厘之差千里之謬

倚者傍也傍其生氣和暖之意棄老就嫩之義挨者依也

依其生氣和暖之意棄死就生之義併者幷也幷其生意

而合一之斜者切也直來斜撞揷者下也斜來直下

斬者息之横截者息之直吊者息之垂三分於暈脚之上

墜者息之落四分於暈脚之下

正者窩之小而淺也求者窩之大而淺也架者窩之深而

窄也折者窩之闊而淺也此正察理工夫當無毫髮之畧

襯者異而同貼者同而異

接者脫本主以求其止、拋者、離本主以止其止、接乃脉之促、而止於近、拋是脉之雄、而止於遠、

仰高者高山之平埒也、凭高者平埒之高山也、高山仰高必穴其心、平埒凭高、須扦其足、二法極妙、欽哉、

窟之中、突之上、光潔俊偉者、太極靜而生陰之意也、突之上窟之中、潤澤雄壯者、太極動而生陽之意也、靜而生陰穴止於陽、動而生陽、勢求於陰、陰陽迭運、而天地之絪緼成、萬物之化生生矣、

圈金最要圓淨、捲趐是必交加、不圓淨、則水不能滋金之

生氣不交加則水不能養金之生氣、

凹腦天財二金一土土爲質而金爲文當凹平處不畏長、

雙腦天財二金一水金爲質而水爲文當凹亭處最畏長、

凹腦之土不畏長者土可以載物也雙腦之水最畏長楮

柔而就下也、

平腦天財渾是土質穴捉金水、

不論單股雙股但看有情無情有情股少無傷無情股多

反害手足爲心腹之患自古有之、

就身作案嫵於高削隔遠作朝宜乎聳高近而高削客乘

其主、遠而聳拔、客顧主情、

特立之星、不畏體寒、叢立之星、須防體露、

以水之來去、看砂之有無、吉凶立見、

金富於水、而水尤富於金、木貴於土、而土益貴於木、

穴上之脉、宜微而不宜顯、宜短而不宜長、顯則生意已露、而少含蓄、長則生氣不止、而帶暴性、

星體脫行、是爲連氣、星體疊見、是爲合氣、二脉同止、謂之合氣、數脉同行、謂之連氣、連似於合、近而遠也、合似於連遠而近也、有二脉數脉二圖、

横連式

横合式

直連式

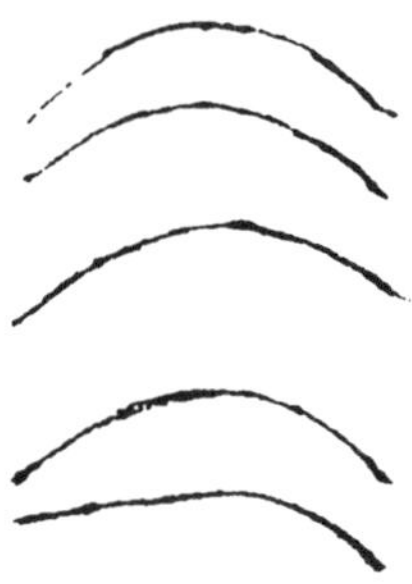

直合式

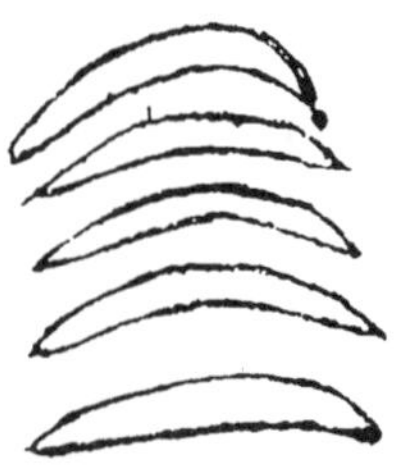

四式不論五星、俱有四凶、見此爲惡益甚、群山亂叠是亦合氣衆山徐來、是亦連氣、

星體有面而無變化、捉之非金、視之非土、名曰巒肤、宜居水口之上、星體無面而有頭腳、頭不聳、木肩無平土、名曰頑金、當居倉庫之方、

没下手

峻急之山氣脫形而生氣緩懶之山氣脫形而成形峻急之山脉有傍落緩懶之山穴多頂生急山微凹則爲天財緩山微突斯爲金水橫來直取直來橫探登山即見

峻急

緩懶

抛脉非但見於穴上龍之頓伏亦抛騎龍非但見於龍上穴之未止亦騎騎龍乘其止於不止抛穴求其不止之止紐繪不嫌外山之散僊宫偏喜前砂之清山散適有以助

其威、砂清反有以投其好、穿田過峽、多生於平壙、蛛絲馬跡、多見於江河、穿田過峽則勢必不止、蛛絲馬跡、則成穴將近、教爾妙訣、勿爲徒勞

穿田過峽

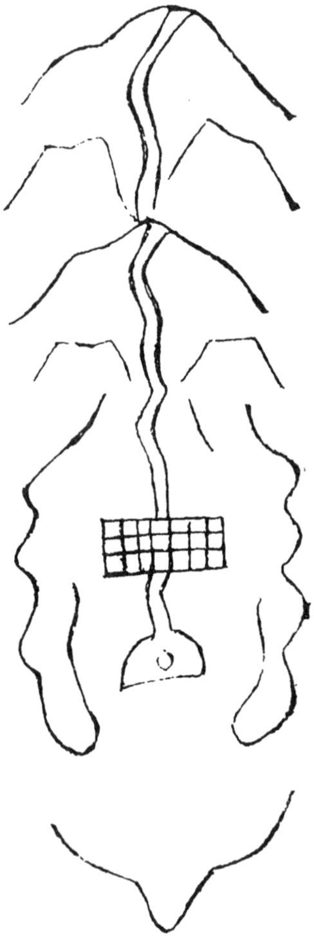

過江度河

蛛絲馬跡

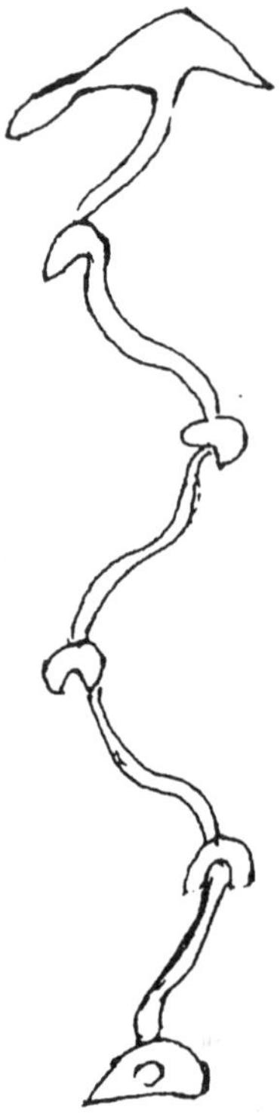

無體從本形而成、是同中之異、貼體自本星而生、是異中之同、無體與本形不同、反爲可取、貼體與本星相同、反爲不可取、

金無

餘以類推

土貼金

餘以類推

水

暈形本不大見、大見則謬子皆知、求暈切勿太刻、太刻則狐疑逐意、登山一見、指爲定規、無察察爲明、以亂彷見、暈要如微風之波、脈要如灰中之綫、細察自見、

寄體不止寄於肢腳、貼體不止貼於穴星寄者穴之盡、貼者穴之止、

吉地畏潮、如人之飲食過度、而反傷也、下地喜潮、如人之饑渴切身、而欲飲也、潮在有情、不在遠大、水貴停瀦、不貴傾來、

有等高山可穴之處、泉水溜出、而穴之反吉者、以水者氣之化也、故渴馬飲泉、江豚滚浪、耕牛站槳、靈龜沒泥、皆有水穴、反見發福、

火星燥矣、穴之而反有水、水星潤矣、穴之而反受燥、豈火

不能制水、而水不能殺火耶、殊不知石者龍之骨、而水者龍之氣也、善地者惟求地之吉、而他無所論也、

架法不惟陰地有之、雖陽宅亦當有之、墻垣不獨宅居用之、雖陰地亦當築培、架者避其濕、築者驅其寒、陰陽之理合併觀之、

合璧不啻兩金就身所案者皆然也、得一陰一陽爲佳、

起祖之龍、以雄健爲尊、不雄健、則不能任重致遠、就局之龍、以變動爲美、不變動則不能蘊蓄包涵、

穴星有脫龍而成者、有就龍而成者、穴之小者脫龍而成

穴、穴之大者就龍而結局

天有五星、言其大槩也、而衆星麗之地、有五形、言其本形也、而衆形附之星之善惡、莫非星也、形之善惡、莫非形也、是以山皆可穴、若拘拘於五吉形體、則非高手、

山之微起爲突、微陷爲窩、山之起處爲陰、伏處爲陽、世人惟知求地、於金於土、於木而不知貼穴、寄穴多生於山塝山麓山弦之間、知者察之精、愚者失之畧、能扦人之所不能扦者、斯爲上智、

土山爲質、見石觀形、石山具形、得土斯穴、一剛一柔、一陰

一陽之義、

脚下散亂求止於頂上之清、頂上渾淪求止於脚下之清、

中間非格須扦兩傍上下無情載觀腰落、

蟠龍之地、一氣相成、屈曲未伸、藏牙縮爪、貴落於江河之

畔者、以龍得水則升、而水所以陰龍者也、金星不宜立穴、

正面

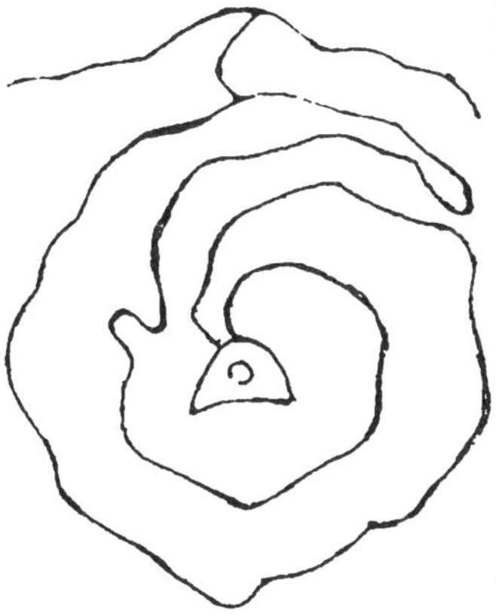

側面

夫木喜水而畏金理也、第考之玄幾章、龍蟄江心

圖格入首不爲金乎、彼藏牙縮爪、既無根枝而屈曲盤旋、渾是水意、尋窩認暈、夫孰非金、此言不宜穴者、必直頭硬面、無束無生者也、余遊自岳遇熊子誦法是經、余以愚見質之、符若持劵、且曰山中豈無此結乎、經之意融而語牴者多甚、無執滯見也、厥後凡有疑處、輒諏諸名家、如余子餘稱博洽者亦然、是言附錄之、以備苦心者參訂、

疊指與雙臂相似、雙臂臂之長也、長而彎、疊指臂之短也、短而直、長而彎者、穴必吐、短而直者穴必吞、一伸一縮之

理、

疊指

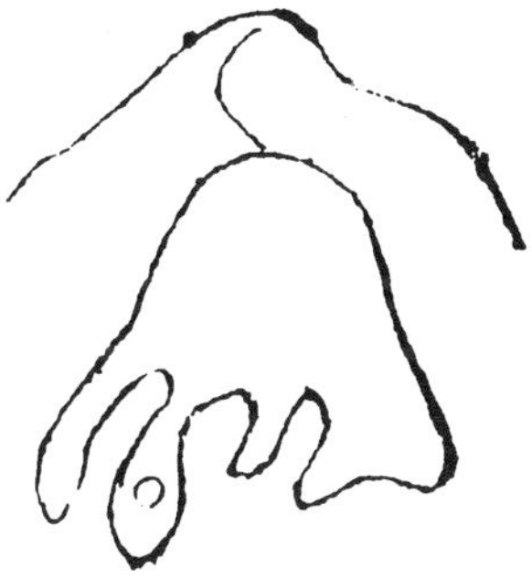

雙臂

翁囑曰、已上七十四言、皆吾老年心悟之理、誠金之精而玉之美者也、今盡授子、子要心領心領、我道我道其有傳矣、伯才跪告曰、敬受教我、若慢此道、而輕洩之、則天地必不覆載、公諒之、并録於後、

○金寶經十六大作法總圖

穴有四象、楚有十六法、四象中有正側邊全雙单之不同、

脉息須輕、

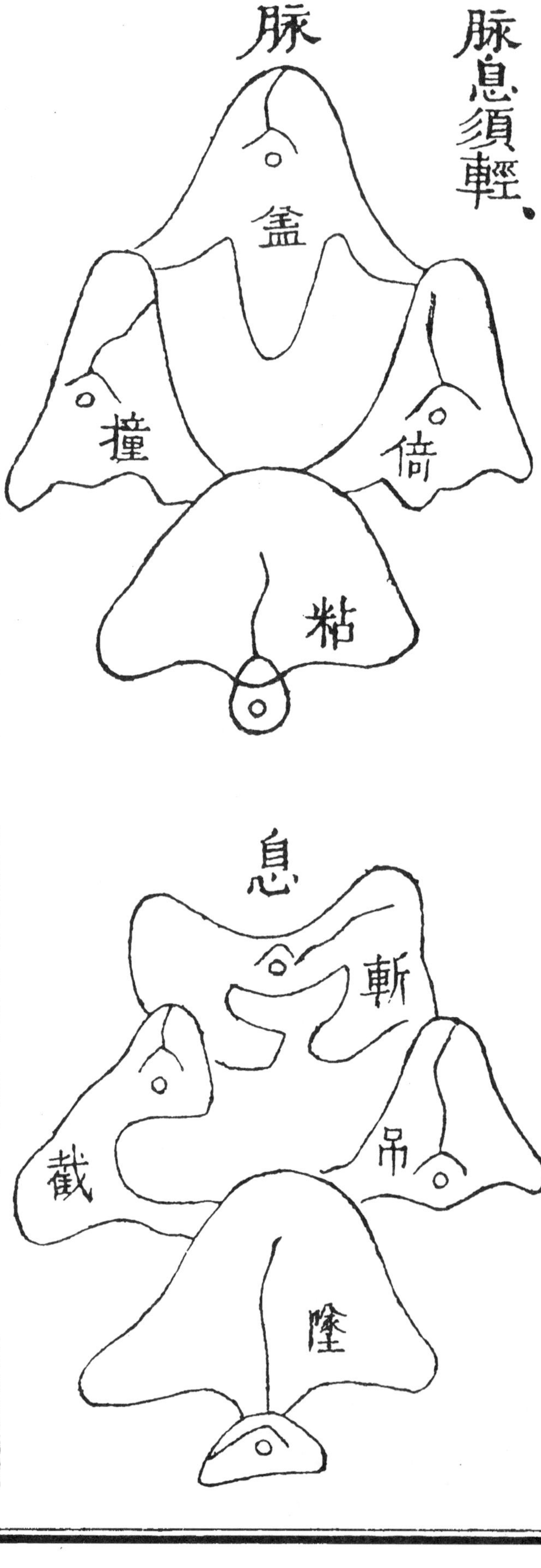

十六法中有淺深闊狹大小之各異、察脉理於頂心腰膝

足之間，辨穴暈於金木水火土之處，必融見定方敢下手，

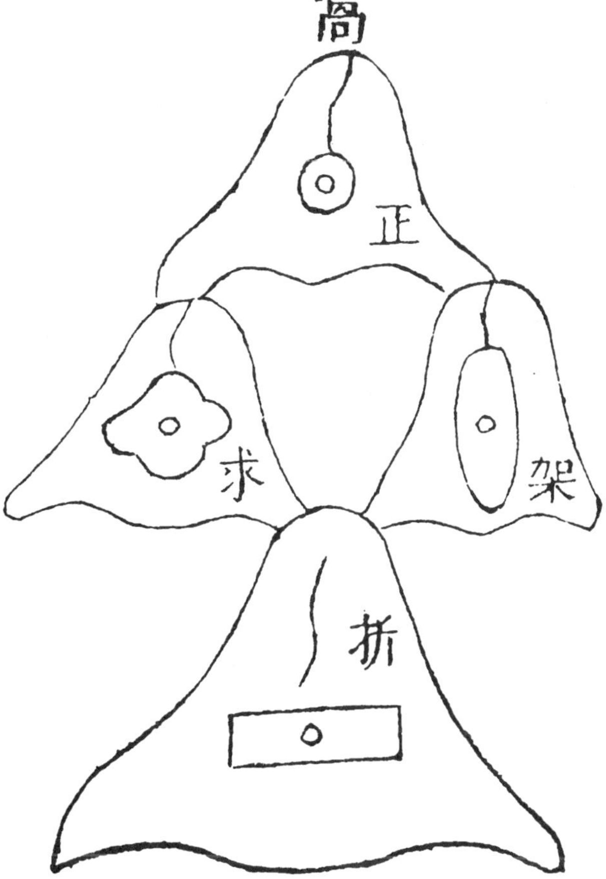

塟經

葢粘倚撞脉之四穴、斬截吊墜、息之四穴、正求架折、窩之四穴、挨併斜插、突之四穴、四四一十六塟法大綱也、星體穴情、既有主見、入手工夫、自有定法、一法可配四法、四法總歸一法、非天授之資、非神遇之傳、殆茫茫然耳、天地人三穴、該盡天地妙用、俗學以高下名之誤矣、若天不愛道而洩其蘊奥、地不愛寶而露其精華、人宮盡能而法其智巧、又何慮夫富之與貴哉、

葢穴塟義

蓋者盖也、有如合盤之形、蓋之脉、自坤而見於乾、蓋之法、自乾而施於坤、姤合之大道存焉、天地之精藴見焉、須是精求、愼毋苟且、蓋小蓋大則傷其元氣、蓋大蓋小、則洩其元氣、蓋上蓋下、則脱其來氣、蓋下蓋上、則失其止氣、蓋左蓋右、或犯其剥氣、蓋右蓋左、或受其冷氣、縱得龍穴之妙、必遭横逆之禍、頂薄舍蓋云者、舍之不用、非舍上取下舍高就低之謂也、此以作穴言、彼以審穴言、意義自別、穴法不差毫髮、豈可舍此而取彼乎、畧有不同、明效大異、

蓋穴

法象

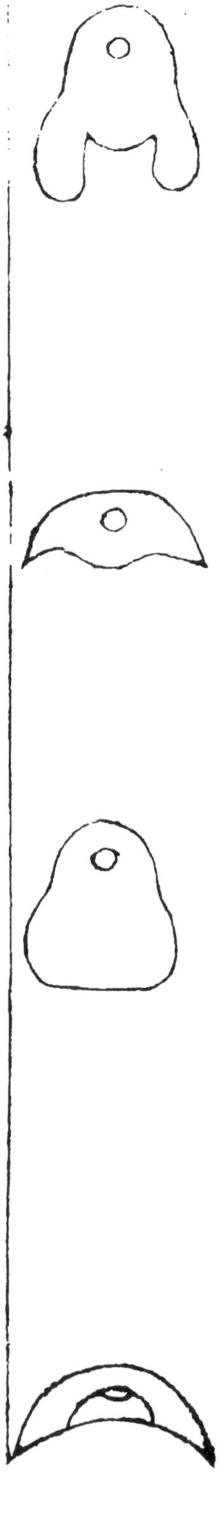

粘穴釐義

粘者沾也、如霑恩寵之義、粘之脉、自來而止於止、粘之法自止而止於盡施、承之大道攸存、化工之生物將著、法理未精、天淵懸隔、粘上粘下、則脫其來氣、粘下粘上、則失其止氣、粘左粘右、則左死而右亦傷、粘右粘左、則右傷而左亦亡、縱得砂水之美、終叨玷辱之危、下薄莫粘、云者棄之不用、非棄下扦上之謂也、粘之眞、雖下臨長江大河、無礙

工巧、豈有下薄莫用粘之理乎、

粘穴法象

倚穴槩義

倚者依也、如依居之義、倚之脉、自上而臨於下、倚之穴、自傍而依於正、傍棲之形、既成變化之義自著、切不可騎脉而扦、亦不可脫穴而槩、倚左倚右、則失正而就於偏、倚右倚左、則犯剛而投於燥、倚上倚下、謂之脫脉、始見隆而終受孤单、倚下倚上、謂之中殺、初見合而後必散離、固不知左右之穴、終是失倚依之止、縱得局面之奇、必見衰凌之患、本與挨法相似、但挨法施於突之平、倚法用於脉之直至精至密之理、天精天粹之機、非上智其誰知之、

倚穴

法象

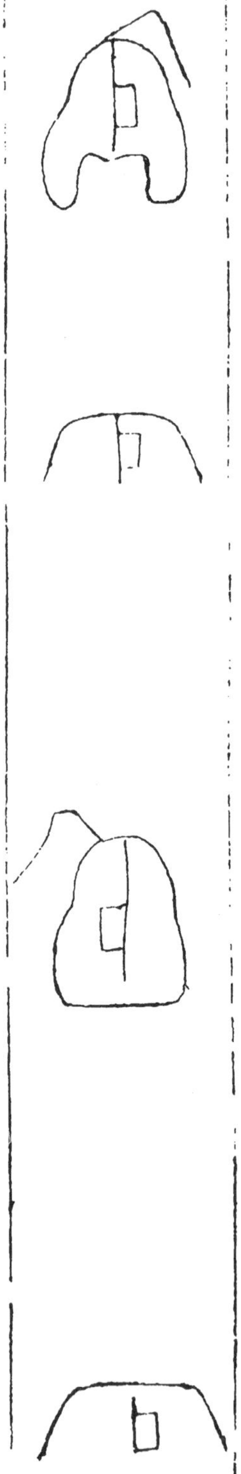

撞穴葢義

撞者抵也、如鬬斧之義、撞之脉、自傍而就於正、撞之穴從正而就於傍、傍來之脉既專、專一之情可見、切不可過脉而扦、亦不可離脉而撞、撞上而失之下、則氣從下散、撞下

而失之上、則氣因上浮、撞深而失之淺、則生氣虛行、撞淺而失之深、則生氣枉洩、縱得來脉之真、終失止脉之吉、亦與斜插相似、但斜插施於突之直、撞法施於脉之斜、一毫千里之遠、江河几席之間、不可不察、

撞穴

法象

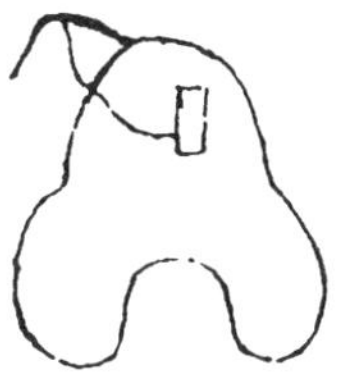

葢粘倚撞、四大作用也、包羅萬象、統率萬物、葢似天穴粘似地穴倚撞似人穴、統同也、似天非天、似地非地、似人非人、辨異也、大抵天地人大綱也、葢粘倚撞大領也、綱領既

知、則萬目斯斯舉、往欽哉、

斬穴塟義

斬者斷也、斬竊其生氣、生氣見於息之横、高不可侵、頂暈薄也、低不可近、足底寒也、是以斬上恐失下、斬下恐失上、斬中心恐失左右、斬左右恐失中心、細觀息象明白、次觀穴情的當、然後以斬法施之、則上下左右自成體段、然息體也、體之微、斬用也、用之廣、若不細察、遽爾投棺、則生氣受傷、子母遭挫、縱得包藏之固、終非可久之道、且息象用斬、其息必小、小則難以投其大、斬施於息、其塋必大、大則

難以容於小必極到之理能明斯中正之義自見

斬穴

法象

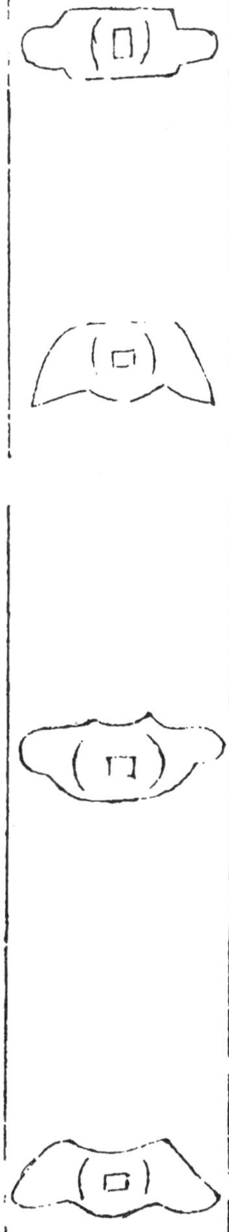

截穴楚義

截者剖也剖闢其生氣生氣露於息之直高若侵巔謂之剖首低若站麓謂之剖足是亦截上恐遺於下截下恐遺於上偏左而截失之右手偏右而截失之左肢呵氣而成謂之一息一息既成貼於穴體穴體微茫切勿輕舉斬之息多土意截之息多木意橫土用斬截盡生意直木用截

接盡生氣勢不相侔，作用迥異，若不細玩，遽爾輕投，則體用下與上氣破洩，雖有美潤之玉，恐損彫琢之手。大抵脈息之大，又可雙墪，正謂寧失之小，毋失之大。此言極當。

截穴

法象

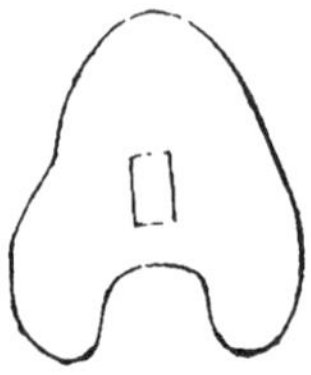

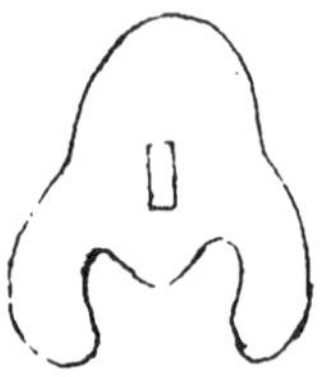

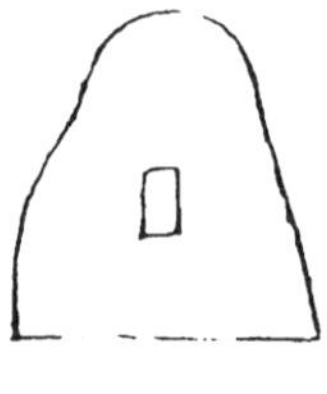

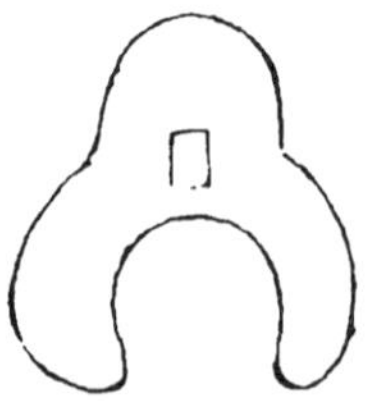

吊穴墪義

吊者懸也，懸提其生氣，生氣奔於息之下，上不可過高，恐漏其氣，下不可過低，恐脫其脈，生氣半在息體之足，半在息體之襯，一陰既盛，一陽復生，生氣交感而成形，形既完而成穴、左右自無可混、上下最宜察究、吊與粘相似、粘乃吊之垂、吊者粘之起、吊與墜相似、吊者墜之半、墜者吊之全、因材器用之道、量職官人之義、須當此處辨之、

吊穴

法象

墜穴釐義

墜者落也、墜落其滴露、生氣既完、如菓脫蒂、墜高則就其偏枯、墜下則入於偏駁、墜上墜下、來而不來、墜下墜上、止所非止、是以上不可頂脉而抵、下不可離脉而就、頂不離

弦、來意專一、足不離褥、生意直遂、設若怠心一來、則必失其本體、大抵與粘穴相似、粘乃墬之全、墬乃粘之半、息體豐肥、褥弦出轉、穴星軒昂、出口吐脉、盡是吐落之情、並依墬落之法、脫上則退、其剛硬之粘、開啓則舒其呼吸之氣高、不如吊、低不如粘、若不細用心思、則首受煞伐、是禍畢汚、左右雖有纏綿、本主自難抵敵、

墬穴

法象

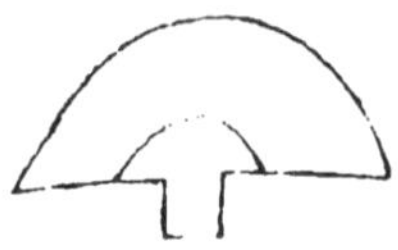

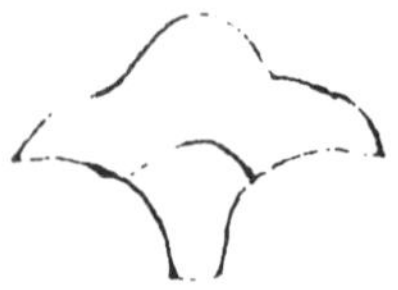

斬截吊墬、四大作法、闡揚蘊奧、昭示精詳、吊似天穴、墬似

地穴斬截、似人穴、統同也、似天非天、似地非地、似人非人辨異也、大抵天地人大經也、斬截吊墜大法也、經法既明則得手應心、尚慎哉、

正穴整義

正者整也、整肅其身體、收斂其心志也、窩象既小、生氣初凝、過於大、未免傷其元神之眞、入於深、豈不傷其細嫩之體、傷其元神、則氣不足、壞其細嫩、則體不完、古今善葬、亦多未必能曉此法、是以地吉而人不吉、地美而人不美也、亦有上下之誤、豈無左右之偏、陰陽妙合、歸於中正之天

剛柔相濟止於中正之地、見陰正於陽、見陽正於陰、見顯正於微、見柔正於剛、顯者發之過、剛者弱之強、三分損益、一理推行、斯義得之一、先師有云、正當作止、其義亦通、故併録於後、

正穴

法象

求穴莖義

求者度也、度量其大之止、追求其止之眞、窩象既大、生氣瀰漫過於大、則生氣流而不專、過於小則生氣遊而不息、

流而不專則度之未眞、遊而不息則求之未切、雖見窩象明白、下後百無一發、是能求之於穴、不能求之於求、或能求之於求、不能求之於穴、求上求下、而上之不能度求下求上、而求之不能量、求得於左、忽又求失於右、求全於右、條焉求失於左、亦有高低之分、豈無深淺之誤、一眞吐露、六義句停、一見了然、五行自著、自然高不容下、低不必上矣、

求穴

法象

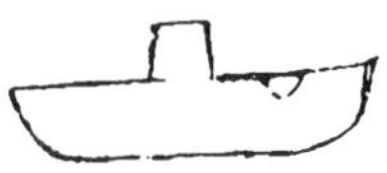

架穴葬法

架者加也加棺於木故名曰架窩象深下下藏陰殺上而畏風故氣聚於下下而畏濕故氣薄於上下上受敵故氣凝於中失之於上難免暴敗之禍失之於下必遭陰消之患必度其受氣之源以定其止聚之基須先用木以滲其暴敗之情然後加棺以顯其滋溢之氣水性就下下之陰殺見木即消陰殺薄上上之暴氣遇風而散其中之生氣愈見蕃盛脉續不窮若執夫窩不葬心之說是未明夫通變之權但要知深淺之法務必度土石之宜架左當虛其

右、必左來脉而將右爲界限也、架後當空其前、必後脉至而取前爲界限也、架之高、高不可三分、架之低、低不可三分、察土石以定來脉、審變化以定高低、塋前水道、不妨直出、

架穴

法象

折穴塋義

折者裁也、以斤斷木、故名曰折、窩象既淺、四顧茫然、殺乘風旺、氣隨風散、風旺則殺愈高、氣散則殺益熾、故生氣之

避殺氣、猶君子之避小人。然聚於一穴、至難折析也、立於上要砂水均應、立於下必龍虎勻朝、誠如坦皮之象、分明游佈之勢、須審其出彼入此之眞機、預定其參前倚後之定向、折中其上下、分扒其左右、而折之義詳矣、是法深不過五、淺不失三、前後無容於遺、左右須詳其誤、正與架相似、而架則正之深、折與求相似、而折則求之闊、同中之異異中之同、少有懈怠、則施於甲者施於乙、用於丙者用於丁、定不見福、

折穴

法象

正求架折、四大作法、開示蘊奧剖露天機、求似天穴折似地穴、正架似人穴、統同也、似天非天、似地非地、似人非人、辨異也、大抵天地人大節也、正求架折大目也、節目既審、則隨施隨應、勉之哉、

挨穴釐義

挨者傍也、傍就其生氣、故名曰挨、穴象既彰、陰脈微現、求其上來處又急、底於下止處又緩、乘其中猶恐傷頂、跨其

脊、切慮難騎、渺茫無際、恍惚無棲、無棲則捉摸莫定、無際則居止無依、故步其微突之脉、折其曲直之宗而挨之、庶上不投其急、而暴殺已和、下不受其寒、而陰氣旋復、不乘中而斷其來、不貼脊而絕其去、傍挨生生之氣、爰值化化之原、挨與倚相似、而挨則倚之切、倚與挨各別、而倚則挨之寬、可挨處如種之方芽、龍之將蟄、當挨處形如轉皮、氣如仰掌、陰脉易見、陽脉難明、細觀分穴之文、吉凶有如立見、

挨穴

法象

併穴墊義

併者合也，合併其生氣，故名曰併。突象兩彰，陰脈重現，如浮鷗傍母之形，若嘉粟吐華之勢。投其左則情意不專，投其右則生意不固。生意不固，值亡陽之殺；情意不專，值陰駁之禍。或兩脈顯其短長，或二突露其大小，相依不散，理勢通同。故乘其短而小者，穴之合；其大而長者，併之，則理氣合一而不散，元辰完固而不傷。此義似覺易明，吾言無

事疊瓚、

倂穴

法象

斜穴耋義

斜者切也、斜切其生氣故名之以斜、凡見突顯之脉直下、棺體切莫授首、挨其弦、則脉絡不到、就其頂則脉勢專強不到之處、謂之退落、專強之中、謂之剛雄、剛雄陽中之陽、偏陽不生也、退落陰中之陰、偏陰不成也、故斜而切之、斜則不直、受其暴氣、切則不踈、遠其眞情、凶可去而吉可得、

禍患遠而福氣滋、可斜處兩金擔水、一線穿珠、當斜處陰見於陽、陽見於陰、陰陽迭運、急緩相濟、而斜穴之名義立矣、

斜穴

法象

插穴臺義

插者下也、下插其生氣、故名之以插、凡見突脉之斜、須詳作穴之義、迎其來則去處牽扯、就其止則來處悠長、故乘其過續之中、而插之以枯朽之骨、庶來氣磅礴、源源不絕、

轉氣充盛浩浩難盡、鬼福及人、自有效驗、可挿處脉見活動、如橫抛之勢、當挿處穴情昭著、似直撞之形、橫抛之勢則力愈健、直撞之形、則情益專、愈健而愈見功效、益專而益見悠遠、而挿法之理、致盡矣、

挿穴

法象

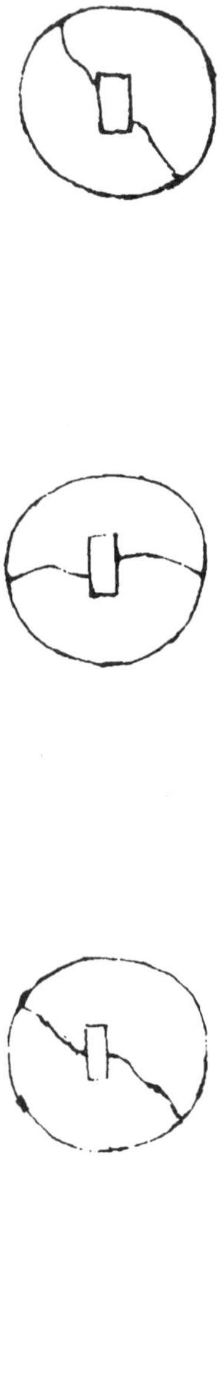

挨併斜挿、四大作法、罄盡底蘊、開示良知、挨似天穴、併似地穴、斜挿似人穴、統同也、似天非天、似地非地、似人非人辨異也、大抵天地人大本也、挨併斜挿大原也、本原既立

則輟行輟效、往欽哉、

地理由於一元、本於五行、根於太極、判於陰陽、是生兩儀、脉息窩突、是生四象、十六作用、倍於八卦、每一法變四、四一十六、終六爻之義、共八八六十四法、分配八八六十四卦、八八六十四卦、不出乾坤姤復之中、八八六十四法、不出脉息窩突之外、仍有抛接綴迎等穴、自可以類推之、蓋粘倚撞脉象之四法也斬截吊墜息象之四法也正求架折窩象之四法也挨併斜揷突象之四法也雖分一十六法其實本同一體蓋粘倚撞猶大學之三綱領也此用常多正求架折挨併斜揷猶大學之八條目也此用或少脉緩作蓋脉急作粘脉直作倚脉橫作撞此脉法意也息橫作斬息直作截息小作吊息大作墜此息法意也窩小作止窩大作求窩深作架窩淺濶作折此窩法意也突平而起界直用挨僉突而有小大用併脉直而棺斜謂之斜脉橫而棺直謂之揷此突法意也揷者撞也挨者倚也墜

者粘也綴也、所差毫厘、爲諸法之綱領、窩小當心而下爲正、窩深則又當用架也、不然左右前后、虽有生意、而深窩注水、則一暴而十寒矣、窩大用求、求其生氣、窩淺而爲求、則是全體已具、太極成形、使深求之、已硬其面、又傷其心、則又當浮也、窩深用浮、升而爲架、窩若太深、則生意不知、上出中出下出、始雖堆貯而爲架、久必敗腐而深陷、法當用撞用蓋、窩濶用折、折是度其生氣、大濶而爲折、則生氣周流於弦中、爲無用之壂土、法當兼蓋與粘、窩突雖是入穴根本、立穴極難、窩穴一失、雖無横禍、人丁終歸單替、突穴一失、則橫生暴死之患、所必有也、天罡孤曜、皆從突論、平面生弦、皆從窩斷、此百世不傳之旨、而地學始終之難也、全體多生于全體之上、亦生于平面之上、寄體多生于全體之下、亦出于半脊之下、

龍穴既好、砂水又全、堂局亦不可缺、但不論大小耳、潮不在大、有情爲美、朝不在奇、特來爲奇、水口不在太緊、交度爲貴、雄偉之山、穴必退落、俊雅之山、穴多顯揚、強大之山、成穴或少、細嫩之山、成穴或多、外山散亂、來必不善、四山端嚴、成穴不小、此山之大吉也、

主山不尊，則將律不嚴，何以令三軍之衆；衆山不齊，則士卒離心，何以成克敵之功。望山而知穴，見外而知內，非造理精到者不能也。孔顏有博約之功，地學有無窮之理；孔曾有三省之真，地學有至一之歸。會其全者，其生知安行之聖人乎。

分章砂圖衍義

先師云、正體太陽、如人身者、內禀正大之氣、外成正大之形、性柔而剛、不昂頭削面、三勢之外、又有三形、高埒平也、太陽爲陽、生窩爲陰、轉金爲陽、生水爲陰、開口爲陽、開口處爲陰、未開口者、根陽根陰之義也、至開口者、分陽分陰也、開口直深穴必吐、開口直淺穴必藏、氣行不聚、氣至自止、未開口者面生穴暈、亦有口也、妙用顯行、第一難認、觀此砂圖、有可見矣、

太陽生窩

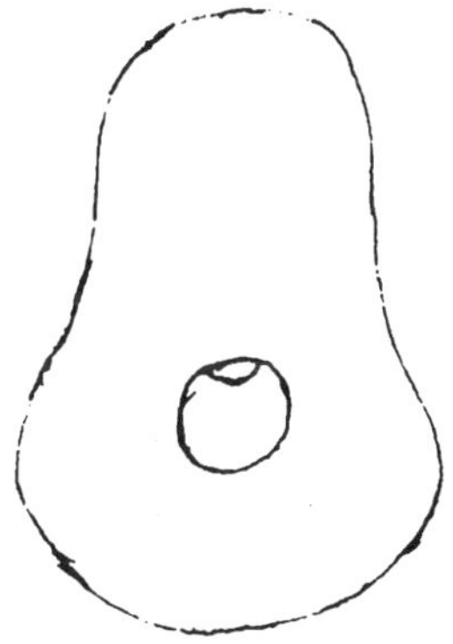

太陽開口

正體太陽、頭必高、身必廣、必生於周正之處、或臨於溪河之前、所帶部從、自不凡相、體格自異、
貼體太陽、頭必嬌、身必嫩、必生廣大之星、或現平崗之面、所統部從、自各成細膩之形、體格也異、
正體貼體、開口與不開口通可穴、但正體老大、金完可加、疏掘之功、有穴之大小作用、貼體嫩小金微、須用保全之

筞、穴星必小、不可大作施爲、致傷元氣、

正體太陽

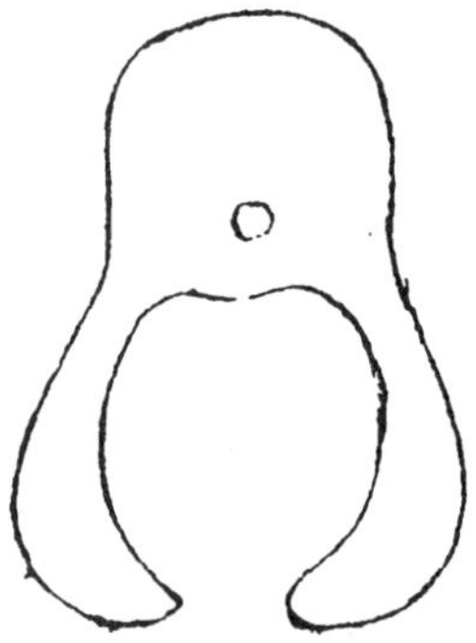

貼體太陽

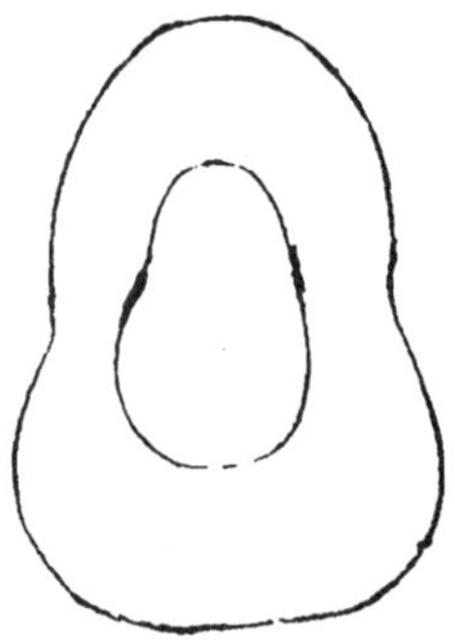

先師云、正體太陰、得太陽之半、成坤女之象、內禀純陰之氣、外成半月之形、性剛而柔、不昂頭削面、三勢之外、又有三形仰斜仄也、太陰爲陰生、乳爲陽、開口爲陰、開口處爲陽、不開口者、陰包乎陽之義也、至開口者、陽繞乎陰也、開口直深穴須粘、開口直淺穴須蓋、面厚氣沉、肉薄氣浮、水

開口者、下弦略彎轉水、即開口也、太陰太陰開口作穴者少、此乃天工補不足之至妙處、

太陰生乳

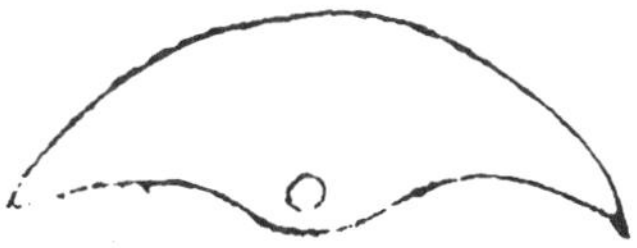

太陰開口

正體太陰、頭必低、身必闊、必生隱落之處、或現平垟之間、所帶部從、多是金水、體格自異、

貼體太陰、頭如暈、身如描、多生平面之星、或現平崗之面、成貼之處、發暖憎寒、成穴之處、微加掘鑿、

正體貼體開口有可穴、有不可穴、若正體肥而露、可用琢削之功也、看星之大小作用、貼體稍小金微、當加培養之功、保全生意、切不可妄用施爲、致傷元氣、

正體太陰

貼體太陰

先師云、正體木星豎立如木、頭圓身端、三勢之中、只有立眠、立眠之外、又有橫曲、絶無坐勢、內稟急直之氣、外成正直之形、第一要根脚安穩多、不宜開口、開口則分其生氣、

木之稟芽氣潛滋也、高金脚窄、須作木看、肥木穴腹、瘦木穴綴、渾木爲陽、生芽爲陰、見乳爲陽、綴根爲陰、生芽爲陰陰根陽也、見乳爲陽、陽根陰也、乳大蓋而不粘、芽小粘而不蓋、此切到奥妙處、

肥木穴腹

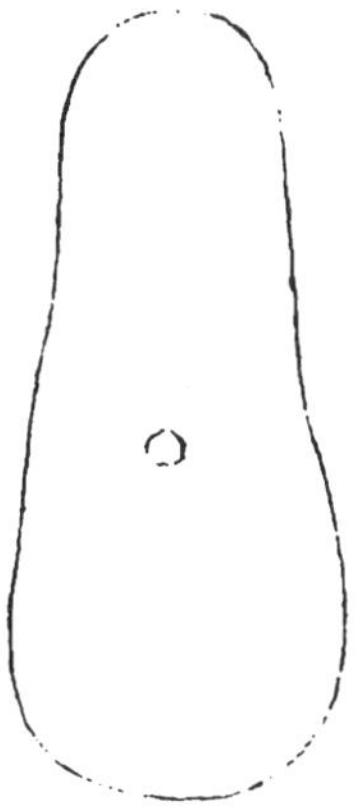

瘦木穴綴

正體木星、頭要端、身要圓、要生於水土之會、亦現於龍脊之間、所帶五星、惡見金火、貼體木星、與倒地木星、頭要尖

起、身要滚梢、弦如蘆稈也、見於金水也、生於田坂、所帶部從、體格自異、

生蕋與生芽不同、蕋芽之僅出者也、芽蕋之既成者也、生蕋爲陰、陽中之陰也、生芽爲陽、陰中之陽也、蕋小穴浮、芽大穴沉、挿棍接栿求其生氣、切勿損傷、

正體木星

貼體木星

先師云、正體土星得五行之根、爲生物之母、内稟中和之氣、外成方正之形、性純而粹、頭歛而平、脚穿而方、只有立

體恰無坐眠格也、面平爲陰、頭方爲陽、開口爲陽、開口處爲陰、土能生物、陰中陽也、物生於口、陽中陰也、脊長而不鋪餘、須作倒地木看、土星墓有多端、脉分三落、角落中落、各秉生氣、穴也、開口墓深、角落墓淺、闊大無穴則難扦、細嫩無穴也可墓、有人相天工之妙、

頭方面平

正體土星、頭必方、面必平、必生顯露之處、或現脊臂之平

所帶部從只惡水星石體不憚、

貼體土星、形如晝屛、隱顯半現、多貼於頑金之面、難得以

火體爲襯、成貼之處、喜乾就燥、

正體貼體、開口亦有可穴不可穴、若正體高大無暈、只可

作屛作帳、縱開口太深、也莫輕穴、貼體細嫩無暈、也可就

墊、以土大開口、即受水害、細嫩無暈、氣反完全、

正體土星

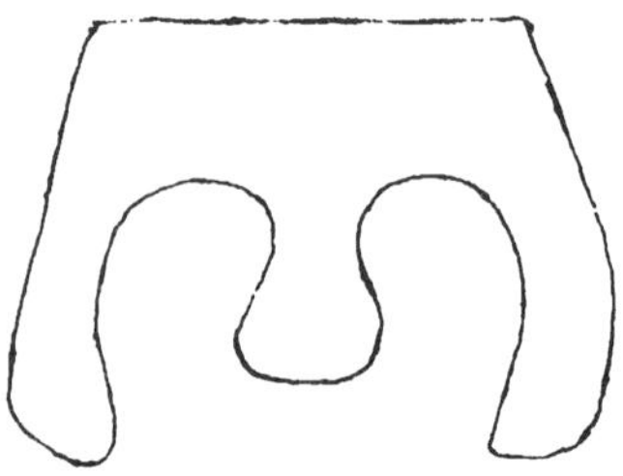

貼體土星

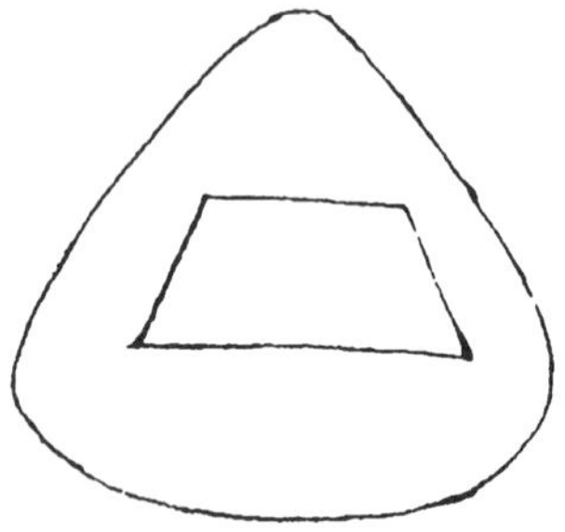

先師云、正體火星得木氣之偏、擅煨燼之權、內稟肅殺之氣、外顯稜角之形、性陽中陰也、必昂頭削面、三勢之中、全無坐卧體格也、不論開口與不開口、多不可葬、難犯故也、獨倒地者、兼土就濕土平處也、平中生窩貼水意也、水聚氣也、只要剪角乘窩弦角火也、窩水也、弦金也、水金相生之義也、倘得砂水之妙、致福一般、但高處亦含之、又恐風助火勢、須看得停當、

正體火星頭必尖、脚必闊、喜生龍落之初、須避砂朝之內、所帶金土惡水木二星、

正體火星頭如鎗嘴、體似鷄跡、多生金土之面、或露平春上、必得穴處喜暖憎寒、體格各別、

正體貼體、二火可穴者、開口生肢懸膽也、不可穴者開口生肢生乳也、懸膽金生於水、生乳火中復生火意也、縱有可穴疑心、也要十分辨得分曉、

正體火星

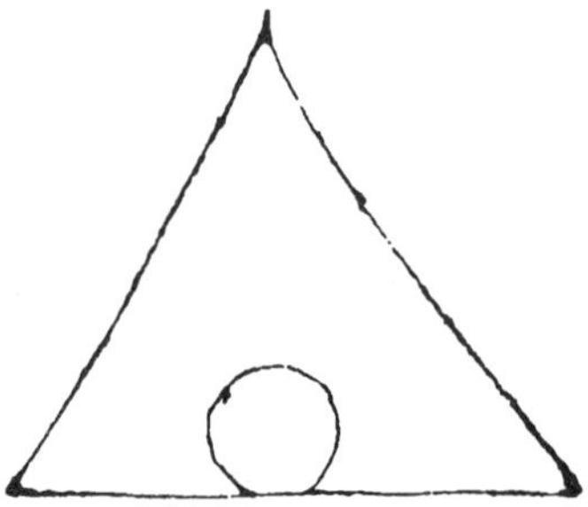

開口懸膽

可穴

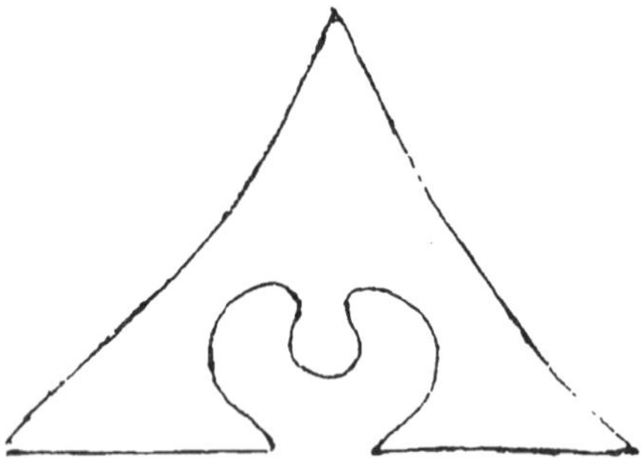

開口生乳

不可穴

先師云、正體燥火、蘊枯陽之熱毒、如鐵稜之危象、內稟老陽之偏、外成煨燼之慘、性暴而熾也、必銳頭削足、三勢之中、只無眠體、歪斜不能免也、火陰外陽也、燥陽中陽也、開口轉水、水下火上、陰包陽也、既濟相資、剪火生金、窩深粘淺、乃棄水就金之義、窩淺蓋高、爲眠乾就濕之宜、窩弦生珠、口內懸乳、須別分曉、方可作爲、大抵這樣危形、十分未到者、不可誤入、

正體燥火、頭必尖、身必削、面必急、喜露高脊之上、或居龍止之盡、所帶左右、只妨木體、體格自異、

貼體燥火、頭如鎗口、身如鷄跡、多貼山足之唇、載現高崗之面、貼於水上可穴金、貼於平面可穴土、

正體貼體、開口生窩、可穴勿偏惡而舍之、莖其突則水土之氣多、剪其火則炎蒸不能害、穴其口則金水之意多、剪其火、則凌鑠不足患、蓋粘之外、無他法度、

燥火生窩

正體燥火

貼體燥火

先師云、正體水星、爲諸陰之會、專制火之名、內稟柔弱之性、外成擺蕩之形、性柔而剛、三勢之中、若無金土作主、必不能生立坐之勢、不論開口不開口、多可得穴、以其性易親也、水多倒地勢木就下、水水也、開口又水也、水灣處金也、甃須乘金也、見擺脚乃相水也、立體綳面、只可爲從、平面水痕、亦可立穴、平爲土、浪爲水、弦爲金、金生水、水潤土、土生物之理耳、

正體水星、頭如浪、足爲痕、多生向北之方、或現龍脊之上、所帶部從、多是金體、

貼體水星頭如皺紋、面如淚痕、多生金體之上、或現火土之中、宜高畏下、大段可穴、正體貼體、開口有可穴者、懸乳也、不可穴者、開口及懸膽也、懸乳生金轉木、木得水則活、懸膽金木轉水、水敗於水也、且又面多波紋、非曲直而行者、斷不可悮葬、

開口乘金

平面水痕

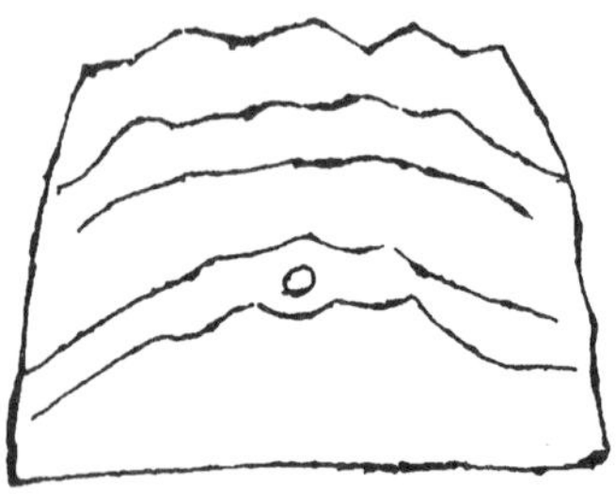

貼體水星

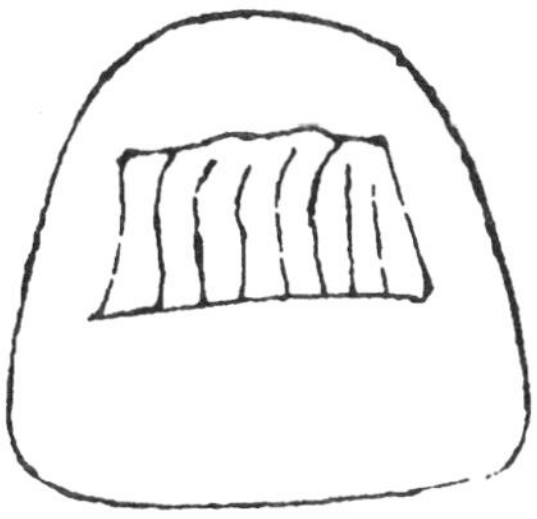

開口懸乳 可穴

開口懸膽 不可穴

波紋無脉 不可穴

先師云、正體掃蕩得水體之至、如浪蕩之象、內蘊純陰之氣、外成金水之形、性偏而僻、不昂頭削面、三勢之中、全無立坐、多是歪斜體格、水爲柔、柔蕩爲剛、柔開口處剛、不開口處柔、開口者、剛中之柔也、不開口者、柔中之剛也、肢足亂擺、股短股長、包臂反多、儘有可穴、但要陰來者吉、陽來不

合格、陰來必金水有相助之義、陽來是水土性、其性而無可制也、穴多蓋法、

正體掃蕩頭必群金、身如亂蚓、必生平垺之處、或現山足之前、所帶左右、多不合格、體格各別、

貼體掃蕩頭如凹、身如紋、多貼金土之面、或現山坂之前、性喜就下流而不返、成穴之處自有遮攔、

正體貼體、不患無口、只嫌口多、成穴之止、務要端靜、秉金相水之功居多、面前金木反好、懸乳懸膽、疑似極多、必須細認、但惡土木二星、川漂蕩之患難免、

金水合格

土水不合格

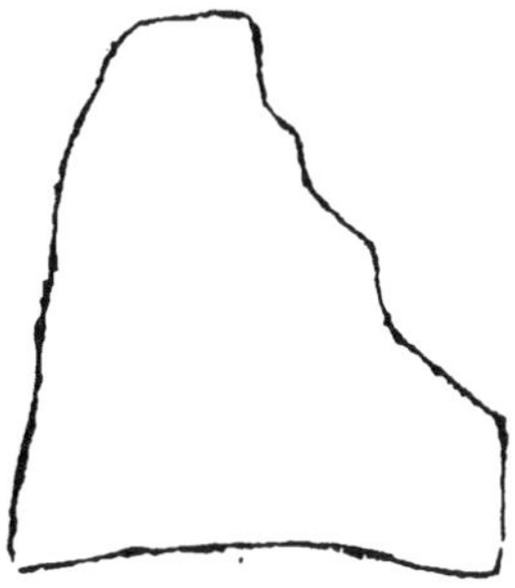

正體掃蕩

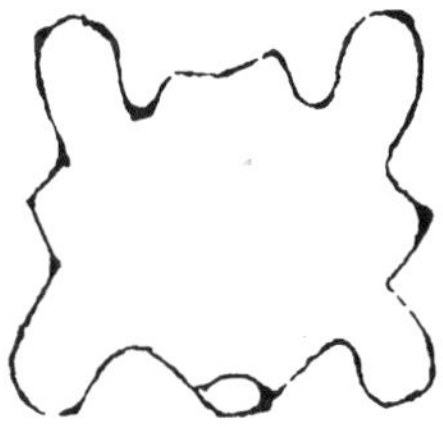

貼體掃蕩

先師云、正體天罡、得金爲頭、得火爲足、金具方剛之氣、全成頑蠢之形、性強而悍、必昂頭飽腹、三勢之中、惟無眠體、又具三形歪斜反也、天罡爲陽中之陽、閉塞而成、頭金也、

金爲陽金、足火也、火爲陽火、必開窩開口、方可立穴、窩水也、水能制火、口亦水也、水金相生、口內懸乳、乳又屬木、又恐見火金又蝕之、懸膽爲高大段着粘口深、須粘脊左右、乘金反好、不可輕易、

正體天罡、頭圓而突、肩直而麤、好生枝盡之處、多現八面之間、所帶侍從、多以類應、貼體天罡、頭如陷珠、身如金影、多生正金之面、或現水而之弦、成貼處纔見變動、亦不宜棄

正體貼體、開口方可穴、面平可案、面飽只可爲衛、聽穴爲役、不然左也、火右也、火中飽也、是火三火燒金、無水滋潤、

遍身惡毒、如何下得手、

天罡生竅

天罡開口

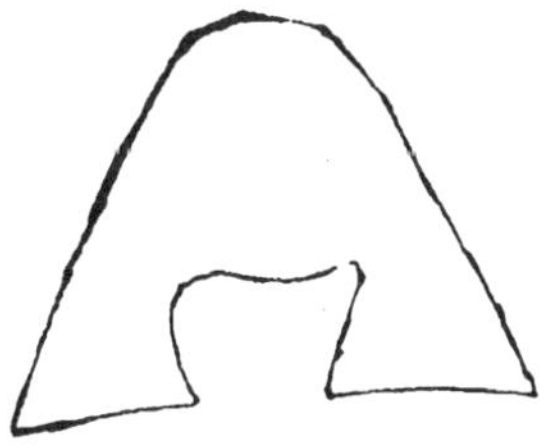

天罡懸膽
可穴

天罡懸乳
不可穴

貼體天罡

先師云、正體孤曜、以土為頭、以木為翼、全具麤頭之氣、致成鄙暴之形、必縮首聳肩、三勢之中、亦無眠體、有歪斜反

三形孤曜、爲陰中之陰、閉塞而成頭上也、土爲枯土、肩木也、木爲槁木、若自生窩開口者、方可成穴、窩水也、水能養木、口亦水也、土得水活、口內懸膽、膽又金體、又恐尅木、懸乳爲高大段也、要粘穴、口深須貼脊、藉土以養木、大抵下孤曜者、有如捉虎、

正體孤曜、頭坦面平、肩垂臂直、必生龍盡之止、或生龍脊之聚、雖無夾帶、亦敢冒敵當鋒、

貼體孤曜、頭如土階、身如撒上、多貼正金之腹、或吐高土之弦、成止之處、不畏風水、正體貼體、開口方可穴、面平可

衛、面麤可屛、亦聽穴爲役、不然左也、木右也、木中硬、又是貼木、土上木下則敗、木多土少則壞、敗壞至理、誰理會得到此極處、

孤曜生窩

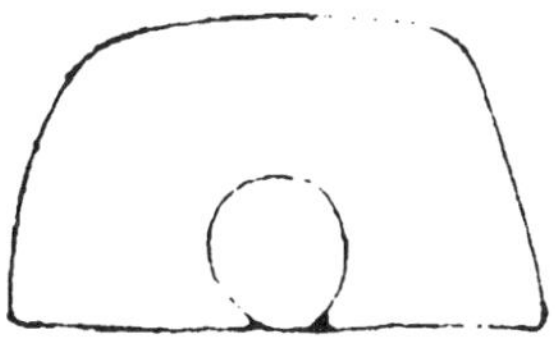

孤曜懸膽不可穴

孤曜開口

孤曜貼體

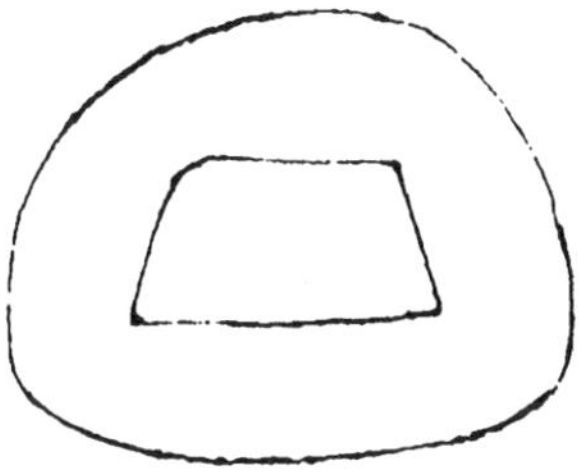

孤曜懸乳可穴

先師云、正體紫炁、得木體之英華、如珪璋之成器、内禀純粹之精、外現金水之形、性和而厚、必圓頭斂脚、三勢皆有。不雜三形、天罡太陽之變、變之惡也、孤曜太陰之變、變之惡也、燥火正火之變、變之惡也、掃蕩正水之變、變之惡也、惟紫炁乃木之變、反變得好、多不開口、亦鮮生窩開口生窩、則形盃羙、此様星辰、不論龍穴砂水、皆喜見而不多見之物。

正體紫炁、頭必圓身必斂、必生龍體之上、或隱叢雜之中、所帶部從、不畏多端、體格自異、

貼體紫炁、頭如眉暈、體如懸膽、多貼肥金之上、或貼崗脊

之盡成貼之處掩囬遮頭、包藏自固、

正體貼體開口與不開口、皆可立穴、但要接其脉氣、本是木體出身、頭圓帶金、面平帶土、肩垂帶火、足首轉圓帶水、二形而五形具、形端影正、是以爲貴格、而世罕見也、

紫炁正體

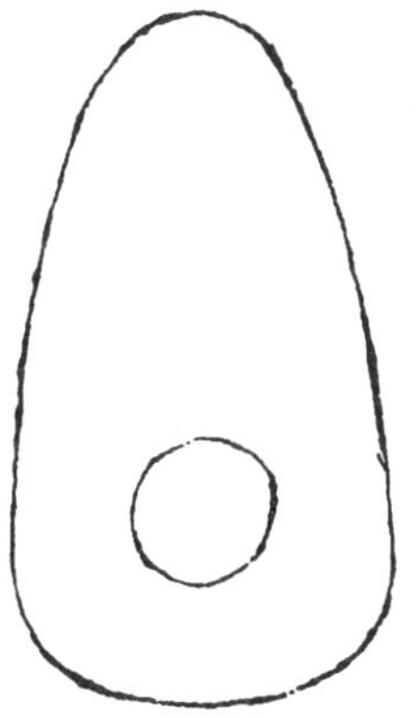

紫炁開口

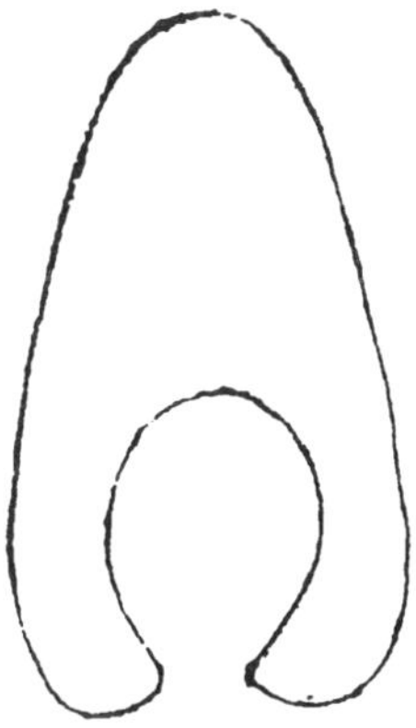

貼體紫炁

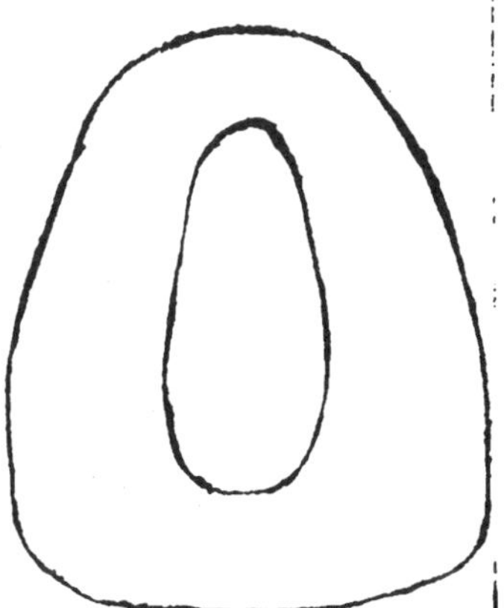

先師云、正體天財、得天清之體、如官擔之象、內稟中和之氣、而成轉誥之形、性剛而柔、必正頭端體、原有三勢、莫泥

三形雖有四等金土二格爲正、金水一體、要輕金短水、水又轉土意、土星一體、要頭清腰明、土又轉水意、凸起爲陰、凹下爲陽陰陽均停、則生生不雜、根腳取明白、頭面取端正、乃真天財也、股長股短、頭輕頭重、腰軟腰平、須看到到底處方可、

正體天財、頭必端身必歛、必生一面之山、或橫高山之半、所帶部從、自非凡相、體格亦異、

貼體天財、頭如朋珠、腰如仰眉、多貼醜惡之面、或現平土之金、成貼之處、衆亂他靜、體格也異、

正體貼體有轉脚之情、無開口之理、凹後有樂可穴、正騎仰凭之穴、兩邊生夾可穴、順倒騎龍之穴、左右無山、本山無穴、乃作朝山、眞貴格而入罕遇也、

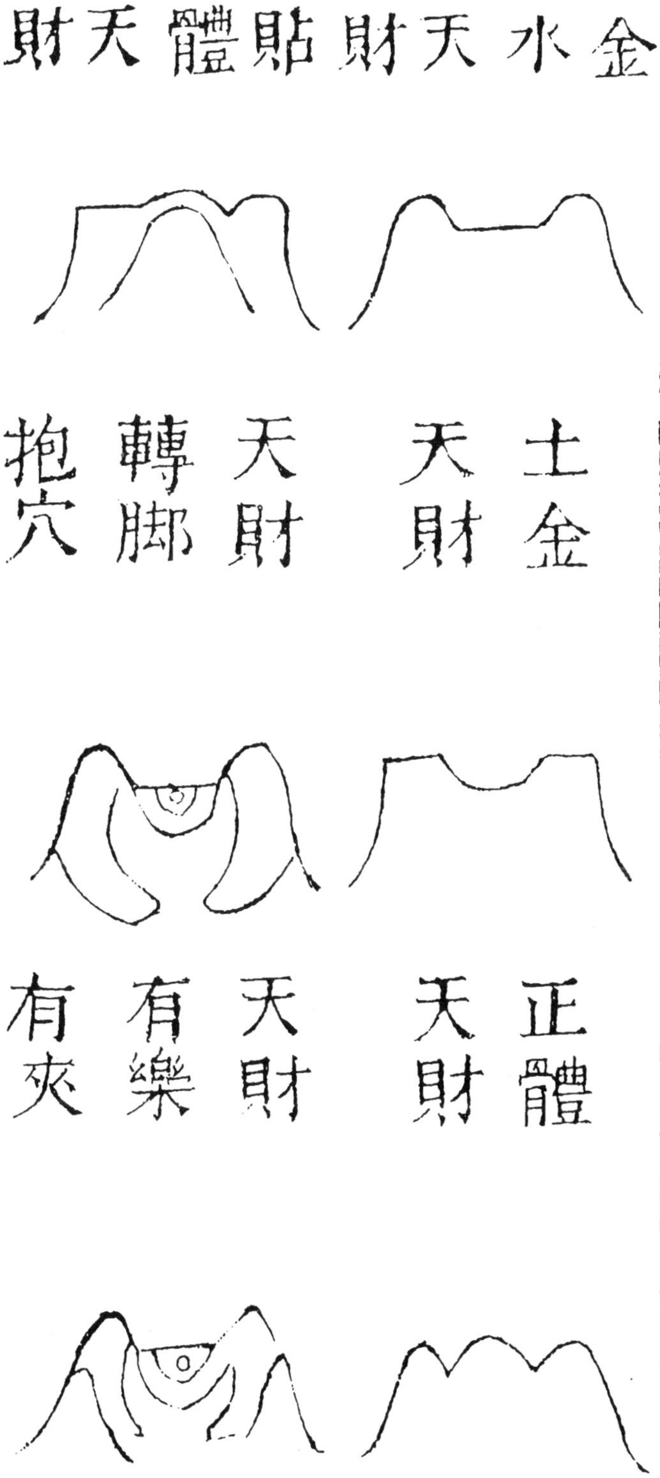

一字千金

木火辨

木生於水、而死於火、火生於木、而終於土、木乃火之母、火乃木之子、一體成形、體格難認、認木是火、認火是木、故地之吉凶反背、必星之木火未明也、俗人見其聳立、貪其秀拔、不明生死之義、莫別善惡之原、是以福不見而禍踵立艮由此也、更不知木體端圓、必生水局之中、或貼水面之上、火體剝削、或近土星之間、木則圓中之圓、火則圓中之尖、木有根芽、火有焰烟、瘦木類火、枯燥之由、鋭火似木、下濕之故倒地無轉皮之枝、難指木格、平面見斜刺之勢、便是火星、倒地直橫、見轉皮須是土意、插天聳立、若峻骨必作火星、木主文才端莊秀麗之應、火多武將雄銳猛敢之符、木星斜立於傍、難言吉兆、火體正立於面、莫說凶危、

圓中圓

圓中尖

木有根芽

火有烟焰

枯燥類火

下濕類木

倒木轉皮

斜刺是火

橫土轉皮

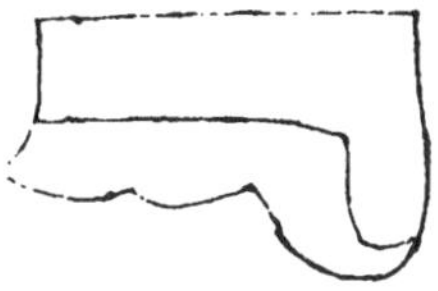

峻骨是火

金土說

土生於火、化氣成形、金生於土、運佈之效、土是金之母、金是土之子、一體成形、體格難認、認土是金、辨金混土、故山之變化無窮、因心之識見無主之故也、人喜其圓淨、指其爲金、愛其平伏、名之曰土、莫別真、假之原、致有蒼生之誤、是以禍立見、而福不鍾也、殆不知土體渾厚、必居土局之中、或出火祖之末、金星肥胖、必現平面之上、或生土局之中、土則圓中之方、金則方土之圓、土星不宜兼貼、金宿最喜相生、平土類金、頭角不明之故、肥金類土、肩脚各別之殊矮土忌平闊之窩、土無生意、高金畏當朝之火、金被火傷、一字橫鋪、見滾梢莫言土體、生金金峙、見轉皮必指土推、土主尊大端正持重、金主富豪肥厚潤澤、土見至鋪、難名臺閣之雅、金若破碎、莫作純和之推、

平地角方

肥金肩圓

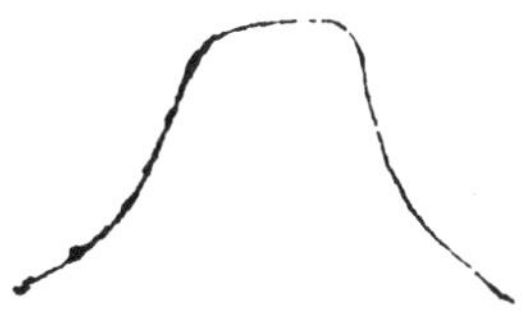

字滾梢金

並頭轉皮土

土體不宜高大、木體不宜超長、火體不宜橫闊、金體不宜瘦小、即此一說一辨、皆根五行之秘、其至理玄微、非心教

心授、不能會萬分之一也、可易言哉、故云一字千金、愼毋輕焉、

廖囑彭呵、謹藏呵、莫慢呵、莫遭天譴、彭呵喏曰無言、

認氣要訣

蓋義星體諸書言之悉矣，至生氣之浮於星面而成暈形者，雖言而未竟，恐汝學者無全功也。大凡登山辨星體，知其屬之何吉，然後就星面上回身周視，潛心四顧，細察紋暈，如水上鷗，循遊而水自若，如盞中酥，浮動而酥不出。金體脉氣肥而潤，木體脉氣秀而斂，水體脉氣曲而緩，火體脉氣燄而急，土體脉氣方而平。認氣於金，當自肥處尋虛，認氣於木，當自秀處尋嫩，認氣於水，當自曲處尋活，認氣於火，當自燄處尋隆，認氣於土，當自方處尋軟，達於外者

如斯蔵於內者類應、是以善觀地者、見外知內、察氣悟⿰石亶、內外合一之道也、所論雖止五篇、餘義自可類推、

附圖

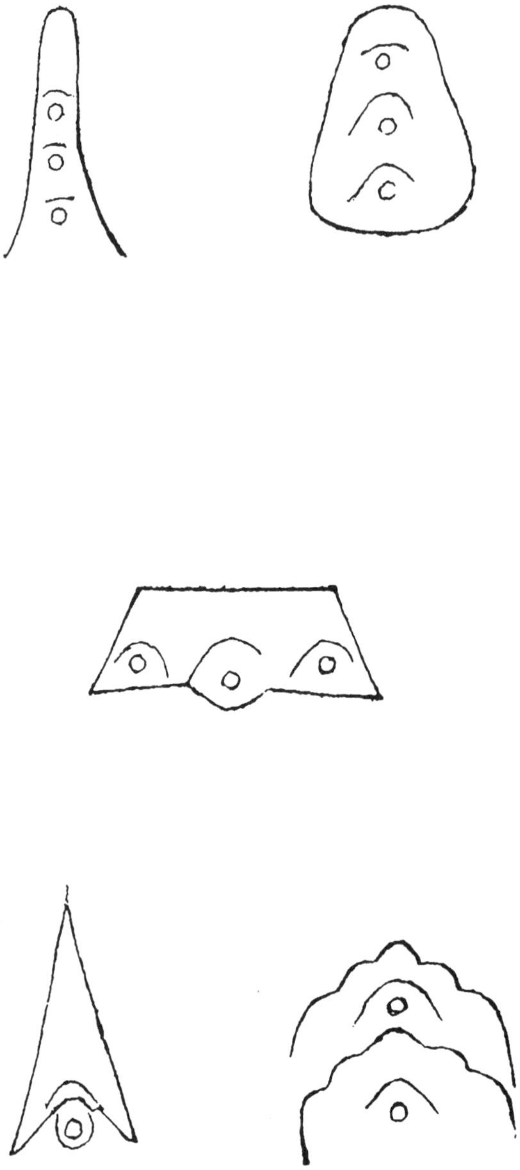

認氣秘文

塋乘生氣生氣、之辨、將何以別赤八圖說根本也、人有耳目口鼻、山有頭足背面、人有手足腹心、山有支爪腰腹、人有五臟六腑、山有胎息孕育、認氣之法、在於山來處、辨氣之法、在於山住處、有餘即氣之厚、不足即氣之薄、活動即氣之生、緩懶即氣之死、雅致是氣之清、混沌是氣之濁、坦夷乃氣之善、亢頑乃氣之暴、峻急乃削殺之氣、偏枯乃病弱之氣、見屈曲以水、名拖蕩之氣、見尖鋭以火、名銷爍之氣、突屼奔崩、惡怒之氣、巒肤臃腫、麤蠢之氣、能成穴之處、便是有氣、不成穴之處、便是無氣、凡山之將落、起伏頓跌山之既落、屈曲悠揚、山之成落、東躲西閃、欲止不止、將盡不盡、龍既住而穴星尊嚴、穴既立而龍勢不已、生理不窮、即生氣充滿、穴體明瑩、即生氣發揚、五星正形、大中至正、氣之純而粹也、九星變體、潛蹤露蹟、氣之神而妙也、認得氣方可定穴、定得穴方能乘氣、氣乃穴之氣、穴乃氣之穴、無穴則氣無管攝、無氣則穴無貫通、氣行於山體、猶血周於人身、人身之血、以氣而行、山體之氣、以水而運、人之氣有形、山之氣亦有形、呼吸動靜、人之生氣流行脉絡、山之生氣，腎俞丹田，人之聚氣，氣脉息竅，山之聚氣。惟口與鼻，人之合氣，曰陰與陽，山之合氣。氣之聚散無定形，理之高下有定見。欲悟地學之理，須先認氣之功，氣認而穴無難矣。

分穴解義

穴字上先葢者，天之象，下用八字者，陰陽之分也。非穴不可言地，無陰陽不可言穴。陰陽者，穴體之情狀，大小隱顯長短高低之謂，即穴情也。此地學之樞要，正理之的彀焉。

脉有正落、傍落、盡落，穴有正穴、傍穴、盡穴，脉有高拋中拋下拋、穴有高穴中穴下穴、脈有斜來橫來直來、穴有撞穴挨穴綴穴、脈息窩突穴之綱領、然脈息窩突之來、窩突脈息之止、窩突脈息之終、脈息窩突之始、四字各有陰陽、二義互相配偶、拋接脈息之既成、粘綴窩突之方生、既成則子可育、而母之襁褓可離、方生則胎欲脫、而母之懷抱尚切、一伸一縮一吞一吐一浮一沉一升一降、雖天地不過此耳、然微窩顯窩重窩另窩、不宜疊見、陰脈不下濕也、微突顯突重突另突、不宜疊見、陽脈不投枯也、此二氣交感乾坤化育之神、假使一樣、至穴、則緩懶之氣不能化生、如天之春夏美景也、無秋冬、豈成歲乎、故春夏秋冬、互運成歲、即脉息窩突傳變成穴、脉有緩急、穴分迎送、脉有横直、穴分撞倚、窩爲老陽、穴分蓋粘、突爲老陰、穴分接綴、脉細嫩、脉盡處可穴、息老脆息止處須詳、蓋粘有上下之分、粘綴有就脫之分、拋接有遠近之分、挨倚有傍畔之分、斬撞有盡半之分、斜插有横直之分、正架有淺深之分、求折有闊狹之分、併有長短大小之分、順倒有仰凭貼脊之分、龍盡處要脉不盡、脉止時要龍不止、穴成處要有穴情、穴立時要有穴意、能知分穴之辨、方知捉穴之旨、察理不明、固

不能分、扒砂不熟、豈能分乎、

穴法配解

古以龍重於穴、看來穴有重於龍、俗云、因砂証穴、寻則因穴以定砂、葢龍非穴則無所止、止者居也、如龍得巖以潛形也、砂非穴則無所主、主者定也、如女得夫以定家也、又云、龍統穴、穴實統龍砂而一之、穴非至重至難者乎、天穴人穴地穴、至精羨也、不過形勢高下之別、葢粘倚撞斬截吊墜、正求架折挨併斜挿至精密也、不過脉息窩突之辨、然形狀之變化、穴法之奇巧、奚啻千百、使無支分節解、不

幾膠柱而鼓瑟乎、

天穴見突息不可蓋法、天穴上也、陽中之陽也、突息陰也、陰根於陽、陽極生陰也、一陰生動而法施誤蓋、則生意浮露、氣乘風散、此乃乾始坤承之道、非陰來陽受之說也、見窩脉不可粘法、脉則突起而長、窩則氣聚而陷、起處爲生、長處爲死、聚處爲生、陷處爲死、生意方萌、而再用粘法、則生氣遲滯、體復凋零、此乃緩來急受之理、宜站弦撞接之施也、

地穴見突息不可粘法、地穴下也、陰中之陰也、突息陰也、

實根於地、以就乎天也、生意纔起、而蓋輟誤粘、是陰凝之氣有餘而陽精之意不足、此亦脫龍就局之意也、安可復用粘乎、見窩脉不可葢法、窩脉起自陽、而根於陰也、生意含蓄、猶笋芽初發、妄用葢法、正如乳孩方生、而頭顱破滅、其可剖腦、而用葢乎、

人穴見突息不可斬截、入穴中也、陰中之陽也、受胎元而乍形也、離母形而成形也、少若斬截、則是戕其胞胎之眞、損其貞元之氣、當保養之不暇、豈斬截之得施乎、見窩脉不可正墜、窩如掌心、脉如垂息、強弩之末力必衰、掌心之

聚水必注、用正則是窩藂其心、下墜則是脉盡用粘、俱無益而有害、必隨用而遂亡焉、是十六法以穴法論曰、三穴以體、統言一法寓十六法、而十六法總三穴也、

壓殺穴、穴自壓殺、非人使之壓殺、多蓋穴也、蓋穴天穴也、天以蓋覆爲義、閃殺穴、穴自閃殺、非人使之閃殺、多挨穴也、挨穴人穴也、人以附居爲義、脱殺穴、穴自脱殺、非人使之脱殺、多墜穴也、墜穴地穴也、地以下墜爲義、此殺不論上下左右皆有、此穴亦不論上下左右皆有、但在分解明白、

挨法、非但體之左右厚薄、用挨須看脉氣、脉自左來右、雖

厚亦舍右而挨左。脉自右來左。縱肥亦棄左而挨右。若不挨其生。則肥處為頑肉穴所。乃死氣也。脉之直處用挨。遜其銳也。脉之曲處用挨。乘其緩也。遜其銳者。竊其餘。乘其緩者。急其至。用法不精。必然脫氣。

脉左 挨左

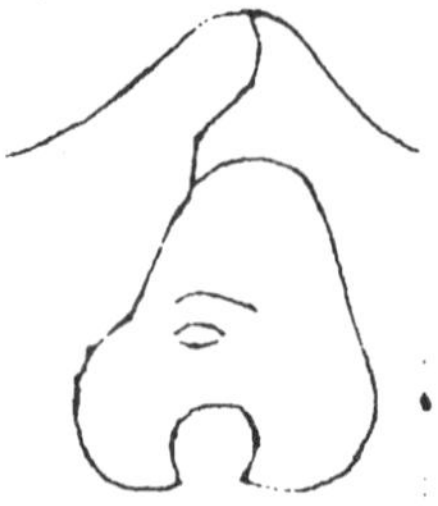

脉右 挨右

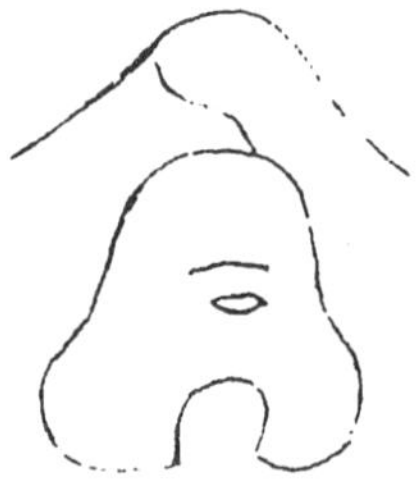

脉直 挨直

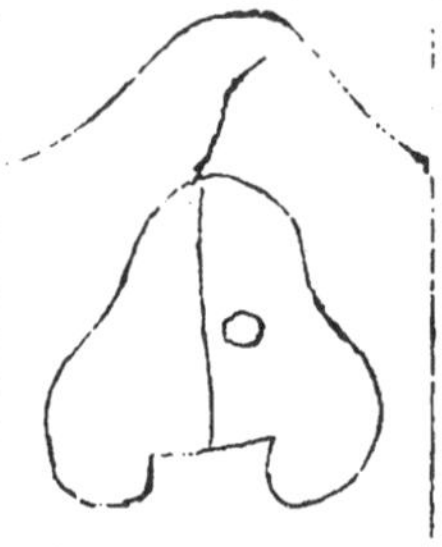

脉曲 挨曲

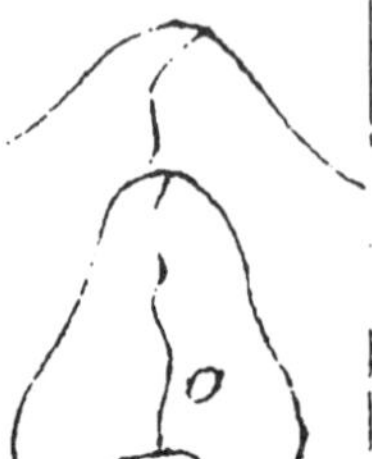

併法不止。息之大小用併。且觀鎔氣鍾於何息。止於何脉。鍾於大。則乘其大而併其小。鍾於小。則乘其小。而併其大。脉之長短亦然。脉或至息之大。而不及於小。脉或至息之

小而來貫其大是以不可執俗言雙脈來時枕短邊之說也或為孤星伴月或為闔闢連珠察之至精方可下手

乘大 并小

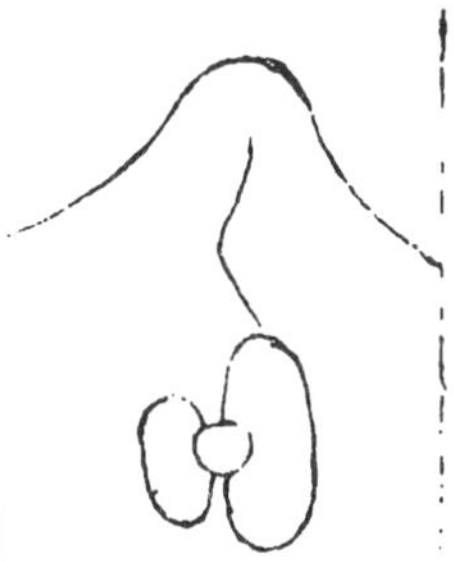

乘小 并大

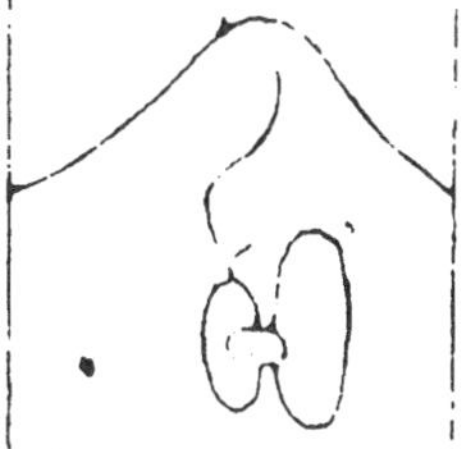

乘大 棄小

大小 中貫

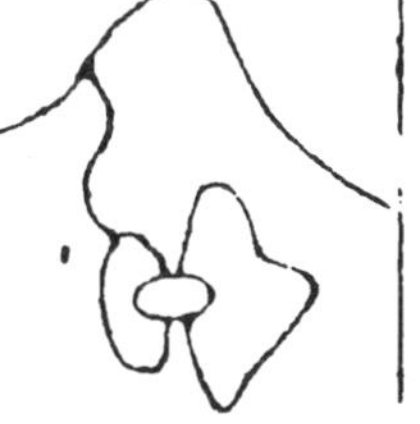

吊墜粘皆地穴也然有天地人存焉吊起也即天也墜下也即地也粘則吊之下墜之上中也即人也然吊必脈之吐粘必脈之懸墜必脈之垂脈有差殊穴分彼此毫釐之差死亡立見

圈金一體生成氣脈往來磅礴若中間特起星面不必大

小穴必用截、截者剖也分也、剖分匀其氣使適、均而無偏重之患、左右圓金可化水、金爲鎔金、水清暴氣、若不特起星面中間必有微息、穴必用斬、斬者盡也、盡其生氣而穴之一圈太高、穴必是蓋、一圈太低、穴必是粘、平垟之圈、圈有稜脊、脊不放水、圈之大者用求、地穴也、圈之狹者用正、天穴也、圈之淺者用折、入穴也、然此必圈之收斂者可用、圈如帶而無稜疊、左右如浪痕者並用之、

圈間星面

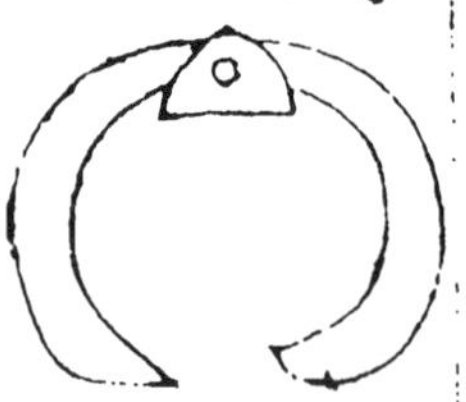

圈弦有息

平洋有稜

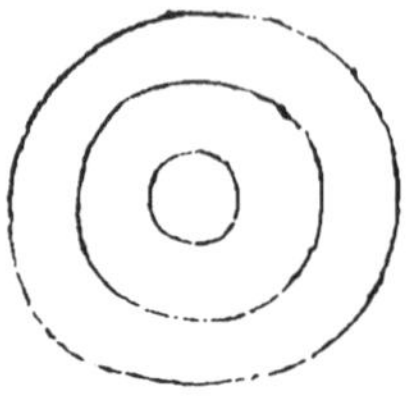

如帶無稜

左右如浪

窩形之小者、左右必薄、故不可偏、恐氣乘風散也、中正放棺、見水即止、此水非勺滴之水、特水意耳、

窩形之大者、左右必厚、故不可側、恐失其眞氣也、必求其止聚者、形既闊大、氣必收歛、暈之初動、如新月乍輝、法求其弦、

窩形之深者、架起放棺、即天穴也、窩形之淺者、折中放棺、即地穴也、窩深之處、下是蓄水、窩淺之穴、壙即飄零、見形不同、分穴輟異、

息脈悠揚、了無星體、下散上聚即穴、其上爲蓋穴也、上急

下緩卽穴、其下爲粘穴也、上急不可乘、下緩不可壅、於不急不緩之處而穴之、爲吊穴也、蓋天也、粘地也、吊人也、須審止來、來處是高、是天是蓋、止處是下、是地是粘、不急不緩之處、是中、是人、是吊、分明各別、

來龍雖平垶、亦天穴也、法多用粘、粘者、讓其來而止其去也、凭高雖低脊、亦人穴也、法多用蓋、蓋者、總其上以攝其去也、繼尾雖高出、亦地穴也、法多用吊、吊者迎其至而防其盡也、

突非帝起頂、垂珠倒氣懸乳懸膽盡屬突也、法多用粘、窩

非止下陷、偃宫組繪雙臂單臂盡屬窩也、法多用蓋、突多用粘、突不可頂之義也、窩多用蓋、窩不塟心之說也、合而言之、其陰來陽受陽來陰受之義、與突之粘、粘其下之弦也、窩之蓋、蓋其上之弦也、

脈急直則脫脈而下粘、脈緩曲則侵脈而下撞、脈悠揚則凑脈而下蓋、脈渾融則饒脈而下倚、

粘必息之横、兩邊歛而中脊肥也、截必息之直、兩頭歛而中脊肥也、吊乃息出脈之浮、墜乃息出脈之沉、合而言之、正法不偏不倚之謂、求則量度以取中也、架法不高不下

之謂折，則裁成以輔化也。

挨與倚相似，挨左而倚右也。併與蓋相似，蓋上而併下也。斜與粘相似，斜下卽傍粘也。揷與撞相似，橫撞卽直揷也。脉乃少陰，息乃少陽，窩爲老陰，突爲老陽，此萬世不易之定理也。蓋、粘、倚、撞、斬、截、吊、墜、正、求、架、折、挨、併、斜、揷，此千古一定之大法也。分解明白，意思通融，理至此則徹精微，學至此則成君子。

認穴秘訣

形彰而不隱謂之顯，跡潛而不顯謂之隱，隱顯皆有可指。

此二字認穴之標準也、龍之將盡未盡既盡成立謂之穴星要五吉成象、象天也、主之既立成立貼從正變謂之穴體要五吉成形、形地也、貼上從正而變端的隱約要關鎖纏度謂之穴情、情人也、天地非人、乃頑形頑氣、人非天地則無始無終、故穴以此義應之、參天兩地道理、急脈爲拋、拋盡作穴、太拋太長、長處忌拋、所以有高拋中拋傍拋下拋、而無長拋之說、緩脈爲接、接上作穴、進接太促、促處忌接、所以有高落中落傍落盡落、而無短落之義、吊穴與粘不同、吊起也、粘穴與接不同、接進也、吊之穴體必垂、接之穴情必縮、接穴與墜不同、墜下也、墜穴與綴不同、綴懸也、墜之穴體似吊、綴之穴情必傾、潑骨有就肉之形、凭高之窩穴即金水也、開口爲受生之理、平面之突、穴即金土也、龍勢大而盡處不工、來處巧而穴處無力、局面美觀、而主星低弱、砂水交結而明堂傾瀉、見禍與四凶同、大凡麤麤蠢蠢、雖貼非穴體、散散淡淡雖巧非穴情、扯扯拽拽、雖聳非穴星、頂高蟻蓋、頂乃穴星之頂也、底薄莫粘、底乃穴體之底也、窩深忌心、心乃穴情之心也、脉息窩突、四象分陰陽之穴、有無隱顯、二義成老少之形、脉穴是穴星上所成、息穴是穴體上所形窩突是穴情中所生飽面以見窩爲突、飽雖非突飽處即突也、故見窩求穴、平中以見突爲奇、平雖非窩平處即窩也、故見突求穴、陽變陰化、乾始坤成、倒氣成倒處作穴成金爲穴星轉水爲穴體、倒氣爲穴情也、垂珠垂頂上作穴成金爲穴星轉土爲穴體、珠沽爲穴情也、串珠之形、突之微起而小、開口處定穴馬跡之形、窩之微彰而小、窩盡處定穴、夫陰脉如蜂腰、乘金轉水有寄體天財之穴、陽脉若鶴膝、曲折活動、有貼體騎龍之穴、不論五吉四凶、要在千變萬化、出有出無、四凶也可葬、不動

不變五吉不可穴山川之旨終於斯文縱是千金誓不濫與

倒氣穴

倒馬跡穴盡

垂珠穴頂

蜂腰穴腰

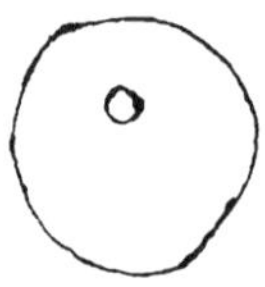

串珠穴

鶴口膝穴膝

撼砂經卷之三 終

廖金精畫筴撥砂經心法地學卷四

宋　虔州金精山人　廖　禹著
豫章栗塢　才甫彭大雄集
明　新安星源孟隆甫江之棟輯
古歙承景甫汪元標校
季常甫吳公遂閲

玄機精要

認脈之功，地理之要務於此。而少有差失，則禍患立足，而生不待旋踵而後至也。龍穴雖美，砂水雖奇，其可以救藥

與、姑舉其大槩而論之、拋脉脉長、太長不可以言拋、接脉
脉短、太短、不可以言接、粘脉、湊脚、峻削、不可以言粘、撞脉
脉横、急横不可以言撞、倚脉脉直、浮麤不可以言倚、綴脉
微隆、太隆不可以言綴、形有大小不同、謂之併、齊形又烏
可以言併、諸脉固不可枚舉、實堇家之不可以須臾頃刻
離也、經曰、粘作綴、綴作接、皆作絶滅、而況粘不爲粘、綴不
爲綴、其致禍、又當何如耶、然拋脉太長謂之游脉、法當用
撞、接脉太短謂之止脉、法宜堇粘、粘脉峻削謂之斬截、法
當就撐、撞脉急横、謂之倒劍、法當用腕、倚脉浮麤謂之畨

穴法當用粘、綴脉太墜謂之吞珠法當用蓋、併脉齊形謂之合氣法當用正、此等作法、出諸法之外、優於法而不拘於法、匪上智兼神授者、不能目接而心融也、所差止微芒之間、相去遂天淵之隔、苟不得其眞傳、而能分析毫厘者鮮矣、亦必形體端正、襯貼分明、然後看他何脉、用何作法、隨疾隨攻、斯得之矣、穴星不論正變、必細認之、成何體面著明爲高、立穴不論窩突、必細認之、用何作法、隱微爲美、星體不成、則不可穴、穴處不明、則不能穴、穴既的實、星體又是吉體、則前後左右自入格而成局矣、五吉常少、四凶常多、正體常少、變體常多、若不精察而詳審之、則玉石混於一途、安能為天地立心、為生民立命、以求無愧於心哉、天清高低二體、高體凝成於半脊、低體退落於平垶、亦有橫格斜形、多為人眼所忽、所以善觀地者、必審之至詳、而察之至精也、但高體就窩、窩者陰根於陽也、低體就突、突者陽根於陰也、此萬古不易之義、但亦審其所宜、不可執意見之偏而沒通變之權也、

穴上靈光、或五吉成形、或九變更見、或脈息窩突、多不全顯、或成星顯著、亦不太露、此穴之至微至妙之處也、能識

其根本、而全其固有之良、斯得之矣、

山大穴小、山小穴大、中間作用許多難處、高又不得、低又不成、云左不可、云右不能、此皆怪穴之証、乘其大者、恐不得其氣、乘其小者、恐又損其體、是以難也、抑孰知子母有相因之至情、傷其母則子死、損其子則母亡、可不兢與、山大穴小、則是胎結未固、宜培植元氣、窄開墳塋、厚培四傍、亦如本星然、而顯揚之則是保全其子、子生而母自生矣、穴大山小、是胎立剛固、形勢大張、宜大開墳塋、淺鑿方池、仍取無干之土、厚培主山不足之處、亦如其本星然、而顯

揚之、則是保全其母、母肥而子壯矣、變化無定理、致用有神機、其可苟且而冒爲之乎、此學有始終之難、而上智有不言之秘也、

綴接脉、已見前括遺諸書矣、但綴脉微短於接、接脉微長於綴、綴接不同、作用大異、不可不察、

天地無全功、造化無全能、欲求四美之地、萬一不可必得者也、認地不恕、則地道沒、求地不詳、則地道荒、如囬龍穴、背無凭倚、牽扯太長、背無凭倚、則穴後空虛、牽扯太長、則生意不止、皆不致發福者也、當加浮沉升降之法、用合撿

益增補之宜、不然得氣常少失氣常多、非爲吉塟、急來緩受地理之大旨、太緩又恐失氣急來之山、生氣必露於尾於盡於傍亦必盡窩盡突盡芽盡鬚立穴非尾非盡非傍則受其剛老之氣、非窩非突非芽非鬚則失其生生之氣穴體明白、應托有情、一水交流、四山互照、發達反速、此所以塟撞脉者、亦與此同也、

生氣與行氣不同、餘氣與曜氣不同、無此等氣、不可以言地、吉氣與善氣不同、暴氣與殺氣不同、不識此等、不可以言地、大抵氣與脉相合、脉於發動之處、統氣而行、氣由相

續不已、貫脉而生、穴上靈光、謂之生氣、運動不息、謂之行氣、帶褥餘饒、謂之餘氣、左右豐隆、謂之曜氣、五吉成形、是爲吉氣、平而生窩、是爲善氣、剛飽頑愚、是爲暴氣、急斬直削、是爲殺氣、星而不成形、體不正、或爲水劫氣攻等地、皆是死氣、能主絶滅、不可不察、然暴氣則竅之、殺氣則斬之、吉氣則保全之、善氣則培植之、此天地無全能、而人當克相之也、

天清高低二體

天清高低二體、高體凝成於半脊、低體退落於平洋、亦有

橫落斜形多爲入眼所忽所以善觀地必審之至詳而察之至精也但高體就窩窩者陰根於陽也低體就突突者陽根於陰也此萬古不易之義但亦審其所宜不可偏執

天清高形

群鴉噪鳳

群雁棲梧

天清
低形

明珠出海

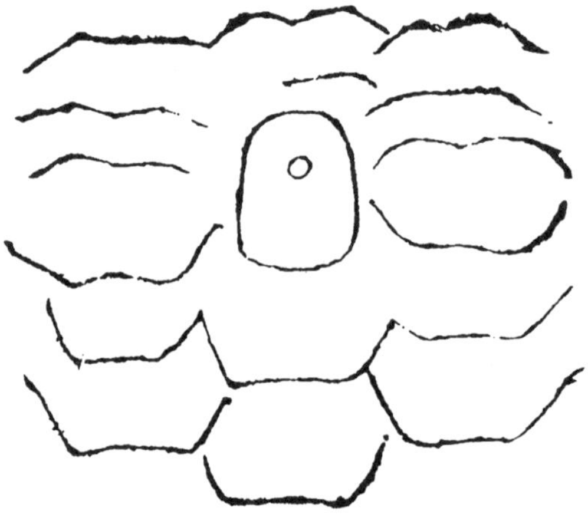

落月沉江

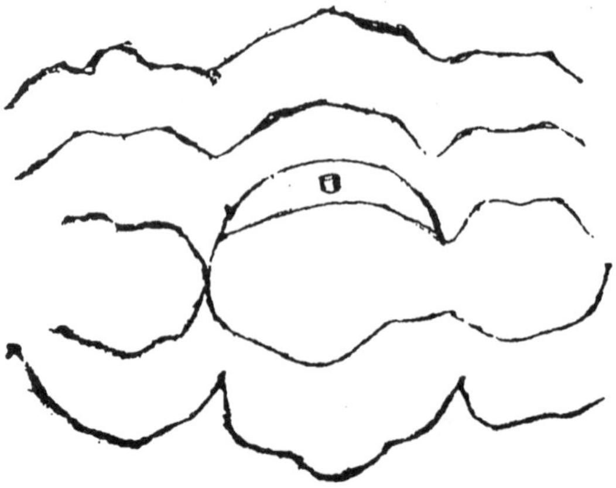

天清聚散二體

一體一聚一散、散體多生於闊坂、聚體多出於窮源、亦有橫格流形，多爲入眼所忽，與前天清一體，相爲表裏，一起一復之義，但散者就窩，散中之聚也，聚者就突，聚中之散也，此地學不傳之旨，但亦審其所發，不可滯，通變之權，而失山川之隱情也。

天清聚形

二龍爭珠

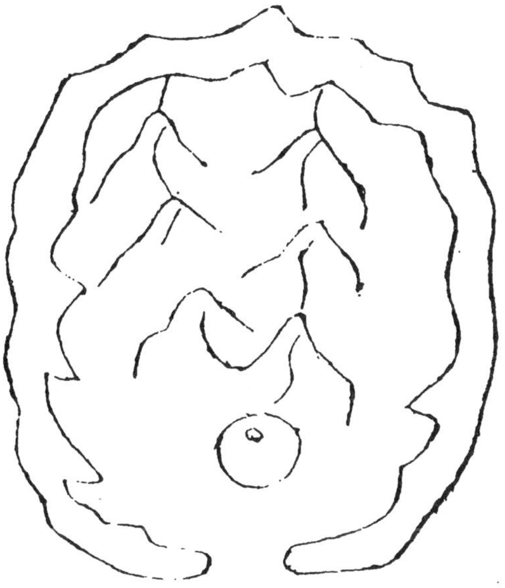

五馬奔槽

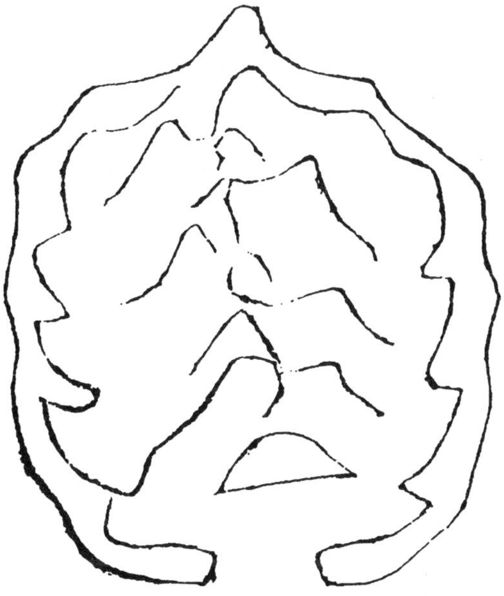

天清散形

衆星拱極

日月相輝

心有定主、斯眼有定見、理無定在、斯山有變形、惟山有隱約之情、斯穴有出沒之精、此所以奇形怪穴、反發達非常、

但恠穴多露於山頭山尾之間、而奇形偏出於水盡水會之地、惟心有定主者、自目遇之而成色焉、

觀地之法、先求其穴體、穴體吉矣、次審其龍格、龍格吉矣、次求其砂法、砂法可矣、次求其來潮、來潮可矣、再求其堂氣格局、羅城護送、應樂等情、四應迎尊、五吉間出、砂水不足、無傷吉塟、此所以認地要怨、不怨則山川皆棄物矣、求地要詳、不詳則吉凶混無別矣、易曰神而明之存乎人、變而通之存乎時、

尋龍認山祖、金木水火土、五星變九、星生、尅看山場、坐辰

要生旺、起伏宜雄壯、龍行八字來、左右看山面、上分下合者、要水蔭龍腮、入山尋水口、登穴看明堂、水口明堂吉、方可去消詳、來龍出身巧、兩畔看生爪、護送雙枝出、此龍爲第一、點穴不怕斜、看取脈如何、砂水皆朝聚、方可其中取高山看龍勢、起伏飛鸞體、或如獸犢行、護送要朝迎、平地去尋龍、草蛇灰線蹤、就水或臨泥、石骨渡江溪、平地高一寸、便是脈根基、高要不露風、低要不脫脈、急龍緩處扦、緩龍急處作、此尋龍之大要也、

點穴之訣、須看明白、脈要不離棺、棺要不離脈、棺脈兩相

續恰如接花木、離穴又離脈、榮華何處得、正龍要尋頭、橫龍要截腰、點穴能明倒杖之法、蓋粘倂倚撞也、砂水朝迎好、塋下無煩惱、砂水走西東、塋下一塲空、塋破天罡頭、不死一畨憂、砂若似抱頭、秘通枕上羞、砂若似亂衣、滛奔帶月歸、麾廟莫尋龍、塋下必然凶、此看穴之大要也、

抱頭

亂衣

欲知何是貴地、四畔砂水是也、前後起尖峰、富貴出三公、

四畔弯弓勢、銀帶羅衣位、前後起三台、富貴自天來、要知何處富、左右看倉庫、四畔對圓峰、榮華比石崇、龍虎轉弯弯、田地遍鄉閭、左右重重護、財寶無稽數、寧可龍欺虎、莫要虎欺龍、看砂之大要也、

看水之法、不怯其去、只要弯合停蓄入懷爲尚、傍來次之、亦不必泥、只要有情、若水入明堂、如掌窩一般、富貴累世積錢多也、明堂張箕來、收盡世間財、明堂箕出外、子媳離鄉敗、明堂如車槽、殺人不用刀、明堂如簸箕、財物走東西、明堂藏萬馬、聲價滿天下、兩邊水抛箭、家計難留念兩邊

水剖脇名曰爲惡刼、背後水臨頭黃、腫絕根由、四畔水斜散窮愁千萬嘆、來去水如鎗、立便見灾殃、水城三五曲、家積錢與穀、屈曲似生蛇、富貴王公家、田塋弁水圳、橫者皆爲進、橫案橫水攔、世代出清閑、明堂如張紙、家計從茲起明堂似銅鑼、家富積錢多、明堂如照掌、家計年年長、明堂似茶槽、退散沒分毫、明堂如竹棍、家貧無鷄犬、明堂水直流、退盡好田牛、此看水之大要也、

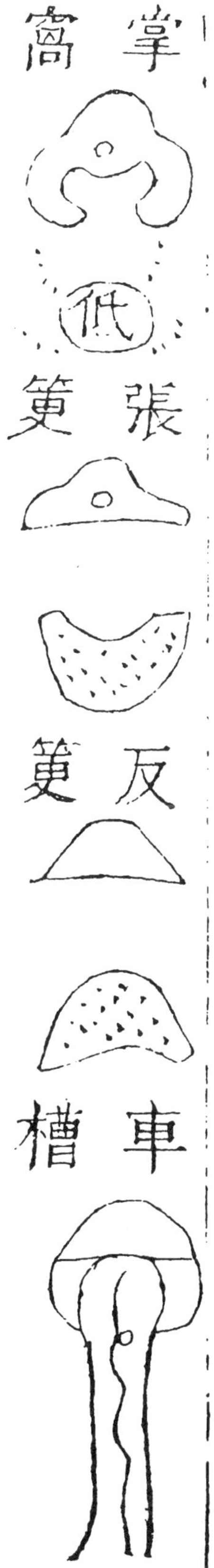

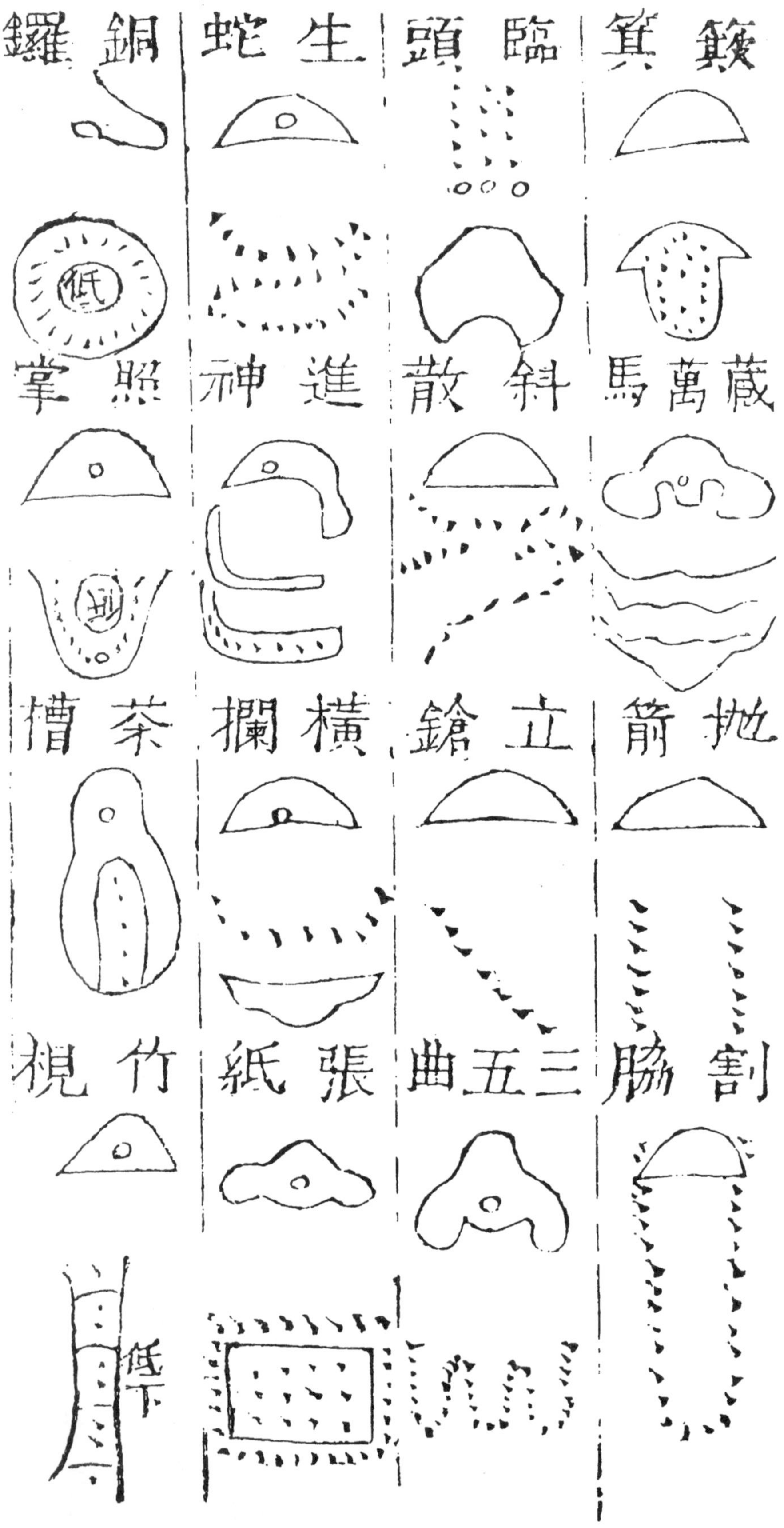

簸箕
臨頭
生蛇
銅鑼
低
藏萬馬
斜散
進神
照掌
抛箭
立鎗
橫欄
茶槽
割膀
三五曲
張紙
竹梘
低下

天清
金意

黃鷹追兎

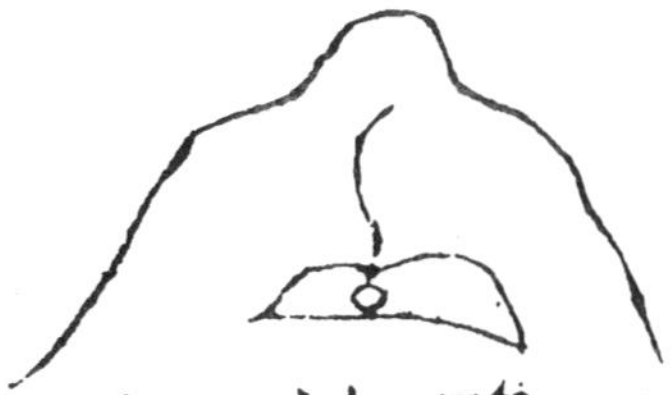

白鷺捕鰍

天清
水意

春魚戲水

老龜曝日

天清
土意

老猿顧子

野猱渡兒

天清
木意

枯梅爆蘤

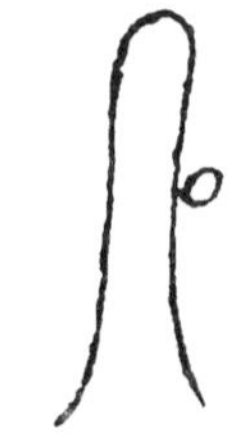

春筍抽芽

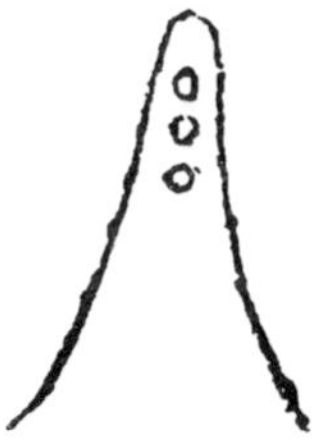

此四圖飛潛動植意也、清秀迥異、特出超越、星體穴法、許多妙處、同中有異、變中有正、胎已成而孕已育、母既立而

予又成此圖此義備扦砂之所未備、實與天地同終始、得是書造是理、遇是授者、其敬守之、

木性本浮、必須浮用、生芽生鬚、即窩突貼體意也、當以浮法施之、金土流形、必須沉用、轉彎轉褥、即窩突寄體意也、宜以沉法施之、

天清格局、不必盡出高山絕頂者、爲是但清奇不濁可矣、大抵純正者、來處森森、去處迤迤、張開格局、鎔落一穴、左右前後、如畏如拱、蓋後不亂則不威、前不倫則不序、如不亂不倫、皆是情不親切、當宜另處求之、

天清怪穴

天清奇形

龍蟄江心

飛鴉轉翅

靈龜顧子

老鶴紅冠

喬松聳雲

白鹿啣芝

殘菊凌霜

玉兎待群

此四圖飛潛動植意也、但是奇形怪穴、何等自然清秀、是

以謂之天清、星面穴法、幾多難處、或爲中出、或爲下出、花綻而實果、芽出而根生、與前天清金木火土、相爲互發、天下無棄人、善教者、有因性而牖之妙、天下無棄山、善觀者、有隨材器用之能、山無全善、醜惡無形、隱跡潛踪、一端可取、看其上落中落下落、求其頂生肩生足生、成星體處、自然設立門戶、如將之安營軍之屯寨、雖高下大小不同、其致用則一也、

石山成五吉星體少、少非絕無也、可穴處少、土山成四凶星面多、多非純有也、可穴處多、要從大體論也、

四凶之山聚形合氣外有可觀中藏刀劒一悞及之禍莫大焉不以貌取材也

繼尾之穴必須陰砂圍護其穴必低落盡落若得陰砂團聚則鎔氣居多生氣自足使四山壁立一穴微衆難免欺壓之患大抵穴既零落砂須低聚善成之義也

五吉成形崇正精彩外見間有斜形穴必退讓於吉何損四凶成形威猛可畏外見間有正形情亦不孚於凶何益重本之論也

穴中多見不如少見局內雜陳不如佈列不如少見者清

正濁亂之别也、不如佈列者、明大猥瑣之分也、
明堂之內、不論大小、寬展爲美、水口內外不論寬緊、交鎖爲奇、局中所見、不拘大小、必欲其如名器之類、局外所見不拘高下、必欲其如禽獸之形、
四凶雖可畏、而可用處亦多、在制御之得其術、裁成之得其方、藉令制御得術、固可以裨主、而效其勛庸、裁成得方、亦可以爲主、而握其神武、顧用之何如耳、
認山之法、不可偏見、必須先看他是何山、然後斷作何用、可穴穴之、可朝朝之、可爲倚托倚托之、可爲支持支持之、

縱不全美亦不盡棄各成其用也、

山面雖醜糲、或有可用之處、山面雖細嫩、或無可用之處、善觀地者、勿以細嫩而遂取之、勿以醜糲而遂棄之、尤當察其原也、

龍盡之處、雖防氣絶、踏節囬頭、遂有生意、成局之處、遂托交纏立穴之前、門戶設立、收山食水、生氣盎然、事業益大、其發亦速、

圖義繪不能盡大抵可以類推

穴後空虛、謂之仰瓦、風刼水衝、地之大病、此其最也、又有

一等體不忌者，其誰知之，行脉之地，勢聳天財之體，精止之處，穴如垂珠之象，是其一團之氣，固結於中，動變之妙，相續不絶，得龍穴之氣多，氣多而福自厚，頼砂水之輔重，輔重而勢自大，後雖空露，外必夾持，若隔水高山，爲之托樂，其力量更無限矣，

天財之體，金水木火凹腦不同，第一要明白無疑，第二要精光含蓄，穴星垂珠，倒氣懸膽，皆可，必須細認丰儀眞的，如此三者，間有差失，致禍極速，

此三圖宜以類推不能盡繪

金水垂珠

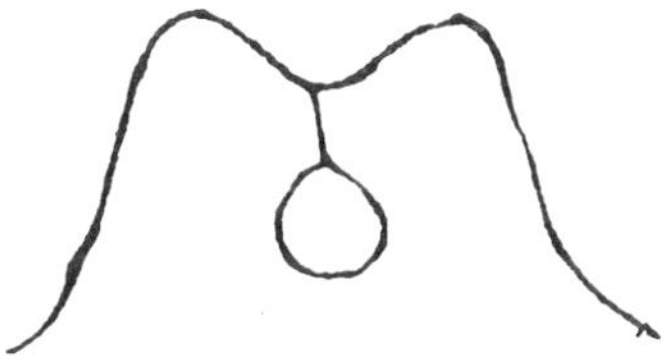

凹腦倒氣

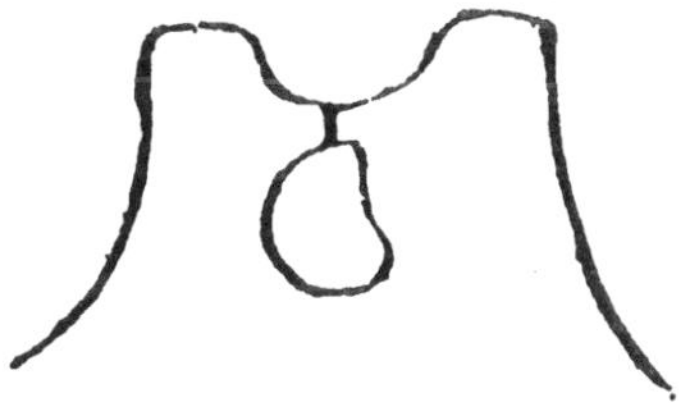

木體天財

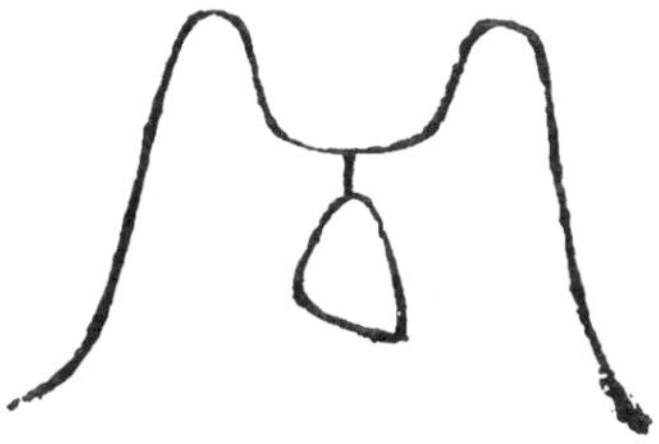

騎龍三格

騎龍之穴有三、順騎、倒騎、正騎是也、龍從後來、穴從中止、面前而向、謂之順騎、龍從後來、穴從中止、翻身向後、謂之倒騎、龍自横來、穴星傍落、兩邊轉臂夾輔、貼住龍脊、有似扳鞍形狀、謂之正騎、善地者、不可不知、騎龍之地、最不論水、第一重砂、愈出而愈奇、愈高而愈秀、得天澤之多、受諸山之輔、發福悠長、爲力極久、所以多出神僊清貴之類、以得天清之多故也、不可不察、

頭面端嚴、反無可穴、無脉無息、無窩無突也、支麓欹斜、反有可穴、有脉有息、有貼有寄也、不論來去縱横、先看成星結局、有脉息窩突、而星始成也、既結局成星、而脉息窩突自具矣、

一穴精光、可愛可羨、四壁山高、如噬如吞、面前源唱、腦背風侵、穴雖可羨、其實可畏、此必大龍肢脚、帶來日月印籍

之類雖有美貌、實無生氣、得地要仁、作地要智、天道福善、積善之家、自有天相、投之以吉地、遂致莫大之福、天道禍淫、積惡之家、天必加譴、縱予以吉地、反致非常之災、

世俗喜好以潮之有無、言地之美惡、以潮之大小、言財之多寡、以潮之淺深、言發之久暫、其誤甚矣、孰知得龍穴之氣既多、受砂水之潤不少、天澤優渥於上、靈泉滋蔭於下、旺人旺財、歷世不替、是以仰凭順倒、多居半脊平崗之上、全不見水來朝者、反富貴久遠、豈拘拘於砂水哉、

人皆以凶星近水好潮者可穴、雖云水可殺殺、不知水之爲惡、殆有甚也。穴處不真、水縱有情、亦不能納、祇見財禍、僅止一代、穴處凶頑、水潮峻急、則是山無善意、水有凶情、禍生旦夕、不可苟也。

豈孤燥火等山、已爲小人之性、匹夫之勇、若四面風吹、其性愈熾、縱加修飾、如濟惡何、禍不旋踵、慎之慎之、

穴雖美、以龍爲體、龍雖奇、以穴爲用、古人立論、以二者爲先、然徒有穴而龍砂不稱、徒有龍而穴砂不足、原是輔佐功虧、資成力少、蓋體雖分先後、究竟病則一般、慎無過情、

而勉強從事、

脉過處體認最難、脉之一字、爲地之張本、生氣全在此上、所以頑金燥土、槁木死灰、原無生氣、無生氣卽無脉也、大凡好地過峽處、必兩山夾持、間有一邊或遇風吹水刼者、必潛踪閃跡、另露一傍、倚貼夾持邊而行、雖彼邊風吹水刼、自有山脚平坡、作褥支持氣體、其實無害、此一線靈根、生機活潑、變化不測也、其可麤疎而忽之乎、

附三騎龍圖

順騎龍

順騎之穴、順龍而塟、得穴砂之吉、發福極速極久、主登科及第、

倒騎龍

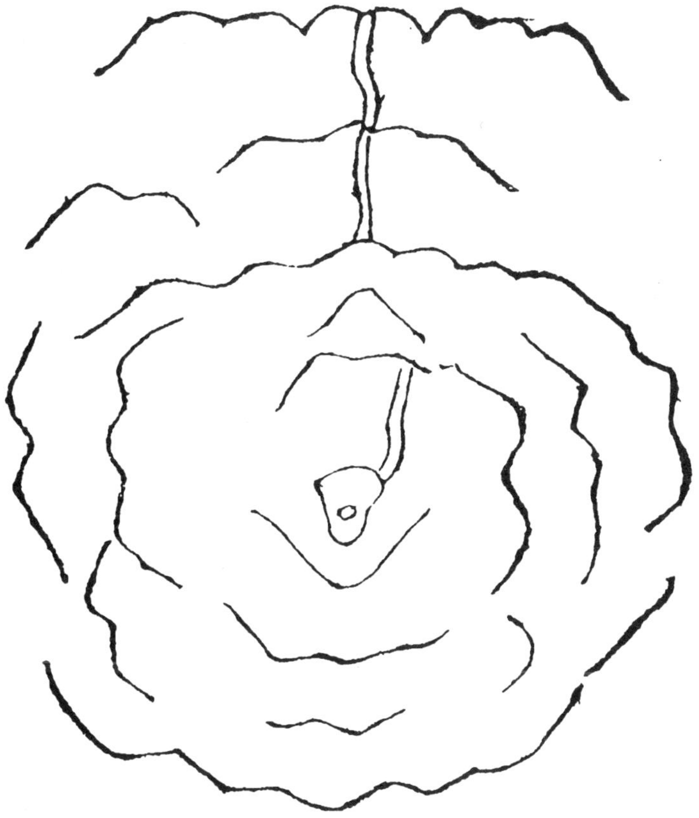

倒葬之法、前麤後秀、
是以番身作穴受
吉氣、發福亦然、

正騎龍

正騎之穴、行龍腰倚結穴、四山湊密、純是天清、不忌仰瓦、若龍合上格、主出聖賢、若龍合中格、三元及第、

玄機拾遺

因龍論代

龍本變化飛騰之物、其力重、其勢雄、實本其氣之盛衰者爲之也、行龍爲力重者、氣方至而盛也、盡龍防氣絕者、氣既盡而衰也、龍蔭乎穴、穴統於龍、此龍所以先於穴、而穴所以次於龍也、若以龍之起止、而論蔭之年代、獨不知龍之爲龍乎、一氣奮揚、雷電助其威、風雨彰其勢、則甘澤及物、而物爲之發榮滋長、何莫而不在於是耶、即是而知、觀其強弱、可以知年代之盛衰、觀其死生、可以知年代之隆替觀其遠近，可以知發達之久暫，其理不爽，其應驗不差固矣。外是又有行龍之地，或半而下結穴者，或未半而下結穴者，或過半而下結穴者，或既去而當脊結穴者，或龍行而脈轉結穴者，將何以知之？孰知山川之氣有這些來，亦有這些去，行龍當脊徃過來續，生生不已。其餘當以其來處爲論，亦看其情之眞假。節秀主貴，節肥主富，節起主盛，節緩主衰，節長則弱，節斷則絶，不其然乎？經曰：脈轉氣行，物從而生，此之謂與。

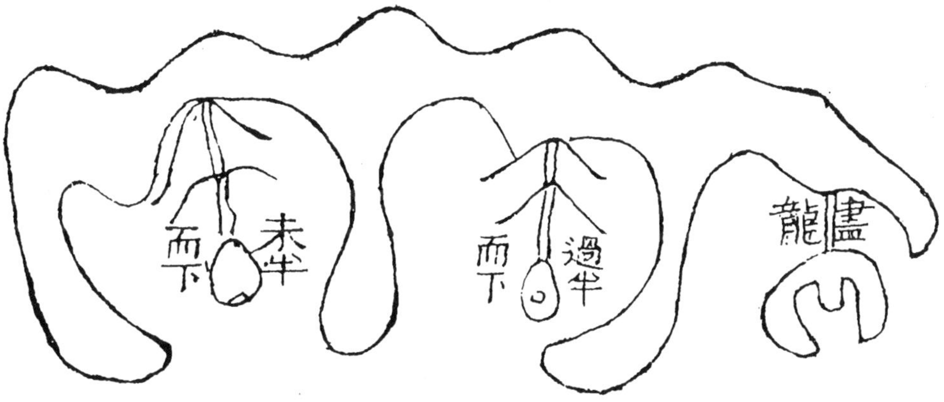
未半
而下
過半
而下
盡龍

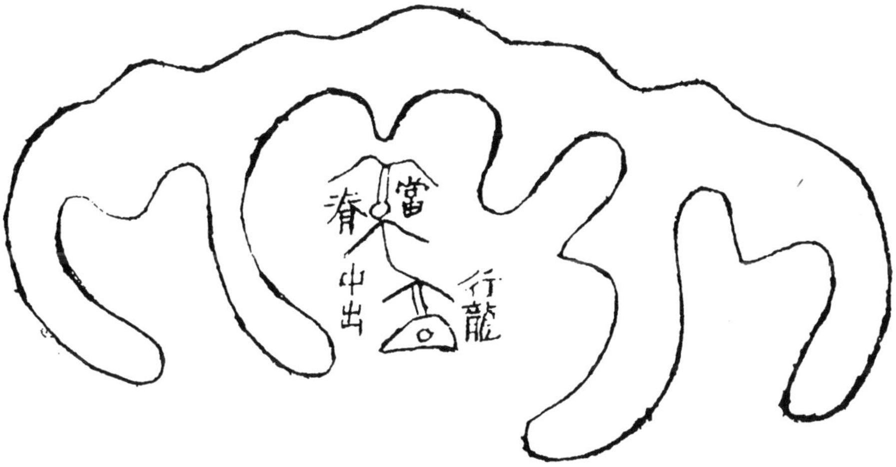
當脊
中出
行龍

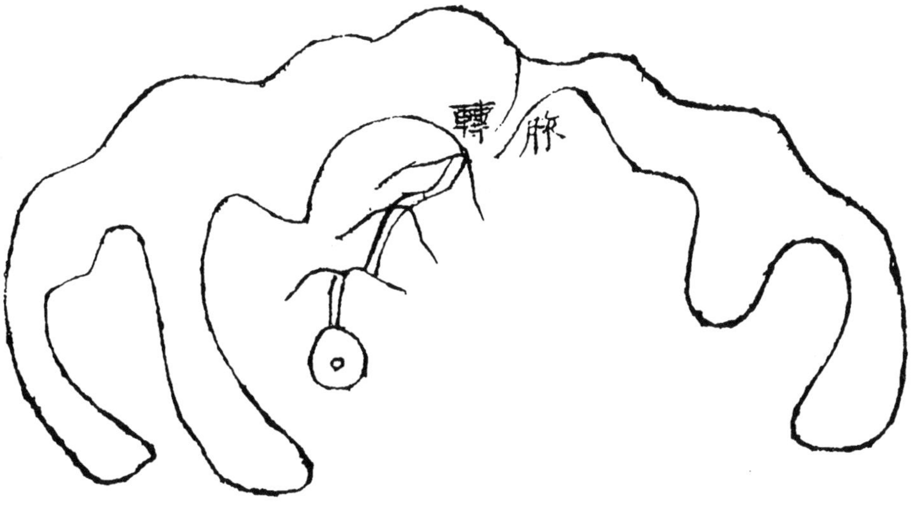
脉
轉

正體變體

變不若正、不論五吉四凶、皆有正變之異、變體合格固美、不若正體之端嚴尤美也、葢變體形隱而動變不測、當出奸猾、正星端嚴而卓立不偏、主出忠良、發福雖無厚薄之異、出人自有邪正之分、且不若正星之明白洞達、而易知也、亦惟五吉爲然耳、非所論於凶星也、如凶星變出吉體又惡、可執一論哉、

正體吉星

正體凶星

太陽

金水

天罡

太陰

正土

孤曜

紫炁

變體數多不能盡繪

燥火

掃蕩

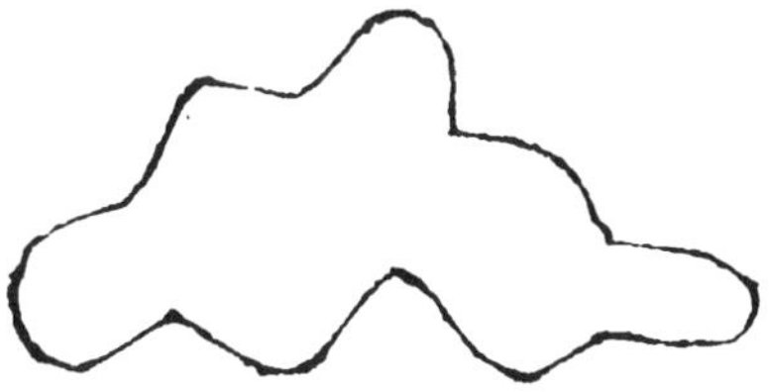

變體數多不能盡繪中惟掃蕩畧可

認山善惡

五吉四凶之外、又有一等善惡之分、不論五吉四凶、皆有者也、假若朝山雖是吉星、山面純是石體、石之爲物、性至剛而氣極剝、謂之惡山、不下於四凶之性也、若居水口之外、反爲有用之助、朝山雖是凶面、山骨多是嫩土、土之爲物氣至緩而性不銳，謂之善山，不若石之惡而更麤也。是以堅硬之土，愈於老硬之礓，蓋礓之細嫩，即堅而石之不結似礓，不可不察。

高山忌突

高山之穴，聳拔而上，星體雖露，穴必退藏，宜作窩穴，蓋體既高出，穴又突起，則生氣不鎔，發洩太過，謂之忌突。

高窩

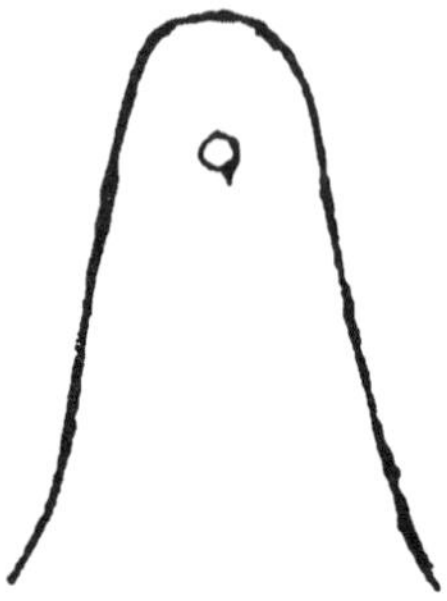

穴須窩藏

法當忌蓋

高突

平垟忌窩

低落之穴、退讓而下、體勢雖張、一眞隱約、宜下突穴、葢穴既低落、勢又窩藏、則保合未固、胎結未完、謂之忌窩、

低突

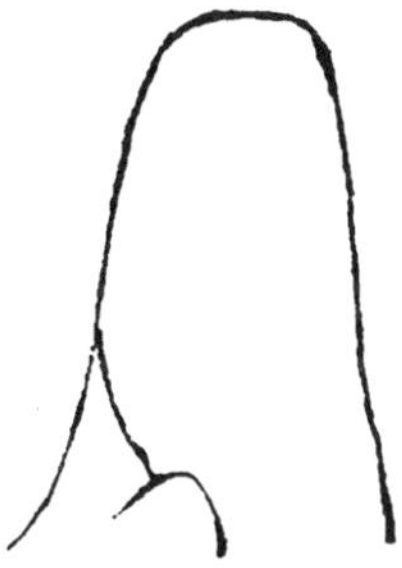

低突可葬
法當忌粘

低窩

平垟者穴結於下、下者下濕之處、生穴既下、又葬其窩、純是冷氣、故不可葬、此段說話、直發盡前人之肺腑、非可與言者、其可以是爲之語耶、愼之、觀此二段則平岡可突可窩不必疑矣

砂重於水

砂之爲用甚重、輕於龍穴、而重於水也、何也、葢砂卽穴之賔、穴實砂之主也、形神相嚮、體用相須、分聯而不背、情恊而不離、肥則人富、清則人貴、斜則人淫、正則人正、在在皆然、如空應聲、若水之爲物、非衝則割、求其美者實難、必特來之朝、停蓄之淵、案外分流、穴後交度、雖無而實有、似有又如無爲妙、經曰、平坪多忌水者、以其近濕而汚也、非如砂之應驗、一定而不可移、一顯而不可掩者也、此砂之重於水也、

重穴輕潮

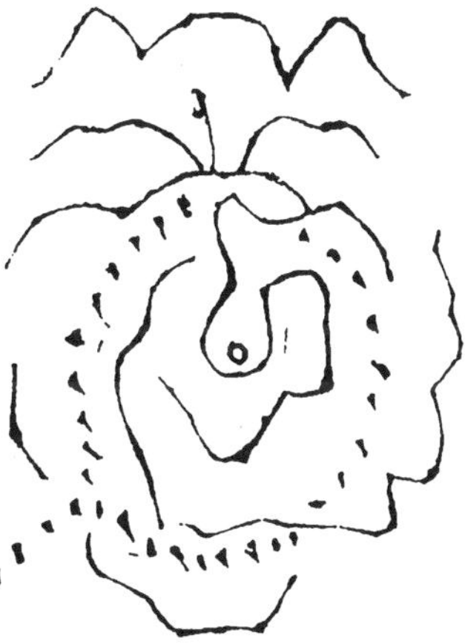

受割被冲

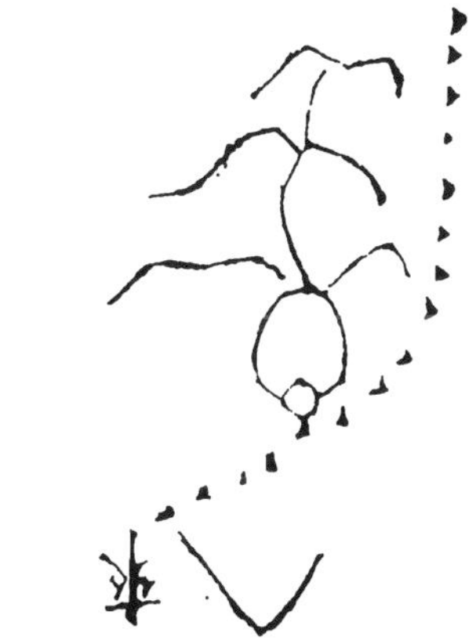

前受割被冲之圖主見謂之忌宗夫水之病極多非冲則撞必爲穴重潮輕方可、

砂肥人富

砂清人貴

科第連登

三元及第

砂正人端

不論正土正金正水、天財紫炁三台、身端體圓皆是五吉之類、盡謂富貴之砂、其餘少有尖斜不成星體、橫來橫去、散亂不停、躱東閃西、皆是四凶之類、龍穴雖美主出入雖貴而貪、雖富而汚、男姦於外、女滛於室、覆宗絕祀、此其甚也、可不致嚴乎、

貴格縈局

局有大小、勢有傳約、不可以例論也、但以入穴窩藏支持極偉、夾輔甚重、一穴尊嚴朝應純正、後有樂而皆薄皆無托而腦厚、四山奏密團聚、一星瑩然特異、卽為吉穴、假若一局寬廣、群濁皆聚、致禍則一、得是傳者、可以此為拘哉、

貴格緊局

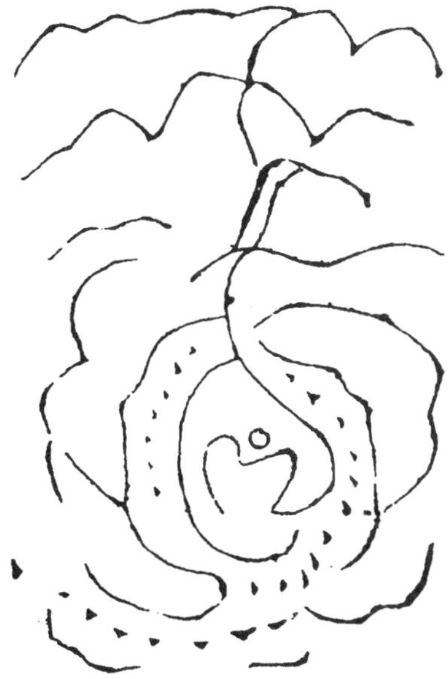

緊局則發速、以其氣聚而不散、但穴亦不宜急迫侵體、

穴難龍易

龍所以統穴而為用、穴所以發龍而為體、穴重於龍者、以體立而後用行也、穴得其所、則龍氣得伸、而發福不窮、穴非其所、則龍反被傷、而致禍則一、龍之易者、有影有形、而易見也、穴之難者、無形無影、而難知也、於此而不精究核實焉、則差之毫釐、謬以千里、非穴重而龍易乎、

穴難龍易

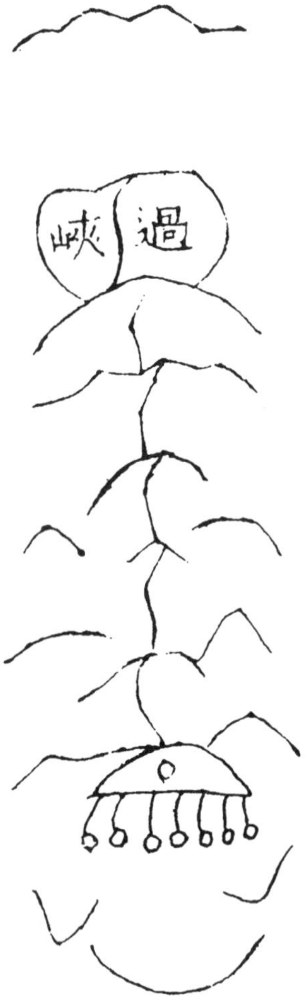

閃脉藏跡

脉爲穴之主，穴爲脉之輔，有脉無穴，猶有可乘，有穴無脉，謂之孤息，然穴星之體，宏而且長，必有游脉另聚左右，不知脉者，據而穴之，則情不專，而氣不聚，不能發達必矣，又有正穴受尅，過脉閃而之他，堂氣包藏，外砂聳應，實爲眞穴，察之貴詳，

閃脉藏踪

真精隱約

星體既得、四獸皆全、既穴定於此矣、然後細砍柴薪、求其親切、必見面上有紋象似太極、或半隱半顯、似隱似顯、太極之內、分合的當、太極之外、高下不偏、然後穴之斯得之矣、大抵有此象形証、方是吉塟、若是四凶、多爲癰腫、不可不察、

穴上有紋

其上之紋正變俱有不可太刻

形似癰腫

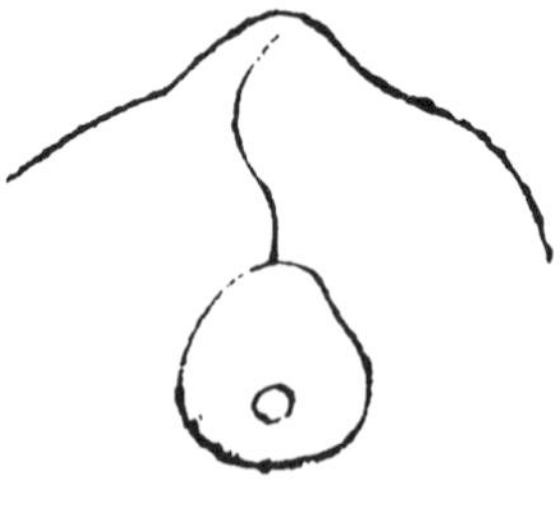

高橫無息作用

橫來之脉，多無穴體，必須貼脉而乘之，視其來止，定其高下，墪得其法，亦爲吉墪，此正所謂有脉無穴，猶有可乘之謂也，墪乘生氣，脉非生氣而何。

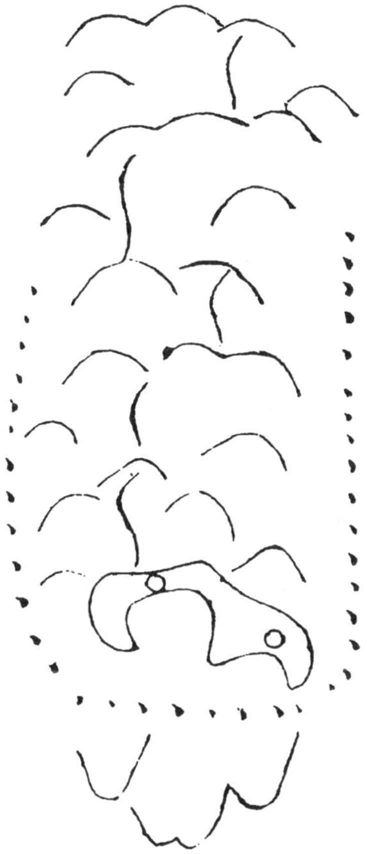

亦有重見星體爲毬珠倒氣各樣然者，此特以不見星體者言之耳。

高橫脉歸貼脊然矣，亦要察其來止，觀其變動，求其揪歛

視其精當、然後穴之、斯得之矣、萬一不察、禍毒生民、其誰之咎、

學地先知

後學之士、必先厚重以立心、忠信以發志、待師如父、聞教如令、未得之先、孜孜不息、既得之後、乾乾不釋、然後方可以大道授之、而進於精義入神之域也、

學道之門

學道之門、其機有二、無水防作穴、非局勿言龍、斯言雖學道之門路、實學地之秘言也、其旨何如、無水防作穴者、以

山川之氣大而且慱使非乘窩乘褥而穴之、則殺何以殺幾何而不陷害乎、非局勿言龍者、以龍勢之來、變化莫知、使非情專意切而乘之、則氣何以凝、幾何而非虛僞乎、第一致嚴於吉凶之分、詳審於善惡之別、經曰求星體要恕、認星體要詳、此之謂也、使狐疑蓄心而無確然之見、則必置之不可輕焉、非惟傷人、而亦害已、不可不知、

乘氣有三

乘氣有三者、龍氣穴氣堂氣也、氣雖有三、而實則一、有先發而先衰、前有餘而後不足也、後發而後衰、後有餘而前

不足也、愈發而不衰、愈隆而不替、人財成百抵千、富貴無求自得、必得是三氣之最先也、生氣得乘、風水自生、不其然乎、

四應

四應何如、龍穴砂水是也、蓋龍勢方動、其氣防剝、龍勢既盡、其氣防絶、不緩不急、得其鎔處謂之應、龍穴立於此、或高而燥、燥則暴、或低而濕、濕則汚、不高不低、得其鎔處謂之應穴、砂不尖斜壓穴、水不漲洋割穴、謂之應砂、應水、穴不能應龍、而砂水不能應穴、是意趣不真、情有偏向、爲吉塋之陷害也、

四應圖

龍稱穴、穴稱砂、砂稱水、謂之四應、古所未發者也、此書備焉、名曰拾遺、不亦宜乎、

三嫌

三嫌何如、蓋法粘法撞法三者、所忌是也、穴法雖多、而三法切於作用、不可不知、經曰、頂薄合蓋然矣、非但入合而

自嫌於葢一也、前云低穴忌窩詳矣、非但人忌而自嫌於粘二也、然則撞獨何如、撞者乘脉作穴、與葢粘不同、必須體厚方吉、其體若薄、四面受風、必嫌於撞三也、三嫌詳備、致用在人、能於此而謹之、則地道其庶幾矣、

三嫌圖

三嫌穴之自嫌非人知之而嫌之也使人知而嫌之又奚待言

圓方砂圖

天圓

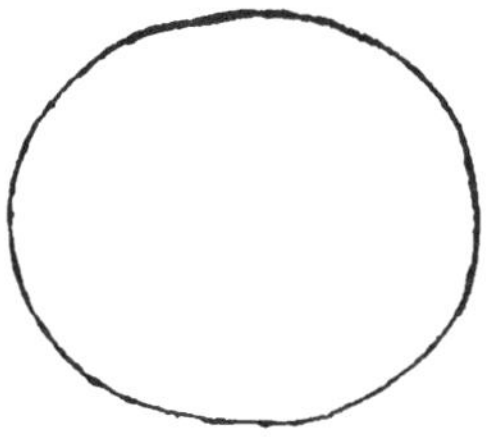

圓而不滯 萬形乃化

地方

運而無方 萬物乃生

天體圓、圓者鎔也、故流行而不滯、地體方、方者放也、故廣運而無方、流而不滯、是以龍有變化出没之狀、運而無方、是以穴有有無隱顯之象、

太陽

太陽之象 如日中天

太陰

太陰之象 如弦之湍

正體太陽陽也、尊也、君父也、利於東南、顯而不晦、多無粘貼之格、少有吐露之形、部從若欠、主清貴之象、

正體太陰、陰也、臣也、母后也、惟利西北、約而不彰、多有粘貼之形、殊無剛燥之病、部從若欠、主女夫之貴、

正陽

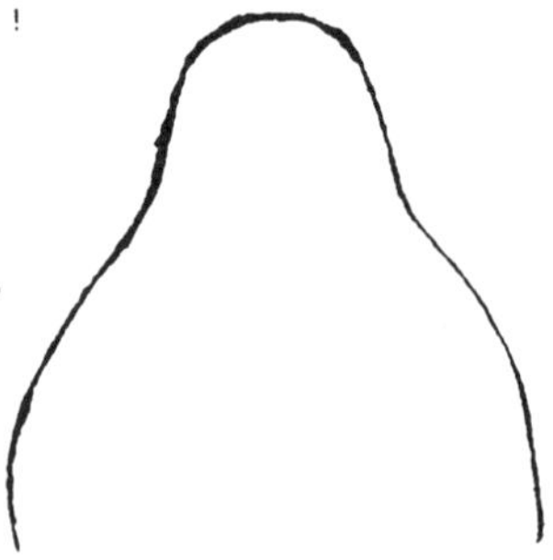

萬象獨尊　非

不須佐輔　兼

太陽而兼

失之太剛

太陽之星、無全相間、有金渚必貼意也、此星不宜兼、從聳肩直背、似兼非兼、

正陰

太盈則虧如弦之下

非貼

太陰而兼患在太柔

太陰之星、有金形間有水者、必兼意也、此星不宜貼、新月蛾眉、似貼非貼、

浪戚

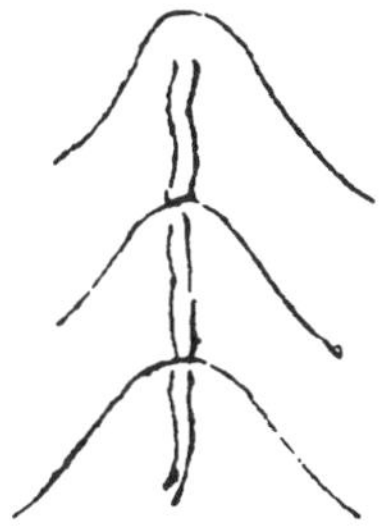

浪戚則金沉而水勝

尖斜

尖斜則木槁而火勝

金水相生、相生之中、所畏泿戲、
木火通明、通明之上、所畏尖斜、

高 土

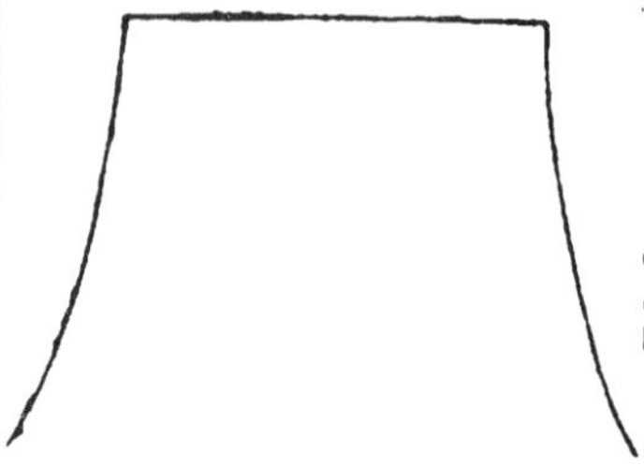

土太高則風而必燥

低 木

木太低則水而必腐

土體寄旺於四時、不拘方位、木星惟秀於東南、自在生方、
土不可高、木不可低、獻天之土、倒地之木、皆非中和之道、
適貽世俗之累、

橫列

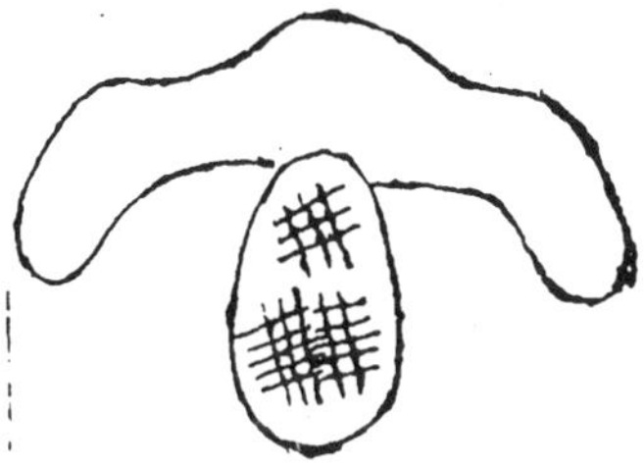

廻環是左右皆回轉

下拖

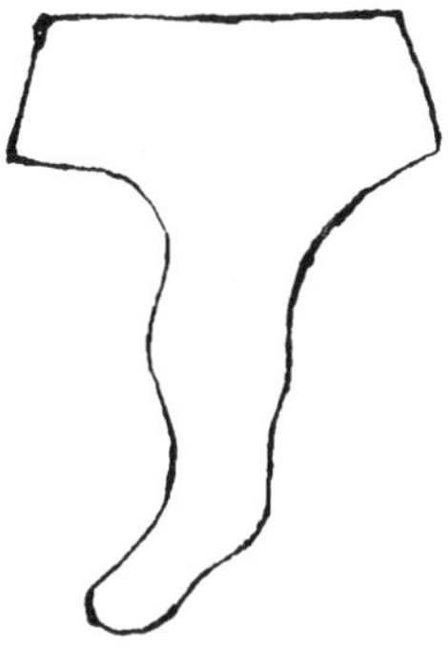

曲突是畫處不尖斜

水之勢本就下、高山橫列如浪、亦水意也、火之勢本炎上、平埒下拖如鎗、亦火意也、橫列之山、必須廻環、廻環處無流蕩之弊、下拖之坂、必須曲突、曲突可免覆亡之憂、

上結

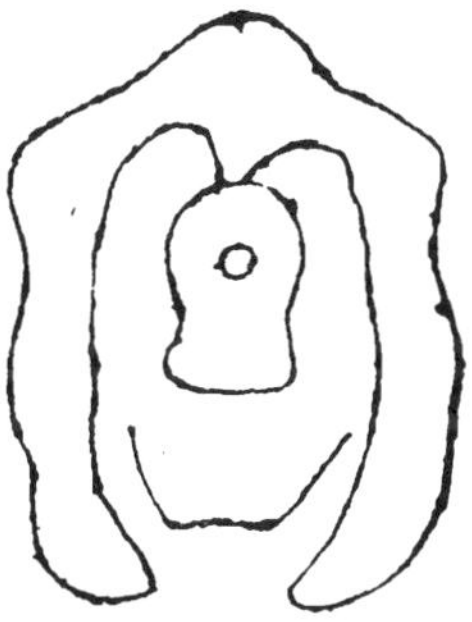

上結之形窄而不局

中成

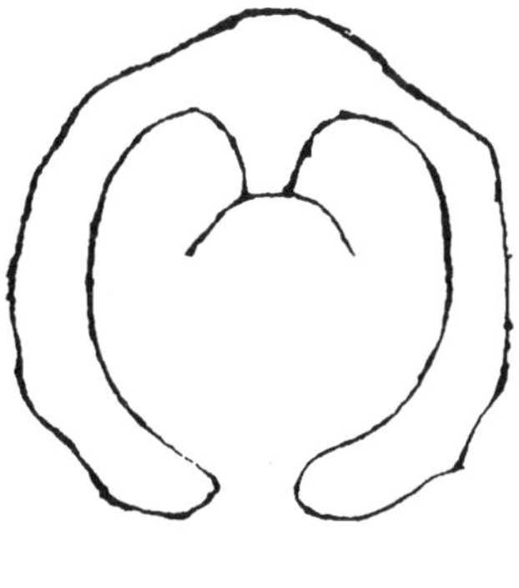

中成之穴格而有鎔

窄狹之形勢將上結廣大之體形必中成上凝得天清之氣中聚得天澤之氣故平鋪之坂多是土居民必富特出之首多是木得位必尊

木龍

木受金制火
金發木衰格

帶水

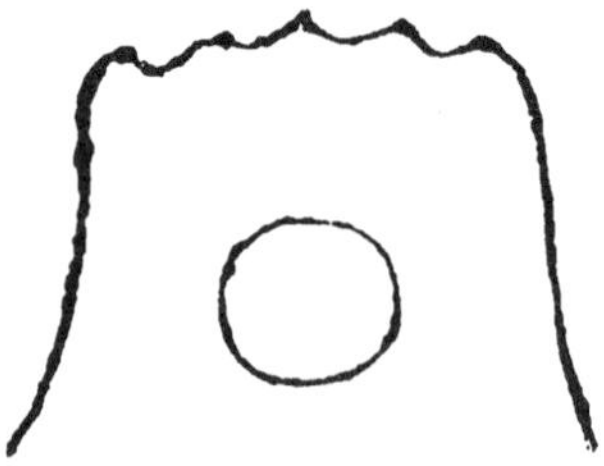

土星帶水帶
平面生窩火

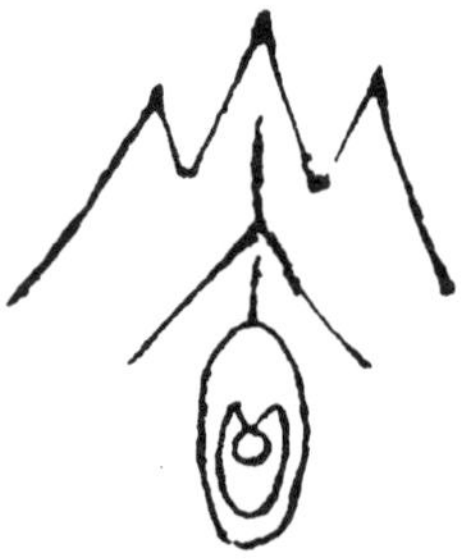

木龍生火
至龍方發

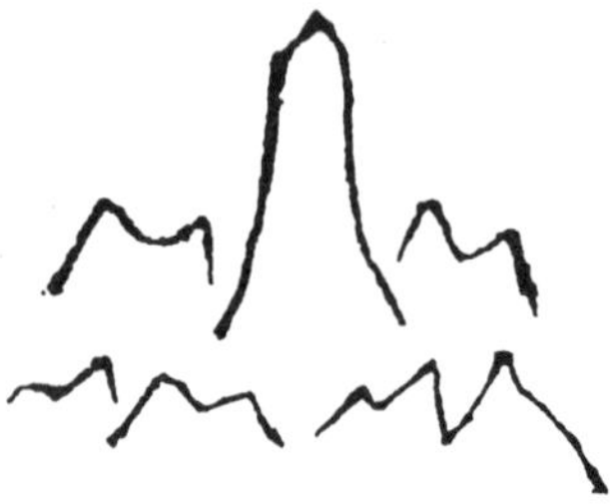

木星帶火
群中秀拔

水星行龍、不宜金體結穴、一代而衰、火格作祖、若得木星成局、二世纔發、土若帶水、財庫豐隆、木若帶火、官居顯赫、

頭清

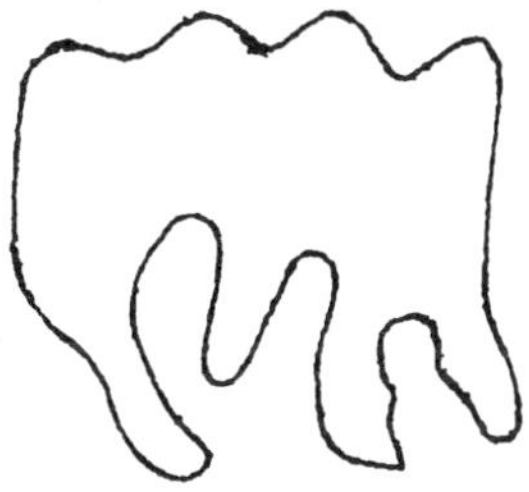

頭清足濁、則顯於明、而昧於隱、

上濁

上濁下清、縱豐富而必輕於倫、

頭清足濁、貴而多淫、下清上濁、富而多淫、而對猶如賔筵、則紀綱不紊、雜陳渾如亂陣、終禮義生疎、清貴之格、八面尊嚴悠久之道、四方弘大、弘大之體、量如天地、尊嚴之格、狀若神明

圓淨

不論山之有無，但要面面相向、

過穴

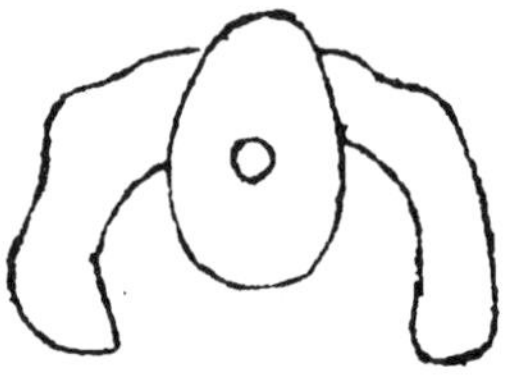

不拘左右長短，但要夾穴護氣、

明堂寬廣要圓淨爲奇、左右周迴過穴則妙、不圓淨局量終是褊淺、不夾穴子孫終見凶危、盡非至正之道、實貽成器之累、明堂者穴前、前後左右者穴傍左右、

乘勢

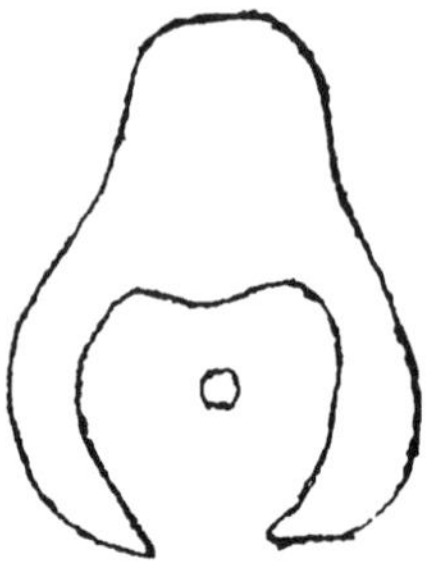

不立不眠不坐，乘其三勢之勢、

合體

也兼也貼也襯、合其三形之形、

立眠坐三勢而乘勢則未洩襯無貼三體而合體實難明乘勢者乃太極生兩儀之理合體者如尼聖集大成之道這理亘萬世今而未之有這圖聲賢愚而難於悉

上清

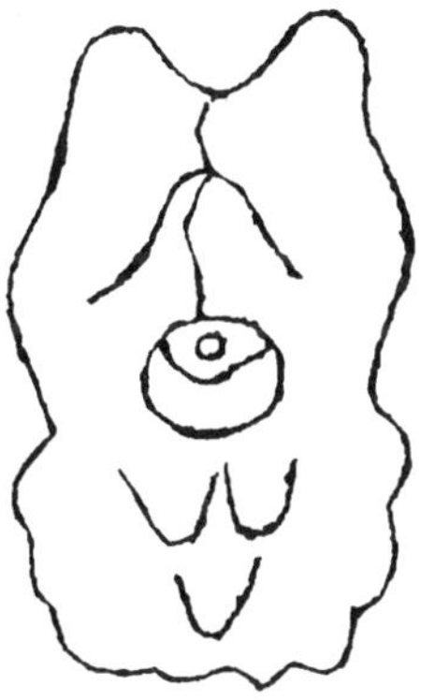

上清之體清秀如描

下濁

下濁之體支足亂擺

天本清故在上者多清也地本濁故在下者多濁也大勢也以宇宙爲乾坤上既清故穴上者亦清下既濁故穴下者亦濁大局也以上下爲乾坤彼以周天三百六十五度

四分度之一爲言、此以周穴一百四十四寸而言、

高穴

高可下者天
氣下降之道

低穴

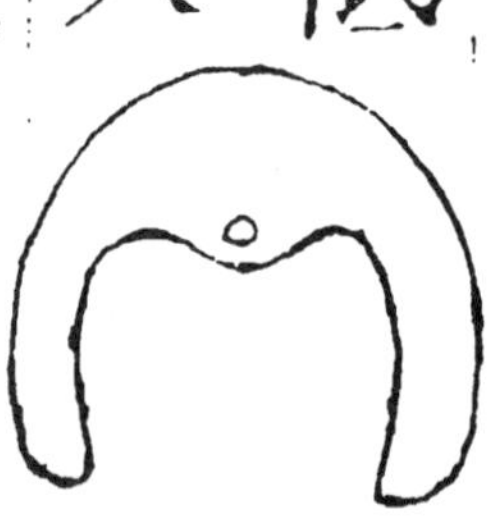

下可上者地
氣上騰之象

穴太高、亦當有取、顧其下、穴太下、亦當有取、瞻其上、局於高、而不能顧其下、偏於陽之枯也、拘於下而不得瞻其上、偏於陰之駁也、

巳上三十圖衍義至妙、後學扒砂工到加以潛心方能有得、下後即發世無此理、枯骨入塚猶如男女媾精、十月成形、三年哺乳、十五離懷、然後成人、始見功效、設或初年隨砂水以斷吉凶、如立見者亦有此理、

貴格砂圖二十五義

五岳朝天　滿架牙竿

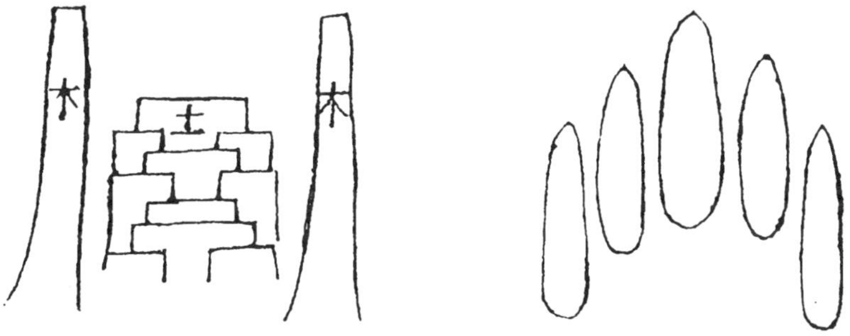

朝天五岳、純是木體、頭端身正、面瘦肩肥、
堂堂乎如冠冕於朝堂、濟濟然若列班於
殿陛、可左可右、參前參後、此清秀之美格、
乃山川之殊觀、與一林春笋不同、
一架牙簽、兩木佈列於傍、麗土重疊於內、
如牙簽萬軸之象、似文卷堆積之狀、主體
若得其純和、舉眼不須再讀、

朝簪　插笏　金箱　玉

朝簪不宜面見、傍出爲高、瘦木標出根脚分明者是插笏、最要當前面聳爲上、瘦木平頭根脚揪斂者是、

金箱渾是金、金之假煉者也高而剛者、不是玉印、渾是土、土之美麗者也大、而蠢者非是、

金鍾玉磬

金鐘乃陽金之陰見玉磬乃陰金之陽生、變化有毫厘之殊、應驗有天淵之別見之必珪璋朝廷、值此主瑚璉宗廟、

三元及第

二火夾輔、木星文明、當世一木、助生二火、貴顯同時、形有長短之殊、勢無先後之異、貴重之砂、華美格局、

天使誥恩

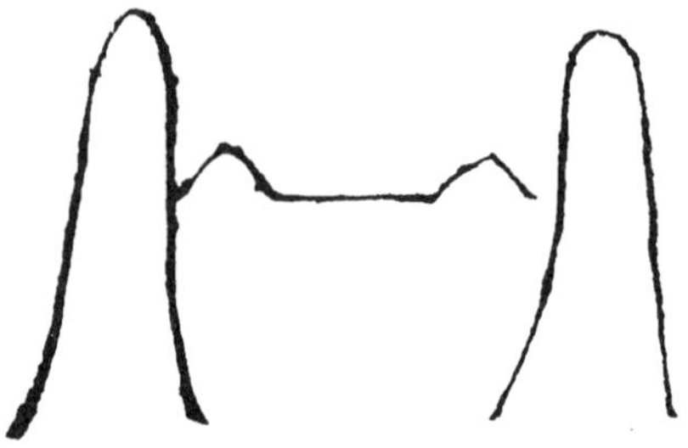

二木峙立於傍、文章之祥、一誥端陳於內、天恩之至、情意相投、好如迎送之兆、頭足端肅、似見揖立之美、大貴格也、

翰苑馳名

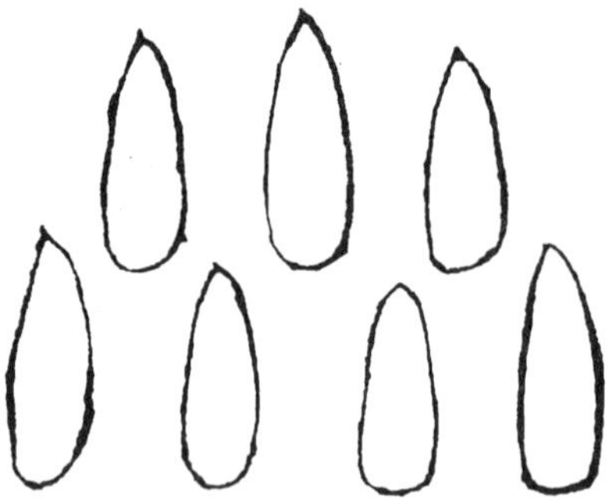

紫烝重重、眞純不雜、一連木體、精爽凝聚、萃華羡之精英、涵濡儒雅之習聽、雖是砂格、亦可以行龍也、

升堂抗禮

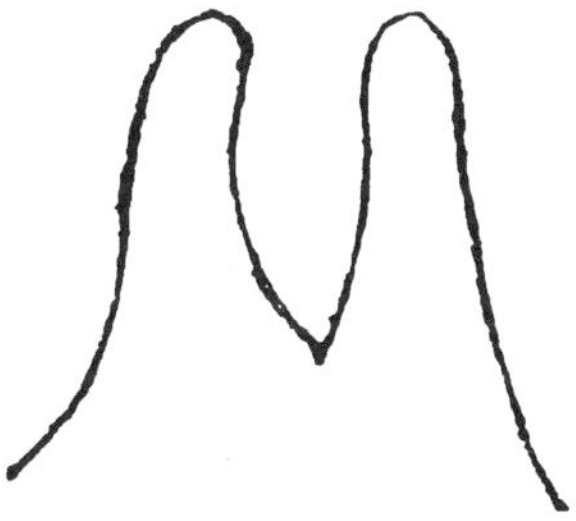

升堂抗禮二木、斜頭微微相向、如人之峙立相拱揖也、龍穴貴主好賢下士、龍穴富主富而好禮、亦出雙貴、

滿床牙笏

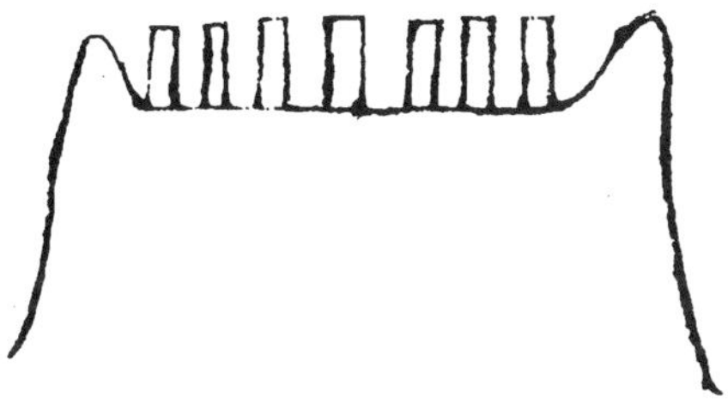

牙笏滿床大展誥、木星亂點也、一人一誥一貴、一笏、土體木身、非土則無以成其貴、非木則無以生其貴、

斬將奪旗

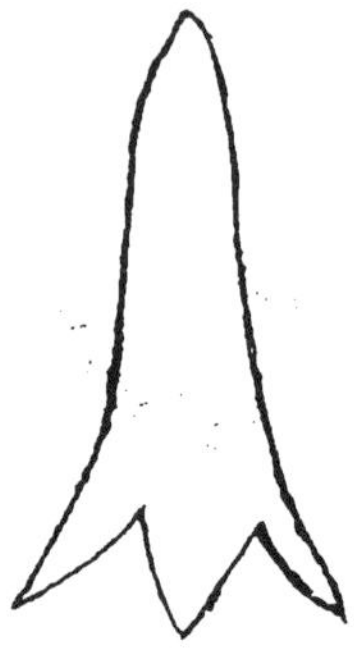

斬將奪旗、雖是正火、體得端嚴、不偏斜則本心正大、不偏跛則本性剛毅、穴得木體、威鎮邊疆、

地軸天關

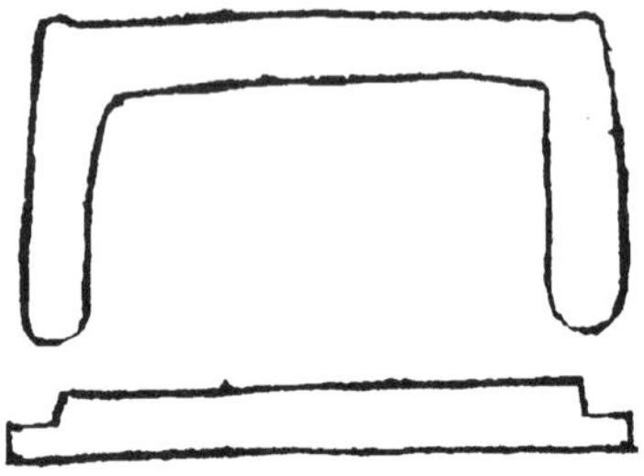

天關乃曲脊之土、地軸乃露脊之土、二體雖則相須、得一亦爲富貴、賦性中和純一不偏、故體方而用直、

清霄獨步

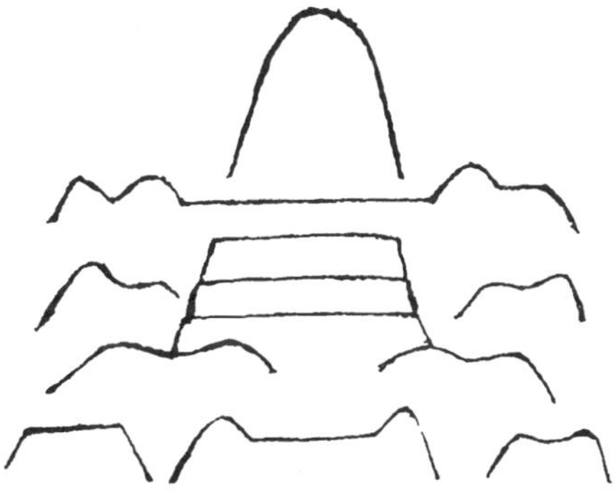

霄者漢也下手成輕清之體並頭列品秩之階整而不亂翼而有序天財映列於傍御土層疊於上或金或木不倚不偏有如人形卓立於上故曰清霄獨步貴格也

紅日東升

重濁在下清輕浮上高金聳於層樓群山無出其右紅日東升之象實聚江山之秀若然應於東方主握山河之應

畨使歸朝

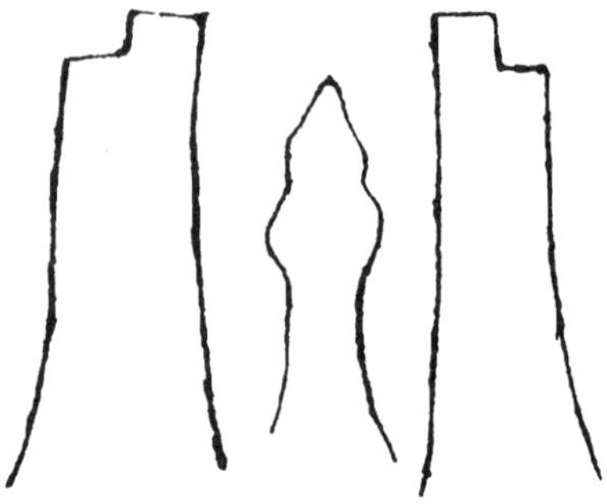

巨門高土夾立，如闕中立，變體之木，狀類使畨之人，身拱如揖，頭端如俯，當對若有此砂，使畨歸朝之應。

霞天映月

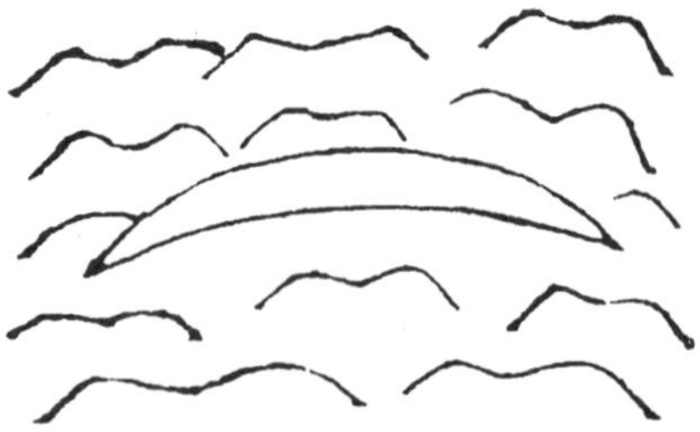

天財排空，陰金微現，得輕清之體，似彩映之霞，勢若穿梭織錦，類如群馬奔槽，果然生現於東方，必主后妃之應。

金臺拜相

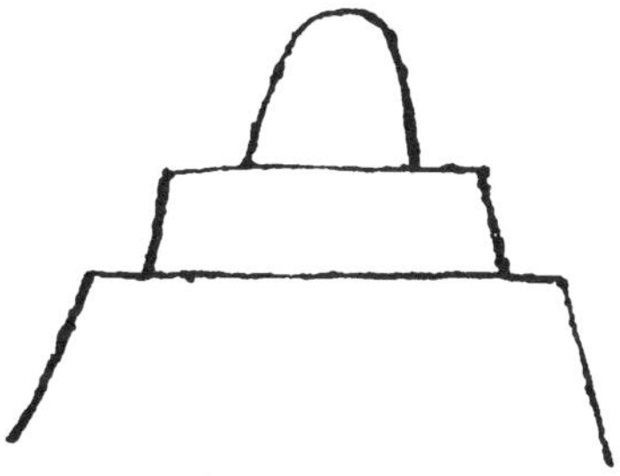

疊土爲臺臺、臺上金星大貴之格、单圓是金、金下土體玉街之象、但臺几乃土體之高大、玉街乃土體之矮小、

紫袍金帶

紫袍金帶、有似穴法、析而剖之、兩可爲砂、紫袍是金水之勻停、金帶乃圈金之秀麗、一意一義之法也、

南極天柱

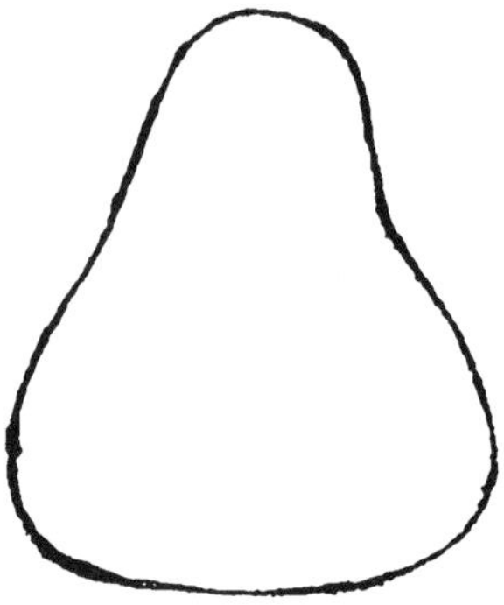

南極不殞之星、天柱不折之氣、本乎地、既厚重不遷、應乎人、自長庚不老、顧多南極之尊、克稱天柱之象、

將印兵符

將印是屏上之小巧、兵、符即瘦木之標屏、星體森嚴、功名顯赫、故在山有相似之形、乃在人無不驗之應、

衙座文臺

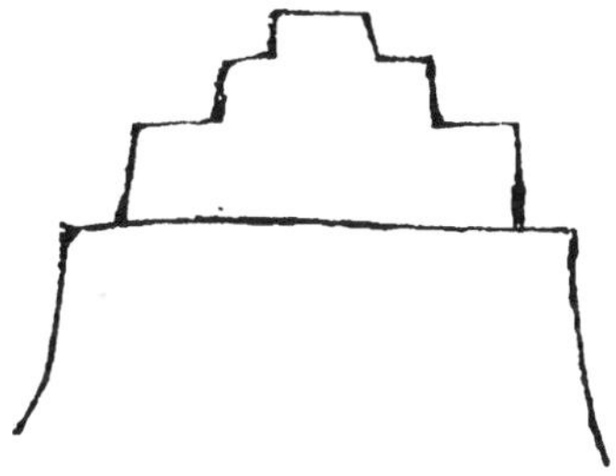

衙座帝王之座、文臺文章之臺、變土居上、正土居下、正中之正、清上之清、至貴之砂、世不多見、已見江南有之、

浪苑僊階

浪苑者水羅如浪、僊階者土列如階、二僊倡作、僊翁兩傍、舞如猿鶴、砂而得此、首出神童、終登僊侶、

插天文筆

文筆乃端楷之火、插天則壁立清霄、出於文臺之上、方爲有用之材、無木則首出文士、帶火則筆掃千軍、

金盔鐵甲

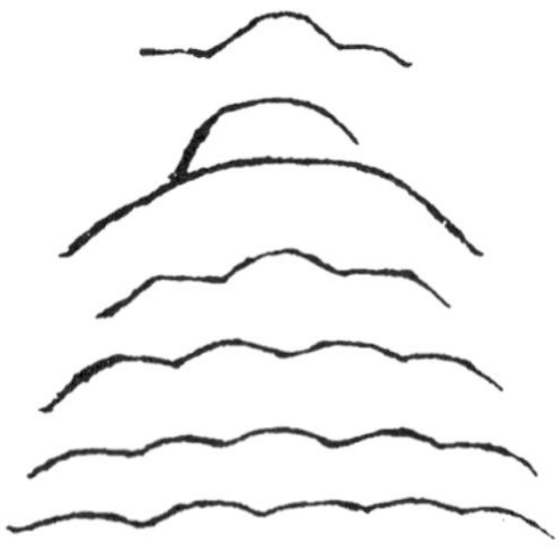

陽金疊疊、如片如羅、陰體重重、或三或兩、金盔乃陰陽之合、鐵甲乃罡氣之聚、既成體格、應用不殊、英雄首冠三軍、聲華名超百將、

席帽簪花

席帽乃貴重之冠冕，簪花乃木體之花紋，木長似木而非木，土平似土而非土，主得簪花，必主富貴，

連厫巨室

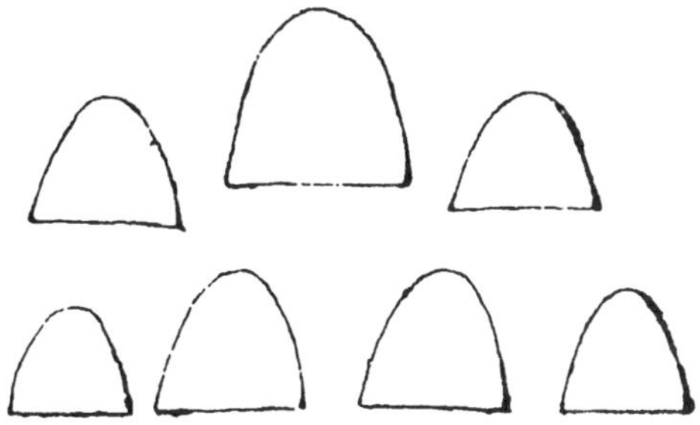

正體天罡，近似金體，但麄中生細，亂土有序，如倉庫之豐盈，若富家之巨室，惟富而已，故發終於二十六之末，

天機指掌

太陽　太陰　木炁

正體人形是太陽、頭金肩水軟胸膛、
金如無水無頭腹、必遭徒配并人亡、
太陰之形又何如、土頭金角兩邊垂、
面飽腹麤足生火、慢言好處决凶危、
且問何以名木星、無枝無葉直高形、
生枝生芽即是穴、入眼須要看分明、
若是肥圓身清秀、喝爲紫炁另加名、

土若屏風四角方、面平脚窄更端莊、
爲龍爲穴爲砂格、最貴最雄不可當、
世間金水號微玄、須知金水兩相兼、
三點金頭四轉水從來妙訣不輕傳、
孤曜之形似天罡、不圓不直又不方、
腹飽身麤無用處凶危須識極難當、

天罡

一般山體曰天罡、金頭兩邊木腳長、
挺胸却似覆箕樣、此等凶頑最不良、

掃蕩

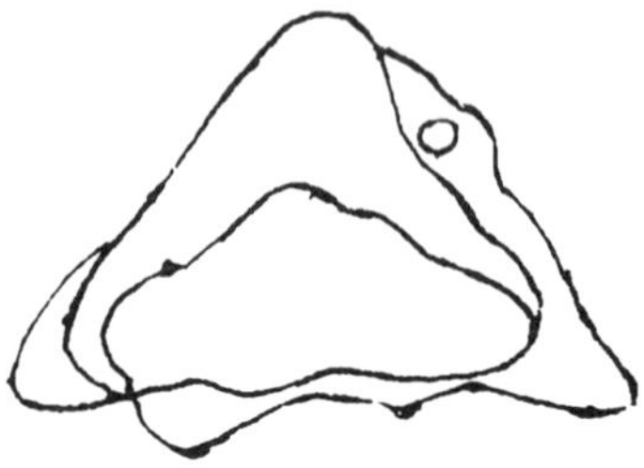

一般山相名掃蕩、欲去不去亂汪洋、
或來或往如飛帶、又似葵花可細詳、

燥火

燥火之義因何名、火焰冲天峻削形、
不可為砂不堪穴、一頭兩腳三角稜、

懸乳

上大下小如人乳、上小下大似膽形、
用心仔細分巔末、熟扒砂來自眼明、

雙懸膽臂

雙臂之名脚兩開左右彎彎自轉囬、
中間有穴懸乳膽、若無乳膽沒骨裁、

沒骨

沒骨因何名、就軟穴中生、左右當乘
樂、上下要相乘、

单股

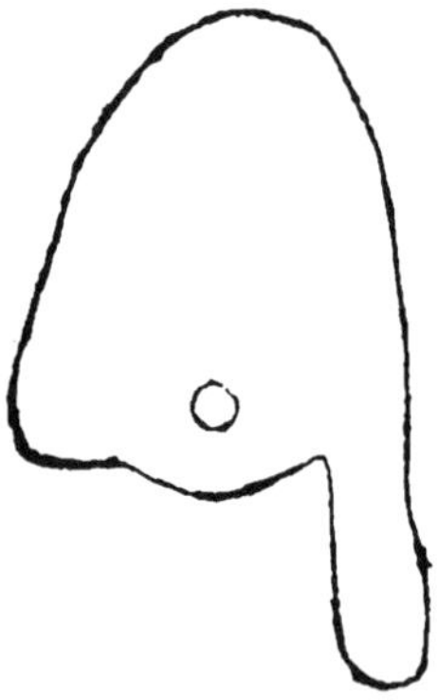

横琴

先弓

足垂木兮曰单提、不論左右皆有之、
半言説破神僊訣、須信砂石有妙機、
何以名横琴、土質木成身、頭方肢圓、
是眞僞細推尋、
足弯金水號先弓、一肢先到有微功、
兩角生來单股轉、或左或右理皆同、

蛾眉

僊宮

玉几

一體蛾眉似太陰、丰神秀雅月初新、
穹是水兮角生火、頂頭豐厚暗爲金、
弯環長臂是僊宮、背乘一樂不當空、
不論九星皆有此、穴居左右并其中、
玉几從來作土神、直如水兮方即土、
不方不直不光明、形象模糊何足數、

疊指　倉囷　文星

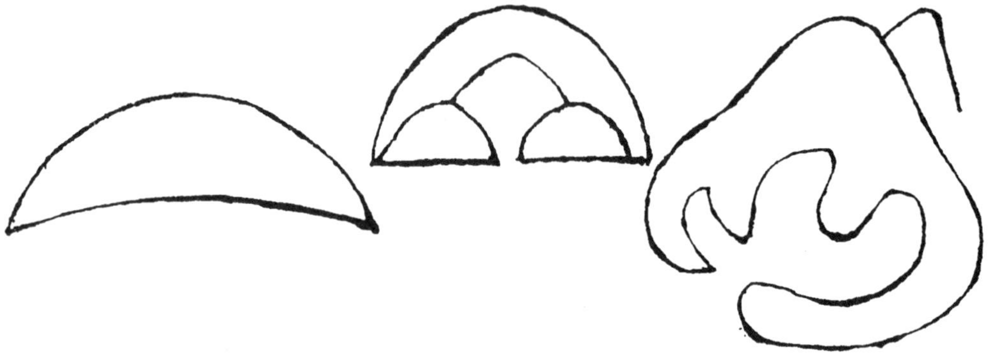

一股単兮一股雙名之疊指足弯長、
另有一名稱組繪背頭須見樂山藏、
陰不陰兮陽不陽、橫前左右作儲倉、
三兩壘壘多疊現、主生豪富廣田庄、
文星却似太陰星、金頭火脚月梳明、
走馬行龍生秀士穴、砂朋吉易成名、

天財

誥軸

天馬

兩金扛水是天財、水秀金明映玉臺、
更加龍穴砂齊美、聖賢卿相此中來、

兩金夾土爲誥軸、面平兩畔如垂本、
官誥重封蔭子孫、世受恩榮食天祿、

天財高矮名天馬、頭側腰長端是假、
頂清足亂似繩牽、乾離位上公侯跨、

蒺藜　鼓形　庫樓

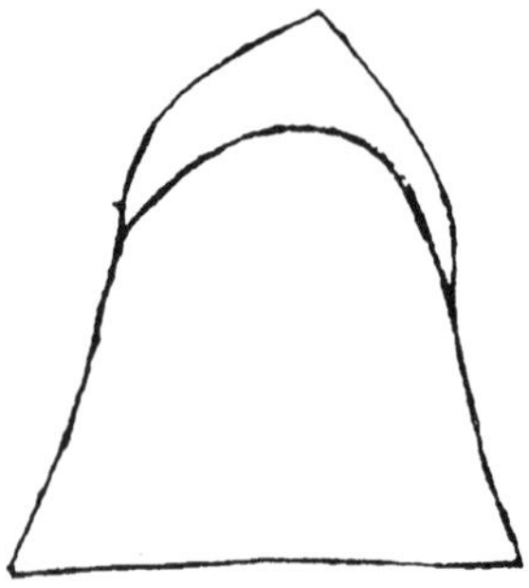

火焰環光是蒺藜、渾如稜角用法難施、
面平隱隱生窩水、妙用開金不必疑、
一山圓大如鼓形、劒戟旂斑可握兵、
龍秀砂清居水口、當生文士顯聲名、
形非覆釜又非鐘、不傾不缺不斜衝、
面飽頭高樓舍樣、應知百萬業豐隆、

兵旂

覆杓

𤻰癀

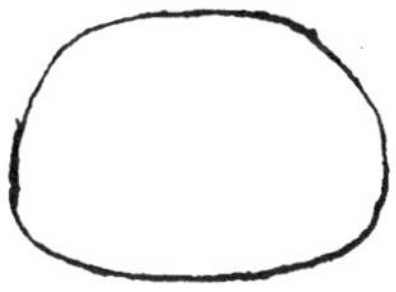

斜火名爲出陣旂、火頭飛出最爲宜、
若有鼓山相應侶、捍門水口可稱奇、
杓形變體出天罡、腫塊非圓不直方、
謾言爲穴難裁作、爲案生灾不可當、
孤曜稍小是𤻰癀、不方不圓頑更鋭、
愼看金土疆開戩、瘟𤺋囬禄無寧歲、

覆箕

遊骸

誥軸

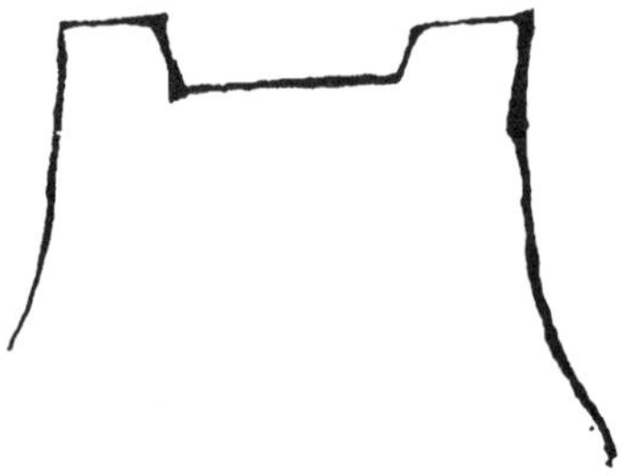

矮體天罡似覆箕、一頭微露一頭低、
中堂飽腹無腰足、爲主爲賓總不宜、
天罡半體號遊骸、尖又瘦兮圓又孤、
更是有斜頑飽樣、誤投便作禍之階、
凹腦天財是誥軸、渾是土兮無金木、
亦宜爲穴亦宜砂、將相榮封還蔭祚、

合璧

側腦

牙笏

一高一矮脉相連、合璧雙金景色鮮、
或後或前皆可穴、但知生氣自天然、
金頂斜撐曰側腦、肩中膽乳藏金寶、
須憑後樂問眞踪、九體皆如斯體考、
高平形勢如牙笏、頭若土兮木成質、
欲求有穴尋乳芽、無乳頭圓是文筆、

覆釜

矮體太陽金、渾如覆釜形、兩肩尤防直、無面不須尋、

玉屛

高土若玉屛、肩凹如玉磬、角方面正平、極貴於茲尋、

覆磬

覆磬如孤曜、爲山顛有力、無面不堪裁、有裙還入格、

葢穴

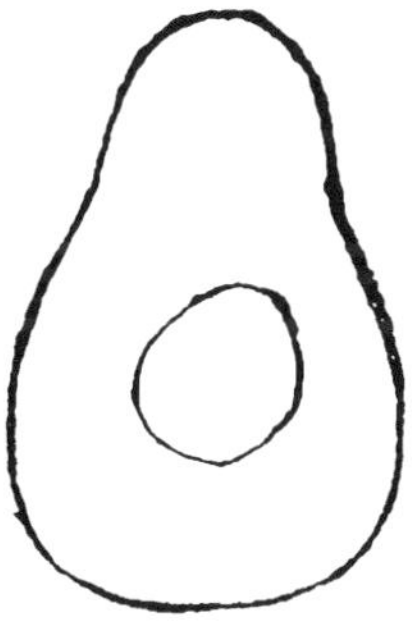

葢穴最宜高、窩弦上下操、身肥頂不薄、富貴且封褒、

挨穴

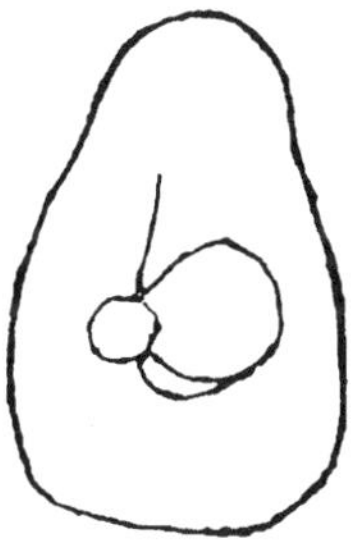

挨法穴從厚、生意自優游、左右兩無拘、用心仔細推、

倚穴

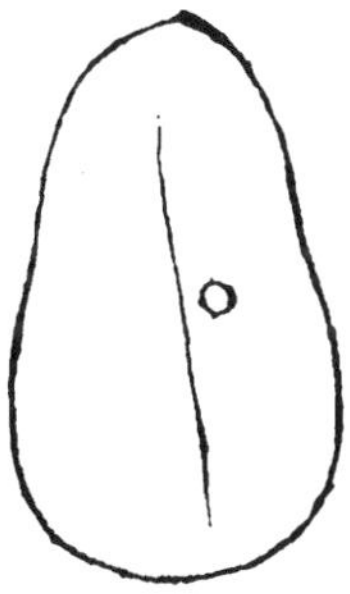

倚法倚一邊、安棺要跕弦、太乘恐有殺、穴法自天然、

撞穴

拋穴

綴穴

撞法與斬同、莫將棺放空、若是乘弦了、脉去有何蹤、

拋穴脉去長、急直恐難當、脉盡方可穴、真氣自滂洋、

綴穴若懸鈴、似拋另有名、微長方成綴、長處要分明、

吊穴

隆穴

併穴

吊穴畧似粘、似粘實非粘、氣盡有餘
氣、盡下餘上托、

隆穴畧似綴、如瓜將脫蒂、入蒂氣難
當、離蒂又自斃、

小大短長脈、雙行併法乘、審求生氣
下、短小泥常情、

截穴

架穴

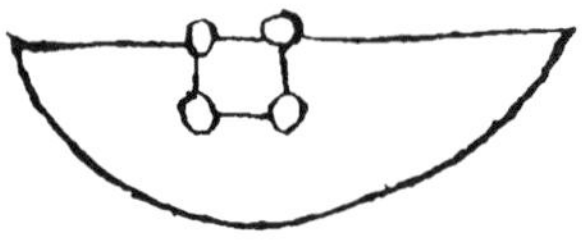

斬穴

截法如破邪、不長尤不短、生意此中全轉肘當心斷、

架法窩深窄、太深又失真、生意當中在、不浮亦不沉、

斬法與截同、直横理須通、高着防傷氣、低來又失蹤、

正穴

求穴

挿穴

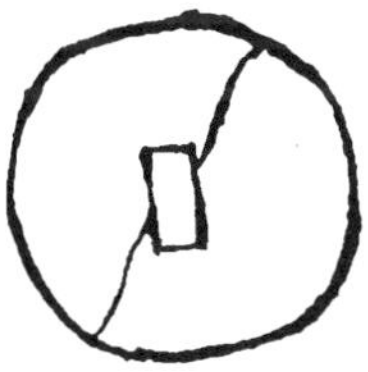

窩小聚精神、初升氣不深、正法如端坐、潛踪却斂身、

窩大淺須求、深而小不投、量窩中道立、過大氣無收、

活動脈斜來、雖來尚未止、挿法來去中、直撞其生理、

折穴

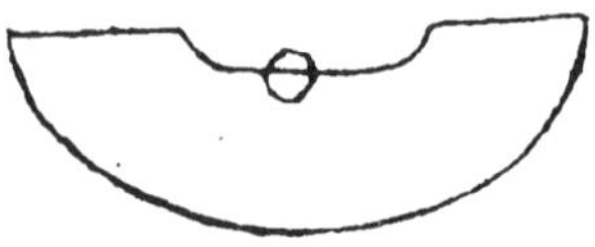

窩象淺而闊、殺風門外割裁折穴當心、隈藏氣自活、

斜穴

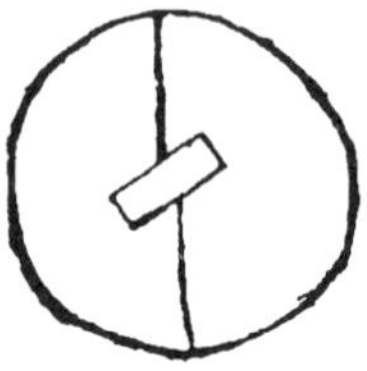

一脉下中宮、當頭不可逢、斜乘無暴氣、不必遠離中、

生蛇

生蛇脉之良、不弱又不強、兩傍有肢爪、臨穴自生陽、

驚蛇

驚蛇性最毒、龍穴皆反覆、災危旦夕生、新禍滅舊福、

死蛇

山如死蛇形、欲行不能行、柔弱為死氣、退敗此中生、

天下之道散於萬、而理則原於一、君子之學統於萬、而理則會於心、是故不傳不足以盡其詳、不約不足以定其宗、此地學始終之難也、內外二集、前後括遺玄微 要旨主見

拾遺蓋以盡洩天地之奇、闡揚鬼神之奧、盡天下至妙至妙者矣、舉一義而千萬義靡不精、指一圖而千萬圖靡不明、見愈明而得愈難、得愈難而守益固、則道臻於神化之境矣、雖然道其可以終秘乎、曰不可、道其可以弗傳乎、曰不可、秘其道者爲自隘、隘非廖公天地之心也、輕其傳者、爲自褻、褻豈廖公道統之心哉、然則求之當何如、曰誠、曰敬焉耳、其始也、表裏如一、以將其禮、其既也、患難弗離、以効其力、其終也、存殁不忘、以盡其思、則意氣孚、精神格、天地福庇、鬼神呵護、道統之傳、其在茲矣、何也、蓋敬爲聖學

之原、而誠爲格天之本也、所謂忌傳云者、正此意耳、戒之哉、戒之哉、

彭大雄沐浴頓首

奇形六十四穴

是圖格翁生平履歷最得意者。一日於松陰之下，畫地示予。皆人所習見而莫知。亦人所苦索而難知。其天縱之聰乎。形神卓異。是以曰奇。

高聚穴

衆山聚嶙共成一局。龍虎森嚴。弦稜圓凈。就窩上弦立穴。此嶙結也。

花心穴

紫炁肥圓無蒂無根。中開隱窩如花心。然郎從窩心立穴。

中含穴

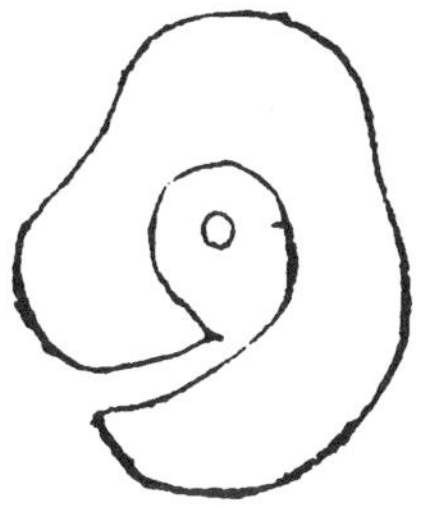

金水頭分腳合。中窩圓平頷隆無面就窩心下。

高骨穴

高金一股垂木。一股垂金。皆無面無收。就窩弦對案下。前作一收堂。

乳根穴

陽金面闊。中乳尖長。就窩弦尋乳竅處。對案交橫下。

墜珠穴

金水落平崗。連行褥重有夾。就中金下。

培胎穴

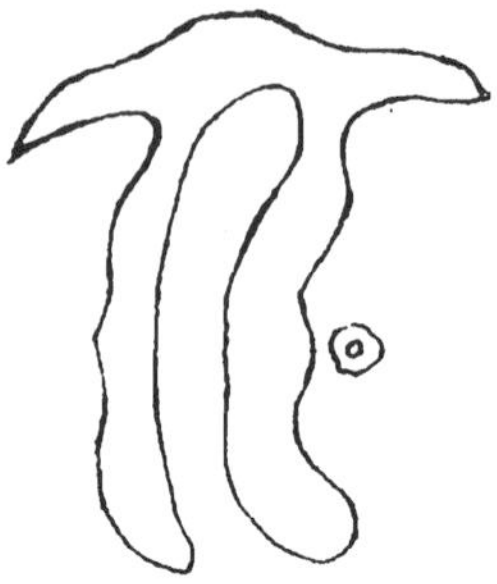

兩木齊行。一直一竒。腰露一芽。生機微淺。接芽培土堆珠下。

聯翼穴

倒金合體。面皆突屼。肩皆峻削。尋合氣微窩中下。

氣堂穴

側金面肥。出乳尖闊。乘來脉。尋乳根薄處下。

連枝穴

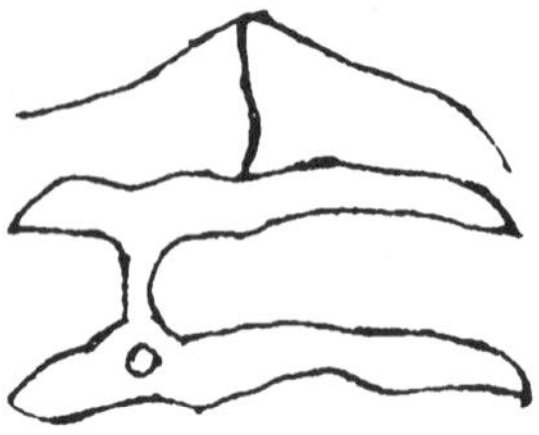

平木連來。背皆硬。弦皆削。無節無枝。尋脉落微平處開窩下。

隱受穴

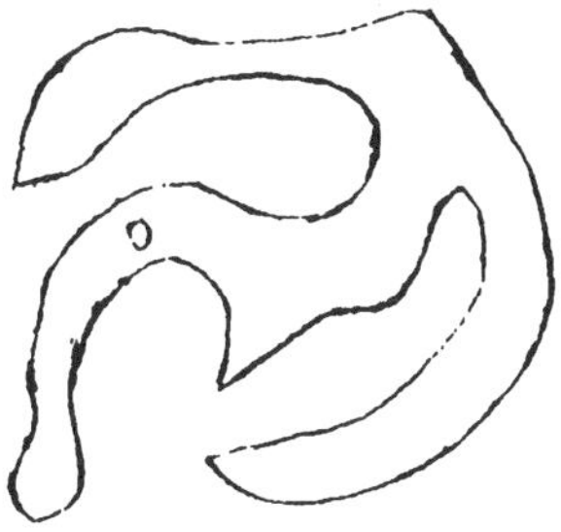

水木逶迤。舒而漸歛。梳鬼就舒歛交處下。

掌心穴

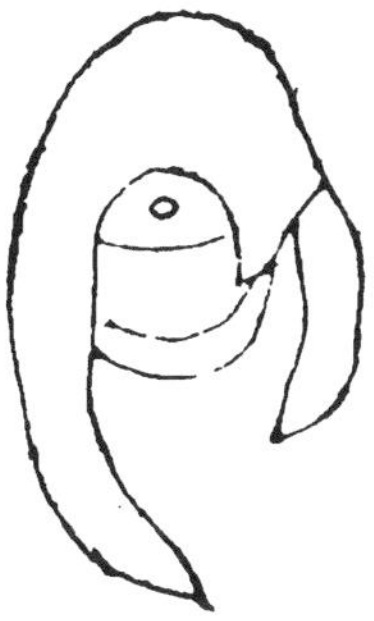

高金兩脚出火口下一窩就中窩上弦立穴。

擺膝穴

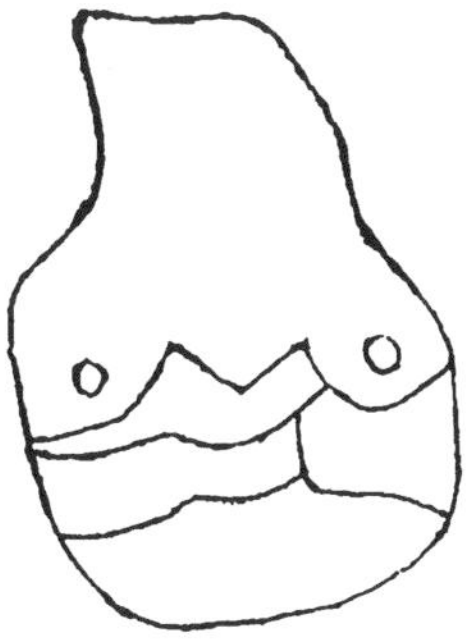

陽金闊大無乳無窩。穴須從兩邊微突處下。

懸鈎穴

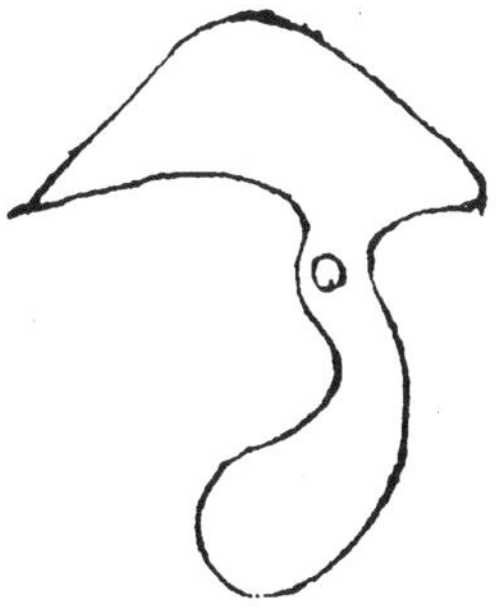

高金一脚垂下。就灣土微起處立穴。

肩窩穴

大金落小金硬面無裙。就水頸肩窩中枕樂下。

鳳眼穴

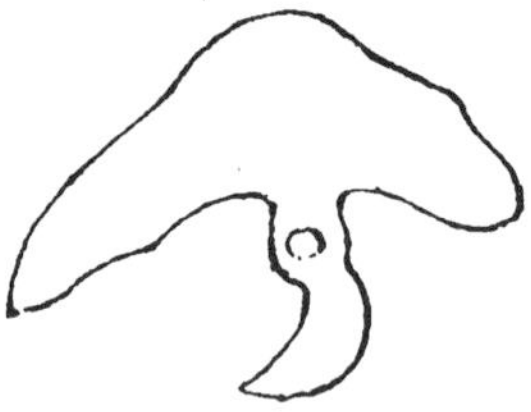

金水落太陰脊削無面金水下有微窩如鳳眼。就窩下。

聯臂穴

高金落低金。脚皆出木中。出水頸如交臂。然就鼠肉處下。

交手穴

陽金開窩深下土弦腫塊下。弦平細如交手。然手下有唇。就平細中下。

轉皮穴

金星落腳平鋪。弦有微突。如轉皮卽從微突枕毘下。

反肘穴

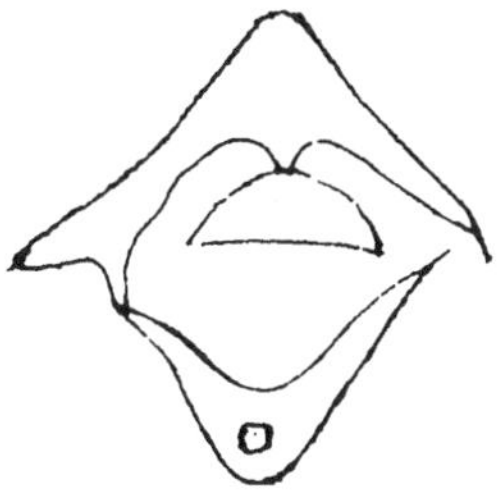

水火斜飛。股脊陰硬。轉折處微坦。生陽枕樂。就陽處開窩下。

聚唇穴

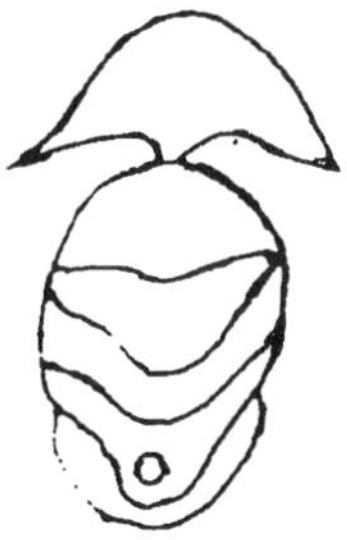

陰金闊散。無弦無窩。低落數級。漸歛如唇。就唇皮處下。

月角穴

太陰背隆。弦峻角尖皆無穴。角皆交處微平。就平處下。

啣珠穴

蛇目穴

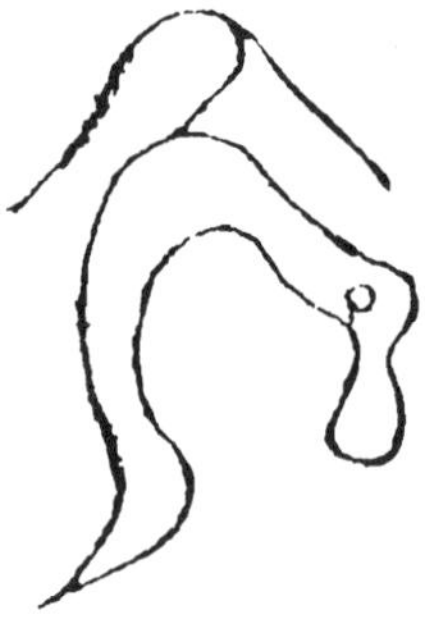

金水掃蕩散亂
無憑就金水蕩
頭頂脉開窩啣
珠下

曲木如蛇尾尖
頭突皆無穴節
中微窩坦 如蛇
目就窩下

橫蔭穴

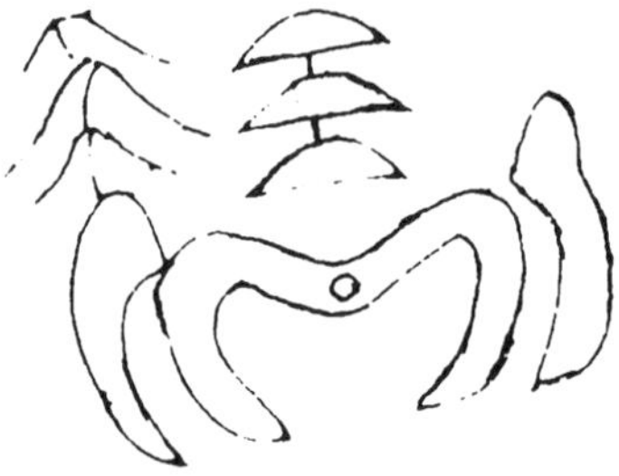

排衙穴

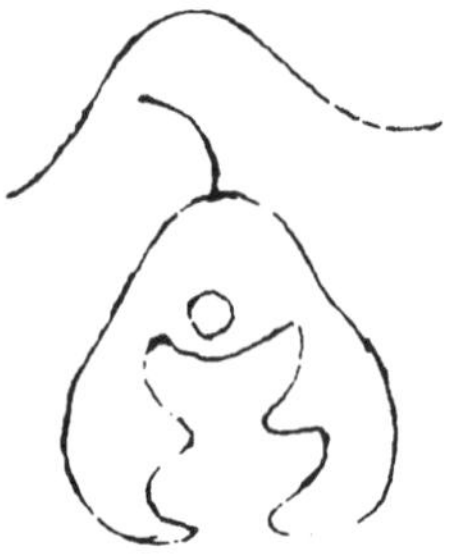

金水橫來腰長
似柔串脉倚樂
橫受柔中有剛
腰長不忌

左右排衙脚隂
頂陽氣浮上聚
乘脉開窩立穴
不見堂傾

從陽穴

中頂隆龐。氣行兩角。一尖一圓。尖者陰。圓者陽。從陽下。

距窩穴

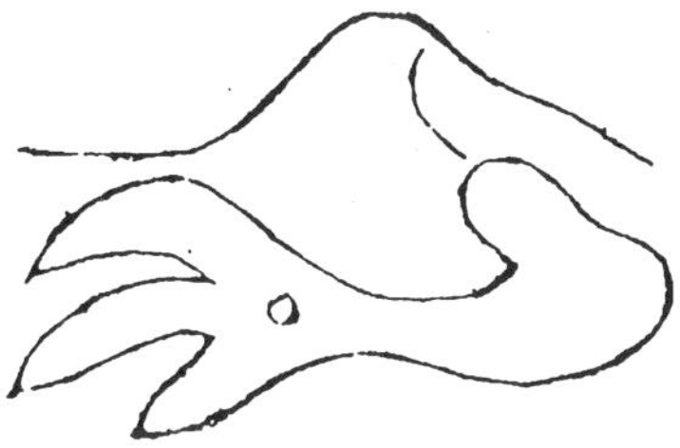

倒水盡處。根分三股。皆陰蠢無面。根上陽坦。從四陰一陽中開暈淺下。

虛窠穴

金水蓋邊出脚。尖斜非乳非腕。從蓋下圓暈開窩深。入面前峻逼不忌也。

劑角穴

火土頭尖面闊。氣趨角上。從角根微暈開窩起息下。土金相生。水火相制也。

交枝穴

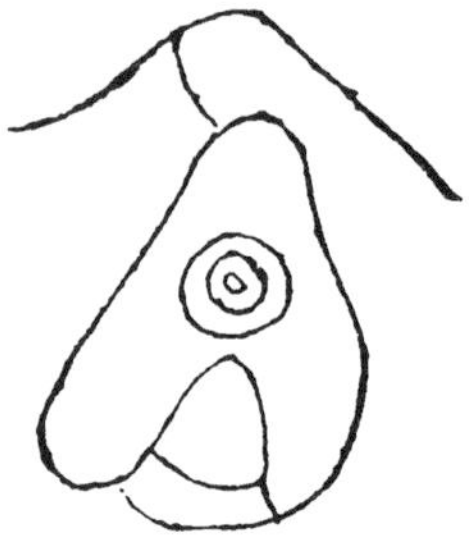

兩木枝交處有隱窩脈來或偏或正乘脈下如堂傾無案須作半月深池。

露珠穴

金水面平如隱窩闊大弦露一珠陽中陰也從陰頂下。

邊春穴

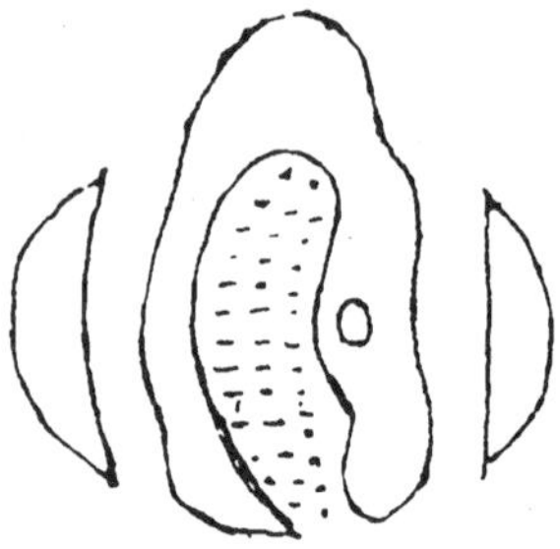

平木分枝一陰直一陽圓梳樂陽枝下堂須注水四面金氣多也。

斜受穴

金土脈斜左右唇褥亦斜惟一案正對案梳樂撞脈下。

鼻竅穴

脉從中出開陽。金面稍平闊唇尖從兩傍開窩下。如鼻竅然。

壓煞穴

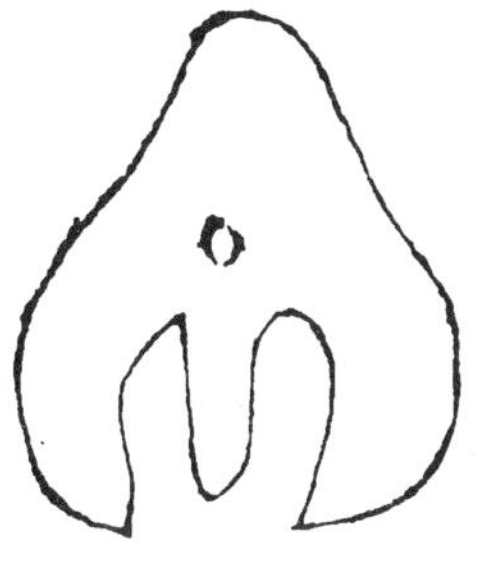

金星垂乳陰長煞也。從長乳根開窩正坐壓制其煞。亦挨金剪木意耳。

橫攔穴

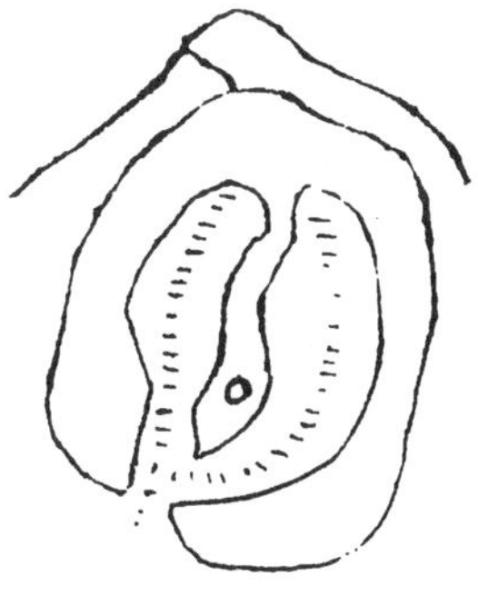

曲脉中行界水。直出撞脉橫坐邊股作案橫過妝堂側合襟也。

助主穴

金水出脉中頭低薄左右陰雄有煞乘脉中下。培土助威以制傍煞。

頸凹穴

滴珠穴

金星出乳尖闊。兩股直硬頸弦彎凹活動從彎邊開窩下。火頂火唇中有隱脉如珠斜落。乘珠下。就珠前。開一窩。以殺前唇尖煞。

迴顧穴

蠏目穴

金頭面硬橫乳瘦削盡處。金水陽面取回顧向金頭下。金星平闊無窩。兩脚尖利挽樂。擇唇圓處照夾。從抱穴中下。

立劍穴

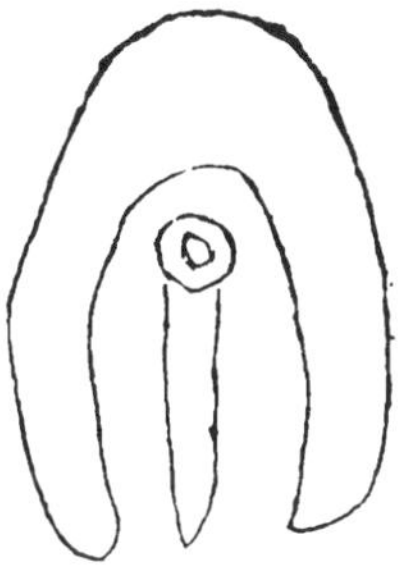

罡口無脉忽起一長乳如劍劍鋒尖瘦劍頭有微窩就窩下。

壁金穴

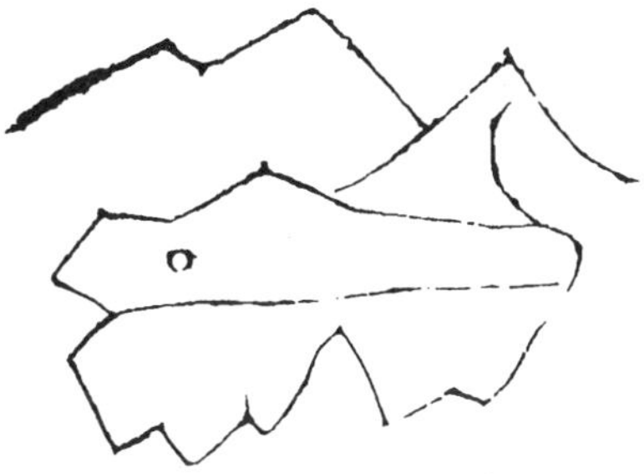

低金如木而橫無脉枕樂對案就雙金聯弦水頸凹中下。

鬪斧穴

陽金出乳如刀一邊圓一邊直此文星也挨圓邊橫下。

從清穴

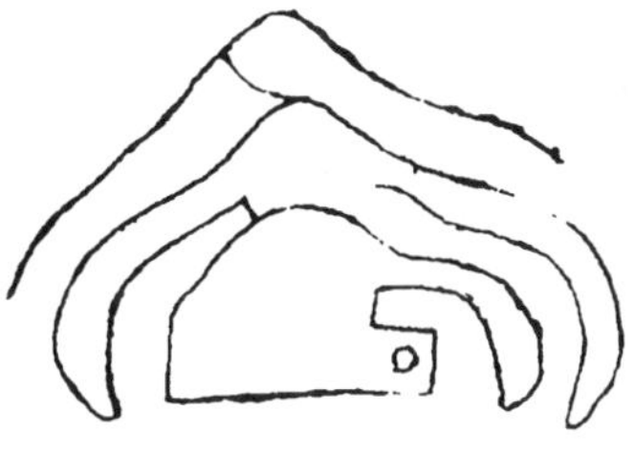

橫土闊散臨界始清從界水邊開暈下此亦橫受也。

流氣穴

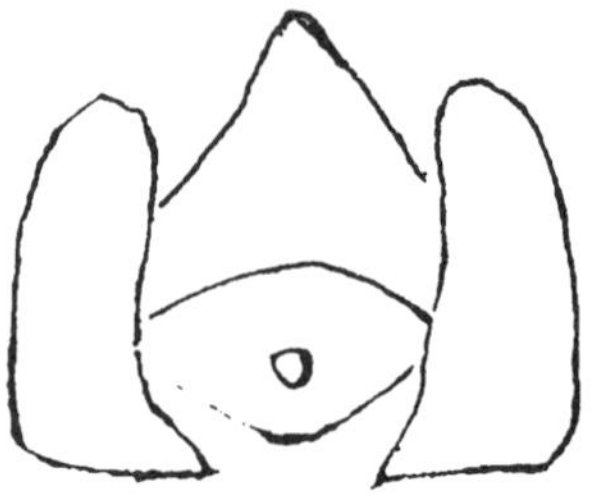

兩木相對。昂聳
無面。一邊落下
如礴如唇脉微
難認。桄樂橫下。

倚明穴

立木落下平洋。
弯轉圓活。惜無
變動。從木根弩
處。倚明界邊立
穴。棄用而從體也。

跟窩穴

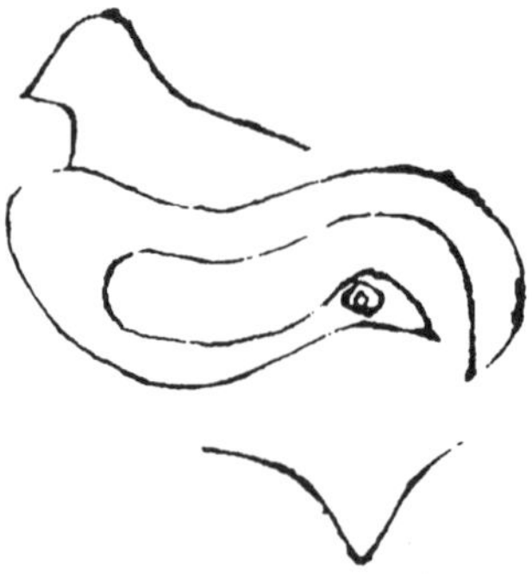

兩木分行。無芽
無節。逶迤清秀。
至盡處屈折露
尖如火。就木火交處下。
兩木連來。微開
界水。隱若弩節。
前行雖弯坦總
無枝芽。就行龍
節中取。

庋節穴

燭心穴

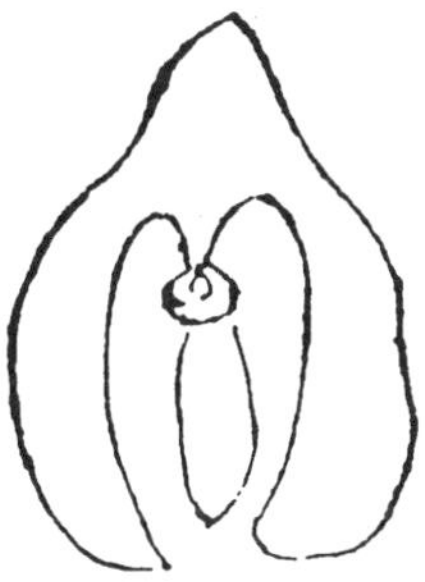

偏清穴

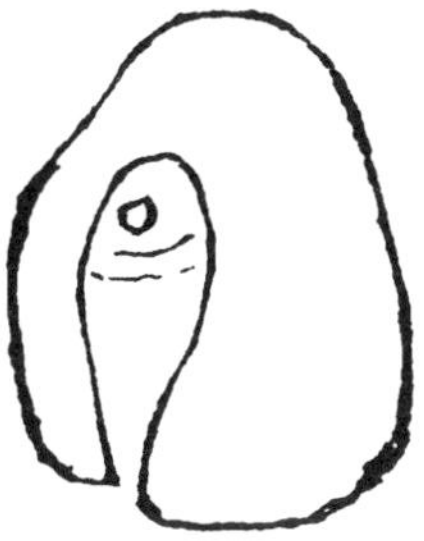

一木瘦削頭圓。圓處弦稜明白。夾從周審。就圓處作凭高穴下。

陽金肥腫無面。頭掟脚擺。偏開一窩在右。此側面金水也。就窩下。

聯輝穴

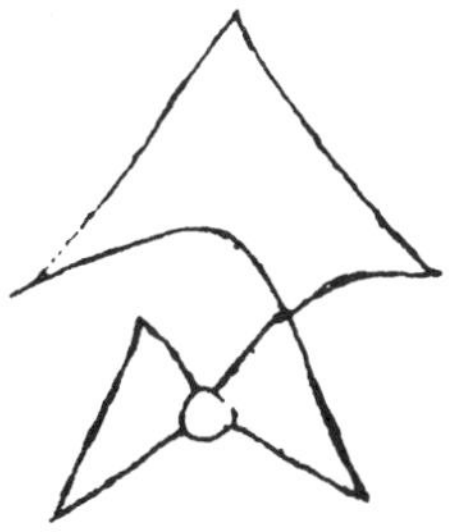

交度穴

變上角出。連行二火。尖削無面。尋二火合氣處開窩下。

高金開窩。脚斂自關。內堂兩臂交織。水曲沙環。金窩立穴。

倚腰穴

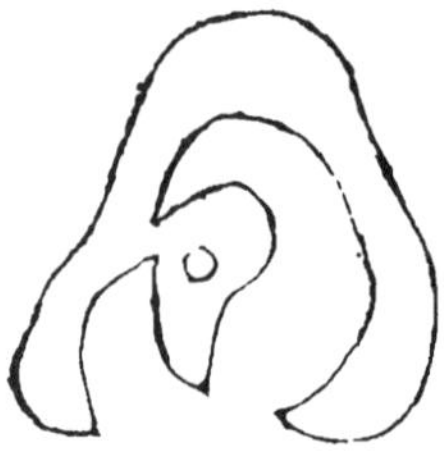

脉氣腰來金頭。木脚剪木挨金。腰腧受氣。

尾重穴

金星出水橫眠。一木頭輕尾重。全無下手就頭。輕處立穴。

避煞穴

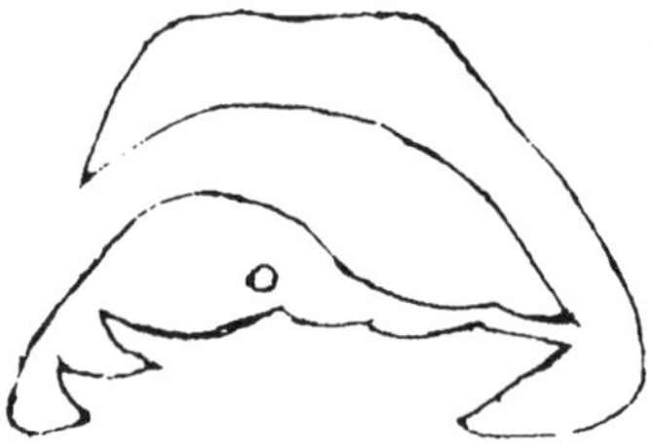

太陰一水度脉。一火作曜坐土。樂就水凹傍立。穴避火而就水也。

圈金穴

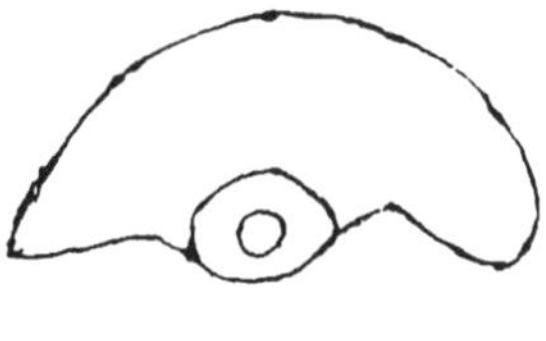

太陰裙含一窩。兩股如翅就窩。立穴。

氣旺穴

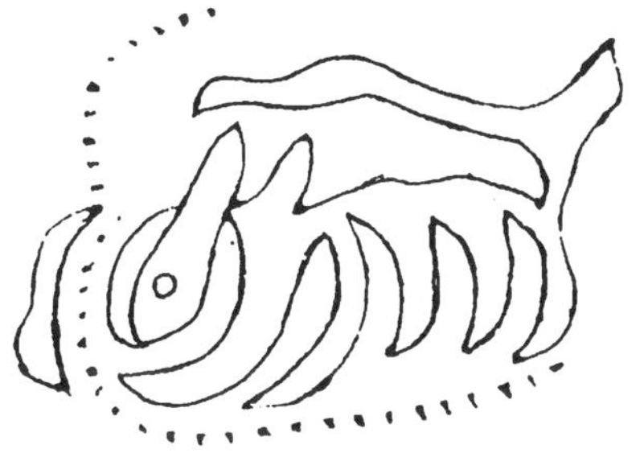

擔凹穴

紫氣連來。枝皆順擺。至末枝清正卓立。體平礡厚。即此立穴。下空無忌也。

火尖亂插。窩乳不清。就凹處當脊對尖。取開大窩。坐樂下注池。

閃煞穴

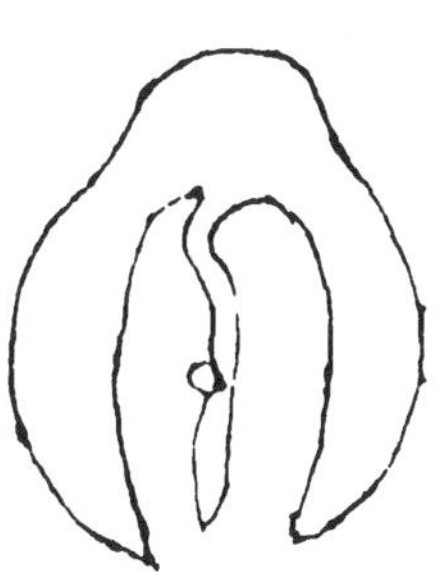

會清穴

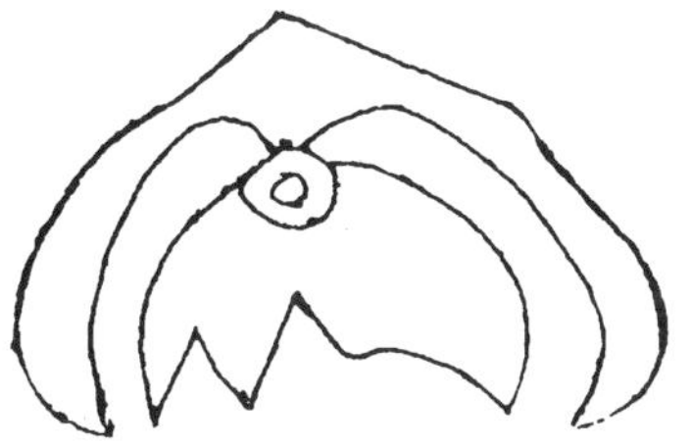

金星中抽。一乳尖直如針。面硬出脉。在乳閃煞。在針傍下。

突金面腫。脚尖斜飛。皆無穴。頭稍清。脉入處稍平。乘脉就平處開窩下。

流清穴

側金面頫脚闊。唇弦微薄有口。即就薄處下。濁裏流清也。

開脚穴

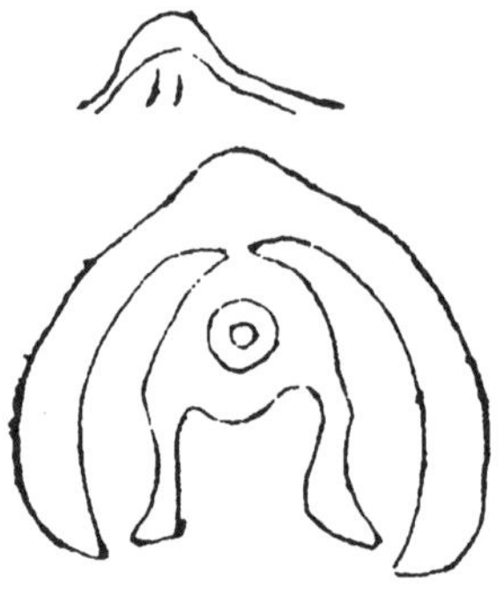

金星秀拔。而如壁立。兩脚分飛。半額稍平。開窩立穴。須龍虎關護。恐犯離鄉。

附三生怪穴辨惑解

是卷有圖有義無註釋、三生竊取諸先賢意支分節解

附錄義末、

經曰、騎龍須要騎龍脊、龍住應無敵、

真龍聳拔行來、夾從密邇、至半腰中結咽起頂、融成星暈、如珠如宕、當脊而生、對出脉處、稍稍偏斜、腰腕生案、如弓脚者上也、有脚下直出、復起微巒、開面作案、兩脚搬轉、與夾從交互關攔、分水復行數里數十里、起伏擺折、並無星體、故取珠宕處、穴之順騎、則鐘靈於後、取秀於砂、而頂耳

受氣倒騎則取精取秀於龍取樂於去山而踴泉受氣二者多無局惟横騎則夾耳最重秀局在前鬼樂在後而腰腧受氣是三格也不論平地高山皆有之先賢有曰也有穴前多餘氣山去數十里也曾見穴嘴直長鑿作臂廻環也有怪穴似拖鎗只要護纏長皆騎龍穴論也如去山復有大結則此爲斬關如横山垂脉而結則爲天財非真騎也

順騎

倒騎

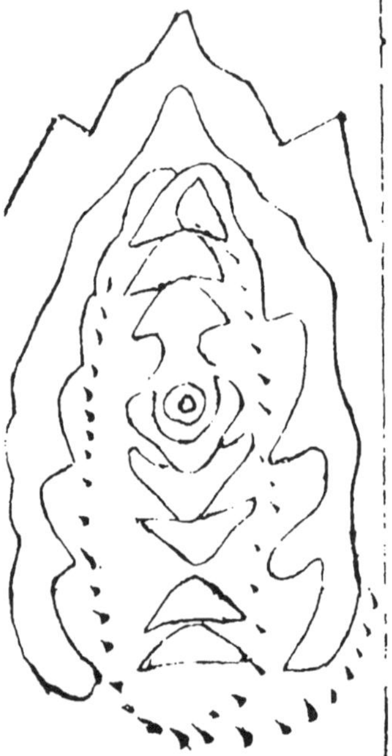

橫騎

順騎乳結

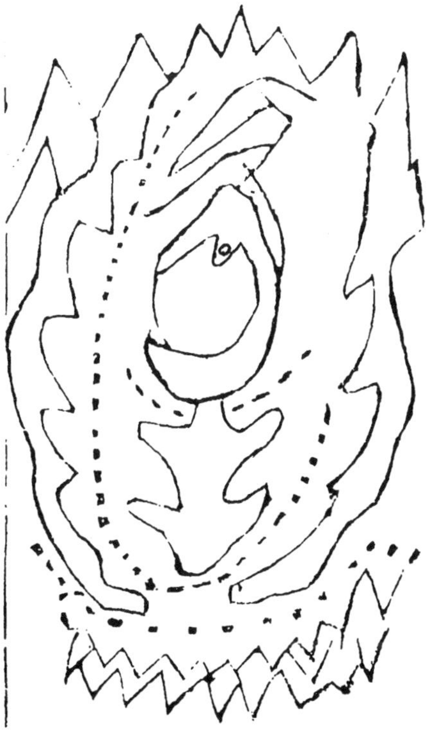

經曰藏龜閃跡在田中水遶是眞龍

大龍踴躍、落下平原、闊坂十餘里百餘畝、脈如火角、如玉階、如蛛絲、如梅花、如走珠、復隱無蹤、俟而田心湧突、如龜藏泥中、四圍低平、彼獨隆高、遠山高護、近水曲纏、此陽極而陰生也、體太柔則培土成塚、太剛則開口取穴、可愛隱藏、尨嫵卑濕、憑田爲準、先賢有曰、忽然低在深田裏沒泥穴可取、忽然有穴少包藏、一突在中央、忽然有穴似牛皮、撒網形無異、皆藏龜穴論也、如渺茫無蹤、間露毛脊、則爲沒泥龍、平鋪無腦、數石橫前、則爲天鱉、又藏龜之別也、

沒泥龜

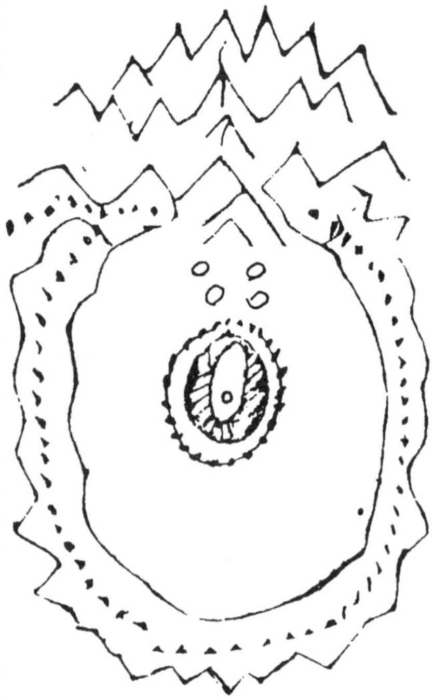

天鱉

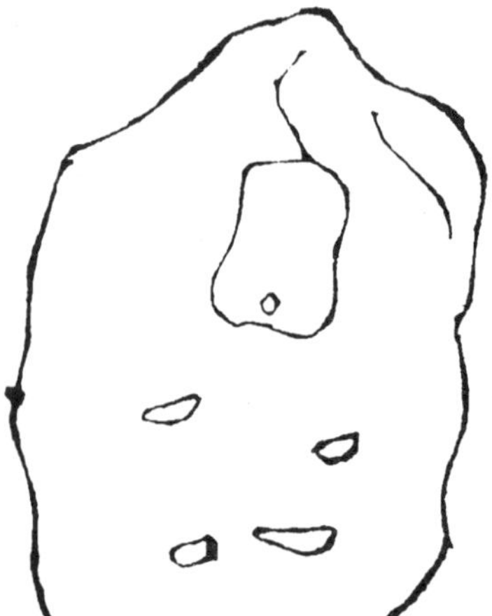

經曰、潄石莫疑安石鏄、土穴端無價、

大龍降勢、鋪下小石、磷砌中有瑞石圓淨異群、眞氣所鍾
則壽微窩處開鑿、見土安棺其上、蓋陰極陽生、石下自有
土也、先賢有日、忽然穴在石罅中、有土氣斯通、忽然結在
頑石裏、鑿逢土脉、取皆漱石穴論也、如石盤石龜頭硬無
縫、四環皆土、鋪土結砌、不必開鑿、則爲石巧穴、又漱石之辨也、

石罅穴

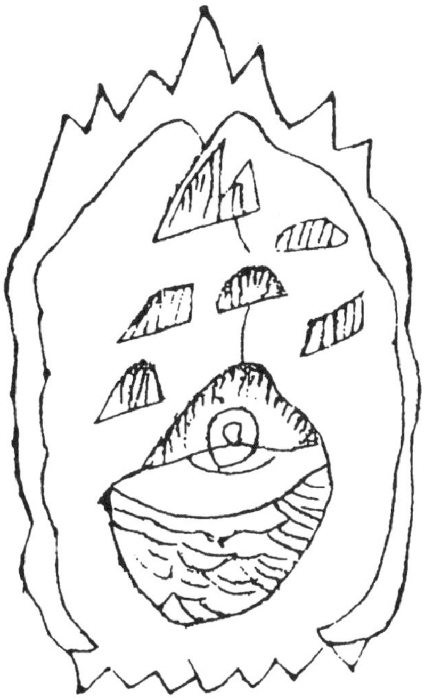

鋪土穴

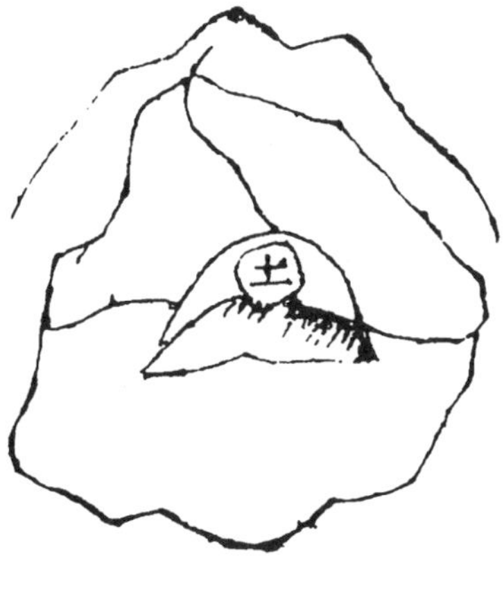

經曰、捉月雖云在水中、還要土來封、

火星行龍、變爲孤曜、脉落湖中、星體浮露、取石圍砌堆土成墳、先賢有曰、忽然結在水中央、四畔水汪洋、忽然穴在土皮上、名曰培土葬、皆捉月穴論也、如脉瞰湖弦、氣下高坪、則爲龍氣穴、如平田如紙、龍伏無蹤、穴居其中、則爲大沉穴、又捉月之辨也、

捉月穴

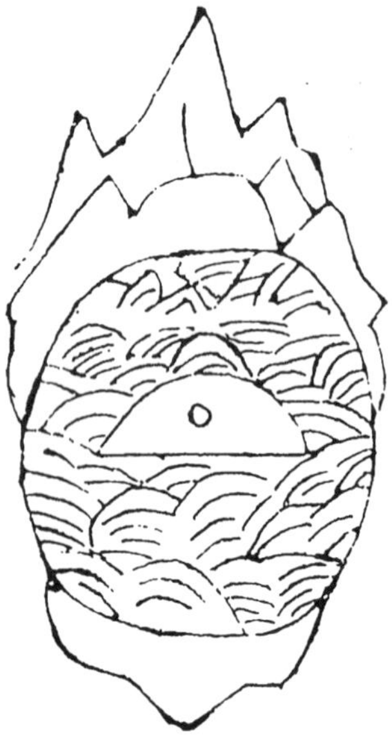

天沉穴

經曰，坐空仰面去張潮，不怕八風搖。

龍勢秀聳，星辰疊出，無乳無收，兩岸溪流緊逼纏腳，左右前砂，又無奇秀，中落旁棲，皆無堂局，故落下平崗，運遊轉張潮作穴，左須眼界寬舒，器宇宏暢，羅城開闊，能容逝轉，不論祖山客山，星奇獻秀，雖高無害，然既張潮則迎勢有力，雖後空樂遠，不忌也。先賢有曰，也曾見穴坐落空，得水不言風，也有醜穴護短少，風從門外掃，忽然孤露八風吹，登穴自隈聚，皆張潮穴論也。如形旋勢促，則爲盤龍，如朝對祖山，則爲顧祖，又張潮之別也。

張潮穴

經曰、走珠墩阜出平地、聯絡爲更異、

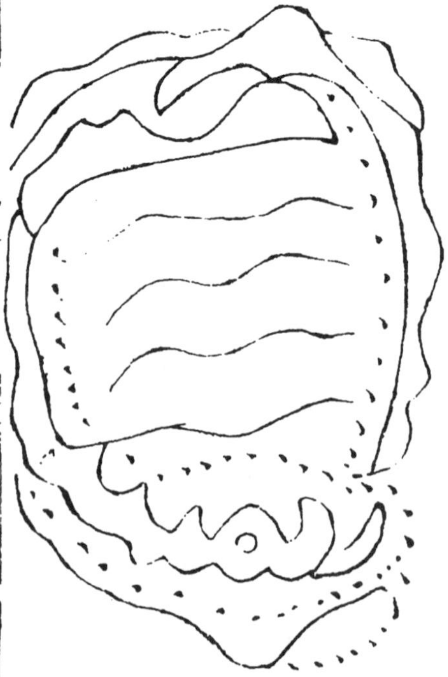

大龍巍峩、金水氣盛、卸下平地、珠泡連疊、或三五七九聯絡爲横、環觀體格、細察賓從、擇其特者、開窩作穴、先賢有曰、穿珠串珠與走珠、中珠必有餘珠應、皆墩阜穴論也、如金水弦稜、則爲梅花開口、陽金則爲馬蹟、金土串行、則爲

辨錢又走珠之別也、

走珠穴

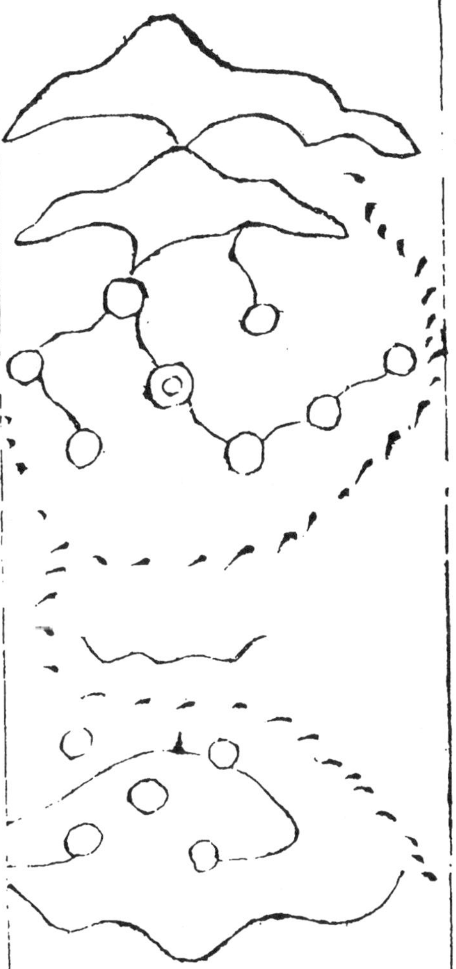

穿珠　串珠

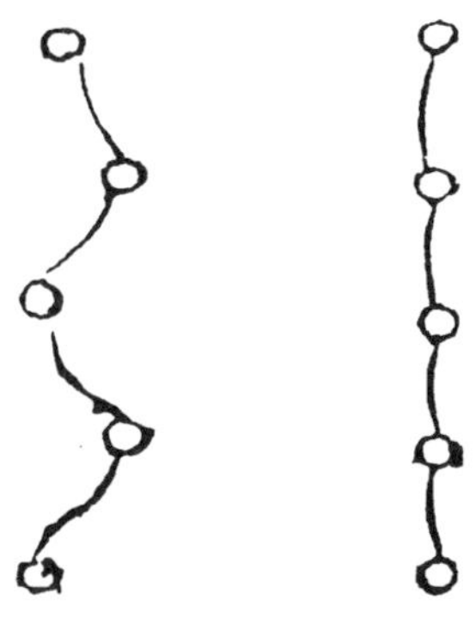

經曰、仰高山頂見星辰、平面最爲眞、

飛龍踴躍、超然上昇、頭角崢嶸、仰面開窩、弦稜圓淨、頂下則璧立萬仞、窩中則坦若金盤、窩者名天湖、窩中突者名天祿、先賢有曰、急山忽然頭坦平、穴向此間停、忽然高在

萬山巔天巧穴堪扦、皆仰高穴論也、如壁上掛灯盞、但見微窩仰壁、上撲飛蛾細看突無多、則爲凭高穴、又仰高之別也、

仰高穴

凭高穴

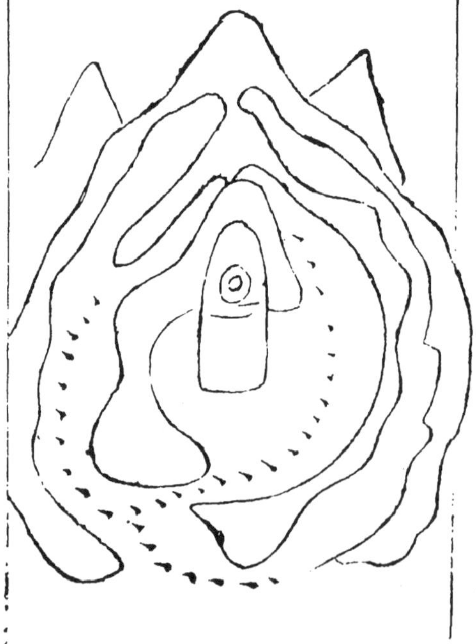

三生乘氣解

經曰、變態無窮難舉例、作用皆如是、乘生得氣任君裁、

奇怪不須猜、

經曰乘生得氣、生氣者何、兩儀定四象成八卦備、生氣所由名也、統之一太極也、太極無可名、而名之以生氣、循聖門語、一貫而以忠恕實之也、子輿氏眞積力久、始認得此忠恕夫氣也、何所自生哉、蓋眞龍之精神、透迤升降、眞龍之氣勢、托迹朝迎、夫精神氣也、氣勢生氣者也、精凝勢聚穴因以生、由龍廼有生也、有一生則有千萬生、乾坤竅會也、川岳靈光也、豈易知哉、方擬動求、或涵於靜、方緣有覓或入於無、固眞精發育之門、亦圓神活潑之地、豈易言哉、試語其大體、從降勢以來、結咽起頂、脉絡清細、流動凝注、爲突爲窩、毬簷圓淨、界合分明、蟾翼均匀、唇口周正、顯中之顯也、其乘氣也、易知及其變也、結咽而下、雄猛閃爍、星面模稜、其氣漏洩、於有於弦於芽於角之間、爲側乳爲邊窩、界合微茫、聚堂偏側、顯中之隱也、其乘氣也難知、由此而尚可窮乎、則有萃秀巍峨、含英原隰、錮於磅礴、當於偏枯、騎泉竅以浮游、走河濱而飄泊、子持空曠、混處叢攢、揭玄珠於漏槽、御金輪而擺脚、止於不關之地、廻於無樂之場、眞寄於僞落之先、實閃於虛門之側、肘折而垣疎、堂傾而尸散形骸偏駁、而神氣自王、脉息依稀、蝌魚掩映、厚薄大小實虛之界、變露天倪、夾持鬼曜、案礡之間、異生巧應、其必詳求咽抗、細認暈紋、緩至則吞、急來則吐、左右以從入、爲依淺深、以浮沉爲籌、培之劈之、剪之、屬之、剖之、塞之、皆乘氣中事也、隱中之顯也、非練達者莫與也、曾是無餘蘊乎、則有陰噓陽魄、陽吸陰精、如日午槐陰、寒潭月影、湛寂中靈明一點、氣象萬千、按主星之雄踞、覘脉絡之潛通、審氣勢之會歸、討神精之鍾聚、見動於靜、出有於無、隱中之隱也、其神化之境乎、心領神會、可融貫於一言、纂象模

踪、千萬言而莫罄者、其要在知龍之所以生、即知氣之所以生、生也知生、則知乘矣、

二難紀言穴暈氣說

暈形亦貼之意味、精之所露、穴之所止者也、不論正變皆有之、必須近看則有、遠視則無、人人之所其見、而可指者、此生意洩盡、而無涵蓄之氣、爲福不久也、必邊明邊暗者爲尚、明處是生、暗處是死、明處单薄、則微挨暗處三分、暗處单薄、則全扦明處、此法可以均房分、無此証佐、不可以言吉穴、

體用說

有體有用、然體者穴也、用者來龍也、左右龍虎也、前立之

砂、來朝之水也、是皆用也、體用人皆知之、而其輕重之說必有辨焉、若後龍微弱、更被水刼風吹、至結穴處光明俊偉、闊大可扦三五穴者、謂之體輕用重、後龍強大、穿田過峽而來、至盡處可扦一穴、如畏如退縮、謂之體輕用重、後龍平伏而來、不小不大、湊脚之前、朝山壁立、如欺如壓、謂之體輕用重、又有一等、既無左龍右虎、又缺前案後屏、獨穴居中、身单無護、而前之大潮、當面而來、直衝城郭、謂之體輕用重、然此實葬家之所忌、不可不加審也、

砂水說

砂水雖地之不可缺、有害於穴、不如無也、水之爲溪爲澗、過穴之前、圓而爲帶、亦須離穴稍遠、圓而爲帶說水、前砂至穴稍遠、遠其聲也、砂之或平或伏、近穴前後、欲其用身、亦須過穴顯然、周身之砂、衛翼持重、過穴顯然、界水明白、此係陰砂、不論左右前後多有之、亦塋家之所希遇而罕見者也、若平埄之穴、無此形証、雖美亦不可穴、萬一貪夫龍穴砂水之美、率然而穴、孤寒風寒之患、最爲可畏、設若四山森列、至穴不遠稍可、

餘氣說

餘氣者、穴之左右前後擅褥是也、由其氣之厚而有餘也、不論陽基陰穴、最喜有之、人之貧富、係此甚重、若無餘氣、縱有大潮、亦不能納、雖出清貴、多遭窮乏、此理極驗、亦人之欲而不可得、必須以人力培之、用石淺砌其局、取土厚培其中、雖非生成、至久亦不覺其氣之貫通耳、

沒泥龜

沒泥龜沉下之穴、此法喜藏而忌露、惡淺而欲深、龜之沒於泥中、如恐人見、至底而方止耳、此形多出平垮田坂之中、穴之者吐而露則悞矣、

龍虎説

穴立此、而左右龍虎捍衛其身、吉塟之所喜也、必須右欲其平伏、左欲其舒緩、右若生峰、有類擎拳之狀、左若急直、主爲不吉之砂、不可不察、

朝案疑似

金星名曰儲錢、木星主生秀士、二星乃人之所好、而爲朝也、但金與孤罡相似、木與火星相似、不知有生水、方可爲金、頭必圓方可爲木、惧向金者、富而不吉、惧向木者、貴而多灾、學者識焉、

木星

火星

金星

孤曜

清濁高下

塟穴者、以人相天、裁成之道、存乎人也、如龍穴俱美、間或前案之砂、上清而下濁、若不深開堂塋、堆砌局前、則清濁混矣、能如是、則惟見其天清、而不見其地濁、不可不知、粘亏脚築一臂高、穴前畧深開窩、入穴之前、不見前砂、脚下竄亂、山麓而止、見砂頭之清、不論陽基陰穴皆然、

清濁高下

上體若得此局最佳、
只要穴處星體明白、

巒凶星說

天罡孤曜燥火掃蕩四星皆凶、獨掃蕩一星無傷於吉巒、然其巒之之法、必須以撞、撞者撞其脉也、度其成星體可穴之處、量其厚薄、直撞其中、然其尾之盡處单薄、又恐房

分不均、大開金井、左右前後俯以砂石、使其氣循環不已、庶免不均之患、而無害於吉塋也、

掃蕩

木

金

正

金水三台

金水三台、是爲吉體、軟處是水、起處是金、面平節短、謂之三台是也、設或而飽身麤、又謂之連氣孤罡、然亦有獨立之山、相金而爲三、是亦三台、但可爲朝、而穴非所宜、地學

之家最要於疑似眞假而致詐焉否則一時之失移害於人非惟塟者不利而爲之塟者又大不利矣可不愼與

三台眞假

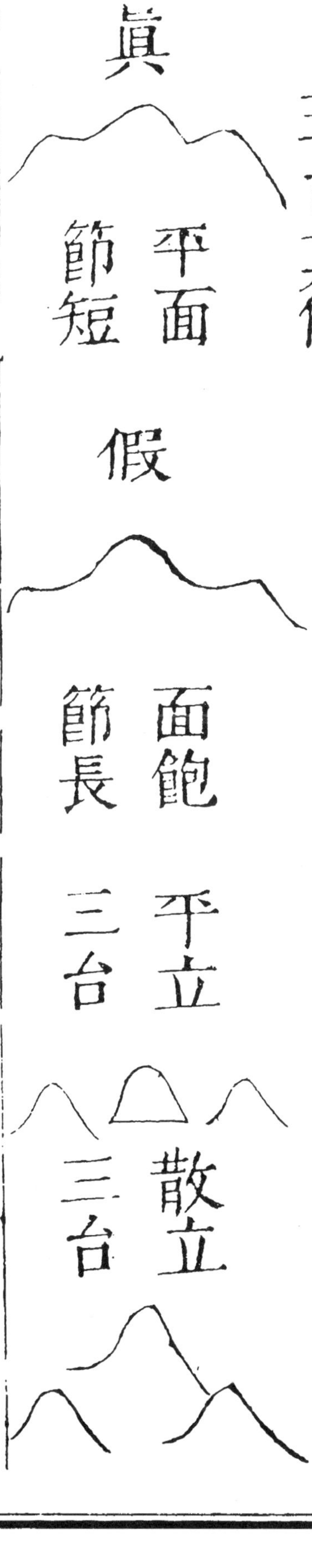

土爲最貴

五星之中惟土爲最重不論龍穴砂水總爲吉體以金爲龍得土爲穴用木爲朝何患乎位之不至三公龍穴砂水

四者、一無所見、亦非貴重之地也、

正土變土、龍穴砂水皆所欲得、而難得者、斜土雖穴忌見、左右前後有之、亦爲有用之助、仰面正面平面之金皆土意也、

正土

變土

斜土

多寡論

特立之木、名爲天外之峰、木星森列、名曰一林春筍、然得

三爲尚得五次之若雜然並見長短不齊欹斜傾側如火熖然此亦太淳之患必主不吉之祥此多之不如寡也豈可貪其爲秀而偏向之耶

特立之峰

得三爲尚

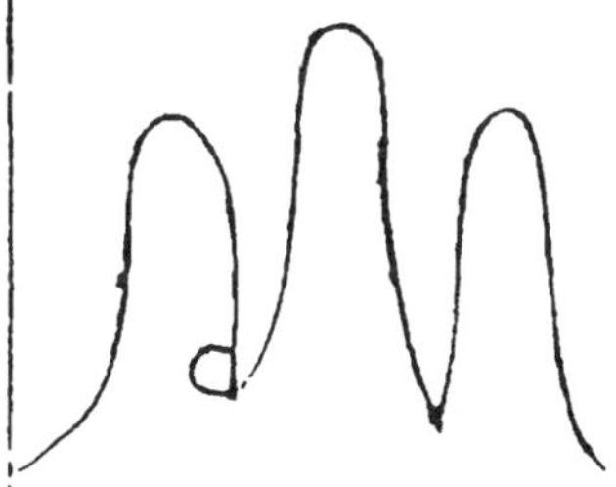

得五次之

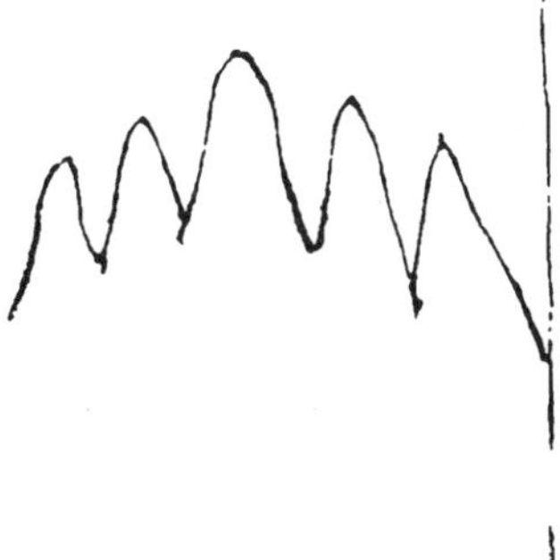

立穴論

天地人三穴固以立眠坐喻之矣孰知一穴之中而又有天地人三穴耶天穴主葢地穴主粘挨穴者頂立而爲人

之象也葢忌頂薄粘忌磚薄挨忌傍落之處薄有一於此而不加察悞而乘之其害大矣

頂薄含葢扒砂詳矣而挨粘二法殆洩盡天地之秘穴之情狀至此毫厘莫隱

葢忌 頂薄

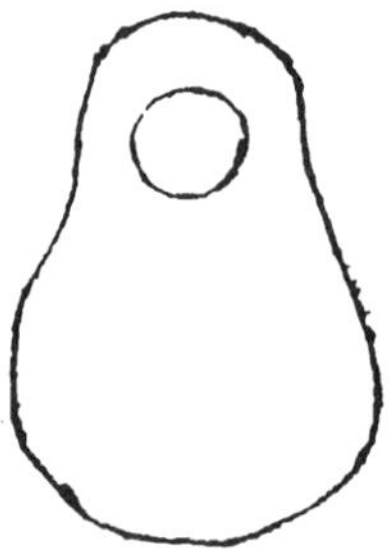

粘忌 磚薄

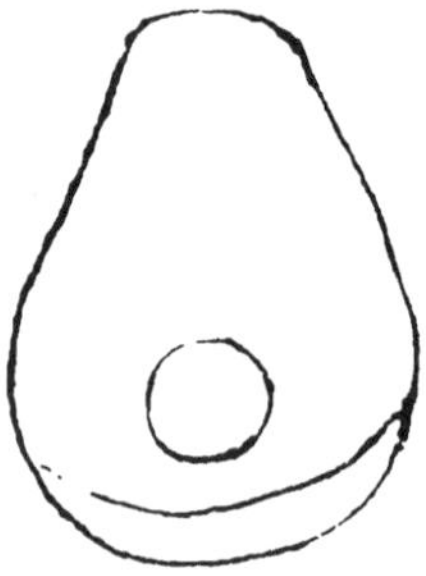

挨忌 腰薄

撞併二作用

撞穴最畏身单體薄併穴最畏節長體削併者二脉並立

併而爲一、其力量最爲重也、撞者直抵其中而爲穴、其後氣最爲先也、身单既無外砂圍護、體薄多受風寒、雖撞極其撞、亦非所宜、節長腰軟受風、體削又無鎔氣、雖併極其併、亦非所宜、撞多横脉、併多夭財、夭財亦是横脉、亦撞意也、

身单
體薄

節長
體削

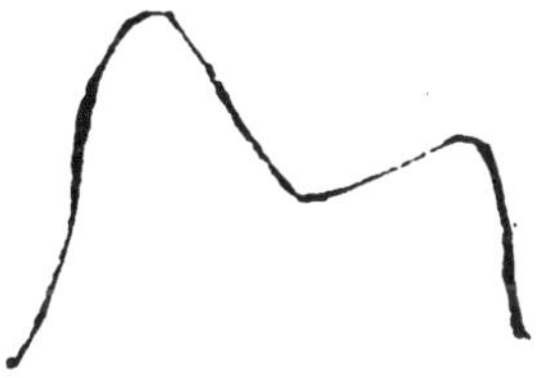

此等圖義、非可輕言
幸是傳者須加勉慎、

天馬形似

天馬爲砂極貴、亦有緩急幾等、極喜雄偉端凈深忌撒山牽連、若立形高聳於前、前後左右更無一山混雜、此其發福至久、而至速也、若上雖可愛而可觀、下有亂山而並見、其爲福不力而遲、當以前清濁高下之法治之、

雄偉圓凈

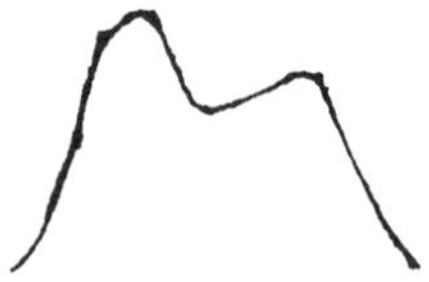

亂山並見

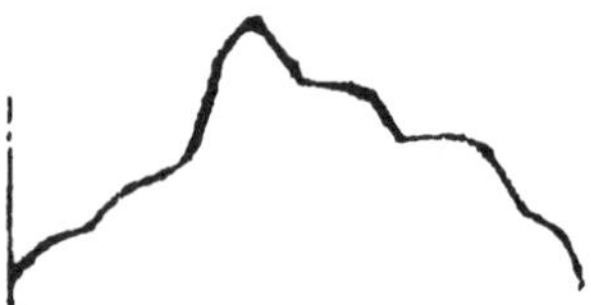

辨疑

仰高星體、多用蓋法、平面星體、多用粘法、已詳見於前書、

穴豈盡然耶、必視山之所止、成何星體、精究核實、又必據窩高突暈形作穴、雖是仰高亦有挨粘等穴、雖是平面亦有蓋挨等法、如將之用人、因能而授職耳、故扒砂但謂多用、而未云仰高必用蓋、平面必用粘也、幸有傳得是書者、可不細玩其字義、而殊失其立論之意乎、

此後作法、詳見立穴論、不可執經所言、而必如此、當視其可用何法則用之、雖聖如孔孟、亦云可經則經、可權則權云耳、安可執一而無變通之道哉、

仰高

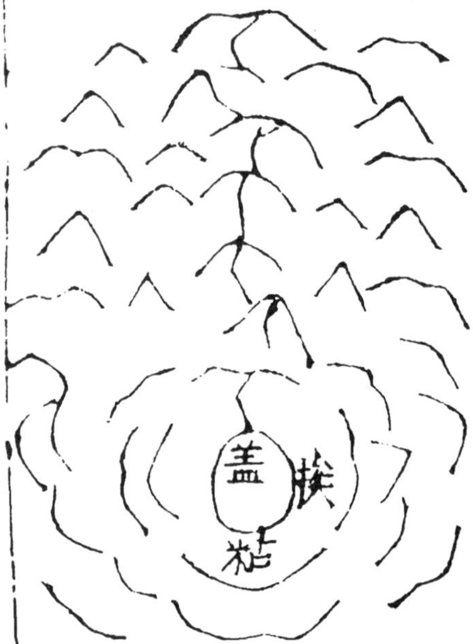

平面

行龍

龍迢迢而來，自祖而宗，由榦而枝，或三五百里，或六七十里，必用雄大之山，如龍樓然，如鳳閣然，然後五星逝用，過峽既無風吹，又無水割，主體尊嚴，所統自盛，穴之退落，於尾於盡，於傍於中，自然俊雅，此上格也。設若曲而弱，頑金

而少水此下格也雖富貴亦何足取

主
尊
統
盛

曲弱

曲弱之龍終主
不振穴砂雖美
一發便衰

頑金
少水

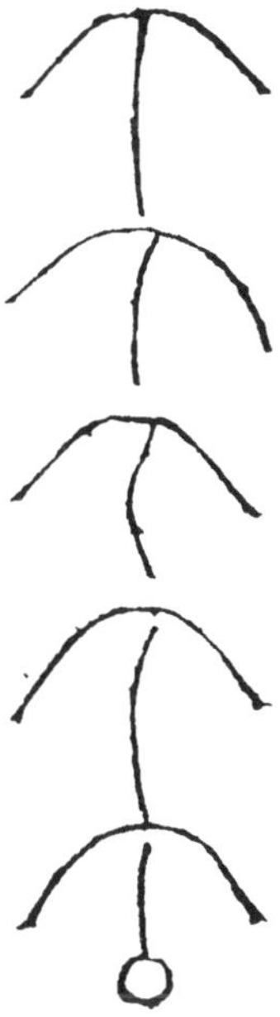

頑金多是罡孤少水
無以殺殺可畏莫甚

捉穴須知

穴之爲物如五谷之佈於土芽方出土不可以顯求也先

求脉息後尋窩突微有形跡半顯半隱邊高邊低有如閨中之女欲出而畏人見此正其真形也然後仔細看其宜用何法徐而乘之則美矣或當葢而粘宜粘而挨斯戕之甚也其爲禍豈淺淺哉

宜葢而葢

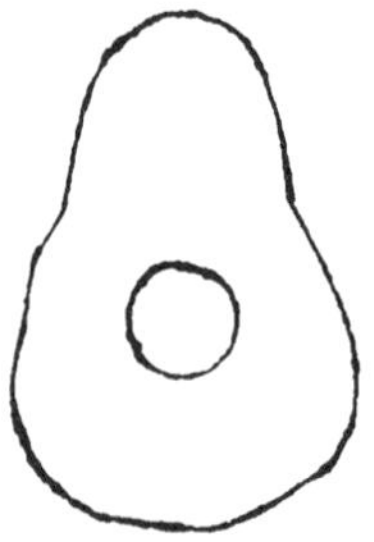

宜粘而粘

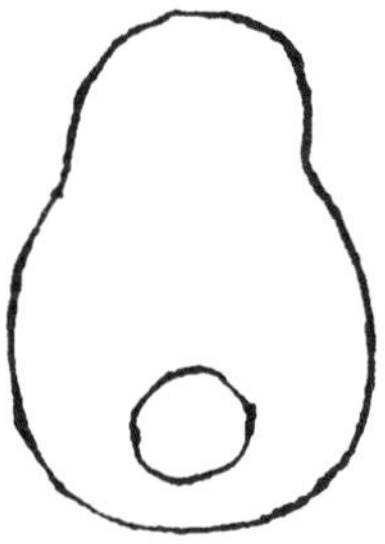

宜挨左畔

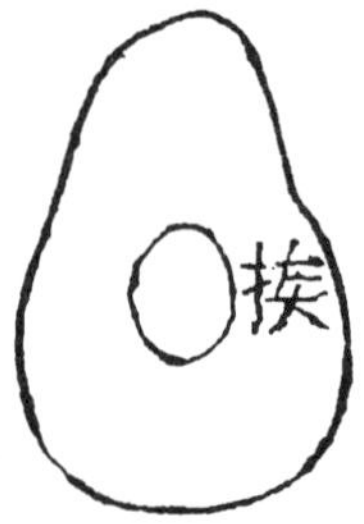

宜挨右畔

頂薄須忌葢頂太高亦忌葢穴之爲物乘聚畏寒多有退落之體此等法度九星皆有不能盡繪其以一隅而反三

隅可也。

門戶

紐繪先之，所帶羽翼，自立門戶，此等穴星，又畏外山團聚太緊，凭高仰高，所帶部從，雖多，其穴必特立於上，此等穴生，最喜萬山高聳，太緊亦不振，孤高受風寒，紐繪先之，得倒爲上，凭高仰高，得窩爲宜，須當細論，而不可以苟且爲也。

圖已詳見，但先之紐繪二股，股短爲正，股長爲方圈，來股立於此而又反身而行，有如舞袖，其情不眞，大醇小疵之

樊容有之也、

裁剪

山之爲形、有全而爲美者、有惡而全無用者、有可取而不能全取者、美者吉慝也、不能全取者、裁剪之法也、裁剪之法、得土爲尚、得金次之、或頭成星體、而腹太飽滿、則必於此爲穴、當預前大開水竇、以去暴氣、周年半載之後、可立穴矣、或左成星體、培削之功在右、或右成星體、培削之功在左、若此之類、當極加百倍之功、間或苟且、其愆大矣、

穴外作用

穴之中間或微有暴氣𡋯之上培土不可太厚、使雨水冷露、以殺其殺然後徐徐加土、以鎔其中可也、穴之前間或微有暴氣、只主初年不順、粘穴之前、以土薄砌一字、以禦其暴煞、然後徐徐削土、以去其築可也、兜金之池、深而貯水、立穴之前、竅而爲池、無非退暴氣之術、四凶純是暴氣、五吉星體、初年之間、亦微微有之、察識之功、在汝等耳、穴頭剪足、穴左棄右、亦去暴氣、而近裁剪之謂與、

二難別卷

二難不同體論

排空接漢之龍有二體、雲滃會簇、大勢潰亂、兩水夾來、融結於遠、立穴高也、聳拔高峙、大勢孤特、兩水交界、融結於近、立穴低也、遠者起伏或平崗、大坂、大江、大湖、懸崖絶壁、演成貼體窩突之形、皆從蓋體高之謂也、近者支幹垂降、或麓、或尾、或拋、或沒泥龜、或點石蛤蚌畧露一班窩突之形、皆從粘體低之謂也、此太段之說、若夫交互立穴遠近易勢、汝當自悟、盆曰交互立穴、潰亂之勢、亦有近而支麓之穴、高峙之勢、亦有遠而江湖之穴、潰亂者、有支幹崛斷、爲水所界、作近祖穴、聳拔者、有穿水崩洪、氣脉潛去、作遠祖穴、此交互之謂歟、巽曰高低之穴、又不止此、高者透領、低者達泉、二體皆有之、亦交互之謂也、

穴者、如人身灸穴之義、其穴有顯然者、有隱然者、又有顯而微者、有微而顯者、又有無隱無顯者、有雙隱雙顯者、顯然者、如眼目鼻口四肢等是也、隱然者、如眼目鼻口四肢肉裏脉絡等是也、

大勢潰亂

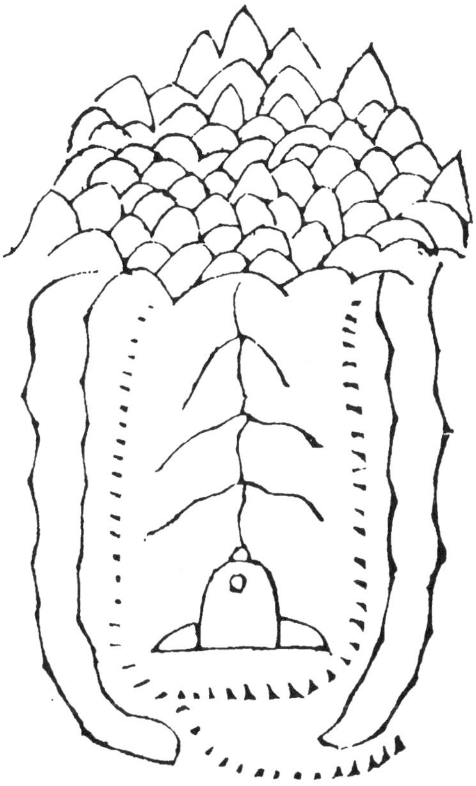

大勢聳拔

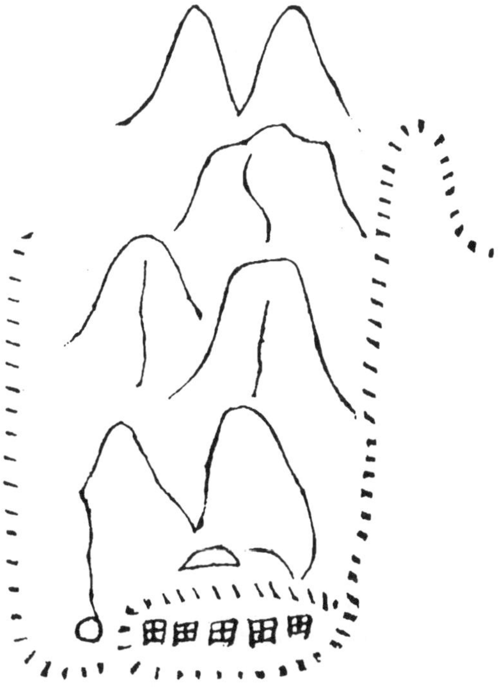

盆曰、正體作三停穴、開口作蓋穴、懸乳作粘穴、雙臂作夾持穴、先弓作逆穴、单提作股轉穴、側腦作取正穴、没骨作傍軟穴、平面作當心穴、此皆穴之顯然者、若夫三停之中、一停又無三停之法、開口蓋穴、若開口處、當於其口出處、

相五氣五形而乘之則隱矣、懸乳粘穴、當於粘處審其隆下之形、五體何歸而立穴則隱矣、雙臂夾持穴、當審其有乳無乳、或口處五形何歸、超然夾持之外、欲就不就之間則隱矣、先弓逆穴、於逆處審其轉未轉之地、視其何形何星、而以八法乘之則隱矣、单提股轉穴、察其何星何止、將圓轉處傍欲貼股處穴之則隱矣、側腦正穴、又當視其樂之所在、案之所專、閃正之間、量其案樂而正之則隱矣、没骨侵軟穴、又當察其軟處、成何窩突、依稀之形而居之、否則就濕則隱矣、平面當心穴、又於心上察其陰陽二體、有

宜極之不宜極之地則隱矣某曰各體各穴之地俱不可脫窩突與十六作法此又隱顯之兼具而作用之當然者也

正體

立勢天穴

凭高三停

俯勢人穴

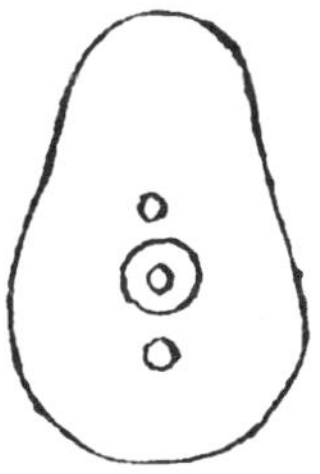

臍穴三停

仰勢地穴

氣海三停

開口五體

火

土

金

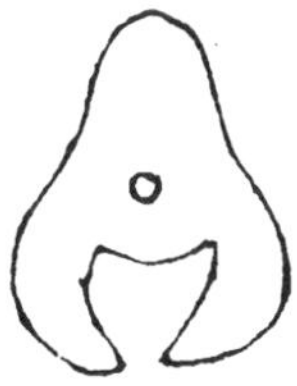

水

木

變體俱有三停而三停之止此皆據窩突為憑否則亂擬虛托雖曰分寸之地隔別之應不可勝畢後數變不待悉圖

意不能盡述、言不能極發、當以心悟工夫之至、精求之熟、自有卓見、不待外求、此極致之功用、師徒父子之授受、莫能反也、

砂形隱說

砂體與穴體、其情性形勢、最相親密、故論穴星與龍格、揭出何格、又兼女貴輕重大小遲速不等者、皆就砂上見之、砂之相應、實氣之相通、水之相資也、有生氣之形、氣統水、水範氣、水氣合土而成山、是水與氣俱藏於山矣、山有吉凶、則水與氣固有吉凶也、人徒見突然而起者砂也、不知

毫無形迹者氣與水、乃真砂也故掘斷後脉者、穴與砂均也、而退敗立見、

某曰、今夫爨蒸酒甑者、鍋中水、即水源也火即天地之氣、天地之氣虛而著物則氣行矣、未有不負物而空見其行者、甑即定形之物、氣充滿於甑中、則水亦充滿於甑中、甑圓則氣水皆圓、甑高大則氣水皆高大、甑即郛郭耳、內蓄水氣、外洩煖意、人寓在設甑之室中、自不覺其有煖意、襲人矣、山即郛郭耳、水氣則範乎山之理、自明白通曉、火形金形水氣即金水、或穴或砂對待而成、局中有堂池聚二

止之水、則意相感情相授、能於天穴而扦之、富貴福澤固非輕矣、如金穴又得金砂、官不止刺史、近侍制科之尊、吉之類可推也、如火穴、又得火砂、禍不止淫濫強僭滅門之患凶之類可推也、蓋交聚之氣、常相通融而立穴、受之有骨盛之效、知其有應、故明堂止水、貫沉定淵、黙流緩而去遲、蓋惜兩元辰之滲漏也、滲流者泉也、又有高巘夌巒不見水流、而亦重大者、汝又當循理推勢、盆曰、山起於西北終於東南、愈行愈遠、愈降愈低、則水因勢而行、因卑而止、山西兖異等處、地多無水道、地勢高大、氣水俱少、何以聖賢多出魯邦、蓋山川之形勢、極高極大、則氣與水藏於內者、固不易洩、不驟洩、亦不驟流、水氣藏於山體多潤、應於人者多利、水深厚土釀而爲靈爲祥、應天地之大氣運、際古今之大昌期、人文爲聖爲賢、爲忠爲節、富貴爲皇爲伯爲公爲侯、逮海之大地、其收天下山川之氣與水也、力量論亦極深、形勢論亦極廣、深廣之體、視之西北之祖一而已、但水至柔、不及山之至剛、故生人特物特、但少帝王耳、一山祖一水宗、山則顯而水隱矣、水則顯而山隱矣、

某曰、騎龍順龍固以不見水爲貴、仰高倒騎回顧又以不

見水而富、騎順非不富也、天池天澤皆水也、仰倒囬顧非不貴也、天池天澤鐘聚也、水蔵山內、氣生水中、來處來去處去、龍從逐節遞來、一節有一節之水、與氣降揖、寓於朝案、特應不他、發福極快、力量與騎順有間矣、汝當知之、盆曰、騎順與倒囬龍差不同者、氣與水順與逆之分也、騎順二龍、固融結於腰者也、倒囬二者、亦融結於腰者也、俱未享積流有形之水、而氣若背之、仰高則從天矣、貪天工之意、多天池天澤之水、從上傾付授之專而我受之特也、故多清、而多富貴、然富貴差有輕重、騎順二龍、逆囬二龍受山之脉氣多而均、則顯然者也、受後來潮流之水氣不同則隱然者也、一節有一節之水、與氣日滲時通、循環不絕、因漸上會至穴脉之前、朝揖至止、何專一也、然一節之龍、又自有一段之星體、衆星效力、向赴不背、養蔭自異、富貴福澤、豈不重哉、

正體諸形、力大專止、正體富貴、亦擬正爵尊秩、變體諸形應從變論、不可不審、

大凡一地、形體具於胎養、肢爪歛於未分、故其力專、其氣濃、其神足、其所可見者、中露一暈、靈光隱然、必明目者、能

精察之、故工夫務要體悉、體嫩氣清不能受錫耳、如形體微弱、肢爪揪斂、少小之狀、畏孤畏寒、必賴扶持有輔有養、方能成、立单露風則寒戰、落落無依之地、煢煢可哀之鄉、保骨不能、安能福人哉、凡面老形枯、畧漏痕迹、皆非本相、若遇孤山吉穴、意味雄大、亦必弘大其撐峙、高聳其樹立、然後陰陽二紋、各有四獸之形、專用之力、四大之類、又不必因孤而疑之也、

大凡山面、或龍或穴、多露少包、散如七星之局、亂如撒珠之形、務要四山遮護、尤須穴體分明、怕孤怕寒、懼小懼薄、

蓋靈氣洩露根基抽拔若孤寒則難充擴薄小則難勝載如富貴可久大者必勢若連珠體成先亐局雖散落形則四正取樂取案擇中立穴斯爲上吉不必龍盡尋穴雖初落中落分落凡有點泡必察其有堂氣有水口有四獸夾從護助不缺皆爲上格連上二體平坪不忌孤寒薄小平坪勢闊水土居多俱足爲護故也

龍來必欲排空接漢爲貴固知之矣龍行遠而氣亦隨以遠氣愈遠而愈清龍行遠而形隨以小力愈遠而愈微脫卸多過峽重行村壙坂峙起排空接漢如雲如林此足爲

貴也、又迤去作平崗、動以百里、數十里相距、渺無捉摸、二水夾會、不知幾百里之遠、作宅作陰、立前案山、與穴相似、堂氣渺無涯矣、朝山多於天外、智者到此、亦多疑懼、收穴之全氣、卓靈之一粒、豈不難哉、必上智之士、得儻之傳、又加以己意、出乎常法、放觀詳覽、收輯大會、渺悉至當、澄融心鑒、存敬謹之至、無外滯之私、神統精完、步趨已極、然後徐擬而力扦、方可語也、

排空接漢、貴於闊坂、未必不貴於深山、深山爲壠、平崗爲支、壠爲祖則從子從孫、皆用辰也、趨躋排喏、繁衍護衛、位

中突起龍虎隨身宛然天府之氣象九星間見擇其尊顯而扦之、一粒靈光天精攸鍾、其氣力又倍生聖生僊、非但峻秩萬鍾、功名已也、然拔萃靈哲、世之希遘、非天地精英之氣、鍾斯地而生者乎、記曰、非常之龍、必有隱然之穴、隱然之穴、必有非常之功、曰此二等穴、與諸體不同、凡貼體窩突處皆有微顯二形、審視其微顯二形、而據之扦穴、爲不難也、或中四獸皆全、一主獨異、前去不止、後來重疊、疑似莫定、當於或橫脉或直挨、九變成面、據其正變量度之、此窩突藏於內者、發其幽隱、吊其眞氣而扦之、力倍功弘、

非常法可比、

認五星外形法

看太陽要水腰、看太陰要土頭、看金水要金土腦明白、看紫炁要腦圓身正、看天財要方正平坦、

太陽

太陰

金水

紫炁

天財

太陽要水腰者、腰不折則直硬、直則木體、嫌於孤曜、故塟太陽若多主敗絶、由不審相尅之意也、太陰要土頭者、無土則剛嫌燥、要穴體嫌於燥火、故塟太陰者、多主衰烕、由

不審相尅之體也、金水三金二水所生者少、少則爲磽燥穴之所棄也、亦必取窩作穴、無一土則二生皆虛、故穴必狗土、有土則水氣潤、故下、塟水亦譎金從一股出生氣處定的確穴矣、一氣一體、一金、二土相生相協者、協若爲嫩臟穴之所乘也、亦必據窩、立穴無水、則二生皆燥、故穴必狗水、有水則土生橫止、故塟橋譎起處從一邊生氣定之、惟土一星主四者之和也、凡生必資土以生、故其體具五體垂珠金也、狗角火也、珠傍水分水也、兩傍直立木也、有珠有水金水也、此巨門之體、其富貴福澤、非惟可大亦可久

也、於此星體、揭而悉言之家、教之秘可見矣、

認五星內體法

看太陽、金井內出礦之形要水暈、看太陰金井內出礦之形要金水暈、看金水金井內出礦之形要金木暈、看紫炁金井內出礦之形要火土暈、看天財內金井出礦之形要金水暈、此內外相生之氣、表裏一致之義、相讓相生之意、多夾持輔翼之氣專也、故爲純全之利、福中又福也、此亦求全之意也、參差不同、內外不符、內柔外剛、內陽外陰、生質不同、風土之異、又有不能刻拘也、外體既眞、內體稍偏、

亦當於內而治之治內之法、無非竅之之功當相其分量不可大過、不可不及、於奏棺底偏處佈砂可統氣至棺頭偏處竅之之法、視其偏處從事可也、亦於棺頭放虛失之治暈、亦不見大害、忌在左則棺挨右、忌在右則棺挨左、亦不多挨、畧離忌分處即可、

太陽內暈

太陰內暈

天財內暈

金水內暈

紫炁內暈

太陽金、金成則生、生則一氣之通、其生形即水也、有水則

生理矣、故并內之暈、必生水形、太陰合二氣而成、成則生生則一氣之通、其生形卽金土也、有金土則生理矣、故并內之暈、必生金土形、天財土之氣、最能成物、其氣之通折而爲金爲水、故內暈之形、於形者金與水也、金水之止、本母之氣、子尚未堅、穴見暈深、穴之借母氣之盛大可也、紫炁亦合二氣、而聳拔成體、體非土不立、非金不清、本乎一氣而具形、故內暈必具火土二形、一氣之析、子母相因之謂也、子之質堅、則從子、否則還當依母去子、尚有眷戀之情、故如此論、

二難水論

水論

經云、山之生也、一本散於萬殊、水之生也、萬殊歸於一貫、故論山者、有祖宗支幹之說、一爲龍二爲穴、析左右爲龍虎前後爲朱雀玄武、析而爲羅星爲捍門、爲晃曜山散矣、欲收集之、而鐘其氣也、不在水乎、故水之爲用、陰陽二宅之所關、是非福澤之所係也、一山之露形、必二水之傍迸、山一而水二也、水之分多故因先指一穴而言、五節爲一祖也、統龍穴龍虎應案捍門羅星二曜、總有一交會、所謂一局、陰陽一大交度矣、龍過一節兩橈尾、卽有水交而成一節也、生至穴星、星頭星脚、一分合也、星面星暈、一分合也、一龍一虎必界水成、一分合也、後樂前案、固有水界、少有形變、卽有水界、凡所見之山、未有無界形之水、所謂山一而水二也、水多固有明堂以收一局之來、是收諸山滲漏之源、而成大片之水、堂水者停蓄之深、諸氣之止、諸山體所滋養、候其轉滲不窮、而生育之功、雨露滋之以升也、風雲資之以起也、天地變幻不同、滋之水以殺其勢也、堂之所關、不亦大哉、無堂則虛假矣、由其無滋育之助、則生理息矣故水口欲其緊捍門欲其重二曜欲其全凡片石水土皆欲其固也捍多則逆多逆多則流遲流遲則精氣當鬱運氣不竭而生生之蕃有以助其山川融結星體而盛大之功成矣聚而爲圓横而爲扁方而爲正長而爲帶曲而爲帛皆堂之吉體也堂之字義上爲草頭下爲土脚口居中而爲虛方矣以虛成口口則横四之規以納受草與土之滋氣滋氣水也草植物也土藏水也堂爲一局諸水之會所謂明也堂之義蓋居中而承藉一宅前後左右所逆之水來而入之可見其條分支解明白通融無所混

淆之謂、又一說、明者、光絜之義、澄清不濁、汙穢不容、又一說明堂者、王者之堂也、朝會諸侯之所、人物畢集尊貴之所、四正橫規、可納可受、諸獻之物可致之藉、爲天下所必趨止物而不動之都矣、辟之穴星、所享欲尊大也、規模形體出水面可指者、曰某星、曰某變、皆欲明無雜之謂也、豈必其能收三分三合之水、而後謂之明堂哉、分合之多、尤爲貴重、又水欲逆也、逆之義果欲流勢扼衝轉鬬歟、則與金陵凡省鎮天地相反矣、又金陵與凡天下衙門皆從南向東、向東南者水所奔也、順流直下、向南去之勢大者乎

口里小則三四百里之去、是果專事逆耶、交鎖焉結則逆之道備矣、

明堂與聚氣不同、聚水泉水一也、前後左右凡有一聚也、泉皆是也、堂之水、則向一穴之前、立形而成勢也、經曰、升彼公堂、傳曰、升堂矣、未入於室也、又曰、廳堂則堂之義、惟中惟正、居一室之中、而今用之明堂以詔人、葢以一局如一家之一室、出入必會之地、則至中而不偏之義焉者、入曰、堂氣、云者、氣之實、根於五星、蘊於五星者卽氣也、流而出者、又有五形、故明堂之止、亦以堂氣名之皆水也、又曰、

水城焉者、城之名、禦內捍外之謂、外界其雜水不入、內界其注水不出、延蔓長裊、或環一局之圍、或帶一宅之長、此局大之地、堂氣之外、有水城也、局狹則蔑矣、堂氣即水城、水城即堂氣、水城者、即溪流之溝也、

山祖人祖之辨

人之傳代、自祖而曾孫、曰五世矣、五世之後、親盡而澤竭、過五世則服斬焉、故地學以五節云、一穴一穴統五節爲一祖養蔭之驗、至五節亦云絕矣、此以理推也、是固然也、然所葬之骨、傳遞至五代、則爲一支之祖、所葬之山、當准

所葬之骨爲一體、亦曰祖可也、何論山者以退至五節之山爲一體、則山之祖在五節之中止爲上也、生人之祖、在五代之始、止爲下也、兩祖之止、背戾不同、果何所擬以驗生人之利哉、求而通之、在山則取氣山之形、其氣先已具、通融貫串、自五節之起、至五節之盡一氣也、葬骨擇其初一節爲穴而葬之、抽其一節之氣、則五節之氣貫通皆至、澤之吉凶、自祖而達孫、葬骨之人、五代倫序、未見者也、未見者附已具之形者也、葬穴星之骨、牽鉤團聚、聚五節山之氣、而蔭子子孫孫、疊成五代矣、一節憑一節之形、而五節貫通之氣囿於一節之定形、何星何頭、主生何等人物、何等福澤、一代之人、果匹一節而生也、一代退後、一代退到五代則五節之氣、雖不盡逝數、亦擬其盡矣、五節之外、氣猶舊也、循環不絕、一族之人、固有五世之後、受蔭蕃衍更多、非止一百五十數矣、云五節之氣、都從穴後一脉度過、而五節之各形各氣、蔭生之斷、不混雜何也、是猶用藥者、諸症各藥之品、各味之用不同、總作一處用水煎之、飲之之餘、即從胃口度過、某藥某性、治某腑某臟、條分縷析、而不相奪、蓋其一品之氣味、自然自立而不撓於他、觀此則穴後之山如金如土二大一小之類每露驗於生人者顯然何節何象矣辟因泉鑿坎而至九坎亦有始終先後之異而其泉氣之充滿於九坎者不異出坎之外畫地爲山者導坎水以灌之則田成而生物初一畒此坎水也又二畒此坎水也坎水則逆而上之導水則順而下之逆之者已具也下之者未見也導逆而下皆從第九坎之口出之坎之間或清或濁由口之出斷不易也坎至畒而灌物之物受泉而成生亦或似其滋矣觀此則風水之祖可以類推

卜擇之辨

投骨於山之穴、即投陽物於陰之門、畢嫁畢喪二事、人必擇卜、然男女交媾之施、必出卜擇之期、相媾之餘、陰陽二氣交感、固基胎矣、又非人之逆意於內、何日何時而成胎、豈卜擇所能迎合、又奚待於卜擇哉、男女精氣既成感矣、逐月逐日、精采自別、胎寄之積、必十二月而後生、塋家死骨受山家精氣之成就、使其可必、亦必待十二年之期、始生物矣、十二年亦一年、如春季之運也、塋下即發者、由其鎔氣之盛、必其逆水之多、水口之密、亦止財耳、朝水者來

去皆取之云、迂曲之來、固潮也、迂曲之去亦潮也、潮之情義由外方臣子之情、有來有去之意耳、

陰陽老少之辨

高大而聳立者、謂之陰、星體常立顯明、可指乎夷而坦伏者、謂之陽、星體俱伏隱藏難指、

諸體	立勢
太陽	頓鐘

諸體	立勢
太陰	覆釜

諸體	立勢
天財	屏風

諸體	立勢
金水	三台

諸體	立勢
紫炁	頓笏

已上俱屬陰也、陰之性情常張也、主於外見包陽而成物者也、

諸體伏勢

太陽金盤	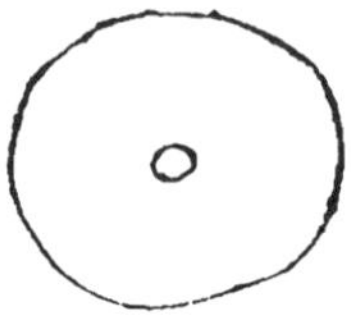		
太陰銀盤			
天財橫琴	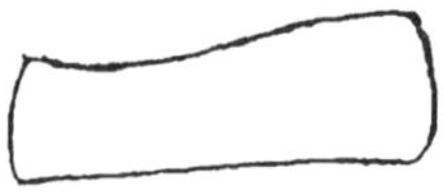		
金水荷菓			
紫炁曲尺			

已上俱屬陽也、陽之性情常斂也、主於內秘實陰而成物者也、

二體有陰陽之辨、高者謂老陰、伏者謂老陽、此山家之定

體、山家之取用、皆據高伏、以審陰陽之理、以參陰陽之用、斷不誣也、又作穴之所指突爲陽、窩爲陰、突非顯張之謂乎、窩非隱伏之謂乎、反覆不一之指、殆爲可疑、或云陰陽有交錯之用、故陰陽無一主之形、乖戾舛錯、卒無專擬、不必定陰定陽、模糊從事、卽可楚矣、生男生女、富貴貧賤壽夭、果將何以爲憑而記斷乎、不知少陰根於老陽、少陽根於老陰、俱不在作穴之所認之穴非少不扦、少之謂、言細嫩脂膩、不欲立顯明之地、聳高者、老陰之體、而作穴處微有陷者、卽窩也、卽少陽也、陷窩卽陽之形也、不察作穴之所而一以高聳爲陰弊也平伏者老陽之體而作穴處微有起者即突也即少陰也起突即陰之形也不察作穴之地而混以平伏爲陽弊也經曰支壠之辨眩惑心目此之謂也高山爲壟崗阜爲支凡有目者皆可辨也何謂眩惑哉此謂支壟正指立穴處言之經曰壠行於支支行於壟正作穴之止言之也眩惑於支壠少陰少陽之形也大凡立穴處窩突爲老脉息爲少以此論之十六作法俱自少處取用也又有陰山起突穴陽山起窩穴是純之謂山家所忌也但扦穴之法高處取低粘法是也平處扦起葢法

是也、緩來急扦、急來緩扦、皆此之謂、陰陽並妝之義、

老陰 少陽

老陽 少陰

純陰

純陽

此四圖只能書其大段、中間有陰體而陽穴、乃正理也、又陽穴、而穴上又具陰體、又有陰形、而陽穴者、陽而陽陰而陰、陽體而陰穴、乃正理也、餘倣此例可推、見圖不能悉具、明目者、當精其察、非體認之至到、決不能造也、

少陰少陽、見於作穴之外者、斫燒之餘、其形自露、有五體

焉、少陰中具陽形之磹、鋤切之餘、其紋自見、亦有五體焉、融結之地生氣所鍾也、辟則煖閣焉、不拘時之旦夕、不論方之向背、一置身於中、而生身之煖、自然通徹骨髓、身煖則神怡、而生福也、虛耗之地、寒氣所鍾也、辟則煙樓焉、審於時之吉、擇乎方之利、一置身於中、而迫身之寒、自然通徹骨髓、身寒則神散、而生病也、地之不眞、縱卜時擇方、反生災禍、徒刻於選擇者、可鑒於斯也、

十六作法迭用之說

脉息竅突、名曰四象、少陰少陽屬微也、老陰老陽屬顯也、

少中有老、顯中有微、皆具互用、不泥一偏之義、而十六之義、亦互相用、一法之中、具十五法、以專一之體、擬定於此地、從而斫之、燒之之餘、細步精察、擬議之間、欲卓未卓、又尋文審、果兼果雙、果偏果正、果上果下、據首觀脚、據弦觀中、如立蓋穴、蓋首則爲正、蓋偏則爲挨、蓋於雙則爲并、蓋於側則爲斜、蓋憑斜脉之來則爲插、蓋立於此、而又循其挨之盡則爲粘、粘盡之義、少下也、後倣此蓋立於此、而又循其并之之盡則爲粘、舉其一以推其餘、每析而名何者、揭其顯而名之而兼之義、具於形者、加目察之、必再必三、然後可考也一法具、衆法傳、所謂大德敦化、小德川流之道也、專體者敦厚之謂、敦厚其化物、物具焉衆體者、川流之謂、脉絡分明、並行不害也、極窨之功用、地學之聖智、聖智具全、而天命在我、握其柄、隨觸隨見、隨施隨效、君子之澤仁極之化也、

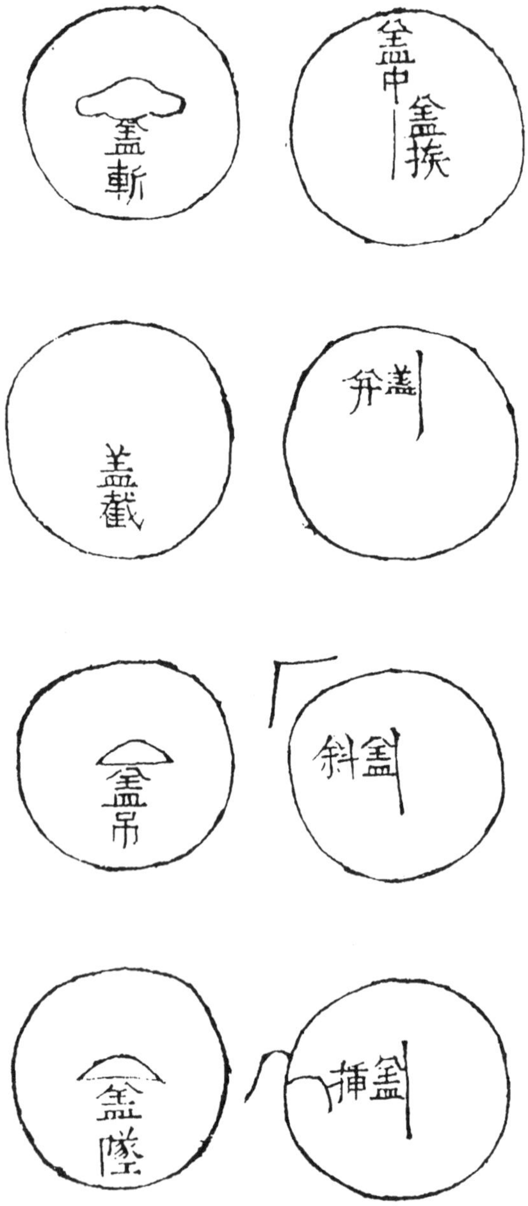

地脉一圖止舉其大段之大意而已、若夫該全之義、互用之妙、顧學者天資之稟、具天德之全、造詣之至、考審之精、然後可議也、一穴塲之形體方露、而諸法之何在紛列、心中有定識、目下自分明、不擬於參而奪於疑、則據其止、而建準焉、否則升天之嘆、適所以滋惑而生滯、見毫厘之差、天淵之隔也、扞格之患、不但不福而已、言至此法、身參此道、不知所由、而云偶然得者、吾知天必殃之、已得而復失、蓋有出於防乎其防、藏乎其藏者也、

浮沉二法

浮欲其氣之升也、沉欲其氣之陷也、有等星體、高圓飽滿、有似孤曜、至脚盡處、稍露一班吉氣、可想而不可指也、四獸俱美、掩耳具全、含則拒其美、抒則犯其孤、探中而取用焉、不可以力大而工多為懼、當用浮法、以升其氣、浮法者、當腰掘抵心方、掘下及至生氣之半安骨焉、仍以土覆之、如張蓋然、則上截之虛、抽其下實之吉氣、而穴之莖之骨在虛實之間、自得吉氣之鎔、而發福一也、上虛又似洩其孤之之意也、有等星體高聳、凌削有似燥火、至領將盡之地、稍露一班吉氣、可想而不可指也、四獸俱美、蓋照具全、舍則拒其美，扦則犯其燥，採中而取用焉，不可以力大而工多爲懼，當用沉法，以陷其氣，沉法者，當腰鑿抵心方，鑿上及至吉氣之半安骨焉，仍以土托之，如貪板然，則下截之虛，擡其上實之吉氣，而穴之塟之，骨在虛實之間，自得吉氣之鎔，而發福一也，下虛又似洩其燥之之意也，

浮法

沉法

右二圖，一似孤曜面麤腹飽覆箕樣，眞可懼也，掘虛其中

則病根已拔、而及腳吉氣、又得水土以壯之、豈不爲吉、一似燥火身面石點、紅旂標真可畏也、搖虛其中、則病根已拔、而將領吉氣又得蓋照以衛之、是以吉也、

患眼墮胎説

患眼之山、勢自外至、多燥火之類、臃腫射迫、又左右二衛不見水藩、故有是忌、

墮胎之山、勢自身脱、多掃蕩之類、風寒迫切、又堂氣曠野、全無遮攔、故有是忌、

天清地濁龍穴

雲擁靈臺

清濁直正

傍雲中爲臺從雲

寶孱倒置

清濁横正

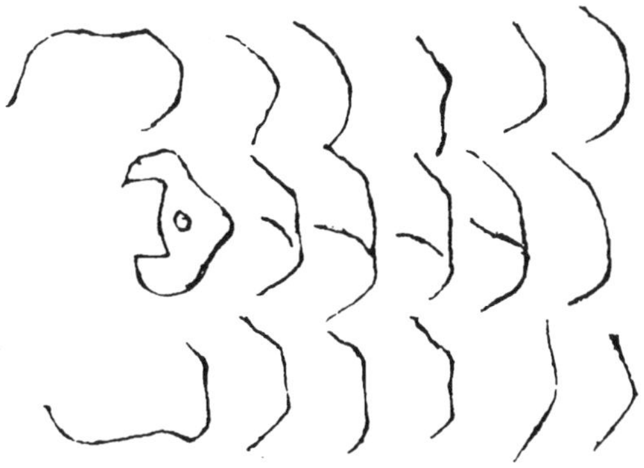

寶寓自有雲

天清直横二圖、兼地濁體、雲意固非地濁、雜而亂即濁也、俱從正體論、天得地而配成、有配則天地交承之德、流行盛大、天上而地下、則地道者、夾持之道也、從天主生、生在

氣為清、在物為靈、在神為僊、生男為爵祿貴、生女為相夫子貴、地濁過分貴輕富重、

天清地濁變體

變體直

群驥騰雲

旁雲中為驥從花

變體横

群驥奔泉

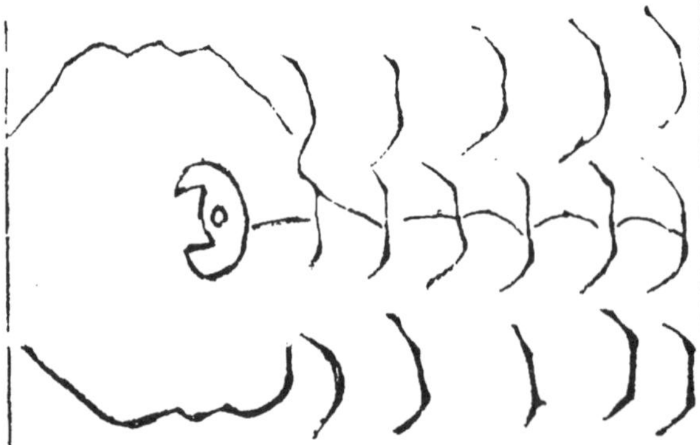

神駒自有泉

天清變體二圖、亦無地濁、體空與水、固非地濁、雜而亂即

濁也俱從變體言應驗同正體義見前右此二圖從變體二金一水意也非以金水俱太明太顯言之橫來從一節從變體也、

天清穴形

直體

群鴈排空

直勢連

橫體

群鴈棲蘆

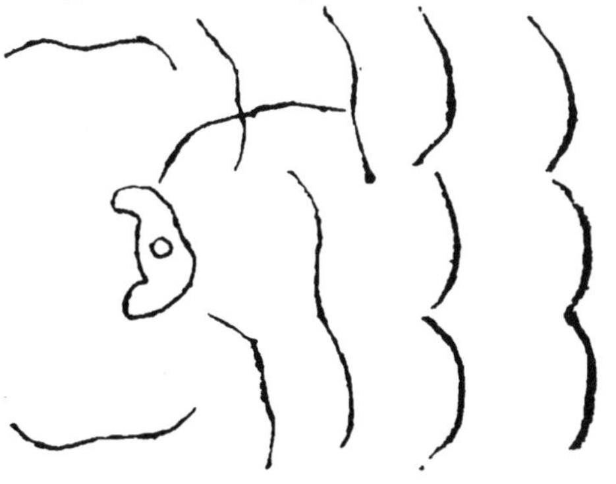

橫勢散

直體

群雁投江

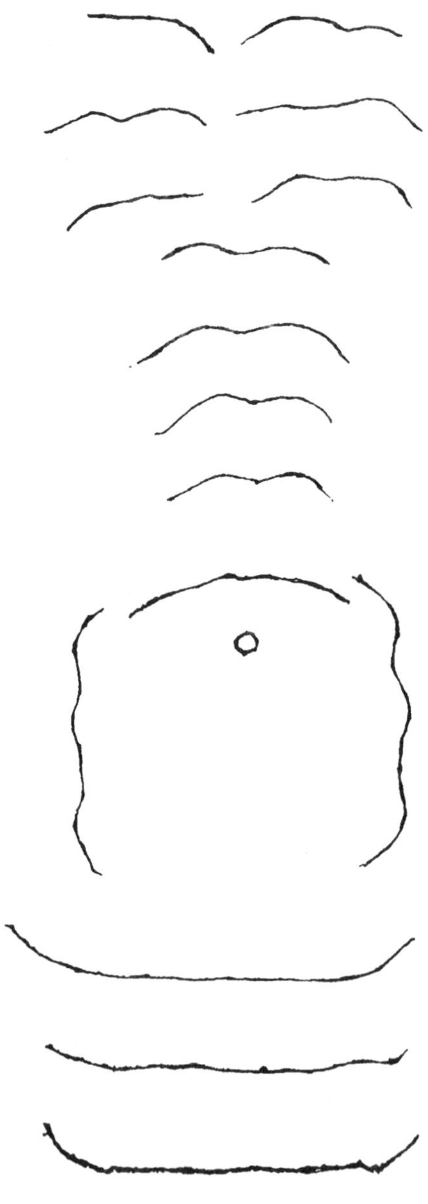

雁分投渚

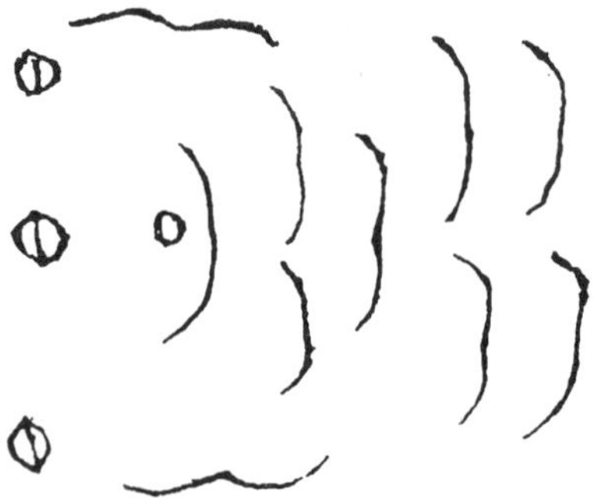

投江、投渚、無大分別，特以水意大小言之耳、投江、江水渺茫、雁勢似单、其前案亦水也、水止波蕩而已、投渚渚水潭滀、雁勢似闊、其前止乃土也、土止塊墩而已、

兼正變二體

天清砂形

展誥爲尚

天馬次之

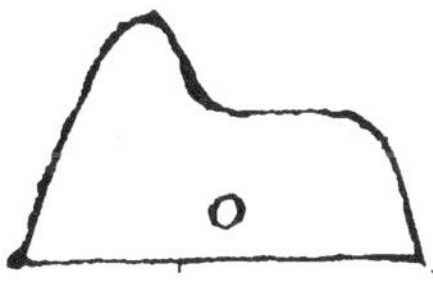

正體又次

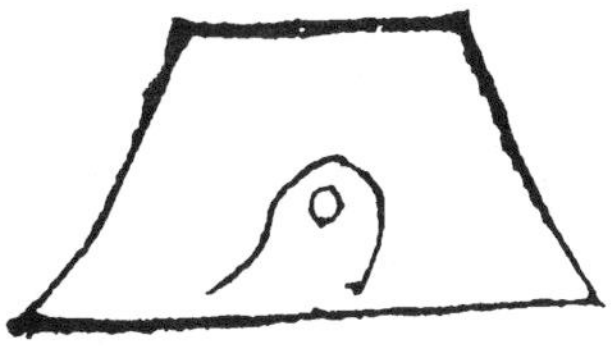

土圈

天清土形

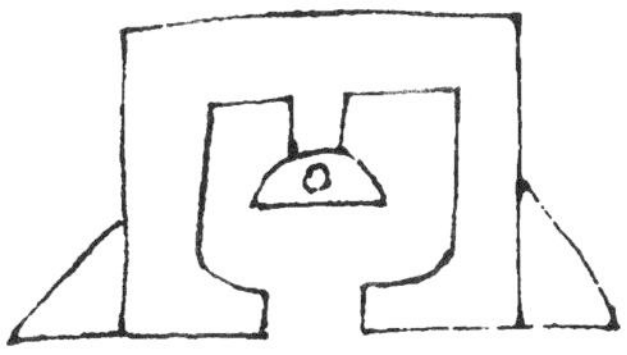

土體先弓

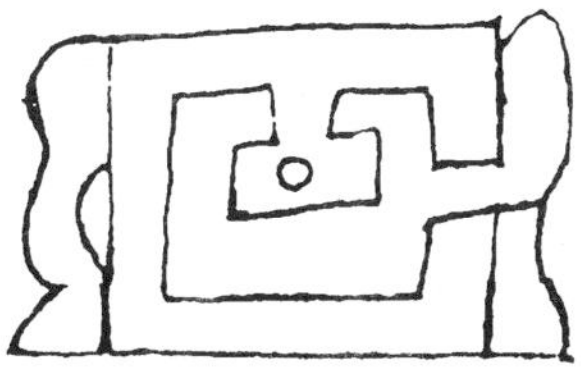

土體紐繪

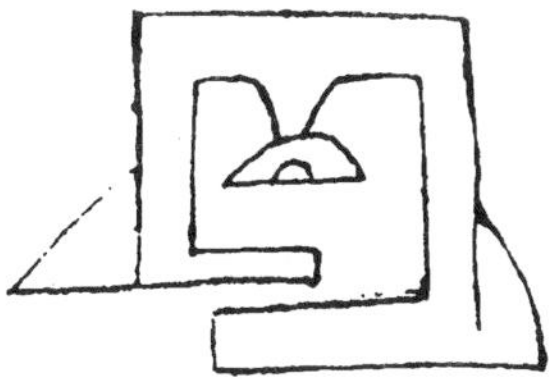

三土

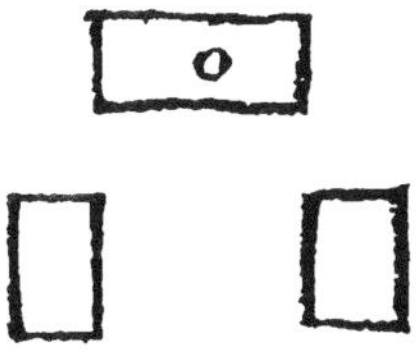

四土

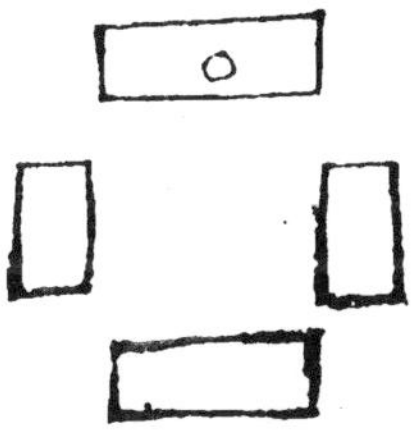

天清流形

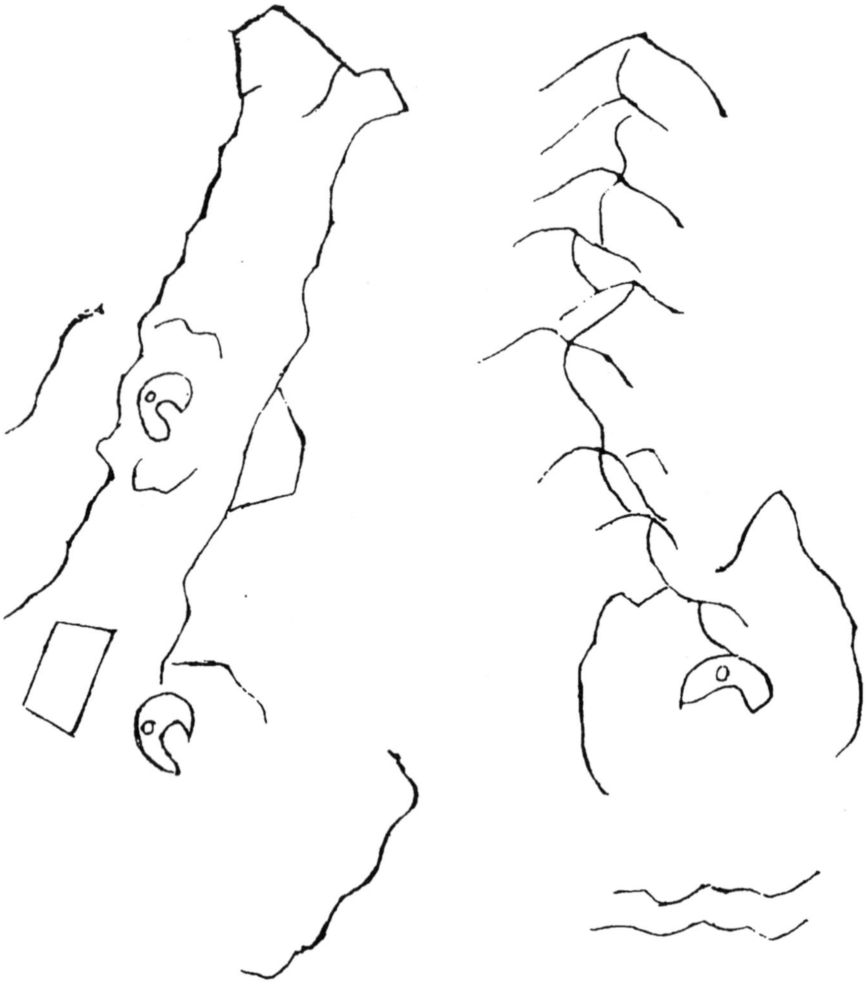

諸象之體有綴屬十數節者皆要斷間微有水意、顯體不可雜也、雜則官品亦雜、均則世代不異、亦有石體具形者、入式節多、其清雅絕妙靈異之應、聖人僊人不能盡其力量、聖而又聖、僊而又僊、神精天炤永久百代、有間士、有間石者、其官職不同、貴則一也、凡產、日月厚其照、固不易得、亦難偶合、使無傳泒、何所求而何所得耶、其餘僊宮僊橋、亦主天清云、但其形不多、中間亦奇異不凡、故但出僊人、神精、蛟龍諸靈、亦不可大拘、穴上局中四獸俱清者、一覽之間、可指可名者、其貴亦非常

矣、但員數不多耳、

天清凹凸二體

凹體 金臺 玉鏡

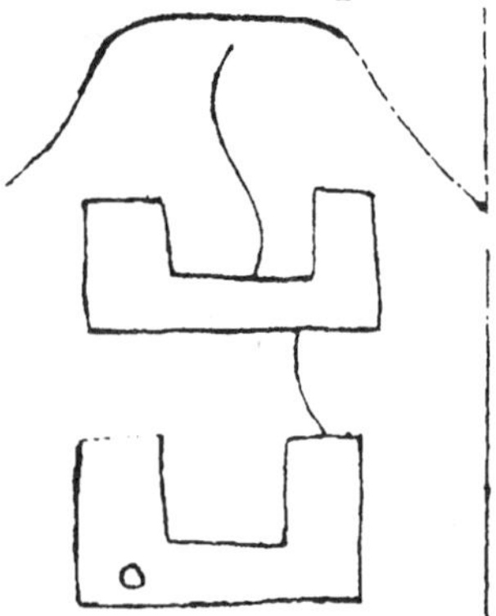

凸體 天馬 佩鈴

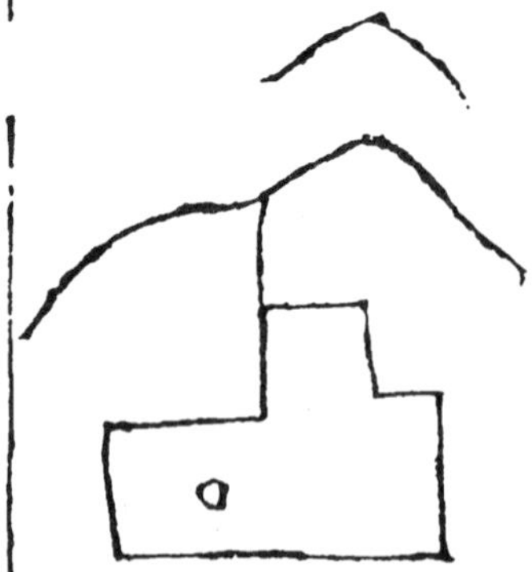

凹卽太極之陽名脉與窩也、凸卽太極之陰名息與突也、二體一於方土變之無異形、而其功用、亦無二致、固貴能及之亦有四獸之具形矣、

天清平崗二體

太陽

旭日初融

午日中升

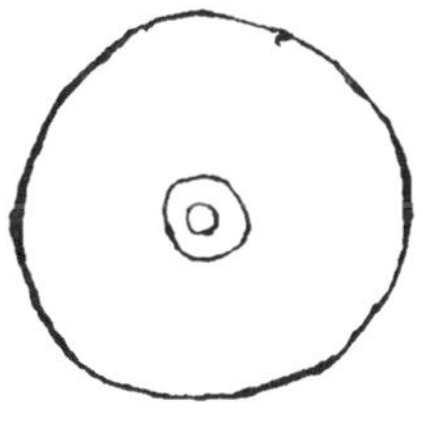

太陰

新月長暈

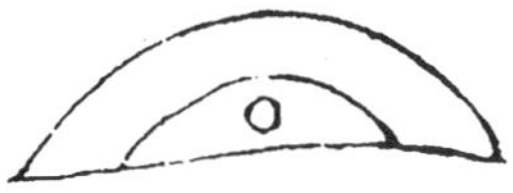

新月圓暈

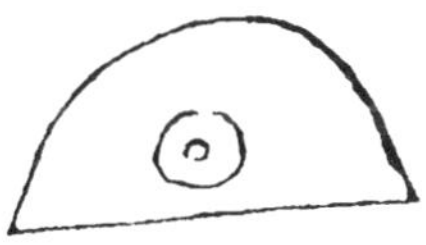

長暈圓暈、日形初升、具於邊午、升具於中微見形者、即天清體、餘體即地濁體、長暈圓暈、月色已滿未滿、具於脊上微露形者、即天清體、餘體即地濁體、

紫炁天清

天財之清、以形任情、紫炁之清、以性統形、天財情性重厚、能受風寒、雖单雖獨、四通八達、皆是資用之情、不為害也、

貴愈清而人愈絜貧夭之患亦所不免紫炁以性統形浮脆凌艷忌受風寒若高孤聳左缺右空兩無夾持之情貴雖招而人雖哲淫夭之禍多亦不免若四獸同用入純之弊淫辱甚多不若土勢相連四証俱恊大純之福清貴最多如二體間發又符情合意福力非常

五木
同榮

紫炁在望供承效佐擎天雙柱五木同榮又筆揷天中流

祗柱、是皆獨秀之譽也、若土穴土龍、當前得橫木及直木作案、雲裏銳峰、天外華表、三元及第、則又何疑、密邇清班、珠聯紫閣、天下文衡、古今太史、世所罕見、皆合二氣之力俱清之效也、

一林

春笋

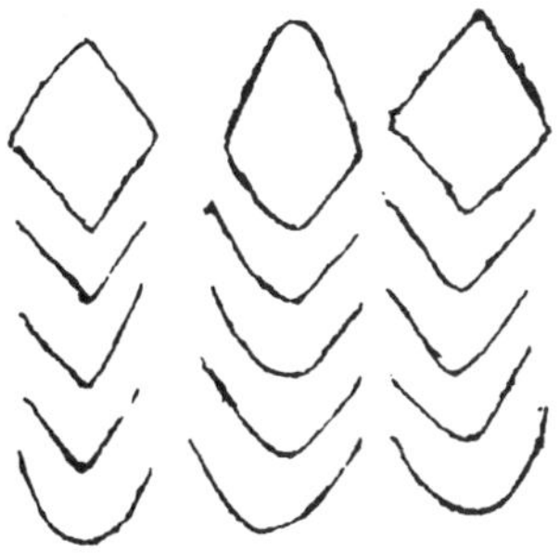

天清合體

得一清者亦貴、但貴小、得二清者稍重、四獸俱清、科第爲

三元、陪屬侍從皆清、爲天官禮部翰林、男婚帝室、女嫁王家、父子同顯、當朝兄弟並薦科第、官握樞要、勢無逼僭、

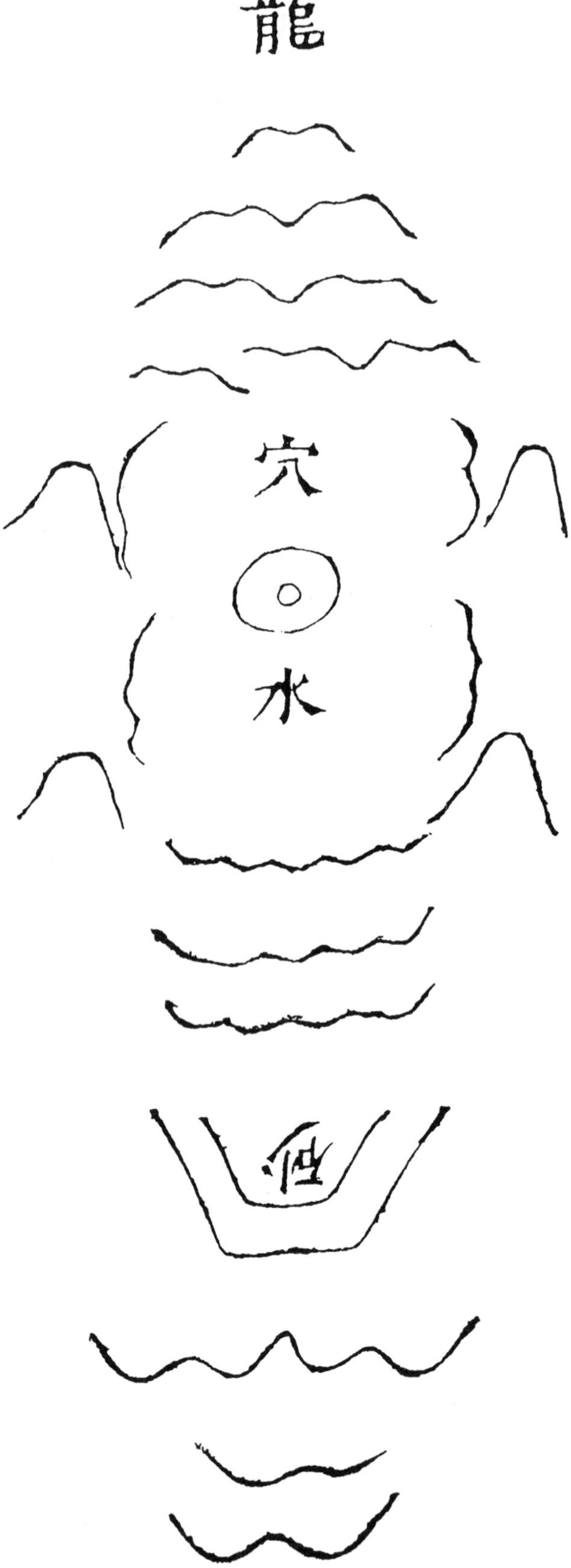

天清水形

來朝者、從前而來、波濤自上而降下、不知幾里也、三折者、自其來而止、止而悠洋之勢者也、橫流者、從來而去、流沿身來而橫去過而彎環之形也、專一不雜、故謂清旁流不成觀者、亦濁之意、

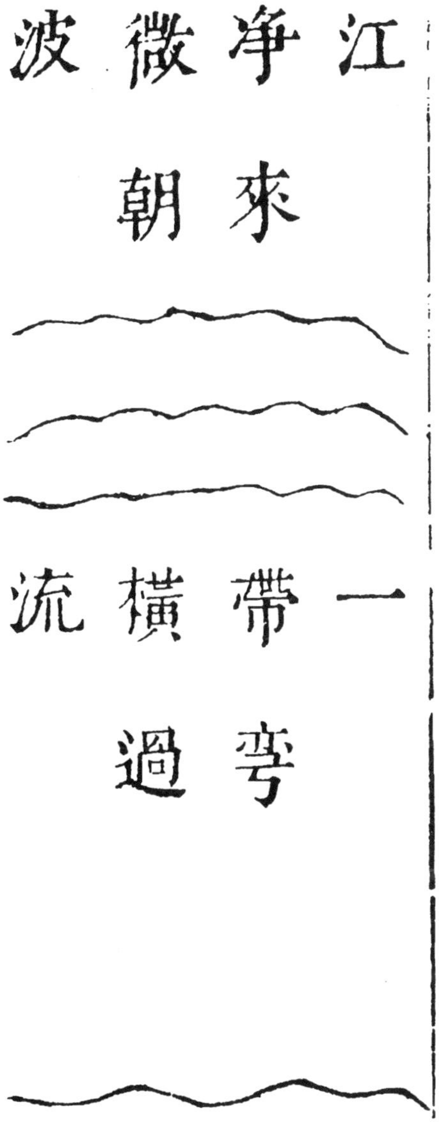

天清单體

此单體指平崗而見於脊者、有此二體、窩突不同、而作用則一、脊指清言、四餘剩者、亦云濁也、粘貼脊上、及或遍身露形、亦有合體無疑者、如馬形、如凹凸者、皆可揭而任之、其力與高山一也、

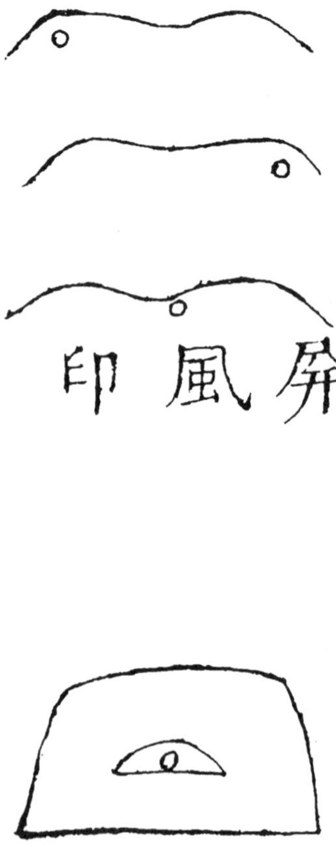

二體間發

群鳳棲梧
土意

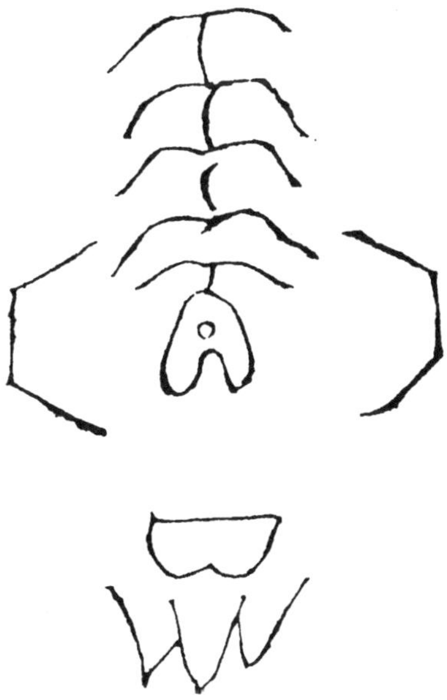

雙鶴盤松
雙土雙木

四圖大意也、若間發於左右、若參差於前後、或遠或近、或大或小、不可悉圖、不能盡說、得心傳者、亦難槩知、其必自了悟通玄者、

二體疑似

繡枕

土體瘦

本體肥

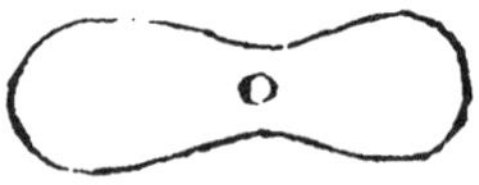

正尺短小

橫琴稍大

二體又有紡囊曲尺等形、不能細細圖細說、但山形之體欲顯不欲雜、欲清不欲濁、欲正不欲斜、欲實不欲虛、相參之內、四獸不問、只要能重穴正、便可相統、即謂合氣相生相蔭之功、契用之符、俱致殊勛、歷有徵驗、其可眩目乎哉、

扒砂經卷四終

廖金精畫筴撥砂經心法地學直訓補遺

宋　虔州金精山人　廖　禹著

豫章栗塢伯才甫彭大雄集

明　新安星源孟隆甫江之棟輯

古歙承景甫汪元標校

季常甫吳公遂閱

海陽仲脩甫黃　愼訂

前論貴龍遺旨特旨拾遺，蓋以盡泄天地之精，闡揚鬼神之秘，毫髮不能遁其情，極天下之至妙者矣。而此卷之出不但論陰坋、并論陽宅、居址之寬狹、樓屋之多寡、以至師當擇主之德、主貴擇師之賢、二語、眞堪不朽、故全經括地學之要、而直訓尤括全經之要、雖然道其可以終秘乎、曰、不可道其可以弗傳乎、曰、不可秘其道者、爲自私、私則隘、非公己公人之心也、易其傳者爲自小、小則輕、非奉天愼道之心也、後學當如何求之、曰誠、曰敬而已、惟誠能動物、而敬爲聖學之本、必患難弗離、艱險不避、左右周旋、終始合一、如是而道有弗傳乎、前愼傳云者、正此意也、用是而行、道固不可以苟假、而況于濫傳乎、吁、戒之哉、

彭大雄再頓首

凡看地先要本龍尊重、磅礴踴躍、起伏頓跌活動、上分下合、然後審兩傍山水、向我背我、此尋地大槩也、至如平洋、惟看牽連起突、或如浪湧、或如虵行、山谷平地、雖有不同、其二水交合、不可少者、則一也、

大河兩邊界者、上地也、小河兩邊界者、中地也、田水兩邊界者小地也、

大地只要水源長、不在星辰并形象、惟平地突起者、奇特之山、雖短亦貴、

砂水傾跌者、外宜横過之山、外水合而水口交繫者、可用也、外水傾跌者、内喜眠弓之案、明堂窩而不見流去者、可扞也、

水不到堂者、不可作穴、山不鋪氣者、不可安居、

順來之地、水合明堂、逆結之山、水皆偏合、

龍虎貼身生者、内界必田水也、龍虎之外、溪水界之、無溪水者、小地耳、又有二溪交合數里外者、諸山俱内拱也、設有一二山頭、不内拱而返包向外者、其情又不專矣、

地之真假大小、山水向背盡之、

山不拘于星曜、貴乎特達端嚴、水不拘於去来、妙在遶纏

　窩聚、逆水之山最喜明堂寬大、順水之山惟在前案横

　攔、

水朝不宜太直、偏遶無妨、山朝最忌歪斜、特来尤妙

幹龍只要形势、枝龍須有精神、軟弱無主不扦、横眠有尾

　可塟、

凡遇鄉村、便觀特達踴躍山勢、又必二水合住乃有真情、

　水不合者龍而行已、

山逆行而順轉、生出結地者、下山必長也、单條結地者、下

山長、長者必有穴意、
逆水之山二水後合、順水之山二水前合、左來之山二水
右合、右来之山二水左合、俱喜遶纏、
山勢直者宜正受、曲似弓者宜逆遷、
老幹麄（粗）惡臨水、壁立不結地者、宜尋枝脚、頓跌活動者、遷
之必兩邊環顧乃可、
大而變小者山谷所宜、小而變大者平岡所貴、
起頂分水齊長者正龍也、邊短邊長者傍枝也、
水不合者山非止也、水合氣方聚也、

回轉之地、下山多有低弱、多有空缺、惟外山廻顧週密、二水合流身後、即為美地、翻身之山、必要本身下山高大週密、不知一定之理、奚可以言地哉、

蟠轉之地、後多空缺、最喜水纏、山後空者喜水纏、水不纏者、非美地也、

凡山行龍、必有收箇小頸、再起一胞、結地方好、無小頸者、氣不歸聚、又必兩邊有山夾來、方是有力、不然雖有小頸、亦為單山、單山結地無力也、平洋小頸、如銀錠、結陽地者、銀錠遠小而漸大、其氣一聚一鋪、結陰地者、銀錠

近大而漸小、其氣一放一收是也、

水口塞洲漲起者、地必盛也、水若衝之、其地衰矣、

水之改移、即地之興廢、彎則福而返則禍矣、

山之無故傾瀉者、其地凶也、水衝尤宜避之、

來山開塘、以泄其氣者、必敗也、

或列屏、或列帳、或飛騰、或起或伏、或大或小、變化無方、山脉之貴也、或串珠、或浪湧、或蛇行、或斷或續、或牽、或連、脉絡貫通、平地之貴也、

凡平洋行龍須跌斷、不跌斷者氣粗、平洋結地、必須尖嘴

銀錠牽連，不牽連者氣散，

出相之山，望之儼然，重厚也，出文之山，觀之可愛，清秀也，

出武之山，見之可畏，踴躍也，

上砂重者，大地多有之也，左右皆然，惟用外山相應是矣，

上砂過前作案者，大地亦多有之，下山長者，百中只一二也，至如单提，則有下山逆水，此只小巧地耳，

有本山生左右者，有外來者，又有一邊用外來，一邊本山生者，

幹龍起勢高聳，兩邊夾從必多，發達亦且綿遠，枝龍起勢

平伏、兩邊夾從不多、惟橈棹護送、發達故不及幹龍耳、所以枝龍本身起峯、幹龍惟有勢也、此舉枝中之幹、言之至論、天下大幹勢高、或百里、五七十里、或二三十里、或十餘里、下平洋或千里、或五七百里、或二三百里甚少則百里、州府之幹、平洋百里、少則五七十里、甚少則二三十里、州府倚山臨水者、面前開塘堂、亦必百餘里、其又有偎僻山谷作州縣者、必有二三百里之溪遶之、前局雖然跼促、亦不爲害、此其最次者也、

行龍枝脚卸下結地者、必過一峽、或突一頂、下平洋必起

一突不然只是撓掉而已、
龍無峽者山脚、穴無唇者虛花、
衆山止處不陰地便作陽居、諸水會合不陽居便爲陰地、
鋪氣濶者陽居是矣、鉗局小者陰地宜哉、
過峽之處、四山回顧、羅城週密、亦可裁剪、若峽水直流前
無關鎖者、便不結也、翻身顧祖者尤佳、
凡腰龍已結地、而後跌斷過峽生去者、多是順結橫結未
結地而先跌斷過峽後結者、多是逆轉廻龍、
砂貴真情向我、不欲返臂從他、如象鼻者最佳、似眠弓者

尤妙、斜竄之砂非吉、過身平正無妨、

諸山動處可葬、諸水灣處多情、

坪突風吹無害、山窠風射有妨、平洋不怕風吹、山谷切宜緊避、

羅城者、墻壁也、貴乎週密、水口者、門戶也、貴乎橫欄、朝山者、賓客也、欲其特來、明堂者、財庫也、貴乎窩聚、

九山之端然特起、非聖賢則產名公、水之交會遶纏、不王侯定生將相、水之貴者、十常八九、山之貴者、十亦二三、要說水貴於山、湖海大江之畔、欲知山貴於水、平原曠

野之中、

朝水大旺、本身低弱者、多有夭折破敗、

大地多在平垟、人才少出山谷、平垟水秀、山谷氣粗、

凡陽地之氣、始盛于腰、終盈于盡、理之常也、又有先遷于

盡、而後遷腰者、腰在後盛、理之變也、

始發者不復盛、中發者未亦衰、久盛之家、必由傳代、古人

所以重遷居也、居地百年、不能別遷者、其家必敗、間有

數百年者、積德之厚也、

驟盛者必退速、久遠者必發遲、

陽居俱盛者、得旺氣也、發及一傍、將衰之兆、
初敗之基、不宜遷住、一乘衰氣、定取敗也、
初發之基、雖偏亦發、正敗之勢、雖正難留
來山磊落、跌在過峽、去處鋪片大洋、餘枝生出者、土也、轉作羅城水口、此多盡頭不結、過此鋪陽之處扦之、二溪山外交合者、方好作水口、逆轉朝源者、陰穴亦可扦也、
前面龍來、二水合從、背後坐合轉迎、前面寬平乃好、間有逼窄者、龍秀亦可居也、
凡結穴必要開鉗吐乳、惟倒掛之山、本身一掬、有情足矣、

龍腰腸結地過峽後去順結圖

先過峽後結地多逆轉廻龍圖

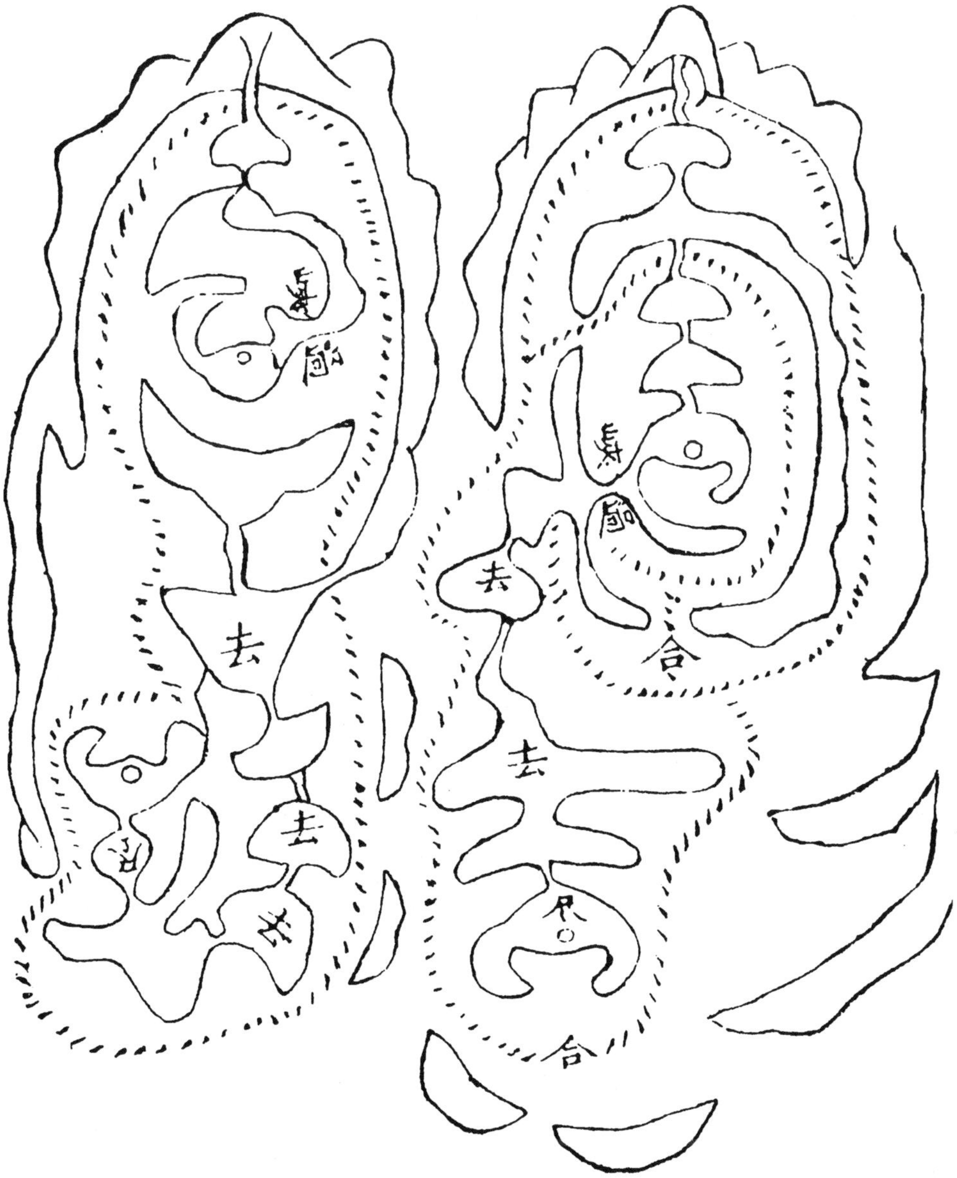

水朝不宜太直、宜偏遶圖

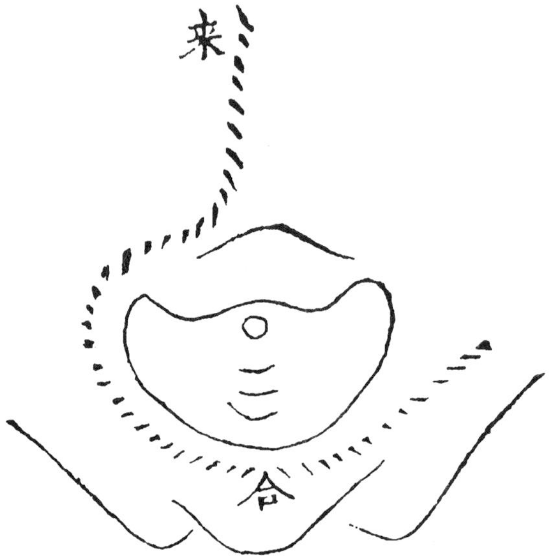

山朝忌宜斜宜特来圖

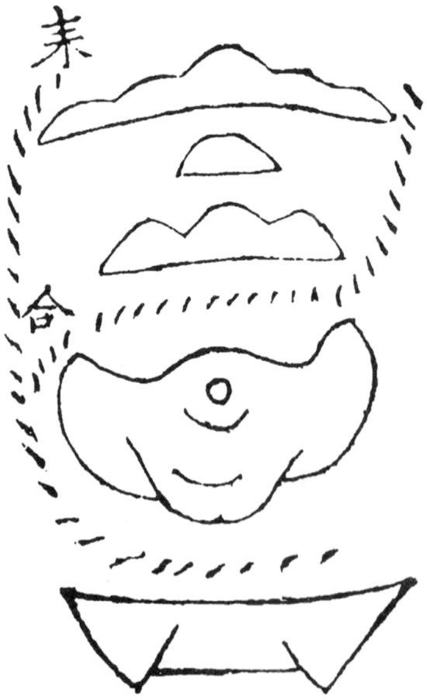

左來迴轉下山低弱外山遮密二水合流身後之圖

右迴轉倣此

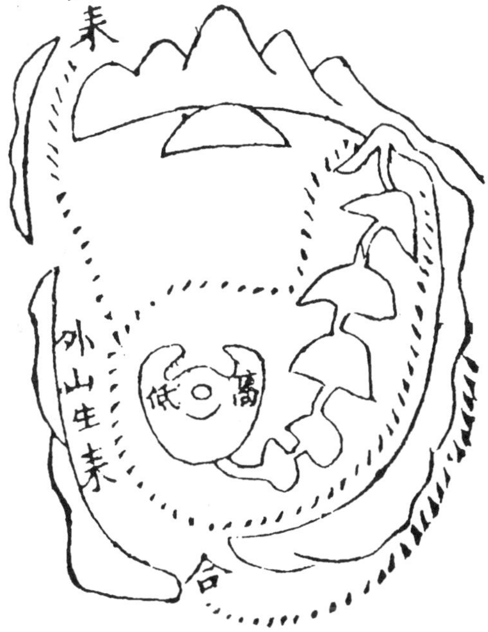

蟠龍後空喜水纏后之圖

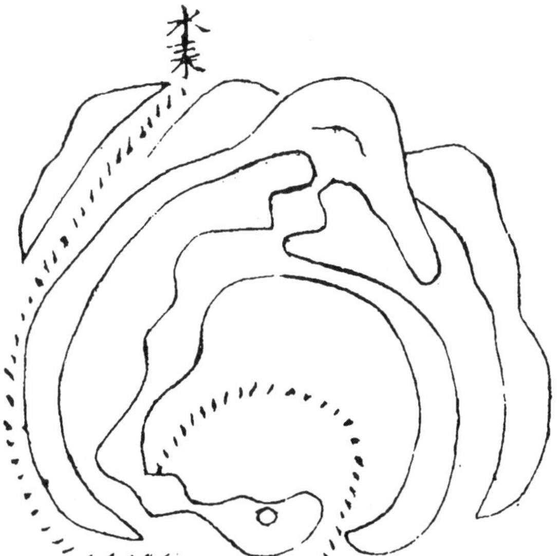

橫莖後有拖尾

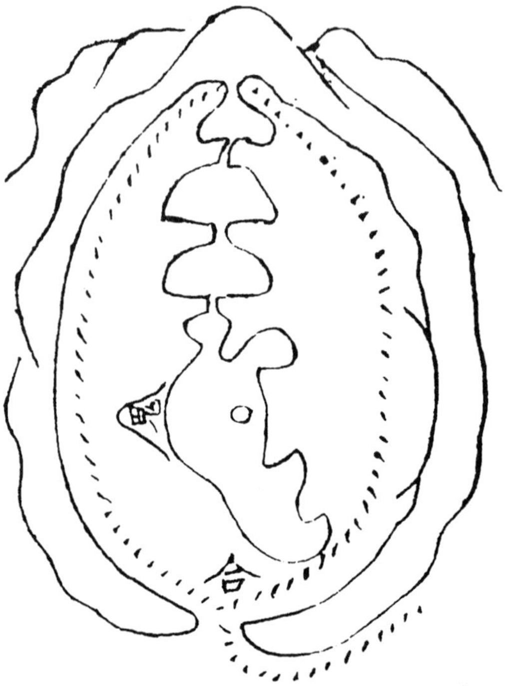

橫莖無尾回莖

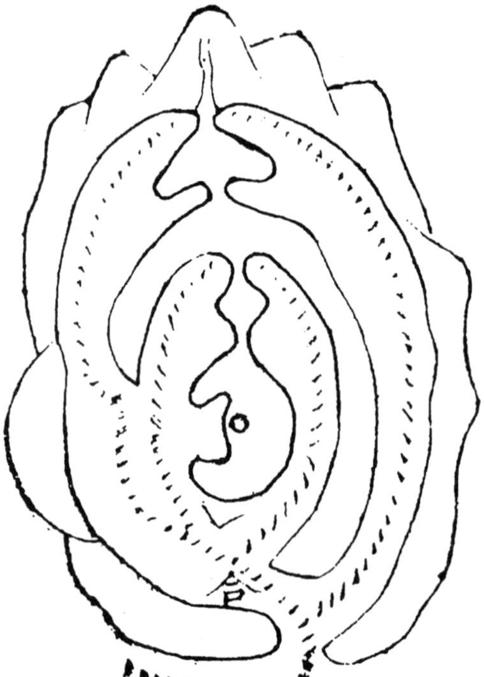

來山低垂者生氣融聚也、壁立不垂生氣少聚、塟者慎之、
來山直硬不跌斷、壁立臨水、不宜塟也、
來大者氣盛也、結小者、氣聚也、上地來大穴小、
橫山倒掛、須有拖尾、拖尾有情、此穴方真、托砂近者無尾亦可仰尼、尤宜忌之、尾偏一邊者無害、最嫌山水不纏、當後直泄、偏流一邊、乃爲美也、陽地腰結亦同、
條巧之山、活動婉曲、外山交鎖、二水合遶、亦可葬也、
騎龍馬鞍中有窩、前面壁陡、二水合住、乃可扦葬、若牽扯不住、行龍過坳、二水不合者、不可葬也、

倒騎龍者、行龍踴躍、活動生來、後面合水處、山勢壁立無穴可扦、過頸山脊、微微轉處、倒坐扦之、又必來山不偏側斜窠、作朝有情、此穴可葬、或主頂甲、微來山偏側斜窠、過頸無擺動者、不可用也、鋪垟寬濶平正者、倒騎作陽地亦可、

平垟起突者、吉氣踴起也、若一開鉗、吉而又吉、

高山之窟、必欲下有合水、若無合水聚溝、行龍而已、

山頭窟、穴固佳、坪中突、穴尤妙、突中亦有微窩竣立者、不宜葬也、突中亦有脉脊、無脊者穴難扦也、

直來橫葬者、鉗唇堂氣俱在一邊、橫葬以就之也、後必有箇拖尾、無拖尾砂用近托、餘氣亦須顧轉、二水必要相合、不然只是橫山而已、

穴前無合難扦、水合直流非吉、

山隴作穴、必取包裹、以遮左右之風、又宜堂局窩風、乃可葬也、

高山作穴、不論水、山脚界合要明、平洋作穴不怕風、本身鉗唇要正、

平洋作穴必有後高脊尖嘴生來、左右二水聚堂、陰砂交

鎖、乃爲美也、

山嶺有平洋、四圍團聚不見傾泄者、必結地也、

來山粗大、必有大水遶纏、或二水合之、方是結地、

潑山窮谷、忽生一箇小胞、開鉗吐乳、與衆山相異、却是脫出粗頑、萃鍾秀氣、明堂窩聚、四顧回環、便可塟也、

回龍轉身、後有拖尾、前有聚窩、明堂陰砂遶纏、諸水歸聚、是爲美地、前面高仰、無有聚窩、明堂不可用矣、

來山粗大無紋浪、而生出小胞者、後面雖是粗頑、老龍抽嫩、聚氣胞上、開鉗吐乳、是爲美地、無小胞者、氣不融結、

有紋浪如牛肋者凶小胞吐唇不開鉗者亦好無二溪交會者俱不成也

坐山粗頑如金剛肚不開窩者絶來山直如竹篙瘦削峻急者絶主山半頂卸脉者吉直頂出脉者非吉也

陽居來脉隆厚鋪氣寬濶屋宇大做不妨若基地小巧屋宇高大未有不敗也

人家先做小屋至于大盛改造大高樓屋家業隨敗矣小戶人家頗頗殷盛或造東樓則東住者敗矣或造西樓則西住者敗矣造居之害可不愼之

公卿產于小屋、餓莩出於朱門、居宜小而藏、不宜大而露也、

高樓大廈、多主夭折者、幽陰之氣也、故居平屋者、多安居、高樓者必敗、高樓是乎楼高大之極、居之故不吉、大廈幽陰四字要想、

家業盛者高樓少、居地滿者福澤衰、屋少財多、財少屋多、故地之載屋不載財、載財不載屋也、

居地滿者、多遭火也、中而不盈、所以致福、

造居打傷來脉者大凶、甚則至絕、左右皆然、傷處住者最忌、

居地兩邊、必留空隙、以示有餘不盡之意也、

峻處造居、不宜打傷、培土作基者、無害、

小戶人家、居屋全頁、又接出屋厫一二間傷脉者、不吉也、

山下造居、倚之則吉、傷之則凶、山峻立者粘後則佳、山前則脱氣也、

凡葬地後無官、非淫亂忤逆、顛狂刼盜、損人横禍者、不可輕改、貧賤人家、不待葬師得吉地者、積德之至也、

葬地後人口稍安頗盛、重加脩理、便有大凶、初葬宜順古人不脩墓也、

開穴遇有舊墎者、便宜別遷、以受新氣、用舊穴者、故氣作

禍也、或有骸骨與之埋也、汝若棄彼骸骨、異日汝之骸骨、亦被他人棄之、稍有碍不可塟、

今時葬師不問地真假、曲勸葬成、以獲其利、使人破家蕩産、禍延子孫、己之德獨無損乎、行斯術者、宜知戒也、

公卿將相、當出地理之家、而卒無者何也、行術悞人、天不佑之、吉地最難、宜積德以求之耳、

爲地術者、毋侵他人之墳、以啓爭訟、毋輕斷公位、以啓自私者疑惑、毋戕同術、毋執己私、

有心無術、術自心神、有術無心、術自心滅、行術者、當先存

心、

師當擇主之德、主貴擇師之賢、

直來直受者、須前後之照應、橫來橫列者、看左右之迴環、正來斜受者、遠見本宗之托、雖虛不虛、斜來正受者、近憑親枝之夾、雖順不順、逆來順受者、盡氣脉以兼收、順來逆受者、審形勢之饒減、或串財而接祿、或捨主以登堂、高低憑乎肩翼、深淺取于明堂、不過六字之消詳、可以一貫乎萬里、

撥砂經地學直訓補終

畫筴撥砂地學心法玄機小册補遺

金精山人廖　瑀著　後學吳弘業紹先甫補訂

五星起主分枝結局

師曰、五星行體、出身高嶺、平地一般、起自吉方、天乙太乙左隨右送、一二十里、三五十里結局、老脊主星峰下、分臂之山、逶遶而轉、皆歸面前、左右爲夾室輔門、或應旗鼓屯軍排衙拱喏、誥山印劍官衙罷用如此等樣、卻又不可謂之分臂山、須是在祖龍帳下主山、左右分臂前去卻得、皆轉面左右爲托護關攔拱揖水口城門之山、又得兩邊隨

龍界水、聚來穴前、上下左右停住交結、方合此格、或結陰地陽地、主人財兩盛、富貴綿遠、

來龍分枝不結

凡地之後龍、最怕分枝臂向、東西南北、或迢迢直去、作神廟鬼壇、尋到盡處無局無穴、無可安裁、東斜西側、水直山飛、或再起主星、山峰端坐、帶得從送、去有收拾、結好形穴、方可安裁、若是主星、行龍來亂飛散去、枝南枝北過田、渡水不停住、逆丞順飛、與龍身無情、不相顧護、臨到結局之處、穴雖正、貼身左右砂山有情、初葬之時、一兩代人衣祿

暫克祿傳到分枝臂處、退敗猶快、

來龍枝腳反逆

主星行龍、枝腳反逆、尖射飛走向後者、名是逆龍、不可安葬、人財不旺、或出軍賊、子孫悖逆、瘟火離鄉、左逆右順、長男房下生禍、右逆左順、小男房下生禍、看在穴前第幾節、枝腳反逆消詳、斷出世代遠近禍患、凡主山行時初反逆、臨到結穴三五節、順或隨身、此龍可葬、若起主行時、初體順、臨到結穴近畔反逆、尖射飛走、主先見凶禍、不宜葬、

星峰結局不真

主星行體、到結頂立穴之所、須要頂之左右兩邊肩膊落下、做龍虎抱衛、高低濶狹、大小有無一般、方是上吉、如邊大邊小邊濶邊狹邊高邊低邊有邊無不齊等者、須詳認、或是僞氣虛假之所、或見穴前側跌、水直砂飛、端的悮人、凡五星明白、體勢端重、護送枝脚方圓、無反逆尖射、貼身有意、結穴窩乳的當、左右回顧、方是上吉、如結局之所、體勢似結非結、縱斜側倒、窩乳不明、左右龍虎、似顧不顧、案應之山、又反背向、隨水似不相識、切不可扦、至毒至毒、

四全之地

龍過峽去聳起樓臺帳幙、起主星體分明、拔出衆山之中、當中出體、起伏頭面端正、枝脚送從方圓、帶倉庫鼓馬旌旗、交宋藤枝衙刀誥印、順護隨身、結局盤團、窩乳端正貼身龍虎包藏、左右山皆峰巒疊起、案近方真、水口龜蛇獸禽羅城重闗、諸水聚堂、或停或遶、水去轉揖吉方流行、一見無疑半紀九年、主子孫貴顯、氣數綿延、

結穴處有石

俗云、石不可安塟、塟之有禍、殊不知只有頑石壁、頑石盤、頑石乳、硬石尖嘴、坐下無穴、龍虎反背、案應無情、水直砂

飛、又被頑石隔斷、和氣不能貫通體骨、故不可安葬、若來龍有護有抱、結穴形端體正、貼身龍虎抱衛、山回水聚、石面成星、轉可鋤可挖、或石中有土、或土中有石、或石盤或石乳石堆、須着力用鋤開鑿挖穴、非納土骸骨葬之者、人財兩旺、穴上或見案山、左右山有石磊磊、如笋森列重疊或應典質、横財旁山、文筆排衙拱喏印信官府罷用諸般此山亦未爲不美、只嫌左右與對面山、花斑赤石正照龍穴、主各代患眼秃頭手足等疾、或惹軍賊瘟火、只種茂樹來遮住、亦無禍患、

田龍結穴

五星不結穴於高嶺山中、帶行隨迤迢迢直奔平田之間、成局結穴者有之、但田段中脉、人民鋤挖、移高填低、開山作田、填田爲土、更變幾回、傷損元體、如此處尋地、端的悞人、若田段中左右前後有低小山、或隔田微微高過穴場、來做龍虎案應、包護四畔無風、水遶灣環來去皆吉、方可安宅立墳、若後龍不曾出帳、無眞脉行去、田段結局皆是假體、或左右遮護不過、被風吹或竹梘坑塹冲射大小凌壓、但犯一嫌疑、主凶多吉少、若貪愛遶峰朝水、就低田廣

段折莖、一二十年內方見禍者、謂之平地砂水平凶禍遲、
决主冷落退敗、或有退砂退筆水牽之類、退敗尤快、

左山及外應

師曰、近穴貼身、左臂山爲青龍、一重龍山管一房人財、其第二三四重、則係四房七房十房人財也、一重龍山、如光净灣環回顧、方上一房子孫旺相、若低小飽而坑陷、或直去尖利直射、則不興、一重龍山、既低小、更被第二重龍山高大壓倒、則一房人財衰弱、若無四七十房、郤又主一房人財大旺、第一重龍山高大旺第二重龍山高大巧小灣

抱背後便見空缺，無第三、四重外山擁護森列突起者，只主一房子孫旺相，其四、七、十房子孫靡委不振。若止有第一房，只得兩三代人財興旺而已。若三四重龍山，一重高一重，山峰森列突起，爲貴人、倉庫、旗鼓、文筆排衙爲拜，爲舞官誥、幞頭拱嚮，緊密無缺，則一、四、七、十房富貴綿遠。若只有龍山尖直斜飛，縮擺昂頭，腰風去水，或生枝脚退砂，退筆，或如牛肋，扇如刀鎗，則一、四、七、十房子孫貧困離鄉。若就身無龍山，或隔平田廣段，或小澗溪峰巒，如貴人、文筆、倉庫、横財、覆舟、側月、堆禾、覆釜、旗鼓等樣，簇簇在左畔趁向有情則一房無財祿、其四、七、十、房享福興隆、若隔田段弁隔溪澗、山岡破碎、飛歪無情、四、七、十、房子孫凶禍、一房人才衰弱而已、若無四、七、十、房、卻是一房子孫受禍也、在第二三代人方見、若隔大江峰簇簇如座、穴中見河水茫茫江河背山峰、吉凶皆無應驗、穴中不見江河水過、但只見山巒、禍福的應、

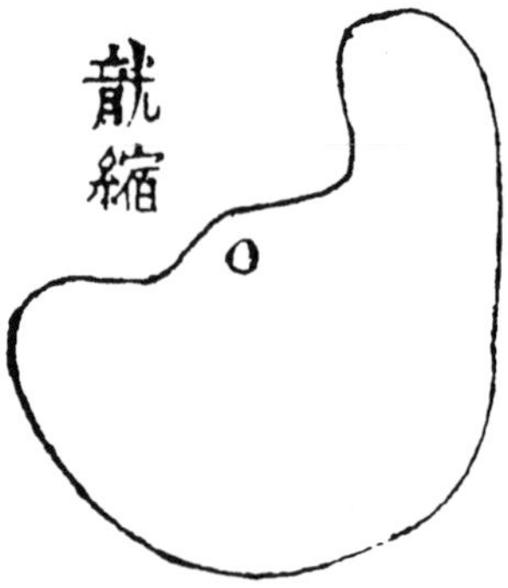

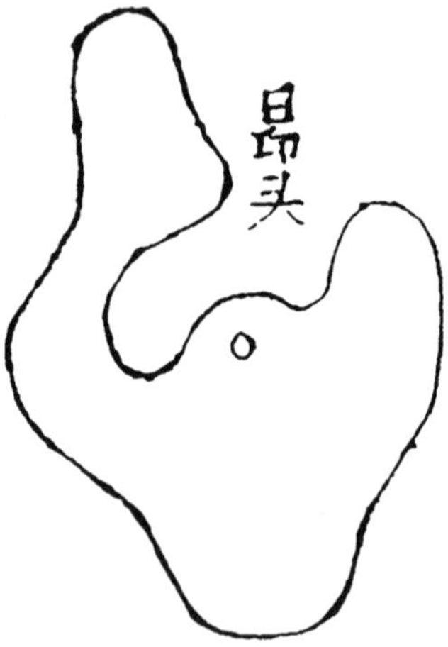

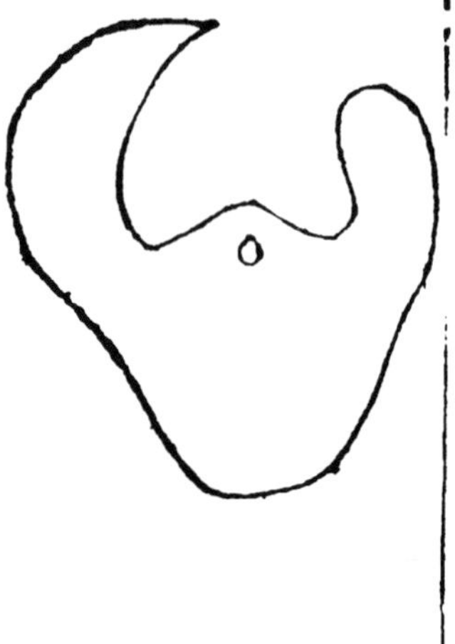

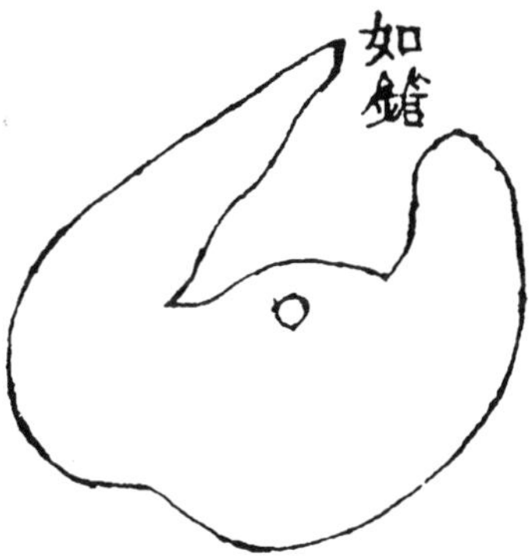

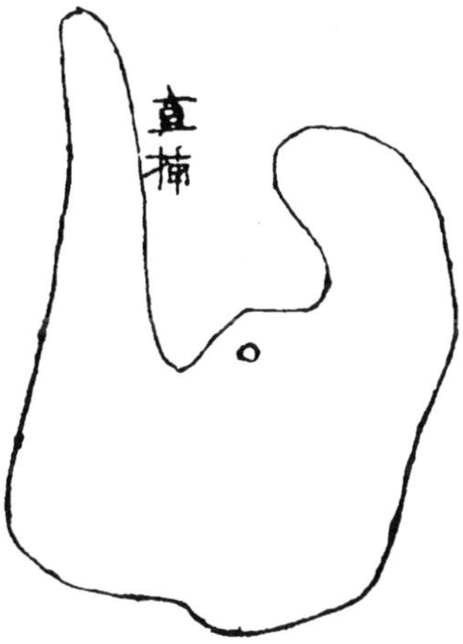

右山及外應

師曰：穴前貼身右臂山爲白虎，第一重虎山，管三房人財，六、九、十二房，固占右邊虎山。一重美好，蹲踞立穴，不凌壓，有情，不坑陷破碎，不開口，斜飛，不攏面昂頭，主三房人財興旺。若低小，攏面或昂頭，飛走，則不興。一重既低小，被二重虎山雄壯高大逼過、三房子孫衰弱、若無六、九、十二房、卻主三房興旺、若第一重雄壯端正彎抱、後便空缺、無外山擁護只是三房興旺、其六、九、十二房人財不旺、若止有三房、只得二三代興進而已、若三四重、從起峰巒護衛有情、一重高一重、則三、六、九、十二房子孫一齊起顯卓立、若只有一重虎山、或直走出飛擺面、或生枝腳、或如牛肋、扇如刀鎗、或退砂退筆等樣、則三、六、九、十二房受禍、貼身無白虎、而隔平田廣段、及平小谿澗峰巒、如倉庫堆禾覆釜旗鼓、排衙拱嗒諾輔幞 面拜舞山、回顧右畔三房人財不旺、六、九、十二房福蔭、若隔田澗山破碎飛走麤惡醜形、則六、九、十二房受禍、其三房人只是不興而已、若隔大江河、穴中見大江大河水過白茫茫、山巒吉凶、俱無應驗、穴中不見江河水過、只見山峰簇擁、禍福如響、

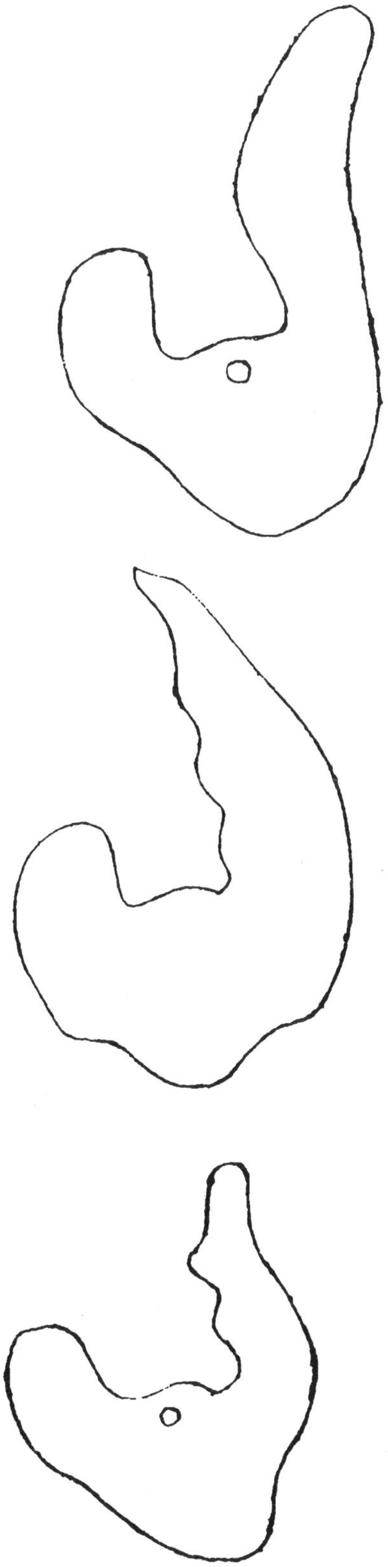

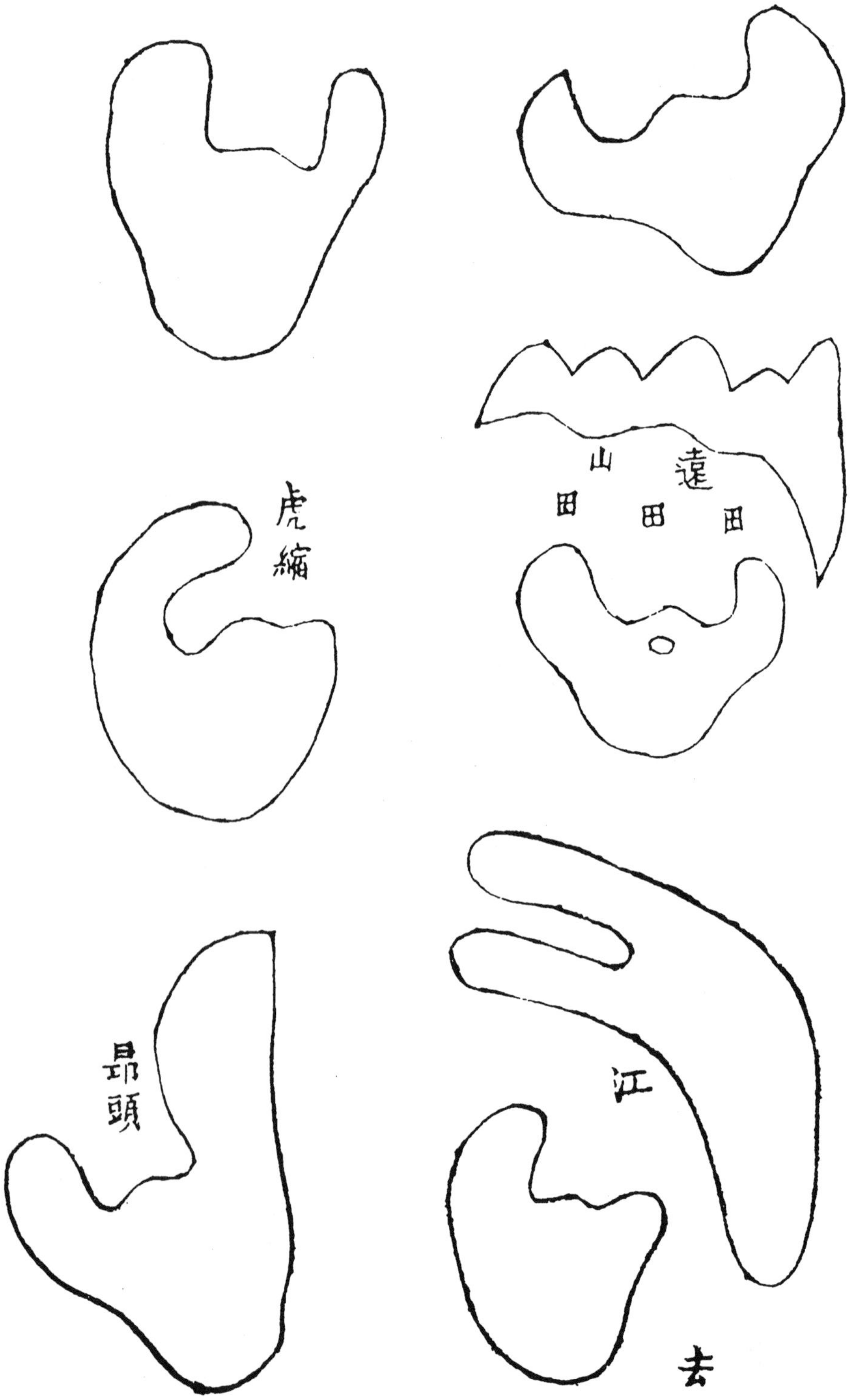
虎縮
山
遠
田
田
田
昂頭
江
去

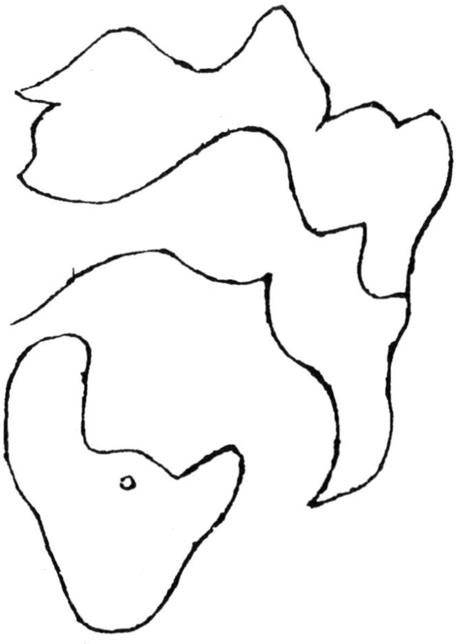

案山

師曰、穴前當面之山、爲案山、晉二房五房八十一房、俱係案山、當面一重案山、端美、不坑陷斜側、尖射在五步十步二十步之内、如覆鐘覆釜側月玉几車案覆舟倉庫旗鼓如拜、如圭笏幞頭官誥官印、文筆卯晒袍獸蹲不壓穴峻急、明堂平正、則二房人財旺相、更得案左右吉山夾輔猶好、一重案應之外山峰、一重高、一重磊疊鋪排、奐然可觀、則五、八、十一房益興、若一重案外空、則只有二房發福而已、若無吉峰、而有剥雜山在前、一重高似一重、主五八十一房、人丁不絕、衣祿平穩、若案應端正、横過星美、卻低小、離穴太遠、穴高水直、明堂又長、縱有龍虎、塟後二五一房但見退敗、止有八十一房興旺、又有結穴體勢高雄、安塟之後、不會收堂折水、水當面跌三五七丈、一二十丈直流、多主二房衰敗，其山峰一重高聳一重，五、八、十一房主十二年內來發，直至水到灣曲去處方興。若龍與龍虎俱好，且臨近水，但無應案，而隔田段，或隔小澗，却有星峰，一重高一重在面前，只一房子孫不興，其五、八、十一等房，富貴雙全。若隔田澗，外山破碎凶惡，五、八、十一等房子孫生禍，二房只不興而已。穴上見大江大河水隔斷，其江河背山峰，不必議也。若不見江水河自過，只見山峰，吉凶無差。

龍虎狹窄吉凶

結乳穴，於青龍腋下，有微茫小山，不隨水，穴上不見者，名懷筆鎗賣田山文名賣同闢入田山或于青龍山下有此小山朝入穴、穴來穴上見者、名龍狹進田筆、主賒買得人田地、契進不停、若白虎腋下有微茫小山、穴上不見、名暗刀殺子孫、如三兄弟、塟此地不出三、五七年、殺第三男、兩兄弟、塟此地、主殺第二男、白虎懷內有此小山、穴內似見不見、名虎狹賣田筆、主年半月日賣田、凡龍穴案應俱吉、只白虎腋下有此樣小山、可用工鋤去爲妙、

左右退田筆

師曰、陽宅陰地前、退田筆山、不特右畔出見爲然、左畔有此亦作退筆、左右一隻、或兩隻、山頭低尖利點、隨水去者

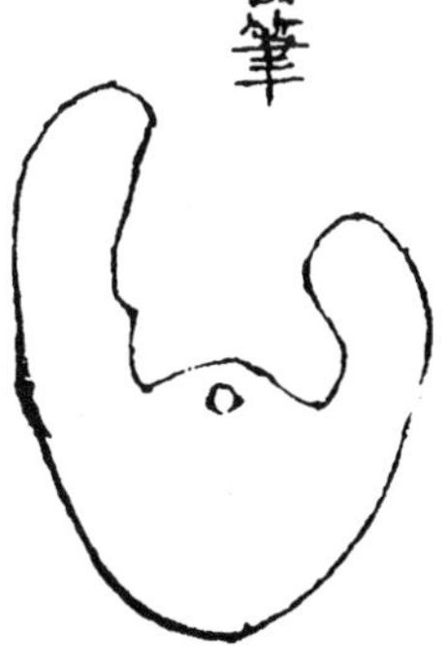

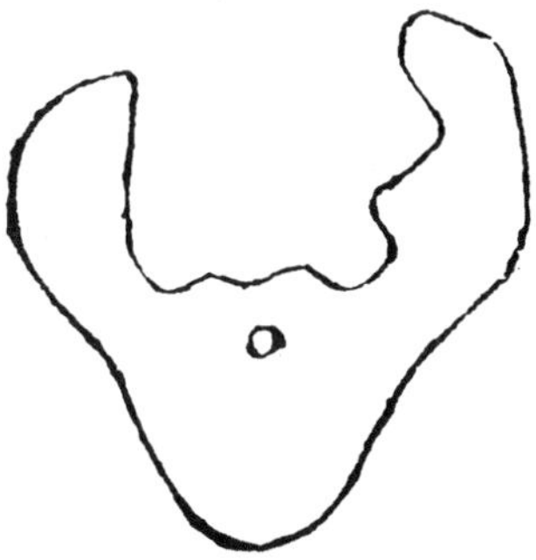

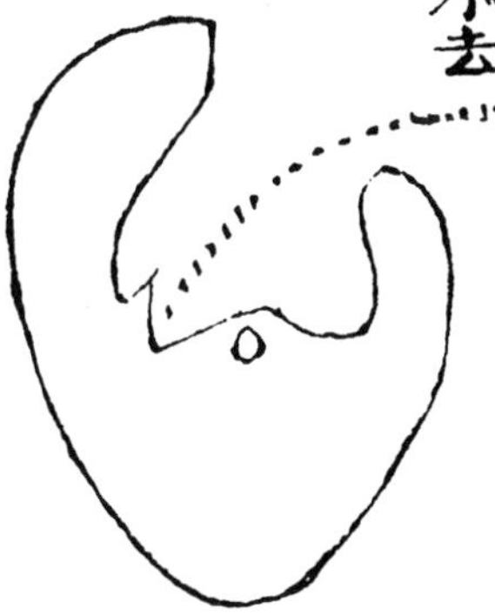

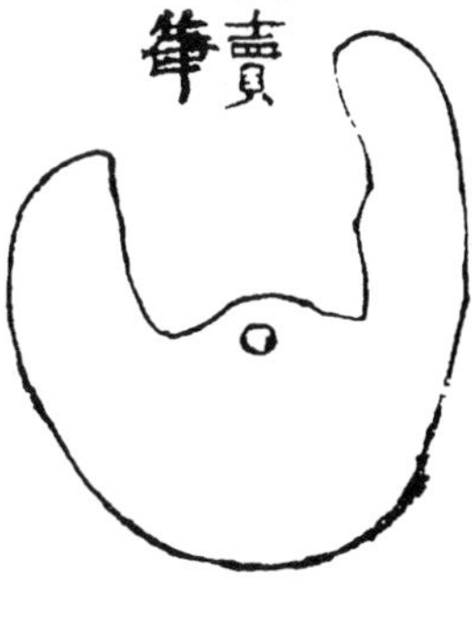

便是、若内外兩道水夾隨水出去、退賣田地尤快、不問曾過穴與不曾過穴皆是、如一坵田角兩田角尖利、或園墻斜角尖直、但隨下水去者、亦是退筆、一筆一番退、兩筆兩番退、三筆四筆定主全庄絕、相去遠近、退有遲速、如小戶有此、個他人田地、退離決應、

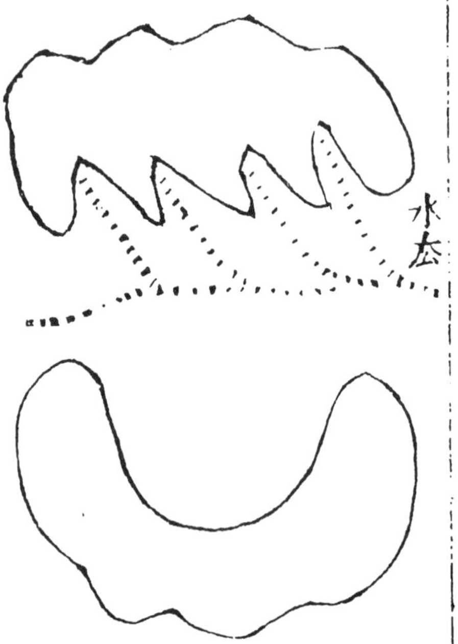

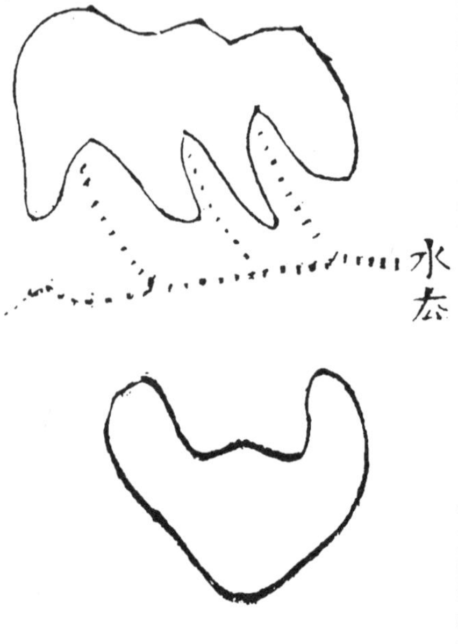

左右進田筆

師曰、陽宅陰地前山、或一隻兩隻、微微頭低小、點水不曲向穴、亦要顧穴有情、名爲進田筆、左右兩畔皆然、田坵角尖利壁、城角尖直、但點上水、亦係進田筆、一筆一畨進、兩筆兩畨進、三筆四筆買人全庄契書、與穴相遠、應一紀之後方進、近在身畔、只一過三、六、九年內横進、若在五步、十步、二十步之內、墳宅遇吉日、主六十百日內、田財應進、至驗、

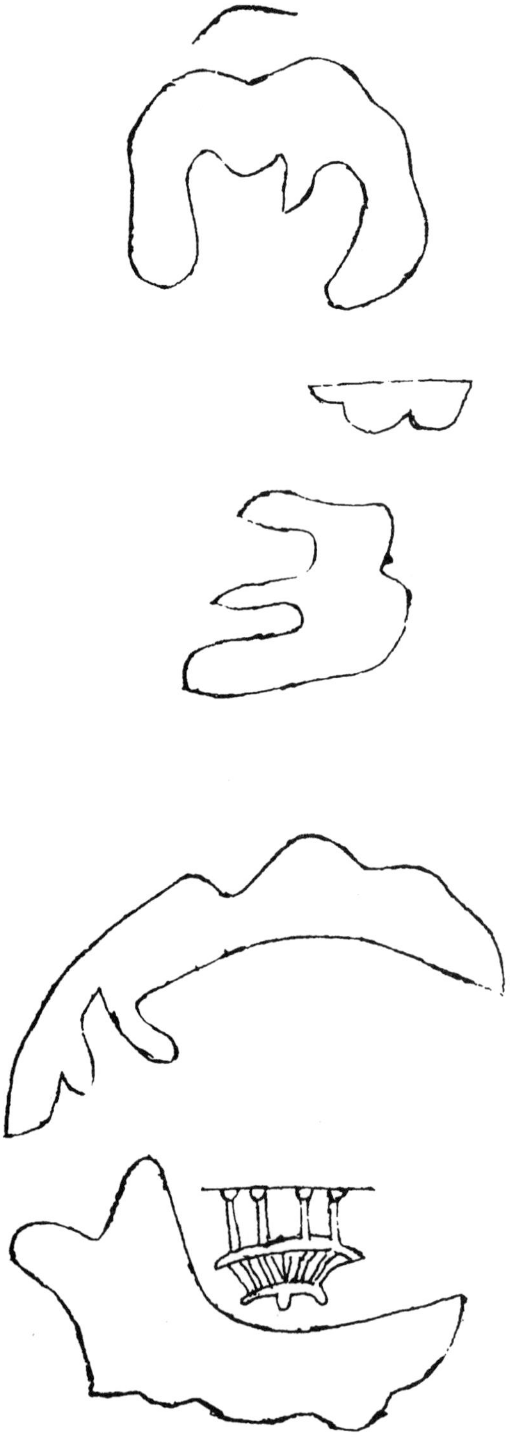

玄機小冊終

扒砂經大全補終